CBAC
UG Bioleg

Gareth Rowlands

Illuminate
Publishing

CBAC UG Bioleg

Addasiad Cymraeg o *WJEC AS Biology* a gyhoeddwyd yn 2012 gan
Illuminate Publishing Ltd, P.O. Box 1160, Cheltenham, Swydd Gaerloyw GL50 9RW

Archebion: Ewch i www.illuminatepublishing.com
neu anfonwch e-bost i sales@illuminatepublishing.com

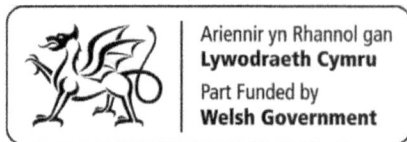

Ariennir yn Rhannol gan
Lywodraeth Cymru

Part Funded by
Welsh Government

Cyhoeddwyd dan nawdd Cyllun Adnoddau Addysgu a Dysgu CBAC

Mae cofnod catalog ar gyfer y llyfr hwn ar gael gan y Llyfrgell Brydeinig

ISBN 978-1-908682-37-6

Argraffwyd a rhwymwyd gan Ashford Colour Press Ltd, Gosport, Hampshire PO13 0FW

06.14

Polisi'r cyhoeddwr yw defnyddio papurau sy'n gynnyrch naturiol, adnewyddadwy ac ailgylchadwy wedi'u gwneud o goed a dyfwyd mewn coedwigoedd cynaliadwy. Disgwylir i'r prosesau torri coed a gweithgynhyrchu gydymffurfio â rheoliadau amgylcheddol y wlad y mae'r cynnyrch yn tarddu ohoni.

Gwnaed pob ymdrech i gysylltu â deiliaid hawlfraint y deunydd a atgynhyrchwyd yn y llyfr hwn. Os cânt eu hysbysu, bydd y cyhoeddwyr yn falch o gywiro unrhyw wallau neu hepgoriadau ar y cyfle cyntaf.

Mae'r deunydd hwn wedi'i gymeradwyo gan CBAC ac mae'n cynnig cefnogaeth ar gyfer cymwysterau CBAC. Er bod y deunydd wedi bod drwy broses sicrhau ansawdd CBAC, mae'r cyhoeddwr yn dal yn llwyr gyfrifol am y cynnwys.

Atgynhyrchwyd cwestiynau arholiad CBAC gyda chaniatâd CBAC.

Dyluniad a chynllun: Nigel Harriss/John Dickinson

Llun y clawr: © Cathy Keifer/Shutterstock

Caniatâd:

Llyfrgell Ffotograffau Gwyddoniaet: t26 © Dr Jeremy Burgess; t27 © Don W. Fawcett; t28 © Medimage (uchaf), © Biology Media (isaf); t30 © Dr. George Chapman, Visuals Unlimited; t31 © Steve Gschmeissner; t60 © Power And Syred; t93 © Power And Syred (uchaf), Dr Jeremy Burgess (isaf ×2); t97 © Dr Keith Wheeler; t110 © Dr Keith Wheeler (chwith), © Steve Gschmeissner (dde); t116 © Dr Keith Wheeler; t117 © Dr Keith Wheeler (Chwith), Biophoto Associates (Dde); t123 © Dr Keith Wheeler.

Shutterstock: t9 © Leonid Andronov; t14 © Gorilla; t18 © rob3000; t19 © Lorelyn Medina; t20 © Sue Robinson (chwith), © Kenneth Sponsler (dde); t25 © Jubal Harshaw; t31 © leonello calvetti; t35 © Dimarion; t45 © Leonid Andronov; t58 © Sebastian Kaulitzki; t60 © RN3dARTS; t61 © Dimarion; t68 © Dimarion (×5); t70 © Marcio Jose Bastos Silva; t74 © sgame; t75 © alxhar (chwith), © Judy Kennamer (dde); t76 © Fotografiche; t77 anhysbys; t78 © michael sheehan (canol), © Eric Isselée (dde); t78 © Schalke fotografie | Melissa Schalke (chwith); t83 © OceanImpressions; t88 © iliuta goean (chwith), © arnaud weisser (canol), © Christopher Ewing (dde); t89 © Jubal Harshaw; t91 © Jubal Harshaw; t94 © Jubal Harshaw; t98 © ggw1962; t104 © Jubal Harshaw; t109 © Max Topchii; t124 © Frank F. Haub; t125 © oksix (uchaf), © alxhar (isaf); t128 © CLChang (chwith), © Alex_187 (dde); t130 © mrfiza.

Cynnwys

BY1 Biocemeg Sylfaenol ac Adeiledd Celloedd

BY2 Bioamrywiaeth a Ffisioleg Systemau'r Corff

Atebion

Sut i ddefnyddio'r llyfr hwn

Mae cynnwys y llyfr yn cyfateb yn agos i fanyleb Bioleg Safon Uwch Gyfrannol CBAC. Mae'n rhoi gwybodaeth a digonedd o gwestiynau ymarfer ar gyfer yr arholiad i'ch galluogi chi i baratoi'n llwyddiannus am arholiadau BY1 a BY2.

Mae'r llyfr hwn yn ymdrin â phob un o'r tri Amcan Asesu sy'n ofynnol ar gyfer eich cwrs Bioleg Safon Uwch Gyfrannol CBAC. Mae'r prif destun yn ymwneud ag AA1 Gwybodaeth a Dealltwriaeth, sy'n cynnwys prif gynnwys ffeithiol y fanyleb, ac AA2 Cymhwyso Gwybodaeth a Dealltwriaeth. Mae'r Amcan Asesu arall, AA3 Sut mae Gwyddoniaeth yn Gweithio, sy'n ymdrin â thua 5% o bwysiad asesu'r fanyleb, yn cael sylw yn yr ymylon lle gwelwch chi 'Sut mae Gwyddoniaeth yn Gweithio'. Ni fydd gofyn i chi gofio'r wybodaeth dan y pennawd hwn at ddiben yr arholiad.

Mae cynnwys y llyfr wedi'i rannu'n glir yn ddwy Uned Asesu, BY1 a BY2.

- Mae BY1 yn ymwneud â Biocemeg Sylfaenol ac Adeiledd Celloedd.
- Mae BY2 yn ymwneud â Bioamrywiaeth a Ffisioleg Systemau'r Corff.

Mae tudalen 'golwg gyffredinol' ar ddechrau'r naill uned a'r llall. Mae'r ddwy uned wedi'u rhannu'n nifer o destunau. Mae'r cyflwyniadau i'r testunau yn rhoi crynodeb o'r cynnwys dan sylw ynghyd â rhestr o amcanion dysgu.

Cwestiynau ymarfer ar gyfer yr arholiad

Ar ddiwedd pob pwnc, mae nifer o gwestiynau o hen bapurau arholiad Bioleg Safon Uwch CBAC. Mae'r rhain wedi'u cynllunio i'ch helpu chi i ymarfer ar gyfer yr arholiadau ac atgyfnerthu'r hyn rydych chi wedi'i ddysgu. Mae mwy o wybodaeth ar dudalennau 6 a 7. Mae'r atebion wedi'u rhoi yng nghefn y llyfr.

Hefyd ar ddiwedd y llyfr, mae atebion y cwestiynau Gwirio Gwybodaeth, geirfa o dermau allweddol o fanyleb CBAC a mynegai manwl i'ch helpu chi i ddod o hyd i'ch ffordd o gwmpas y llyfr.

Mae nifer o nodweddion yn cefnogi'r testun. ➔

Termau Allweddol

Bydd corff y testun yn cynnwys termau y bydd angen i chi eu diffinio a'u deall. Os na fydd y termau hyn wedi'u hegluro o fewn yr un pwnc, byddan nhw wedi'u hamlygu mewn teip trwm yn y testun ac wedi'u hamlygu'n las ar ymyl y dudalen. Gallwch chi hefyd chwilio am dermau yn yr eirfa sy'n ymddangos yng nghefn y llyfr. Mae defnyddio termau allweddol yn bwysig oherwydd mae papurau arholiad yn cynnwys nifer o dermau y bydd angen i chi eu diffinio.

Gwirio gwybodaeth

Cwestiynau byr yw'r rhain i brofi eich dealltwriaeth o'r pwnc, gan roi cyfle i chi ddefnyddio'r wybodaeth rydych chi wedi ei dysgu. Mae dau fath o'r cwestiynau hyn: llenwi bylchau mewn darn ysgrifenedig, neu gyfateb termau â brawddegau sy'n benodol i'r testun dan sylw. Mae'r atebion wedi'u rhoi yng nghefn y llyfr.

Sut mae Gwyddoniaeth yn Gweithio

Mae'r nodwedd hon yn eich helpu chi i ddeall rhywbeth am wyddoniaeth ei hun, sut rydym ni wedi cael gwybodaeth wyddonol, pa mor ddibynadwy yw hi o ganlyniad i hynny a beth yw ei chyfyngiadau. Gallai hefyd eich helpu chi i gael gwell ymwybyddiaeth o sut mae gwyddoniaeth yn cael ei defnyddio i wella ansawdd ein bywyd. Ni chewch chi eich arholi ar y wybodaeth a roddir yn y nodwedd hon.

▼ Pwynt astudio

Wrth i chi astudio, cewch chi gyngor i'ch helpu chi i ddeall a defnyddio cynnwys y wybodaeth. Gallai hyn roi gwybodaeth ychwanegol sydd ddim wedi'i chynnwys yn y prif destun, neu nodi bod y wybodaeth yn berthnasol ond na chaiff ei phrofi yn yr arholiad o reidrwydd.

Cyngor arholwr

Gall yr arholwr roi cyngor cyffredinol neu benodol i'ch helpu chi i astudio ac i'ch paratoi chi ar gyfer yr arholiad.

Cysylltiad

Mae'r pwyntiau hyn wedi'u hamlygu yn ymyl y dudalen yn agos at y testun perthnasol. Byddant yn eich cyfeirio chi at unrhyw feysydd lle mae perthynas rhwng adrannau. Efallai y byddant yn awgrymu eich bod chi'n taro golwg arall ar bwnc cyn dechrau astudio'r pwnc presennol.

Sut mae Gwyddoniaeth yn Gweithio

Wrth weld gwyddoniaeth ar waith mewn bywyd bob dydd, mae'n bwysig deall rhai o'r esboniadau gwyddonol sylfaenol am ymddygiad y byd naturiol. Mae hefyd yn bwysig gwybod rhywbeth am wyddoniaeth ei hun, sut rydym ni wedi cael gwybodaeth wyddonol, pa mor ddibynadwy yw hi o ganlyniad i hynny a beth yw ei chyfyngiadau. Mae hefyd yn bwysig gwerthfawrogi effaith gwybodaeth wyddonol ar gymdeithas yn gyffredinol. Mewn geiriau eraill, mae angen i chi gwestiynu'r hyn sy'n digwydd yn y wyddoniaeth sy'n effeithio ar eich bywyd.

Er mwyn gwneud hyn, dylech chi werthfawrogi'r canlynol:

✓ Mae data o arsylwadau a mesuriadau'n bwysig iawn.

✓ Gallai eglurhad da ein galluogi ni i ragfynegi beth fydd yn digwydd mewn sefyllfaoedd eraill, gan roi cyfle i ni reoli digwyddiadau a dylanwadu arnynt.

✓ Gall fod cydberthyniad rhwng ffactor a chanlyniad.

✓ Nid yw llunio a phrofi eglurhad gwyddonol yn broses syml. Allwn ni byth fod yn hollol siŵr o'r data. Gall arsylwad fod yn anghywir oherwydd cyfyngiadau'r cyfarpar mesur neu'r unigolyn sy'n ei ddefnyddio.

✓ Mae meddwl am eglurhad yn gam creadigol. Mae'n ddigon posibl i wahanol bobl ffurfio gwahanol esboniadau am yr un data.

✓ Mae'r gymuned wyddonol wedi sefydlu gweithdrefnau i brofi a gwirio canfyddiadau a chasgliadau gwyddonwyr unigol a chytuno â'i gilydd. Mae gwyddonwyr yn adrodd am eu canfyddiadau mewn cynadleddau ac mewn cyhoeddiadau arbennig.

✓ Mae defnyddio gwybodaeth wyddonol, mewn technolegau, defnyddiau a dyfeisiau newydd, yn gwella ein bywydau'n fawr ond gall fod sgil effeithiau anfwriadol ac annymunol i hyn hefyd.

Mae defnyddio gwyddoniaeth yn gallu creu goblygiadau cymdeithasol, economaidd a gwleidyddol, a rhai moesegol hefyd o bosibl.

Caiff 'Sut mae Gwyddoniaeth yn Gweithio' ei ddatblygu yn y llyfr hwn drwy bynciau perthnasol a thynnir sylw ato yn ymylon y tudalennau. Bydd y nodweddion hyn yn eich helpu chi i ddatblygu'r sgiliau perthnasol sydd eu hangen at ddibenion yr arholiad a hefyd yn rhoi syniad i chi sut mae gwyddonwyr yn gweithio. Bydd hyn yn eich galluogi chi i gael gwell ymwybyddiaeth o sut caiff gwyddoniaeth ei defnyddio i wella ein hansawdd bywyd.

BY1

Defnyddio damcaniaethau, modelau a syniadau i ddatblygu esboniadau gwyddonol.
➔ Modelau o effeithiau ensymau: tudalen 48

Mae data o arsylwadau a mesuriadau'n bwysig iawn.
➔ Profi am siwgr rhydwythol: tudalen 11

Gall arsylwad fod yn anghywir oherwydd cyfyngiadau'r cyfarpar mesur neu'r unigolyn sy'n ei ddefnyddio.
➔ Arsylwadau o ficrosgopeg golau a microsgopeg electronau: tudalen 26

Gall cynnig damcaniaeth egluro'r data.
➔ Adeiledd DNA a gynigiodd Watson a Crick: tudalen 58

BY2

Mae angen defnyddio amrywiaeth o dystiolaeth o wahanol ffynonellau i ffurfio casgliadau gwyddonol dilys.
➔ Damcaniaeth esblygiad dynol: tudalen 80

Nid yw dyfeisio a phrofi eglurhad gwyddonol yn broses syml.
➔ Mecanwaith trawsleoliad: tudalen 118

Yr arholiad UG

Mae manyleb UG Bioleg CBAC yn ceisio annog myfyrwyr i:

- ddatblygu eu diddordeb yn y pwnc, a'u brwdfrydedd amdano, gan gynnwys datblygu diddordeb i astudio ymhellach a dilyn gyrfa yn y pwnc.
- gwerthfawrogi sut mae cymdeithas yn gwneud penderfyniadau ynghylch materion gwyddonol a sut mae'r gwyddorau'n cyfrannu at lwyddiant yr economi a'r gymdeithas.
- datblygu a dangos eu bod yn gwerthfawrogi, ar lefel ddyfnach, y sgiliau, y wybodaeth a'r ddealltwriaeth o Sut mae Gwyddoniaeth yn Gweithio.
- datblygu gwybodaeth a dealltwriaeth hanfodol o wahanol feysydd yn y pwnc a'u perthynas â'i gilydd.

Caiff cwestiynau arholiad eu hysgrifennu i adlewyrchu'r amcanion asesu a nodir yn y fanyleb. Rhaid i ymgeiswyr gwrdd â'r amcanion asesu canlynol yng nghyd-destun y cynnwys y manylir arno yn y fanyleb.

Amcan asesu AA1:

Gwybodaeth a dealltwriaeth o wyddoniaeth ac o Sut mae Gwyddoniaeth yn Gweithio

Dylai ymgeiswyr allu:

- adnabod, dwyn i gof a dangos dealltwriaeth o wybodaeth wyddonol.
- dewis, trefnu a chyfleu gwybodaeth berthnasol mewn gwahanol ffurfiau.

Mae 47% o'r cwestiynau yn y papur arholiad yn cynnwys dwyn gwybodaeth i gof.

Amcan asesu AA2:

Cymhwyso gwybodaeth a dealltwriaeth o wyddoniaeth ac o Sut mae Gwyddoniaeth yn Gweithio

Dylai ymgeiswyr allu:

- dadansoddi a gwerthuso gwybodaeth wyddonol a phrosesau gwyddonol
- cymhwyso gwybodaeth a phrosesau gwyddonol i sefyllfaoedd anghyfarwydd gan gynnwys rhai'n ymwneud â materion o bwys
- asesu dilysrwydd, dibynadwyedd a hygrededd gwybodaeth wyddonol.

Mae 47% o'r cwestiynau yn y papur arholiad yn cynnwys defnyddio gwybodaeth.

Amcan asesu AA3:

Sut mae Gwyddoniaeth yn Gweithio

Dylai ymgeiswyr allu:

- dangos a disgrifio technegau a phrosesau moesegol, diogel a medrus, gan ddewis dulliau ansoddol a meintiol priodol.
- gwneud, cofnodi a chyfleu arsylwadau a mesuriadau dibynadwy a dilys gyda thrachywiredd a manwl gywirdeb priodol.
- dadansoddi, dehongli, esbonio a gwerthuso methodoleg, canlyniadau ac effaith eu gweithgareddau arbrofol ac ymchwiliol eu hunain a rhai pobl eraill mewn gwahanol ffyrdd.

Mae 6% o'r cwestiynau yn y papur arholiad yn cynnwys Sut mae Gwyddoniaeth yn Gweithio.

BY1 a BY2: Papur ysgrifenedig (1 awr 30 munud)

Mae'r canlynol yn ganllaw bras i strwythur y papurau arholiad BY1 a BY2:

Math o gwestiwn	Marciau am bob cwestiwn	Nifer y cwestiynau ym mhob papur	
		BY1	BY2
Byr strwythuredig	2–5	2–3	2–3
Hirach strwythuredig	7–15	2–4	2–4
Traethawd (1 o 2)	10	1	1
Cyfanswm marciau		70	70

Fel arfer, bydd disgwyl i chi ateb saith cwestiwn strwythuredig ac un cwestiwn traethawd. Mae cyfanswm o 60 marc am y cwestiynau strwythuredig a 10 marc am y cwestiwn traethawd. Byddwch yn cael 90 munud i gwblhau'r arholiad.

Mae'r cyngor canlynol yn cael ei roi yn y fanyleb:

'Mae cwestiynau arholiadau yn cael eu geirio'n hynod ofalus er mwyn bod yn gryno ac yn ddiamwys. Serch hynny, mae ymgeiswyr yn tueddu i gosbi eu hunain yn ddiangen drwy gamddarllen cwestiynau, naill ai oherwydd eu bod yn eu darllen yn rhy gyflym neu'n rhy arwynebol. Mae'n hanfodol bod ymgeiswyr yn gwerthfawrogi union ystyr pob gair yn y cwestiwn er mwyn iddynt lwyddo i gynhyrchu atebion cryno, perthnasol a diamwys. Mae gwerth y marciau sydd ar gyfer gwahanol rannau'r cwestiynau rhoi arweiniad defnyddiol ynghylch faint o wybodaeth sydd ei hangen yn yr ateb.'

Defnyddio'r cwestiynau ymarfer ar gyfer yr arholiad yn y llyfr hwn

Ar ddiwedd pob is-destun yn BY1 a BY2, mae amrywiaeth o gwestiynau y dylech chi geisio eu hateb cyn symud ymlaen at yr is-destun nesaf. Mae'n hanfodol ymarfer y cwestiynau hyn o hen bapurau arholiad CBAC a gofalu eich bod chi'n gyfarwydd ag arddull cyffredinol y cwestiynau y gallwch chi eu disgwyl yn yr arholiad. Mae atebion i'r cwestiynau hyn wedi'u rhoi yng nghefn y llyfr.

Yn ogystal â gallu ateb cwestiynau sy'n gofyn i chi gofio ffeithiau biolegol, enwi adeileddau a disgrifio eu swyddogaethau, mae angen i chi hefyd ddeall egwyddorion sylfaenol y pwnc a deall cysyniadau a syniadau cysylltiedig. Mewn geiriau eraill, mae angen i chi ddatblygu sgiliau fel y gallwch chi ddefnyddio'r hyn rydych chi wedi'i ddysgu, efallai mewn sefyllfaoedd nad ydych chi wedi'u gweld o'r blaen. Er enghraifft, trin data rhifadol a'u trosglwyddo i ffurf graff; dadansoddi a gwerthuso data rhifadol neu wybodaeth fiolegol ysgrifenedig; dehongli data; ac egluro canlyniadau arbrawf.

Gall cwestiynau strwythuredig gynnwys llawer o rannau, ac fel arfer byddant yn ymwneud â thema gyffredin. Fe welwch chi fod pob cwestiwn yn mynd yn anoddach wrth i chi weithio drwyddo. Gall cwestiynau strwythuredig fod yn fyr, gan ddisgwyl ateb un gair, neu gallan nhw roi cyfle am ysgrifennu estynedig. Mae nifer y llinellau i ysgrifennu eich ateb arnynt, a'r dyraniad marciau ar ddiwedd pob rhan o gwestiwn, yno i'ch helpu chi. Maen nhw'n dynodi pa mor hir ddylai eich ateb fod. Os oes tri marc wedi'u dyrannu, byddai disgwyl i chi wneud tri phwynt gwahanol.

Mae'n hanfodol eich bod chi'n cymryd eich amser, ac yn bwysicach fyth eich bod chi'n deall y cyfarwyddiadau ac yn rhoi sylw i'r geiriau gweithredu y mae'r arholwr yn eu defnyddio. Dyma rai geiriau allweddol cyffredin sy'n cael eu defnyddio mewn papurau arholiad CBAC.

Cwblhewch

Efallai y bydd angen i chi gwblhau tabl cymharu. Bydd y cwestiynau hyn yn rhai syml fel arfer ac, os ydych chi'n deall eich gwaith, gallan nhw fod yn gyfle i chi gael marciau hawdd. Fodd bynnag, dilynwch y cyfarwyddiadau'n ofalus.

Er enghraifft: Cwblhewch y tabl i ddangos a yw pob swyddogaeth yn berthnasol i fitosis, meiosis neu'r ddau. Os yw'r swyddogaeth yn berthnasol, rhowch dic (✔), neu rhowch groes (✗) os nad yw'n berthnasol.

Disgrifiwch

Gall y term hwn gael ei ddefnyddio mewn amrywiaeth o gwestiynau lle mae angen i chi egluro fesul cam beth sy'n digwydd. Mewn cwestiwn graff, er enghraifft, os bydd gofyn i chi adnabod tuedd neu batrwm syml, dylech chi hefyd ddefnyddio'r data a roddwyd i chi i ategu eich ateb. Ar y lefel hon, nid yw'n ddigon dweud bod y graff yn mynd i fyny ac yna'n lefelu. Mae disgwyl i chi ddisgrifio beth sy'n mynd i fyny, a defnyddio ffigurau o'r graff i egluro eich ateb.

Er enghraifft: Disgrifiwch ddwy o swyddogaethau lipidau mewn planhigion.

Eglurwch

Efallai y bydd cwestiwn yn gofyn i chi ddisgrifio ac egluro. Chewch chi ddim marc am ddisgrifio beth sy'n digwydd yn unig – mae angen eglurhad biolegol hefyd.

Er enghraifft: Disgrifiwch ac eglurwch beth sy'n digwydd i gromosomau yn ystod anaffas mitosis.

Awgrymwch

Mae'r gair gweithredu hwn yn aml yn ymddangos ar ddiwedd cwestiwn. Efallai na fydd ateb pendant i'r cwestiwn hwn ond mae disgwyl i chi gynnig syniad call yn seiliedig ar eich gwybodaeth fiolegol.

Er enghraifft: Awgrymwch sut byddai'r protein yn y diagram wedi'i leoli mewn pilen blasmaidd.

Enwch

Mae hyn yn golygu mai dim ond ateb un gair sydd ei angen. Does dim rhaid i chi ailadrodd y cwestiwn na rhoi eich ateb mewn brawddeg. Gwastraffu amser fyddai hynny.

Er enghraifft: Enwch yr organyn mewn cell sy'n gyfrifol am gynhyrchu'r ffibrau gwerthyd mewn mitosis.

Nodwch

Ateb byr, cryno heb eglurhad.

Er enghraifft: Nodwch enw'r model adeiledd pilen a gynigiodd Singer a Nicolson.

Cymharwch

Os oes gofyn i chi wneud cymhariaeth, gwnewch hynny.

Er enghraifft, os bydd cwestiwn yn gofyn i chi gymharu deintiad cath a dafad, peidiwch ag ysgrifennu dau ddisgrifiad ar wahân. Gwnewch ddatganiad sy'n cymharu'r ddau, e.e. 'mae gan gath ysgithrau ac nid oes rhai gan ddafad'.

Anodwch

Mae gofyn i chi ychwanegu disgrifiad byr am swyddogaeth rhan o ddiagram sydd wedi'i labelu, neu wneud pwynt perthnasol am adeiledd y rhan honno.

Er enghraifft: Anodwch y diagram o gell planhigyn drwy roi swyddogaethau'r rhannau sydd wedi'u labelu.

Cwestiynau traethawd

Bydd pob uned yn cynnwys dewis un cwestiwn traethawd allan o ddau.

Er enghraifft: Naill ai (a) disgrifiwch y digwyddiadau sy'n digwydd yn ystod un cylchred cell cyfan gan gynnwys mitosis, mewn cell anifail.

Neu (b) Disgrifiwch beth sy'n debyg ac yn wahanol rhwng adeileddau asidau amino a niwcleotidau.

Yn rhy aml, bydd ymgeiswyr yn rhuthro i ateb un o'r cwestiynau hyn, ac o bosibl yn dewis yn anghywir. Dylech chi gymryd eich amser i ddarllen y cwestiwn yn ofalus i ganfod yn union beth mae'r arholwr yn chwilio amdano yn yr ateb, ac yna fraslunio cynllun. Bydd hyn yn eich helpu chi i drefnu eich meddyliau a bydd hefyd yn rhoi rhestr wirio i chi allu cyfeirio'n ôl ati wrth ysgrifennu eich ateb. Fel hyn, byddwch chi'n llai tebygol o ailadrodd eich hun, crwydro oddi wrth y pwnc neu anghofio pwyntiau pwysig.

Mae cyfarwyddyd yr adran traethawd yn datgan: 'Rhaid i chi anodi unrhyw ddiagramau yn eich ateb yn llawn'. Pan yn briodol, cewch eich annog i gynnwys diagram wrth ateb eich traethawd ond rhaid iddo fod wedi'i luniadu'n dda a'i anodi. Chewch chi ddim marciau am ddiagram heb anodiadau, hyd yn oed os ydyw wedi ei luniadu'n dda.

Golwg gyffredinol: BY1 Biocemeg Sylfaenol ac Adeiledd Celloedd

Moleciwlau biolegol — t9

Priodweddau cemegol carbohydradau, brasterau a phroteinau sy'n gysylltiedig ag adeiledd cemegol.

- Carbohydradau: ffynhonnell egni; mae polymerau'n ychwanegu cryfder a chynhaliad.
- Brasterau: storfeydd egni, ynysu ac amddiffyn, ac un o gydrannau cellbilenni.
- Proteinau: ensymau, hormonau, gwrthgyrff, cludiant ac adeiledd.
- Mae dŵr yn hydoddydd pwysig sy'n ymwneud ag adweithiau biocemegol.
- Mae gan ïonau anorganig swyddogaethau pwysig mewn moleciwlau biolegol.

Ensymau — t45

- Proteinau crwn.
- Gostwng egni actifadu.
- Cyfuno â swbstrad i ffurfio cymhlygyn ensym-swbstrad.
- Priodweddau'n gysylltiedig â'u hadeiledd trydyddol.
- Ffactorau fel tymheredd, pH a chrynodiad yr adweithyddion yn effeithio arnynt.
- Cael eu hatal gan atalyddion cystadleuol ac anghystadleuol.
- Cael eu defnyddio'n aml mewn diwydiant ar ffurf ansymudol.

Adeiledd celloedd a threfniadaeth — t25

- Procaryotau: organebau syml fel bacteria heb ddim organynnau pilennog.
- Ewcaryotau: planhigion, anifeiliaid, ffyngau a phrotoctistau ag organynnau pilennog.
- Mewn organebau amlgellog, bydd celloedd yn arbenigo ar gyfer gwahanol swyddogaethau.
- Mae celloedd yn cydgasglu i ffurfio meinweoedd, a chaiff meinweoedd eu trefnu'n organau.

Asidau niwclëig a chellraniad — t57

- Mae niwcleotid wedi'i wneud o grŵp ffosffad, siwgr pentos a bas organig.
- Mae DNA ac RNA yn asidau niwclëig.
- Mae DNA yn cynnwys siwgr deocsiribos, ac mae RNA yn cynnwys siwgr ribos.
- Mae DNA yn helics dwbl â pharau o fasau wedi'u bondio gyda'i gilydd; un helics sydd mewn RNA.
- Enw'r dilyniant o fasau mewn DNA yw'r cod genetig.
- Mae DNA yn dyblygu yn ystod cellraniad.

Mae dau fath o gellraniad:

- Mitosis:
  - Atgynhyrchu anrhywiol a thwf ac atgyweirio celloedd.
  - Epilgelloedd yn enetig unfath i'r rhiant.
  - Mae un cylchred rhannu'n ffurfio dwy epilgell.
  - Y camau yw rhyngffas, proffas, metaffas, anaffas, teloffas.
- Meiosis:
  - Digwydd wrth gynhyrchu gametau.
  - Epilgelloedd yn enetig wahanol.
  - Mae un cylchred yn cynnwys dau raniad gan ffurfio pedair cell haploid.

Cellbilenni a chludiant — t35

- Yn cynnwys ffosffolipidau a phroteinau.
- Model Mosaig Hylifol.
- Cludo defnyddiau drwy drylediad, trylediad cynorthwyedig, cludiant actif, osmosis a swmpgludo.

BY1

Moleciwlau biolegol

Yr enw ar astudiaeth adeileddau a swyddogaethau moleciwlau biolegol yw bioleg foleciwlaidd. Mae cysylltiad agos rhwng bioleg foleciwlaidd a biocemeg, sef astudiaeth o adweithiau cemegol moleciwlau biolegol. Mae gan rai moleciwlau swyddogaethau penodol mewn organebau byw. Mae'r swyddogaethau hyn yn dibynnu ar briodweddau moleciwl. Adeiledd moleciwl sy'n rhoi ei briodweddau iddo.

Erbyn diwedd y pwnc hwn, dylech chi allu gwneud y canlynol:

- Deall pwysigrwydd biolegol carbohydradau, lipidau a phroteinau.
- Disgrifio adeiledd sylfaenol, priodweddau a swyddogaethau'r carbohydradau canlynol: monosacaridau, deusacaridau, polysacaridau.
- Disgrifio sut mae isomeredd α a β mewn glwcos yn arwain at garbohydradau adeileddol a charbohydradau storio fel cellwlos, citin a startsh.
- Disgrifio adeiledd sylfaenol triglyseridau a ffosffolipidau a'r berthynas rhwng eu hadeileddau a'u swyddogaethau.
- Disgrifio effaith braster dirlawn ac annirlawn ar iechyd pobl.
- Disgrifio adeiledd cynradd, eilaidd, trydyddol a chwaternaidd proteinau.
- Disgrifio pwysigrwydd y gwahanol fathau o fondiau o ran cynnal adeiledd tri dimensiwn protein.
- Defnyddio fformiwlâu adeileddol a roddir ar gyfer carbohydradau, lipidau a phroteinau i ddangos sut caiff bondiau eu ffurfio a'u torri drwy gyfrwng cyddwysiad a hydrolysis, gan gynnwys bondiau peptid, bondiau glycosidig a bondiau ester.
- Disgrifio'r berthynas rhwng adeileddau carbohydradau, lipidau a phroteinau a'u swyddogaethau.
- Disgrifio swyddogaeth dŵr o ran cynnal bywyd ar y Ddaear.
- Disgrifio swyddogaethau'r ïonau anorganig: magnesiwm, haearn, calsiwm a ffosffad.

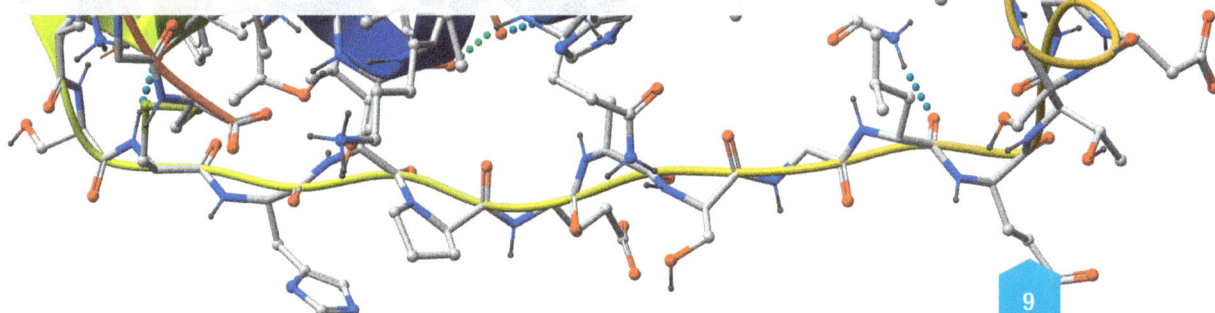

Termau Allweddol

Isomerau = cyfansoddion sy'n rhannu'r un fformiwla gemegol, ond mae trefn yr atomau'n wahanol.

Polymerau = cadwynau hir o unedau monomer yn ailadrodd.

▼ Pwynt astudio

Mae pob moleciwl organig yn cynnwys carbon.

Cemeg organig yw astudiaeth o gemeg yr elfen carbon a'i chyfansoddion. Cemeg anorganig yw cemeg yr holl elfennau eraill a'u cyfansoddion.

Cyngor arholwr

Mae llawer o foleciwlau organig, gan gynnwys carbohydradau, wedi'u gwneud o gadwyn o foleciwlau unigol. Monomer yw'r enw cyffredinol ar y moleciwlau unigol hyn.

Carbohydradau

Cyfansoddion organig sy'n cynnwys yr elfennau carbon, hydrogen ac ocsigen yw carbohydradau. Mewn carbohydradau, enw'r uned monomer sylfaenol yw monosacarid. Mae dau fonosacarid yn cyfuno i ffurfio deusacarid. Mae llawer o foleciwlau monosacarid yn cyfuno i ffurfio polysacarid.

Monosacaridau

Moleciwlau organig cymharol fach yw monosacaridau, a chasgliad ohonyn nhw sy'n ffurfio carbohydradau mawr. Fformiwla gyffredinol monosacaridau yw $(CH_2O)_n$ ac mae enw'r monosacarid penodol yn dibynnu ar nifer yr atomau carbon (n) yn y moleciwl. Mae siwgr trios yn cynnwys tri atom carbon, ac mae siwgr pentos yn cynnwys pump. Mae glwcos yn siwgr hecsos.

Mae pob siwgr hecsos yn rhannu'r fformiwl $C_6H_{12}O_6$ ond mae gan bob un adeiledd moleciwlaidd gwahanol. Fel arfer, adeiledd cylch sydd gan fonosacarid pan gaiff ei hydoddi mewn dŵr. Mae dau isomer glwcos yn bodoli, y ffurf α a'r ffurf β. Mae'r ffurfiau gwahanol hyn yn achosi gwahaniaethau biolegol sylweddol wrth ffurfio polymerau fel startsh a chellwlos.

Gellir defnyddio diagram o'r enw fformiwla adeileddol i ddangos trefniant yr atomau:

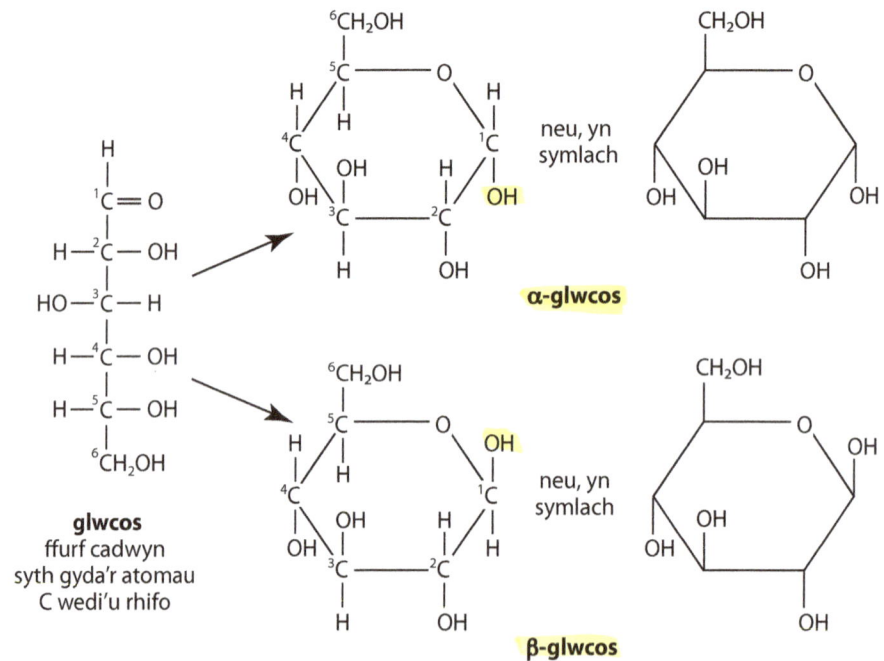

▲ Fformiwlâu adeileddol glwcos ar ffurf cadwyn syth ac ar ffurf cylch

Mae gan fonosacaridau ddwy brif swyddogaeth:

- Maen nhw'n cael eu defnyddio fel ffynhonnell egni mewn resbiradaeth. Caiff bondiau carbon-hydrogen eu torri i ryddhau egni, sy'n cael ei drosglwyddo i wneud adenosin triffosffad (ATP) o adenosin deuffosffad (ADP).

- Casgliad ohonyn nhw sy'n ffurfio moleciwlau mawr. Er enghraifft, caiff glwcos ei ddefnyddio i wneud y polysacaridau cellwlos, startsh a glycogen.

Deusacaridau

Mae deusacaridau wedi'u gwneud o ddwy uned monosacarid wedi'u cysylltu drwy ffurfio bond glycosidig *a dileu dŵr*. Mae hyn yn cael ei alw yn adwaith cyddwyso. Caiff deusacaridau eu ffurfio drwy uno dau fonosacarid.

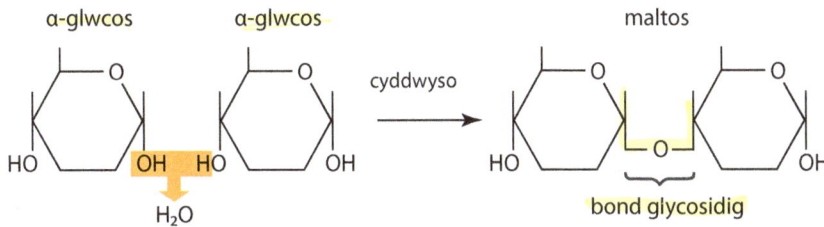

▲ *Ffurfio bond glycosidig wrth i ddau foleciwl glwcos uno i ffurfio maltos*

Gellir hefyd ffurfio deusacaridau drwy gysylltu dau fonosacarid gwahanol:

- Mae glwcos a ffrwctos yn uno i ffurfio swcros.
- Mae glwcos a galactos yn uno i ffurfio lactos.

Mae deusacaridau yn cael eu defnyddio ar gyfer storio a chludiant. Er enghraifft, caiff carbohydrad ei gludo yn y tiwbiau hidlo ffloem ar ffurf swcros.

Profi am bresenoldeb siwgrau

Mae adweithydd Benedict yn cael ei ddefnyddio i brofi am bresenoldeb glwcos mewn hydoddiant. Caiff y prawf ei gyflawni fel hyn:

Caiff yr un cyfaint o adweithydd Benedict (glas) ei ychwanegu at yr hydoddiant sy'n cael ei brofi, a chaiff y cymysgedd ei wresogi mewn baddon dŵr berwedig. Os oes siwgr rhydwythol fel glwcos yn bresennol, bydd yr hydoddiant yn troi'n raddol yn wyrdd, yna'n felyn ac yna'n oren tan i waddod lliw brics coch ymddangos.

Mae rhai deusacaridau, fel swcros, yn siwgrau anrydwythol a bydd y rhain yn rhoi prawf negatif. Er mwyn canfod swcros, rhaid ei ddadelfennu'n gyntaf i'r monosacaridau sy'n ei ffurfio drwy ei wresogi gydag asid hydroclorig. Mae angen amodau alcaliaidd ar adweithydd Benedict er mwyn gweithio, felly caiff yr hydoddiant ei niwtralu drwy ychwanegu alcali'n araf nes i unrhyw hisian stopio. Caiff adweithydd Benedict ei ychwanegu a chaiff y cymysgedd ei wresogi fel o'r blaen. Os yw'r hydoddiant yn troi'n goch, mae siwgr anrydwythol yn bresennol.

Prawf ansoddol yw prawf Benedict, neu brawf lled-feintiol ar y gorau. Mae'r diagram yn dangos y berthynas rhwng crynodiad y siwgr rhydwythol a lliw'r hydoddiant a'r gwaddod sy'n cael ei ffurfio. Felly, mae'n bosibl amcangyfrif lefel fras y siwgr rhydwythol mewn sampl.

▼ *Canlyniadau prawf Benedict*

Ychwanegu'r un cyfaint o adweithydd Benedict at sampl bwyd wedi'i hydoddi mewn dŵr.

Gwresogi mewn baddon dŵr. Os oes siwgr rhydwythol yn bresennol, bydd yr hydoddiant yn troi'n oren-frown.

Canlyniadau'r prawf

negatif | isel iawn | isel | canolig | uchel

Mae'r lliw'n dibynnu ar grynodiad y siwgr rhydwythol a oedd yn bresennol yn y sampl.

Cyngor arholwr
Y gwrthwyneb i gyddwysiad yw ychwanegu dŵr; yr enw ar hyn yw hydrolysis.

▼ **Pwynt astudio**
Fel y rhan fwyaf o adweithiau cemegol sy'n digwydd mewn celloedd, ensymau sy'n rheoli adweithiau hydrolysis a chyddwysiad.

Cysylltiad Trawsleoliad ar dudalen 117 yn uned BY2.

Sut mae Gwyddoniaeth yn Gweithio
Data ansoddol yw arsylwadau sy'n cael eu gwneud heb ddefnyddio mesuriadau.

Mae data meintiol yn drachywir gan fod mesuriadau yn cael eu defnyddio.

Cysylltiad Biosynwyryddion ar dudalen 53.

Cyngor arholwr
Dylech chi gyfeirio at leoliad atomau sydd wedi'u glynu wrth yr atomau carbon yn ôl eu rhif yn y cylch hecsos. Mae 'cysylltiad 1,4' yn golygu bod y moleciwlau glwcos wedi'u cysylltu rhwng atomau carbon 1 a 4 ar unedau glwcos cyfagos, e.e. yn y bond glycosidig yn y diagram uchod.

DYLECH CHI WYBOD ›››

›››sut caiff monomerau α glwcos eu trefnu i ffurfio startsh

›››sut caiff monomerau β glwcos eu trefnu i ffurfio cellwlos

›››beth yw'r berthynas rhwng adeileddau moleciwlaidd startsh a chellwlos a'u swyddogaethau

›››y prawf ïodin am startsh

Gallwn ni gael mesuriad mwy manwl gywir drwy ddefnyddio biosynhwyrydd. Mae'n llawer mwy gwerthfawr cael gwerth gwirioneddol crynodiad y siwgr sy'n bresennol. Rydym ni'n galw hyn yn fesuriad meintiol.

Polysacaridau

Mae polysacaridau'n foleciwlau mawr, cymhleth o'r enw polymerau. Caiff y rhain eu ffurfio o niferoedd mawr iawn o unedau monosacarid sydd wedi'u huno â'i gilydd gan fondiau glycosidig.

Startsh

Gan mai glwcos yw prif ffynhonnell egni celloedd, mae angen ei storio ar ffurf briodol. Mae glwcos yn hydoddi a byddai'n cynyddu crynodiad cynnwys y gell, gan dynnu dŵr tuag ato drwy osmosis. Caiff y broblem hon ei hosgoi drwy ei drawsnewid yn gynnyrch storio, polysacarid, sy'n anhydawdd. Mae hefyd yn foleciwl cryno ac yn gallu cael ei storio mewn man bach. Mae startsh yn bodoli mewn celloedd planhigion ar ffurf gronynnau startsh. Mae'r rhain i'w cael mewn hadau ac mewn organau storio fel cloron tatws.

Mae startsh wedi'i wneud o lawer o foleciwlau α-glwcos wedi'u dal at ei gilydd, ac mae'n cynnwys dau bolymer, amylos ac amylopectin. Mae amylos yn llinol (heb ganghennau) ac yn torchi i helics, ac mae amylopectin yn ganghennog ac yn ffitio y tu mewn i'r amylos.

Cyngor arholwr

Mae bondiau hydrogen unigol yn wan, ond mae llawer ohonyn nhw gyda'i gilydd yn gryf. Gan fod cynifer o fondiau –OH mewn cellwlos, caiff llawer o fondiau hydrogen eu ffurfio.

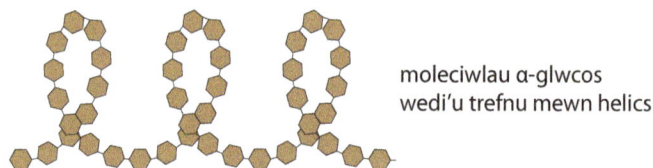

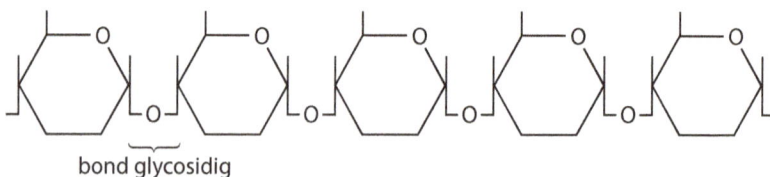

moleciwlau α-glwcos wedi'u trefnu mewn helics

bond glycosidig

▲ Adeiledd moleciwl amylos

Mae'r cysylltiadau 1-4 yn achosi i'r gadwyn droi a thorchi. Enw'r prif gynnyrch storio mewn anifeiliaid yw glycogen. Weithiau, caiff ei alw'n startsh anifail ac mae'n debyg iawn i amylopectin. Yr unig wahaniaeth yw bod moleciwlau glycogen yn fwy canghennog na moleciwlau amylopectin.

Mae startsh a glycogen yn hydrolysu'n rhwydd i α-glwcos, sy'n hydawdd ac yn gallu cael ei gludo i fannau lle mae angen egni.

Profi am bresenoldeb startsh

Ychwanegu hydoddiant ïodin oren-frown. Caiff lliw du-las ei gynhyrchu os yw'n dod i gysylltiad â startsh.

Cellwlos

Mae cellwlos yn bolysacarid adeileddol a hwn yw'r moleciwl organig mwyaf cyffredin ar y Ddaear oherwydd ei bresenoldeb mewn cellfuriau planhigion. Mae cellwlos yn cynnwys llawer o gadwynau paralel hir o foleciwlau β glwcos gyda bondiau hydrogen yn eu trawsgysylltu nhw â'i gilydd. Gan fod y gadwyn wedi'i gwneud o unedau β glwcos, mae ganddi foleciwlau glwcos cyfagos sydd wedi'u cylchdroi 180°. Mae hyn yn golygu bod bondiau hydrogen yn gallu ffurfio rhwng grwpiau hydrocsyl y cadwynau paralel cyfagos ac yn helpu i roi sefydlogrwydd adeileddol i gellwlos.

1

Gwirio gwybodaeth

Nodwch y gair neu'r geiriau coll.

Mae cellwlos yn foleciwl ffibrog. Mae'n garbohydrad a hwn yw prif gydran •••• •••• planhigion. Mae cellwlos wedi'i wneud o gadwynau o foleciwlau •••• glwcos gyda bondiau •••• 1,4 yn eu cysylltu nhw â'i gilydd. Mae pob moleciwl glwcos cyfagos wedi'i gylchdroi •••• ° gan greu cadwyn. Caiff y cadwynau eu dal at ei gilydd gan fondiau •••• sy'n ffurfio grwpiau o gadwynau o'r enw ••••.

Caiff rhwng 60 a 70 o foleciwlau cellwlos eu trawsgysylltu'n dynn i ffurfio sypynnau o'r enw microffibrolynnau. Yn eu tro, caiff y microffibrolynnau hyn eu dal gyda'i gilydd mewn sypynnau o'r enw ffibrau. Mae cellfur yn cynnwys llawer o haenau o ffibrau'n rhedeg i wahanol gyfeiriadau i gynyddu'r cryfder. Er eu bod nhw'n gryf, mae ffibrau cellwlos yn gwbl athraidd, gan ganiatáu i ddŵr a hydoddion fynd drwodd at y gellbilen.

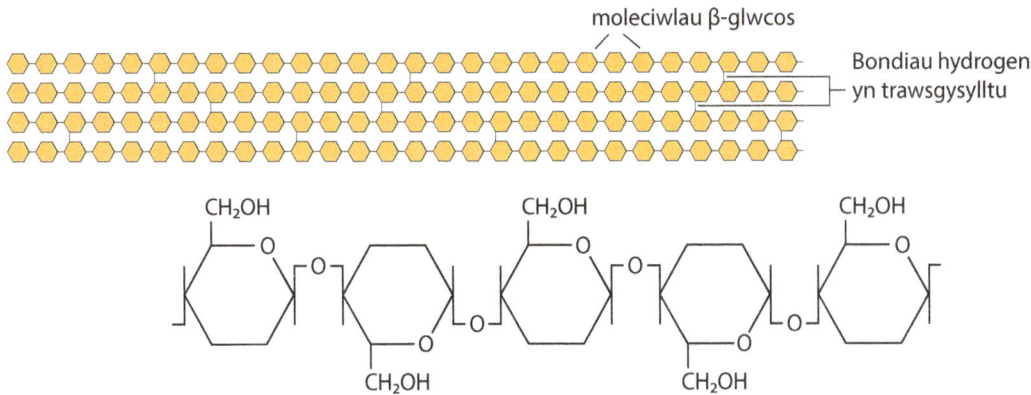

moleciwlau β-glwcos

Bondiau hydrogen yn trawsgysylltu

CH₂OH

CH₂OH

CH₂OH

O

O

O

O

O

O

O

CH₂OH

CH₂OH

▲ *Adeiledd moleciwl cellwlos*

Citin

Polysacarid sy'n bodoli mewn pryfed yw citin. Mae'n debyg i gellwlos ond mae wedi'i ffurfio o glwcosamin yn hytrach na β-glwcos, i ffurfio mwcopolysacarid. Glwcos gyda grŵp N-asetyl wedi ei gysylltu ato ar yr ail garbon yw glwcosamin.

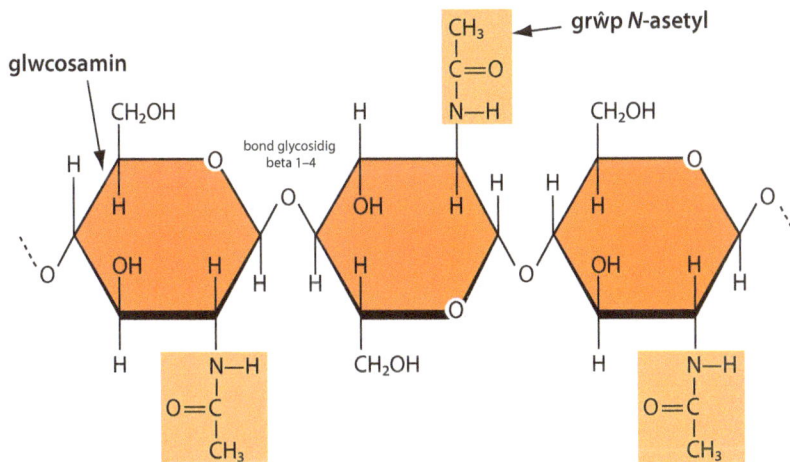

grŵp *N*-asetyl

CH₃

C=O

N—H

glwcosamin

CH₂OH

H

bond glycosidig
beta 1–4

H

CH₂OH

H

O

H

H

OH

H

H

H

OH

H

O

H

H

OH

OH

H

H

O

H

O

H

H

H

N—H

CH₂OH

H

N—H

O=C

O=C

CH₃

CH₃

▲ *Adeiledd moleciwl citin*

Lipidau

Fel carbohydradau, mae lipidau hefyd yn cynnwys carbon, hydrogen ac ocsigen, ond maen nhw'n cynnwys llai o ocsigen o'u cymharu â'r carbon a'r hydrogen. Maen nhw'n gyfansoddion amholar, felly maen nhw'n anhydawdd mewn dŵr.

Caiff triglyseridau eu ffurfio drwy gyfuno un moleciwl glyserol a thri moleciwl asid brasterog. Mae'r moleciwl glyserol mewn lipid yr un fath bob amser, ond mae'r gydran asid brasterog yn amrywio. Mae'r asidau brasterog yn uno â glyserol mewn adwaith cyddwyso lle caiff tri moleciwl dŵr eu dileu a chaiff bond ocsigen, o'r enw bond ester, ei ffurfio rhwng y glyserol a'r asid brasterog.

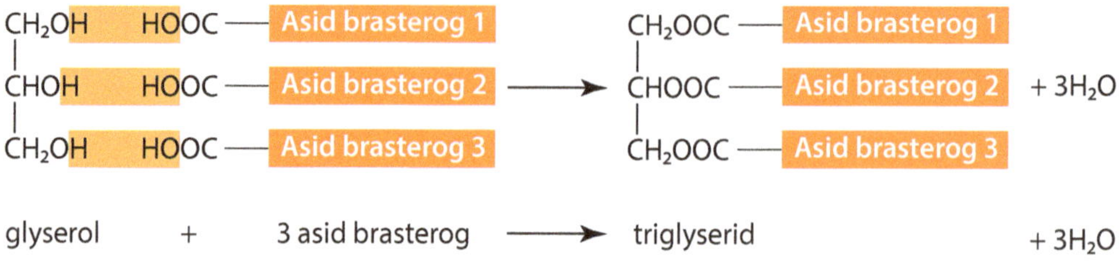

▼ Pwynt astudio

Mae asidau brasterog yn foleciwlau organig ac mae pob un yn cynnwys grŵp –COOH wedi'i lynu at gynffon hydrocarbon. Math o alcohol yw glyserol.

$$CH_2OH + HOOC{-}\text{Asid brasterog 1}$$
$$CHOH + HOOC{-}\text{Asid brasterog 2} \longrightarrow$$
$$CH_2OH + HOOC{-}\text{Asid brasterog 3}$$

$$CH_2OOC{-}\text{Asid brasterog 1}$$
$$CHOOC{-}\text{Asid brasterog 2} + 3H_2O$$
$$CH_2OOC{-}\text{Asid brasterog 3}$$

$$\text{glyserol} + \text{3 asid brasterog} \longrightarrow \text{triglyserid} + 3H_2O$$

▲ *Ffurfio triglyserid*

Priodweddau lipidau

Amrywiadau yn yr asidau brasterog sy'n achosi'r gwahaniaethau ym mhriodweddau gwahanol frasterau ac olewau. Os nad oes bondiau dwbl carbon-carbon yn y gadwyn hydrocarbon, yna dywedir bod yr asid brasterog yn ddirlawn oherwydd mae pob atom carbon wedi'i gysylltu â'r nifer mwyaf posibl o atomau hydrogen. Hynny yw, mae'n ddirlawn ag atomau hydrogen. Os oes bondiau dwbl yn bresennol, dywedir bod yr asid brasterog yn annirlawn. Mae llai o atomau hydrogen yn yr asidau brasterog hyn nag a allai fod.

Mae bwyta llawer o fraster, yn enwedig brasterau dirlawn, yn ffactor sy'n cyfrannu at glefyd y galon. Mae lipidau anifeiliaid yn aml yn ddirlawn, ond mae lipidau planhigion yn aml yn annirlawn ac yn bodoli ar ffurf olewau, fel olew olewydd ac olew blodau haul.

Un o briodweddau cemegol pwysig lipidau yw eu bod nhw'n anhydawdd mewn dŵr ond yn hydoddi mewn hydoddyddion organig fel aseton (propanon) ac alcoholau.

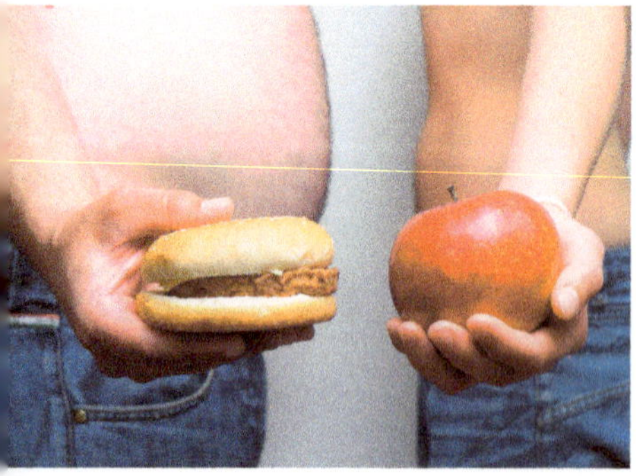

▲ *Deiet afiach a deiet iach*

▼ *Brasterau dirlawn ac annirlawn*

asidau brasterog dirlawn

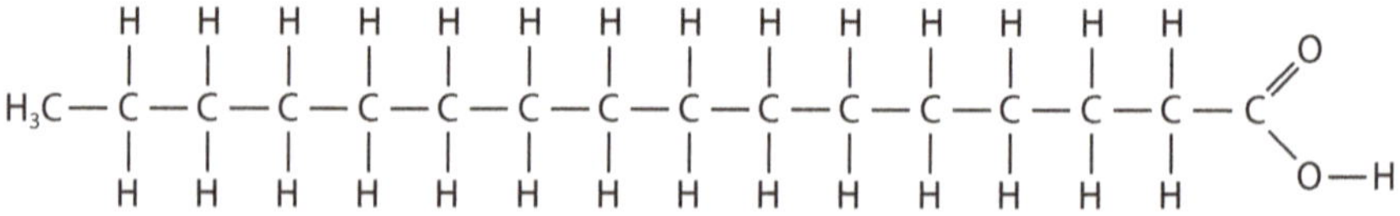

asidau brasterog annirlawn

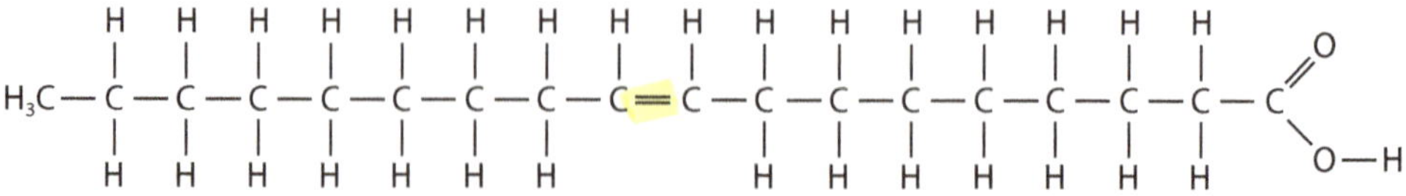

Swyddogaethau lipidau

Mae gan lipidau swyddogaeth bwysig yn adeiledd pilenni plasmaidd. Dyma rai o swyddogaethau eraill lipidau:

- Mae lipidau'n gwneud cronfeydd egni rhagorol mewn planhigion ac anifeiliaid. Y rheswm am hyn yw eu bod nhw'n cynnwys mwy o fondiau carbon-hydrogen na charbohydradau. Mae un gram o fraster wedi'i ocsidio'n rhoi tua dwywaith cymaint o egni â'r un màs o garbohydrad.

- Pan gaiff ei storio dan y croen, mae'n gweithredu fel ynysydd i atal y corff rhag colli gwres.

- Amddiffyn – yn aml caiff braster ei storio o gwmpas organau mewnol bregus fel arennau.

- Mae ocsidio triglyseridau hefyd yn cynhyrchu llawer o ddŵr metabolaidd. Mae hyn yn bwysig i anifeiliaid sy'n byw yn y diffeithwch, fel y llygoden fawr godog, sydd byth yn yfed dŵr ac yn goroesi ar ddŵr metabolaidd o'r braster y mae'n ei fwyta.

- Gwrthsefyll dŵr – mae brasterau'n anhydawdd mewn dŵr ac maen nhw'n bwysig mewn organebau tir fel pryfed lle mae'r cwtigl cwyraidd yn golygu eu bod nhw'n colli llai o ddŵr. Mae cwtigl cwyraidd ar ddail hefyd i leihau trydarthiad.

Ffosffolipidau

Mae ffosffolipidau'n debyg i lipidau ond mae grŵp ffosffad yn cymryd lle un o'r moleciwlau asid brasterog. Mae ffosffolipid wedi'i wneud o ddwy ran; pen hydroffilig, sydd yn rhyngweithio â dŵr ond sydd ddim yn rhyngweithio â braster, a chynffon hydroffobig, sydd ddim yn rhyngweithio â dŵr ond sydd yn rhyngweithio'n hawdd â braster. Gelwir moleciwlau sydd â dwy ran neu ddau begwn sydd yn ymddwyn yn wahanol fel hyn yn foleciwlau **polar**.

Mae ffosffolipidau'n bwysig wrth ffurfio pilenni plasmaidd mewn cell, ac yn effeithio ar y ffordd mae pilenni yn gweithio.

Mae'r rhan asid brasterog yn amholar ac yn anhydawdd mewn dŵr (hydroffobig).

Mae'r rhan glyserol a'r grŵp ffosffad yn bolar ac yn hydoddi mewn dŵr (hydroffilig).

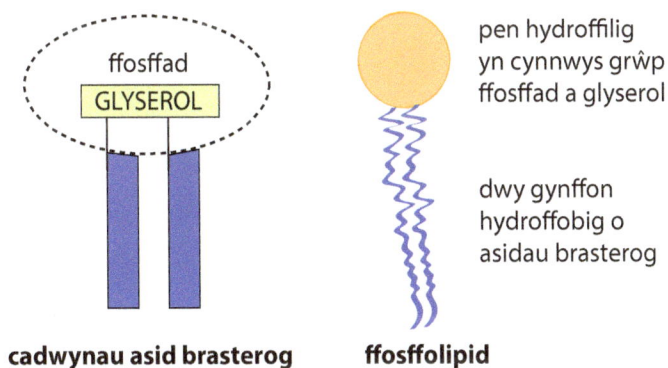

ffosffad
GLYSEROL

cadwynau asid brasterog

ffosffolipid

pen hydroffilig
yn cynnwys grŵp
ffosffad a glyserol

dwy gynffon
hydroffobig o
asidau brasterog

▲ Adeiledd ffosffolipid

DYLECH CHI WYBOD ›››

››› ffurfiant bond peptid

››› bod asidau amino'n cysylltu â'i gilydd i ffurfio polypeptid

››› beth yw pedair lefel adeiledd protein a'r bondiau dan sylw

››› am enghreifftiau o broteinau eilaidd, trydyddol a chwaternaidd

››› am enghreifftiau o broteinau ffibrog a chrwn a'u swyddogaethau

››› y prawf Biuret am brotein

Proteinau

- Mae proteinau'n wahanol i garbohydradau a lipidau gan eu bod nhw i gyd yn cynnwys nitrogen yn ogystal â charbon, hydrogen ac ocsigen. Mae llawer o broteinau hefyd yn cynnwys sylffwr, ac mae rhai'n cynnwys ffosfforws.

- Mae proteinau'n gyfansoddion mawr, ac maen nhw wedi'u gwneud o unedau llai o'r enw asidau amino. Mae tuag 20 o asidau amino gwahanol yn cael eu defnyddio i wneud proteinau. Mae miloedd o broteinau gwahanol yn bodoli ac mae eu siâp yn cael ei bennu gan ddilyniant penodol yr asidau amino yn y gadwyn.

- Mae gan bob asid amino yr un adeiledd sylfaenol: mae pob un yn cynnwys grŵp amino, $-NH_2$, ar un pen i'r moleciwl, a grŵp carbocsyl, $-COOH$, ar y pen arall. Fodd bynnag, mae gan bob asid amino grŵp R gwahanol.

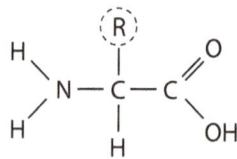

▲ Asid amino cyffredinol

Term Allweddol

Deupeptid = dau asid amino wedi'u cysylltu â'i gilydd.

▼ Pwynt astudio

Mae proteinau'n cyflawni amrywiaeth o weithgareddau biolegol ac maent yn cynnwys ensymau, gwrthgyrff, hormonau, proteinau cludo a phroteinau adeileddol.

Mae siâp un protein yn wahanol i siâp pob math arall o brotein.

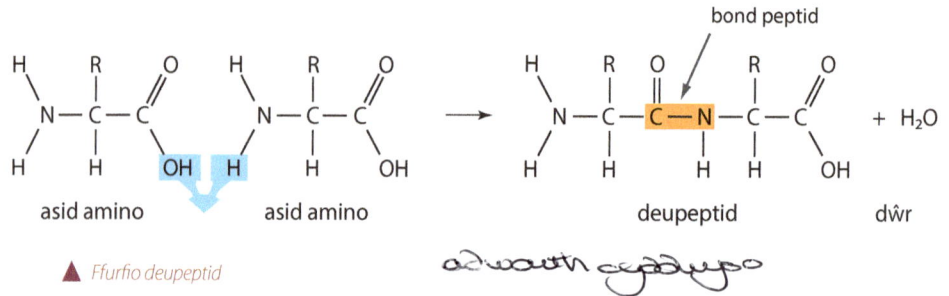

Ffurfio bond peptid

Caiff proteinau eu hadeiladu o ddilyniant llinol o asidau amino. Mae grŵp amino un asid amino'n adweithio â grŵp carbocsyl un arall gan ddileu dŵr. Enw'r bond sy'n cael ei ffurfio yw bond peptid ac enw'r cyfansoddyn sy'n cael ei ffurfio yw **deupeptid**.

▲ Ffurfio deupeptid

Cyngor arholwr
Mae newid un asid amino yn y dilyniant polypeptid yn gallu newid siâp protein a'i atal rhag cyflawni ei swyddogaeth.

Adeiledd protein

Mae proteinau'n foleciwlau mawr iawn wedi'u gwneud o gadwynau hir o lawer o asidau amino wedi'u huno â'i gilydd. Yr enw ar y cadwynau hyn yw polypeptidau.

Adeiledd cynradd

Hwn yw dilyniant yr asidau amino mewn cadwyn polypeptid. Gan fod polypeptidau'n cynnwys llawer o'r 20 asid amino wedi'u huno mewn unrhyw drefn, mae nifer enfawr o gyfuniadau posibl. Y gwahaniaeth rhwng proteinau yw amrywiaeth, niferoedd a threfn yr asidau amino sydd ynddyn nhw. Yn fwy cyffredin, mae proteinau'n cynnwys nifer o gadwynau polypeptid.

Adeiledd eilaidd

Yr adeiledd eilaidd yw'r siâp y mae'r gadwyn polypeptid yn ei ffurfio o ganlyniad i fondio hydrogen. Mae hyn yn achosi i'r gadwyn polypeptid hir ddirdroi mewn siâp 3D. Enw'r siâp sbiral hwn yw'r helics α.

Trefniant arall llai cyffredin yw'r llen bletiog β.

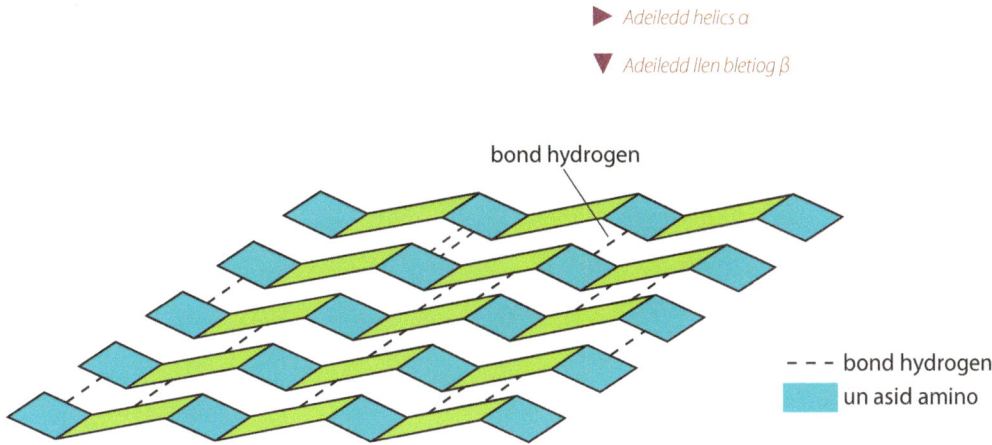

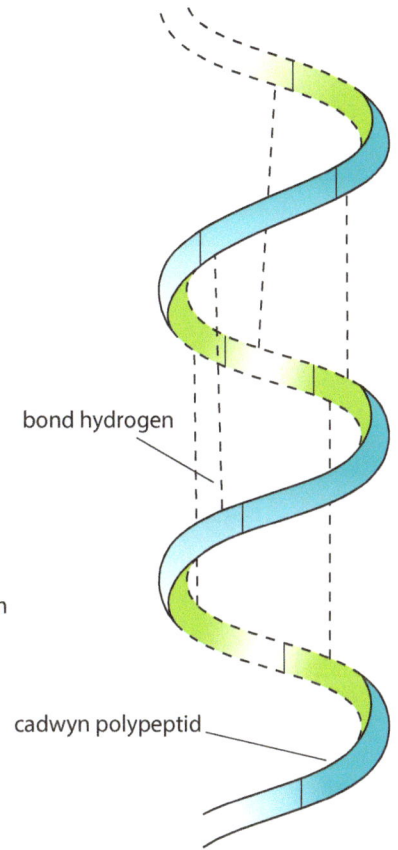

▶ *Adeiledd helics α*

▼ *Adeiledd llen bletiog β*

bond hydrogen

- - - bond hydrogen

◼ un asid amino

bond hydrogen

cadwyn polypeptid

Adeiledd trydyddol

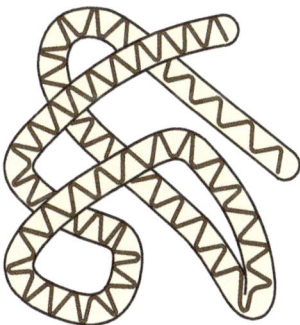

Mae'r helics α yn gallu plygu a dirdroi i roi adeiledd 3D mwy cymhleth, cryno. Hwn yw'r adeiledd trydyddol. Caiff y siâp ei gynnal gan fondiau deusylffid, bondiau ïonig a bondiau hydrogen, e.e. mewn proteinau crwn.

▼ *Adeiledd trydyddol*

▼ *Mathau o fondiau cemegol mewn polypeptid*

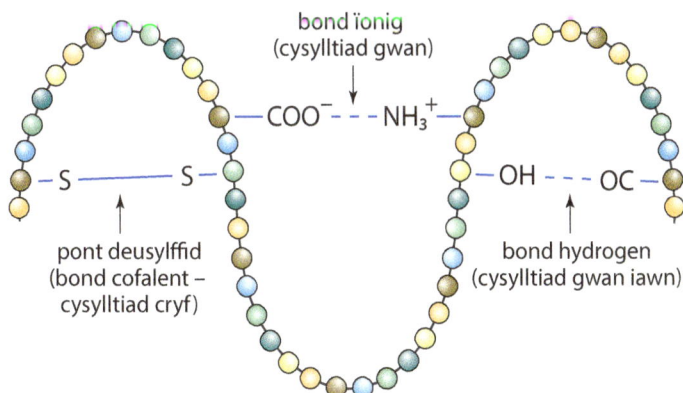

bond ïonig
(cysylltiad gwan)

COO^- - - - NH_3^+

—S———S—

$—OH$ - - - $OC—$

pont deusylffid
(bond cofalent –
cysylltiad cryf)

bond hydrogen
(cysylltiad gwan iawn)

Cyngor arholwr

Proteinau trydyddol yw ensymau. Mae siâp moleciwl yr ensym yn benodol iawn ac yn cael ei ddal yn yr union siâp hwn gan y bondiau rhwng asidau amino mewn gwahanol rannau o'r gadwyn.

3

Gwirio gwybodaeth

Parwch bob lefel y pedwar adeiledd protein â'r disgrifiad priodol A–CH.

A. Plygu'r polypeptid yn siâp 3D.

B. Helics α wedi'i ddal at ei gilydd â bondiau hydrogen.

C. Dilyniant yr asidau amino yn y gadwyn polypeptid.

CH. Cyfuniad dwy neu fwy o gadwynau polypeptid ar ffurf drydyddol, sydd fel arfer yn gysylltiedig â grŵp heblaw protein.

4

Gwirio gwybodaeth

Nodwch pa fathau o fondiau sy'n cael eu ffurfio o ganlyniad i adweithiau cyddwyso rhwng:

A. Dau foleciwl glwcos.

B. Asidau brasterog a glyserol.

C. Dau asid amino.

▼ *Adeiledd moleciwlaidd protein*

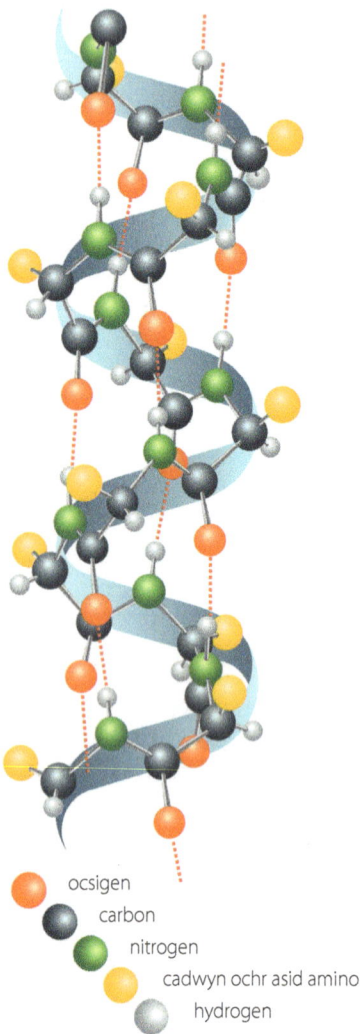

ocsigen
carbon
nitrogen
cadwyn ochr asid amino
hydrogen

Cyngor arholwr

Copr II sylffad gwanedig iawn wedi ei gymysgu â hydoddiant sodiwm hydrocsid yw adweithydd Biuret. Mewn arholiad, dim ond 'adweithydd Biuret' fydd angen i chi ei alw.

Adeiledd cwaternaidd

Caiff yr adeiledd cwaternaidd ei ffurfio gan gyfuniad o ddwy neu fwy o gadwynau polypeptid ar ffurf drydyddol. Mae'r rhain yn gysylltiedig â grwpiau heblaw proteinau ac yn ffurfio moleciwlau mawr, cymhleth, e.e. haemoglobin.

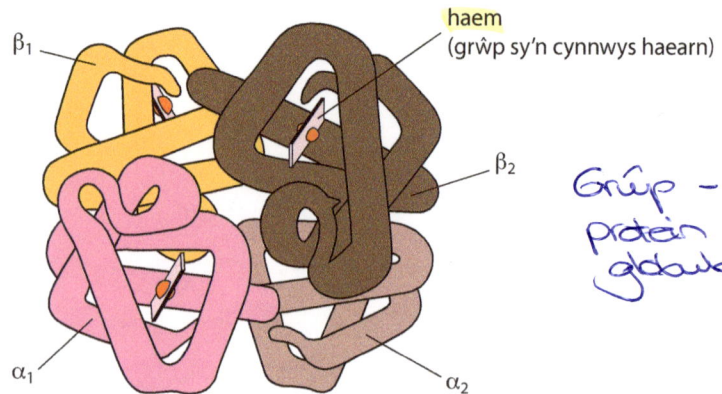

β₁
β₂
α₁
α₂

haem
(grŵp sy'n cynnwys haearn)

Grŵp - protein globular

▲ *Adeiledd haemoglobin*

Proteinau crwn a ffibrog

Mae swyddogaethau proteinau'n dibynnu ar eu siâp moleciwlaidd. Mae dau fath sylfaenol:

Mae proteinau ffibrog yn cyflawni swyddogaethau adeileddol. Maen nhw wedi'u gwneud o bolypeptidau mewn cadwynau paralel neu lenni gyda nifer o drawsgysylltau i ffurfio ffibrau hir, e.e. ceratin (mewn gwallt). Mae proteinau ffibrog yn anhydawdd mewn dŵr, yn gryf ac yn wydn. Mae colagen yn darparu'r priodweddau gwydn sydd eu hangen mewn tendonau. Mae un ffibr wedi'i wneud o dair cadwyn polypeptid wedi'u dirdroi o gwmpas ei gilydd fel rhaff. Mae'r cadwynau hyn wedi'u trawsgysylltu â phontydd i wneud moleciwl sefydlog iawn.

Mae proteinau crwn yn cyflawni amrywiaeth o swyddogaethau gwahanol – ensymau, gwrthgyrff, proteinau plasma a hormonau. Mae'r proteinau hyn yn gryno ac yn plygu fel moleciwlau sfferig. Maen nhw'n hydawdd mewn dŵr. Mae haemoglobin wedi'i wneud o bedair cadwyn polypeptid wedi'u plygu, a grŵp sy'n cynnwys haearn o'r enw haem yn y canol.

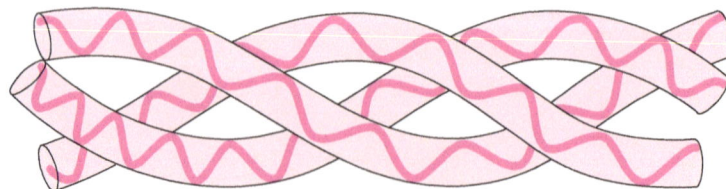

3 llinyn polypeptid wedi'u weindio o gwmpas ei gilydd yn dynn

▲ *Adeiledd protein ffibrog e.e. colagen*

Prawf am brotein – prawf Biuret

I brofi sampl o hydoddiant sydd, o bosibl, yn cynnwys protein, gellir ychwanegu rhai diferion o adweithydd Biuret. Bydd lliw porffor yn dangos bod protein yn bresennol. Os nad oes protein yn bresennol, bydd yr hydoddiant yn aros yn las.

Dŵr

Ar wahân i ddarparu cynefin i organebau dyfrol, mae dŵr yn chwarae rhan bwysig mewn planhigion ac anifeiliaid, ac mae rhai elfennau allweddol i'w cael mewn hydoddiant dyfrllyd. Mae dŵr yn gweithredu fel cyfrwng i adweithiau metabolaidd. Yn ôl màs, mae rhwng 65% a 95% o'r rhan fwyaf o blanhigion ac anifeiliaid yn ddŵr. Mae'n gydran bwysig mewn celloedd. Yn wir, mae tua 70% o un gell ddynol yn ddŵr.

Er bod dŵr yn foleciwl syml, mae ganddo rai priodweddau annisgwyl. Priodwedd bwysicaf moleciwlau dŵr yw eu bod nhw'n gallu 'sticio at ei gilydd' drwy ffurfio bondiau hydrogen gyda moleciwlau dŵr eraill. Hefyd, gan ei fod yn hylif, mae'n rhoi cyfrwng i foleciwlau ac ïonau gymysgu ynddo. Mae'r bondiau hydrogen rhwng moleciwlau dŵr yn ei gwneud hi'n anoddach gwahanu'r moleciwlau ac yn effeithio ar briodweddau ffisegol dŵr.

Dŵr fel hydoddydd

Mae dŵr yn hydoddydd rhagorol. Gan fod gan foleciwlau dŵr rannau sydd ychydig yn bositif a rhannau sydd ychydig yn negatif, byddan nhw'n atynnu gronynnau eraill â gwefr, fel ïonau, a moleciwlau polar eraill, fel glwcos. Mae hyn yn golygu bod adweithiau cemegol yn gallu digwydd mewn hydoddiant a gan fod y cemegion hyn yn hydoddi mewn dŵr, mae'n gweithredu fel cyfrwng cludo, e.e. mewn anifeiliaid mae gwaed yn cludo llawer o sylweddau wedi'u hydoddi. Mewn planhigion, mae dŵr yn cludo mwynau yn y sylem a swcros yn y ffloem. Nid yw moleciwlau amholar fel lipidau'n hydoddi mewn dŵr.

▼ *Moleciwlau dŵr yn trefnu eu hunain o gwmpas ïonau mewn hydoddiant*

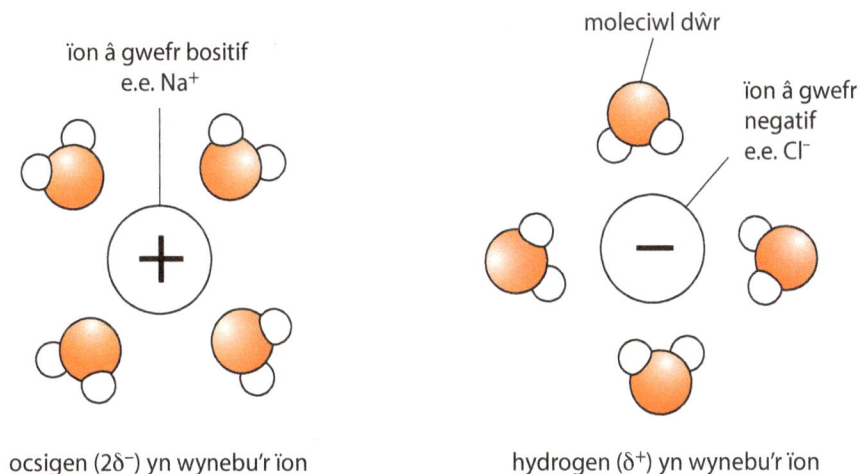

ïon â gwefr bositif e.e. Na⁺

moleciwl dŵr

ïon â gwefr negatif e.e. Cl⁻

ocsigen ($2\delta^-$) yn wynebu'r ïon

hydrogen (δ^+) yn wynebu'r ïon

Priodweddau thermol

Mae gan ddŵr wres sbesiffig uchel. Mae angen llawer o egni gwres i godi tymheredd dŵr. Y rheswm am hyn yw bod y bondiau hydrogen rhwng moleciwlau dŵr yn eu rhwystro nhw rhag symud. Mae hyn yn atal newidiadau mawr yn nhymheredd dŵr. Mae hynny'n arbennig o bwysig o ran cadw tymheredd cynefinoedd dyfrol yn sefydlog fel nad oes rhaid i organebau ddioddef tymheredd eithafol. Mae hyn hefyd yn caniatáu i ensymau yn y celloedd weithio'n effeithiol.

Mae gan ddŵr wres cudd uchel, hynny yw mae angen llawer o egni gwres i'w newid o gyflwr hylif i gyflwr anwedd. Mae hyn yn bwysig, er enghraifft, wrth reoli tymheredd lle caiff gwres ei ddefnyddio i anweddu dŵr wrth chwysu. Hynny yw, mae anweddu dŵr oddi ar arwyneb yn achosi oeri.

Cyngor arholwr

Mae moleciwl yn cael ei briodweddau o'i adeiledd. Byddwch yn barod i egluro sut mae priodweddau dŵr yn ei alluogi i gyflawni ei holl swyddogaethau pwysig mewn organebau byw.

▼ Pwynt astudio

Mae moleciwlau dŵr yn tueddu i gael eu hatynnu at ei gilydd. Ni fydd moleciwlau amholar fel lipidau'n hydoddi mewn dŵr.

Cysylltiad Mae priodwedd hydroffobig lipidau'n bwysig mewn cellbilenni. Byddwch chi'n astudio hyn ar dudalen 36.

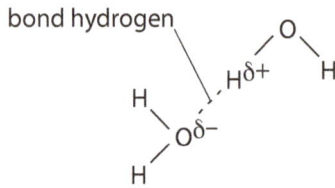

bond hydrogen

▲ *Moleciwlau dŵr wedi'u dal at ei gilydd gan fond hydrogen*

Cydlyniad a thyniant arwyneb

Mae dŵr yn foleciwl polar a does ganddo ddim gwefr gyffredinol. Mae gwefr negatif fach ar ochr ocsigen y moleciwl a gwefr bositif fach ar ochr hydrogen y moleciwl. Pan mae dau foleciwl dŵr yn agos at ei gilydd, mae'r gwefrau dirgroes yn atynnu ei gilydd gan ffurfio bond hydrogen. Yn unigol, mae'r bondiau hydrogen yn wan, ond gan fod llawer ohonyn nhw, maen nhw'n cydio yn ei gilydd mewn fframwaith dellten (*lattice*) cryf. Cydlyniad yw'r enw ar sut mae moleciwlau dŵr yn cydio yn ei gilydd. Dyna sut gall colofnau hir o ddŵr gael eu tynnu i fyny tiwbiau sylem mewn coed tal.

Ar dymheredd cyffredin, dŵr yw'r hylif sydd â'r tyniant arwyneb mwyaf heblaw mercwri. Mewn llyn, mae'r cydlyniad rhwng moleciwlau dŵr yn cynhyrchu tyniant arwyneb sy'n gallu cynnal corff pryfyn fel rhiain y dŵr (*pond skater*).

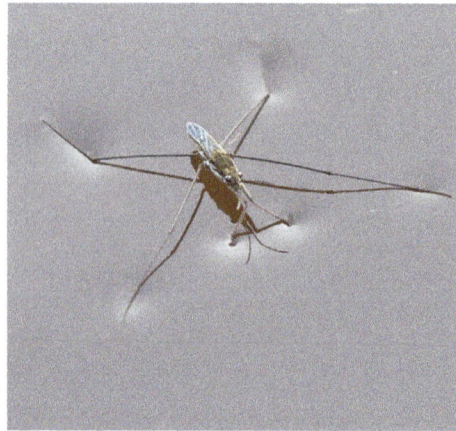

Dwysedd

Mae dwysedd dŵr ar ei uchaf ar 4 °C. Mae dŵr ar ei ffurf solid (rhew) yn llai dwys na dŵr ac felly mae'n arnofio ar yr arwyneb ac yn ynysu'r dŵr oddi tano. Mae hyn yn ei gwneud yn llai tebygol y bydd cyrff mawr o ddŵr yn rhewi'n gyfan gwbl, ac yn galluogi organebau i oroesi oddi tano.

Mae dŵr yn dryloyw

Mae'r briodwedd hon yn golygu bod golau'n gallu mynd drwy ddŵr, gan alluogi planhigion dyfrol i gyflawni ffotosynthesis yn effeithiol.

Ïonau anorganig

Mae'r holl sylweddau rydym ni wedi eu disgrifio hyd yn hyn wedi eu gwneud o foleciwlau. Mae ar organebau byw angen amrywiaeth o ïonau anorganig hefyd. Gallwn ni rannu'r rhain yn ddau grŵp: microfaetholion y mae angen symiau bach iawn (mymryn) ohonyn nhw, e.e. copr a sinc, a macrofaetholion y mae angen symiau bach ohonyn nhw. Dyma grynodeb o swyddogaethau rhai macrofaetholion:

- Mae magnesiwm yn un o ansoddau pwysig cloroffyl ac felly mae'n bwysig mewn ffotosynthesis.

- Mae haearn yn un o ansoddau haemoglobin, sy'n bwysig i gludo ocsigen yng nghelloedd coch y gwaed.

- Caiff ïonau ffosffad eu defnyddio i wneud niwcleotidau, gan gynnwys ATP. Maen nhw hefyd yn un o ansoddau ffosffolipidau, sydd i'w cael yn y bilen blasmaidd.

- Mae calsiwm, ynghyd â ffosffad, yn un o ansoddau adeileddol pwysig esgyrn a dannedd.

Moleciwlau biolegol

1 Mae'r tabl canlynol yn rhestru rhai o nodweddion cyfansoddion biolegol. Ticiwch y blychau yn y tabl os yw'r nodwedd yn perthyn i garbohydradau, lipidau neu broteinau. Cewch chi dicio un, dau neu dri o flychau i bob nodwedd. (5)

Nodwedd	Carbohydrad	Lipid	Protein
Gallu bod yn ddirlawn neu'n annirlawn		✓	
Cynnwys bondiau peptid			✓
Cynnwys yr elfennau carbon, hydrogen ac ocsigen	✓	✓	✓
Gallu cynnwys bondiau deusylffid			
Mae cellwlos a glwcos yn enghreifftiau	✓		

2 Mae'r diagram yn dangos moleciwl α-glwcos:

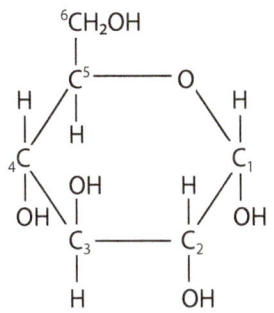

(a) (i) Pa enw a roddir ar y math hwn o fonosacarid? (1) _swgr nacsos_

(ii) Enwch y deusacarid sy'n cael ei ffurfio wrth i ddau foleciwl o α-glwcos gyfuno. (1) _maltos_

(iii) Beth arall sy'n cael ei ffurfio yn yr adwaith hwn. (1) _dŵr_

(iv) Pa atomau carbon sy'n ffurfio'r bond glycosidig? (1) _1, 4_

(b) (i) Eglurwch sut y byddai'r diagram ar gyfer β-glwcos yn wahanol i'r diagram uchod. (1)

(ii) Pam y cyfeirir at α glwcos a β-glwcos fel isomerau? (1)

(c) Pa un o'r ddau isomer sy'n ffurfio'r polysacarid cellwlos mewn planhigion? (1) _β_

(ch) Ar wahân i ychydig o bryfed a rhai malwod, mae'r rhan fwyaf o anifeiliaid wedi methu ag esblygu ensym fydd yn treulio cellwlos. Eglurwch pam mae cellwlos gymaint yn llai adweithiol na'r polysacaridau eraill. (1) _bondiau hydrogen cryf_

(d) Eglurwch un fantais y mae'r adeiledd cellwlos yn ei rhoi i'r planhigyn. (1) _cynnal strwythur/ sefydlogrwydd_

3 Mae'r diagram (A) yn dangos fformiwla gyffredinol asid brasterog:

Caiff lipidau eu ffurfio pan fydd tri asid brasterog yn adweithio â moleciwl arall (Diagram B).

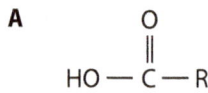

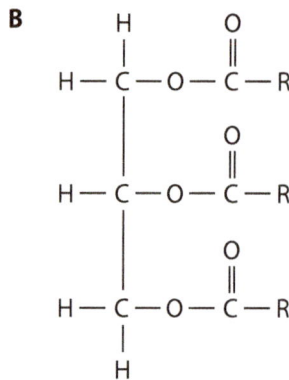

(a) (i) Enwch foleciwl B. (1) *triglyserid*

   (ii) Sut mae'r adwaith sy'n ffurfio lipid yn debyg i'r adwaith sy'n ffurfio deupeptid neu ddeusacarid? (1) *cydwasgro*

  (iii) Disgrifiwch un o nodweddion y grŵp R mewn asidau brasterog. (1)

(b) Mae'r lipidau sy'n bodoli mewn planhigion yn aml yn cael eu galw'n olewau, gan eu bod nhw'n hylif ar dymheredd ystafell. Mae brasterau anifeiliaid yn solid ar dymheredd ystafell.

  (i) Disgrifiwch y gwahaniaeth adeileddol rhwng braster anifail solid a braster planhigyn hylifol. (1)

  (ii) Mae olewau planhigion yn aml yn bodoli mewn hadau. Beth yw eu swyddogaeth yno? (1)

  (iii) Pam mae lipidau'n arbennig o addas i'r swyddogaeth hon? (1)

---

4 (a) Cwblhewch y tabl i ddangos y gwahaniaethau adeileddol rhwng lipidau (triglyseridau) a ffosffolipidau. (3)

	Triglyserid	Ffosffolipid
Gwahaniaeth adeileddol 1		
Gwahaniaeth adeileddol 2		
Ble mae'r cyfansoddyn i'w gael mewn organebau		

  (b) Mae asid stearig ac asid olëig yn ddwy enghraifft o asidau brasterog. Mae asid stearig yn asid brasterog dirlawn ac mae asid olëig yn asid brasterog annirlawn. Disgrifiwch y gwahaniaeth rhwng adeileddau'r ddau asid brasterog hyn. (1)

  (c) Pa un o'r asidau brasterog hyn allai gyfrannu at glefyd y galon pe bai rhywun yn bwyta llawer ohono? (1)

---

5 Mae'r diagram yn cynrychioli moleciwl ffosffolipid:

 (a) (i) Enwch y rhannau o'r moleciwl sydd wedi'u labelu'n A, B ac C. (3)

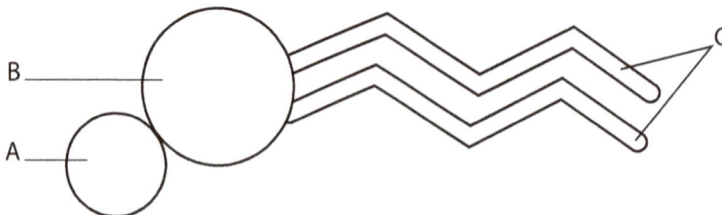

  (ii) Mae bond yn cysylltu rhannau B ac C o'r moleciwl at ei gilydd. Enwch y bond a disgrifiwch sut caiff y bond ei ffurfio. (3)

  (iii) Enwch un ffordd y caiff ffosffolipidau eu defnyddio mewn organebau byw. (1)

 (b) Disgrifiwch sut mae adeiledd y moleciwl ffosffolipid yn y diagram yn wahanol i adeiledd triglyserid. (2)

6 Mae'r diagramau'n dangos dau foleciwl, A a B, sy'n bodoli mewn organebau byw.

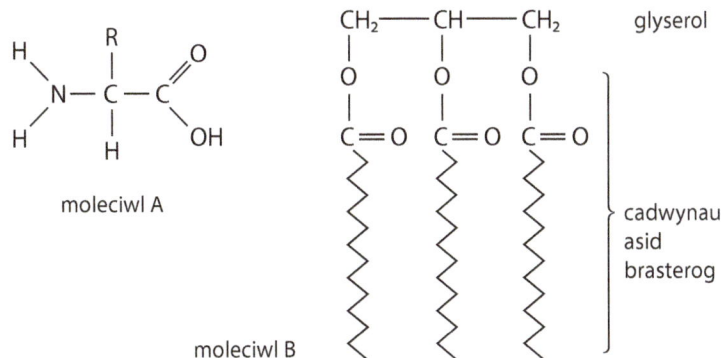

moleciwl A

glyserol

cadwynau asid brasterog

moleciwl B

(a) (i) Enwch foleciwlau A a B. (2)

(ii) Enwch elfen sy'n bodoli ym moleciwl A ond nid ym moleciwl B. (1)

(b) Mae llawer o foleciwlau A yn gallu cysylltu â'i gilydd i ffurfio cadwyn hir. Enwch y broses sy'n cysylltu'r moleciwlau at ei gilydd a'r bond sy'n cael eu ffurfio i'w cysylltu nhw. (2)

(c) (i) Disgrifiwch brawf addas y gallech chi ei gynnal i ddangos bod hydoddiant yn cynnwys polymerau o foleciwl A. (2)

(ii) Awgrymwch broblem a allai godi wrth ddefnyddio'r prawf hwn pe bai crynodiad y polymer yn yr hydoddiant yn isel iawn. (1)

7 (a) Mae lefel adeiledd protein yn dibynnu ar sut mae'r moleciwl yn plygu ac ar y mathau o fondiau sy'n bresennol. Ticiwch y blychau yn y tabl i ddangos yr holl fondiau sy'n bresennol ar bob lefel adeiledd protein. (3)

Lefel adeiledd protein	Mathau o fondiau			
	Peptid	Hydrogen	Deusylffid	Ïonig
Cynradd				
Eilaidd				
Trydyddol				

(b) (i) Sut mae adeiledd cwaternaidd protein yn wahanol i'r adeiledd trydyddol? (1)

(ii) Rhowch enghraifft o brotein cwaternaidd. (1)

8 Mae'r diagram yn dangos moleciwl sy'n gallu cael ei hollti gan ensym i gynhyrchu dau asid amino:

(a) (i) Enwch y moleciwl. (1)

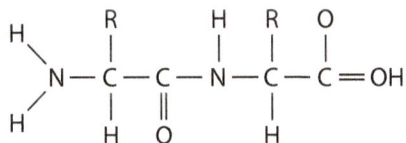

(ii) Enwch y bond sy'n cael ei dorri gan yr ensym. (1)

(iii) Enwch y math o adwaith sy'n achosi i'r bond dorri. (1)

(b) Nid yw'r ddau asid amino sy'n cael eu ffurfio'n union yr un fath â'i gilydd. Beth yw'r gwahaniaeth rhwng eu hadeileddau? (1)

(c) Tua faint o wahanol asidau amino sy'n bodoli mewn proteinau? (1)

9 Mae'r diagram yn dangos adeiledd protein. Mae'r llythrennau A i C yn dynodi tri math o fond sy'n bodoli mewn protein.

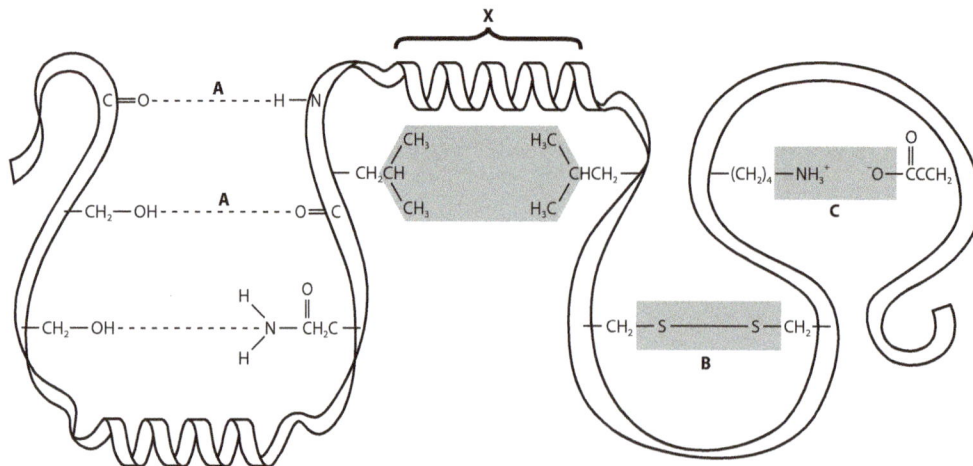

(a) Nodwch enwau'r mathau o fond A i C. (3)

(b) Mae'r rhan sydd wedi'i marcio ag X ar y diagram yn rhan o adeiledd eilaidd protein.

  (i) Nodwch enw'r math hwn o adeiledd eilaidd. (1)

  (ii) Sut mae'r math hwn o adeiledd eilaidd yn cael ei ddal at ei gilydd? (1)

  (iii) Nodwch enw math arall o adeiledd eilaidd. (1)

(c) Nodwch y lefel uchaf o adeiledd protein sydd yn y diagram. (1)

(ch) Mae moleciwl cellwlos wedi'i wneud o nifer mawr o unedau monosacarid.

  (i) Enwch y monosacarid a'i ffurf. (2)

  (ii) Eglurwch sut mae adeiledd cellwlos yn golygu ei fod yn addas i'w ddefnyddio mewn cellfuriau planhigion. (2)

---

10 Mae angen ïonau anorganig ar organebau byw. Rhowch swyddogaethau pob un o'r pedwar ïon hyn. (4)

Magnesiwm

Haearn

Ffosffad

Calsiwm

---

11 Disgrifiwch adeiledd lipidau a'u swyddogaeth mewn planhigion ac anifeiliaid. (10)

BY1

Adeiledd celloedd a threfniadaeth

Unedau sylfaenol bywyd yw celloedd, lle mae adweithiau metabolaidd yn digwydd. Yr enw ar adeiledd manwl cell, y gallwn ni ei weld â microsgop electron, yw'r uwchadeiledd. Dim ond un gell sydd mewn organebau syml, hynny yw, maen nhw'n ungellog. Mae organebau mwy datblygedig yn cynnwys llawer o gelloedd a dywedir eu bod nhw'n amlgellog. Mae'r celloedd yn yr organebau hyn yn arbenigo i gyflawni swyddogaethau penodol. Er bod celloedd yn rhannu rhai nodweddion, mae eu hadeiledd mewnol yn wahanol er mwyn cyflawni'r gwahanol swyddogaethau hyn. Mae dau fath penodol o gelloedd: celloedd procaryotig a chelloedd ewcaryotig. Mae celloedd ewcaryotig yn cynnwys cnewyllyn amlwg ac organynnau pilennog. Mae adeiledd celloedd procaryotig, fel celloedd bacteria, yn symlach.

Erbyn diwedd y testun hwn, dylech chi allu gwneud y canlynol:

- Disgrifio a dehongli lluniadau a ffotograffau o gelloedd planhigion ac anifeiliaid nodweddiadol fel y maen nhw'n edrych dan ficrosgop electron.

- Adnabod ffurfiadau fel y cnewyllyn, gan gynnwys y bilen gnewyllol a'r cnewyllan, reticwlwm endoplasmig llyfn a garw, mitocondria, cloroplastau, ribosomau, lysosomau, organigyn Golgi, pilen blasmaidd, centriolau.

- Disgrifio swyddogaethau'r ffurfiadau hyn.

- Disgrifio'r gydberthynas rhwng organynnau.

- Disgrifio sut mae celloedd procaryotig ac ewcaryotig yn debyg ac yn wahanol i'w gilydd.

- Egluro ystyr y termau 'meinwe', 'organ' a 'system', gan nodi enghreifftiau mewn planhigion ac anifeiliaid.

- Disgrifio'r gwahaniaethau rhwng celloedd planhigion ac anifeiliaid.

▼ Pwynt astudio

Rydym ni'n defnyddio unedau bach iawn i fesur gwrthrychau fel organynnau. Yr unedau hyd sy'n berthnasol wrth astudio celloedd yw µm, micrometr = miliynfed rhan o fetr a nm, nanometr = mil miliynfed rhan o fetr!

Cyngor arholwr

Mae'r gell yn adeiledd 3D. Mae electron micrograff yn gallu dangos mitocondria ar siâp crwn neu siâp selsig gan eu bod nhw wedi eu torri ar blanau gwahanol.

▼ ME cnewyllyn

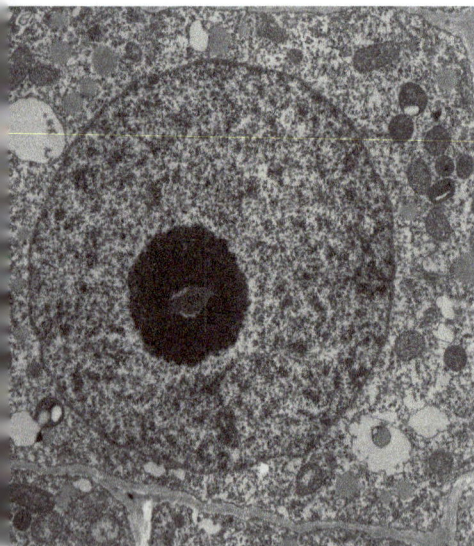

Adeiledd celloedd

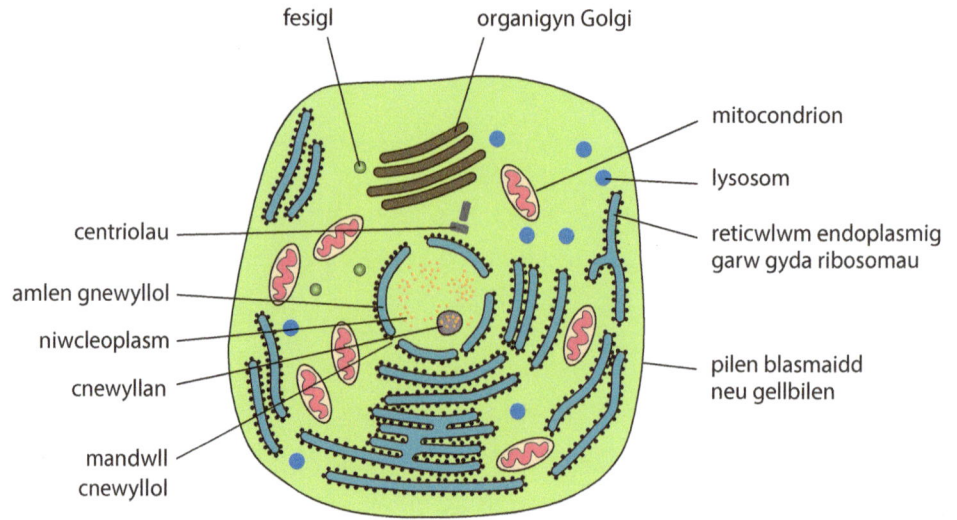

▲ Uwchadeiledd cell anifail nodweddiadol fel mae'n ymddangos dan ficrosgop electron

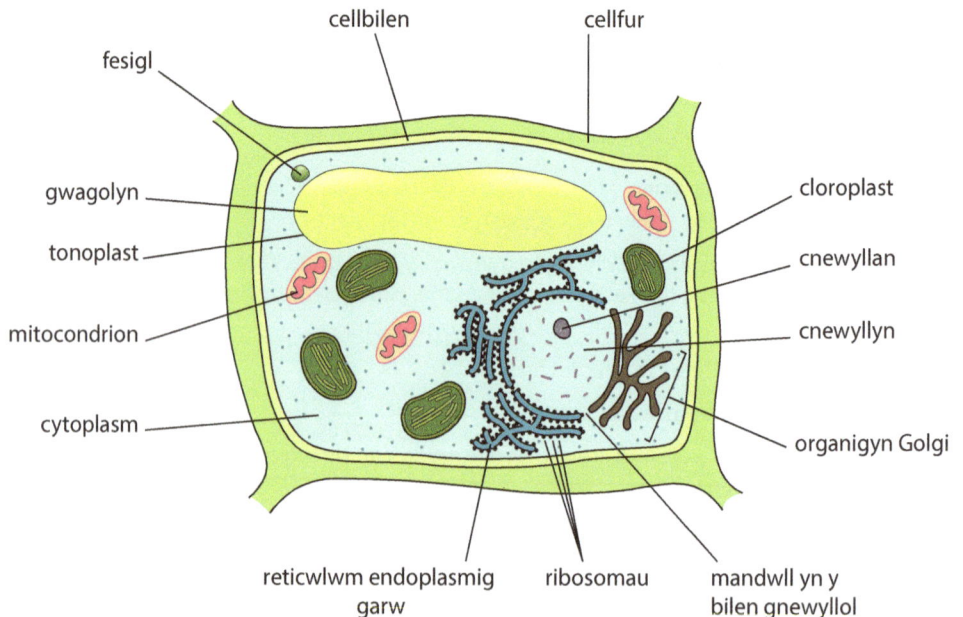

▲ Uwchadeiledd cell planhigyn nodweddiadol fel mae'n ymddangos dan ficrosgop electron

Mae celloedd ewcaryotig yn cynnwys organynnau pilennog, sef mannau caeedig o fewn y cytoplasm. Mantais hyn yw eu bod nhw'n gallu arunigo cemegion a/neu ensymau a all fod yn niweidiol. Mae pilenni hefyd yn darparu arwynebedd arwyneb i'r ensymau lynu ato. Mae hyn yn ymwneud â phrosesau metabolaidd, yn ogystal â darparu system cludiant o fewn y gell. Caiff ffurfiad a swyddogaethau'r organynnau mewn celloedd ewcaryotig eu disgrifio isod.

Cnewyllyn

Dyma brif nodwedd y gell. Mae fel arfer yn sfferig ac mae ei diamedr rhwng 10 a 20 µm. Ei swyddogaeth yw rheoli gweithgareddau'r gell a dal y cromosomau. Mae'r cnewyllyn wedi'i wneud o nifer o gydrannau:

Cysylltiad
Gweler asidau niwclëig ar dudalen 58.

- Mae pilen ddwbl o gwmpas y cnewyllyn, sef y bilen (neu amlen) gnewyllol. Mae'r bilen allanol yn barhad di-dor o'r reticwlwm endoplasmig. Mae'r bilen hefyd yn cynnwys mandyllau i ganiatáu i foleciwlau mawr fel mRNA fynd allan o'r cnewyllyn.

- Enw'r defnydd gronynnog tebyg i jeli yn y cnewyllyn yw'r niwcleoplasm. Mae'n cynnwys cromatin, sydd wedi'i wneud o dorchau o DNA sydd ynghlwm wrth brotein. Yn ystod cellraniad, mae'r cromatin yn cyddwyso i ffurfio'r cromosomau.

- Mae corff bach sfferig y tu mewn i'r cnewyllyn o'r enw cnewyllan. Ei swyddogaeth yw cynhyrchu RNA, sydd ei angen i wneud ribosomau.

Mitocondria

Mae mitocondria ar siâp rhodenni ac mae eu hyd rhwng 1 a 10 µm. Maen nhw wedi'u gwneud o'r ffurfiadau canlynol:

- Pilen ddwbl â gofod rhyng-bilennol tenau llawn hylif. Mae'r bilen fewnol yn plygu tuag i mewn i ffurfio estyniadau o'r enw cristâu.

- Matrics organig sy'n cynnwys llawer o gyfansoddion cemegol gan gynnwys protein, lipidau a mymryn o DNA sy'n galluogi'r mitocondria i reoli'r protein y maen nhw eu hunain yn ei gynhyrchu.

Sut mae Gwyddoniaeth yn Gweithio

Daeth gwyddonwyr i ddeall swyddogaeth cell drwy astudio ei huwchadeiledd a'i lleoliad. Er enghraifft, mae celloedd epithelaidd yn defnyddio llawer o egni yn y broses o amsugno sylweddau o'r coluddion drwy gludiant actif, felly maen nhw'n cynnwys niferoedd mawr o fitocondria.

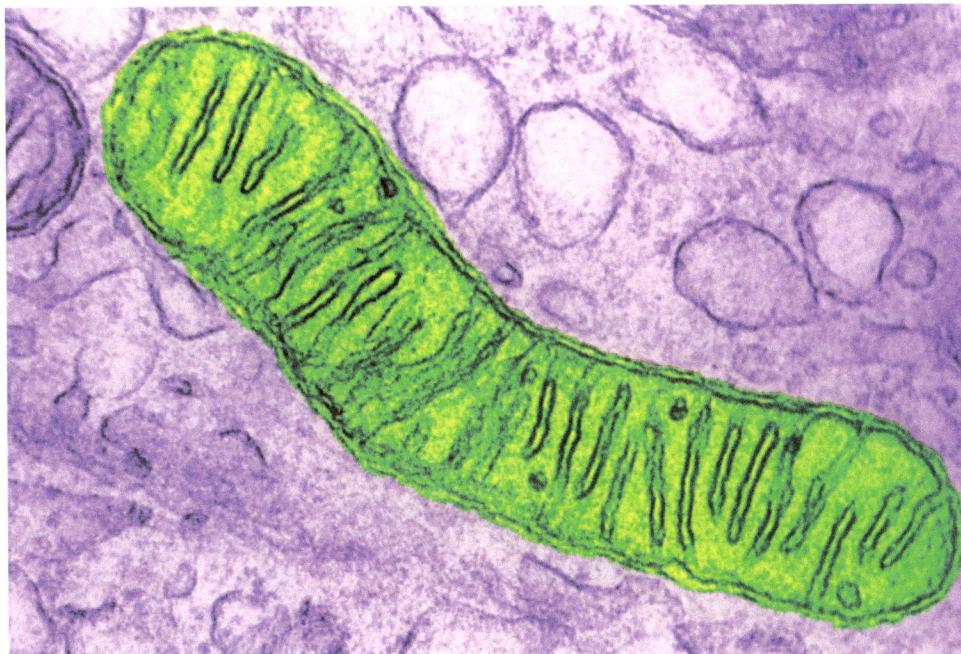

Mitocondrion

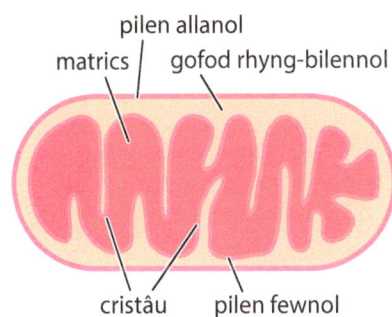

pilen allanol
matrics
gofod rhyng-bilennol
cristâu
pilen fewnol

▲ *Adeiledd sylfaenol mitocondrion*

Mitocondria yw'r mannau lle mae resbiradaeth aerobig yn digwydd yn y gell. Mae rhai o'r adweithiau'n digwydd yn y matrics ac eraill yn digwydd ar y bilen fewnol. Mae'r cristâu'n rhoi arwynebedd arwyneb mawr i ensymau lynu at y bilen sy'n ymwneud â resbiradaeth.

Swyddogaeth mitocondria yw cynhyrchu'r moleciwl cludo egni, ATP. Mae angen cyflenwad ATP helaeth ar gelloedd metabolaidd actif fel celloedd cyhyrau. Mae'r rhain yn cynnwys niferoedd mawr o fitocondria, i adlewyrchu'r llawer o weithgarwch metabolaidd sy'n digwydd yno.

Reticwlwm endoplasmig (ER)

Mae hwn yn cynnwys system fanwl o bilenni dwbl paralel sy'n ffurfio codennau gwastad. Enw'r bylchau llawn hylif rhwng y pilenni yw cisternâu. Mae'r ER wedi'i gysylltu â'r bilen gnewyllol ac mae'n gallu bod wedi'i gysylltu â'r organigyn Golgi. Mae'r ceudodau wedi'u cydgysylltu ac mae'r system hon yn caniatáu cludiant defnyddiau drwy'r gell i gyd.

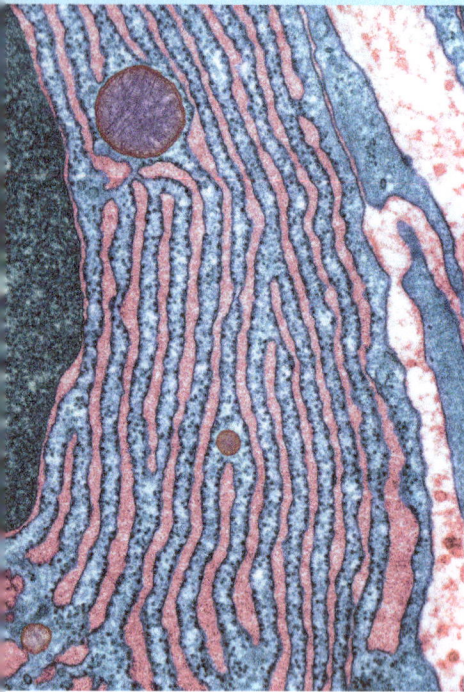

▲ *Reticwlwm endoôlasmig*

▼ *Organigyn Golgi*

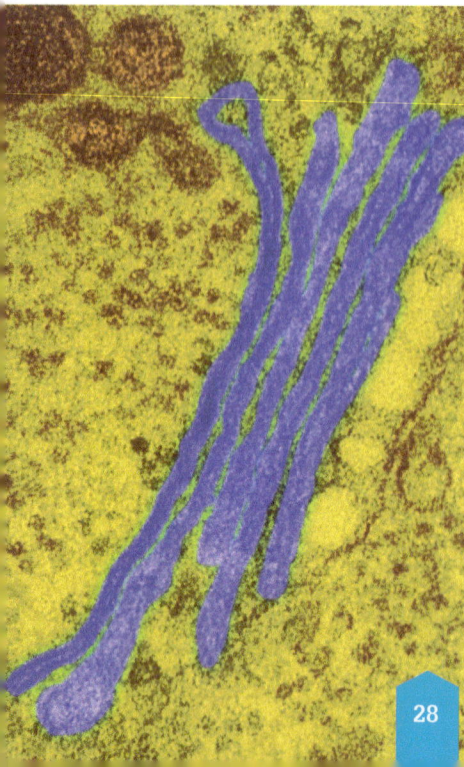

Mae yna ddau fath o ER:

- Mae gan ER garw ribosomau ar yr arwyneb allanol. Swyddogaeth yr ER garw yw cludo proteinau sy'n cael eu gwneud gan y ribosomau. Mae symiau mawr o ER garw yn bresennol mewn celloedd sy'n gwneud ensymau sy'n gallu cael eu secretu allan o'r gell.
- Mae gan ER llyfn bilenni heb ribosomau. Mae'r rhain yn ymwneud â synthesis a chludiant lipidau.

Mae llawer o ER mewn celloedd sy'n gorfod storio llawer o garbohydradau, proteinau a lipidau. Mae'r celloedd hyn yn cynnwys celloedd yr iau/afu a chelloedd secretu.

Ribosomau

Mae ribosomau i'w cael mewn celloedd procaryotig ac ewcaryotig, ond maen nhw'n llai yn y celloedd procaryotig. Maen nhw'n gallu bodoli'n unigol yn y cytoplasm neu fod yn gysylltiedig â'r ER garw. Mae ribosomau wedi'u gwneud o un is-uned fawr ac un is-uned fach. Maen nhw'n cael eu cynhyrchu yn y cnewyllan o RNA ribosomaidd a phrotein. Maen nhw'n bwysig i synthesis protein.

Organigyn Golgi

Mae adeiledd hwn yn debyg i ER ond mae'n fwy cryno. Caiff yr organigyn Golgi ei ffurfio pan mae dau ben ER garw yn cael eu pinsio i ffwrdd i ffurfio fesiglau bach. Yna, bydd nifer o'r fesiglau hyn yn asio gyda'i gilydd i ffurfio organigyn Golgi. Caiff proteinau eu cludo yn y fesiglau a'u haddasu a'u pecynnu yn yr organigyn Golgi. Er enghraifft, gall proteinau gael eu cyfuno â charbohydradau i wneud glycoproteinau.

Ar ben arall yr organigyn Golgi, mae fesiglau'n gallu cael eu pinsio i ffwrdd i secretu'r cynhyrchion drwy ecsocytosis wrth i'r fesigl symud at y gellbilen ac asio â hi.

Mae swyddogaethau eraill yr organigyn Golgi yn cynnwys:
- Cynhyrchu ensymau secretu
- Secretu carbohydradau, e.e. i ffurfio cellfuriau mewn planhigion
- Cynhyrchu glycoprotein
- Cludo a storio lipidau
- Ffurfio lysosomau.

Lysosomau

Gwagolynnau bach yw lysosomau sy'n cael eu ffurfio pan mae darnau o'r organigyn Golgi'n cael eu pinsio i ffwrdd. Maen nhw'n cynnwys ensymau treulio sy'n gallu bod yn niweidiol ac yn eu harunigo nhw oddi wrth weddill y gell. Maen nhw hefyd yn gallu rhyddhau'r ensymau hyn a dinistrio hen organynnau yn y gell. Mae'r treulio'n digwydd yn y gwagolyn â leinin pilennog lle gall llawer o lysosomau ryddhau eu cynnwys.

Maen nhw hefyd yn gallu treulio defnyddiau sydd wedi cael eu cludo i'r gell, e.e. mae celloedd gwyn y gwaed yn defnyddio ffagocytosis i amlyncu bacteria ac mae'r lysosomau'n rhyddhau eu cynnwys i'r fesigl sy'n cael ei ffurfio ac yn treulio'r bacteriwm.

Centriolau

Mae centriolau'n bodoli ym mhob cell anifail ac yn y rhan fwyaf o brotoctistau ond nid ydyn nhw i'w cael o fewn celloedd planhigion uwch. Mae centriolau wedi'u lleoli ychydig y tu allan i'r cnewyllyn mewn man penodol yn y cytoplasm o'r enw centrosom. Mae centriolau yn cynnwys dau silindr gwag wedi'u lleoli ar ongl sgwâr i'w gilydd. Yn ystod cellraniad, mae centriolau'n rhannu ac yn symud at ddau begwn y gell lle maen nhw'n syntheseiddio microdiwbynnau'r werthyd.

Y gydberthynas rhwng organynnau

Er ein bod ni'n disgrifio organynnau ar wahân, yn aml bydd perthynas rhwng eu swyddogaethau yn y gell.

- Caiff ribosomau eu cynhyrchu yn y cnewyllan ac maen nhw'n mynd i'w lle ar yr ER garw.

- Mae'r mandyllau yn y bilen gnewyllol yn galluogi moleciwlau mRNA i adael y cnewyllyn a glynu at y ribosomau ar yr ER garw.

- Mae proses synthesis protein yn digwydd ar y ribosomau; mae hyn yn cynhyrchu proteinau yn eu hadeiledd cynradd.

- Caiff y polypeptidau eu haddasu yn yr organigyn Golgi a'u trawsnewid yn adeileddau trydyddol.

- Caiff yr ensymau eu pecynnu mewn fesiglau secretu a'u cludo i'r bilen i gael eu secretu drwyddi.

Mae celloedd planhigion yn gelloedd ewcaryotig. Mae ganddyn nhw gnewyllyn amlwg ac organynnau pilennog, fel mitocondria. Fodd bynnag, mae ganddyn nhw hefyd adeileddau eraill sydd ddim yn bresennol mewn celloedd anifeiliaid.

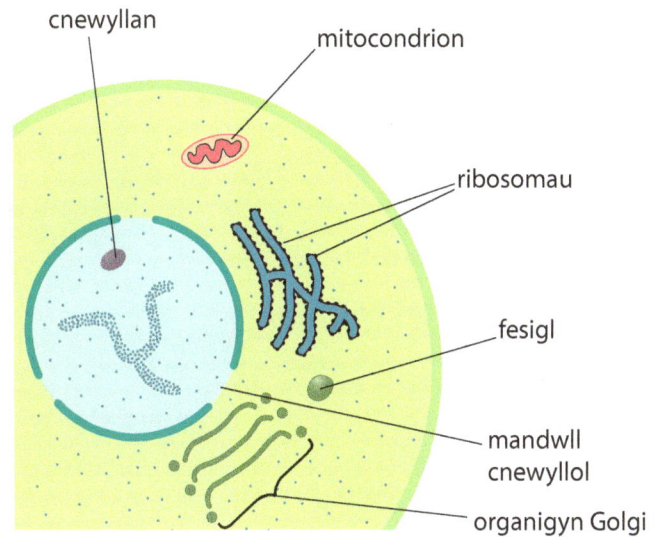

▲ *Cnewyllyn, ER garw ac organigyn Golgi*

Cloroplast

Mae cloroplastau i'w cael yng nghelloedd meinweoedd sy'n cyflawni ffotosynthesis.

- Mae pob cloroplast wedi'i amgylchynu â philen ddwbl neu amlen.

- Mae'r stroma'n llawn hylif ac mae'n cynnwys ribosomau, lipid, DNA cylchol a ffurfiadau eraill fel gronynnau startsh.

- Mae nifer o godennau fflat o'r enw thylacoidau yn y stroma. Enw pentwr o thylacoidau yw granwm. Mae pob granwm yn cynnwys rhwng dau a chant o'r codennau fflat, paralel, caeedig hyn. Mae'r pigmentau ffotosynthetig fel cloroffyl i'w cael yn y thylacoidau. Mae'r trefniad hwn yn rhoi arwynebedd arwyneb mawr i ddal egni golau.

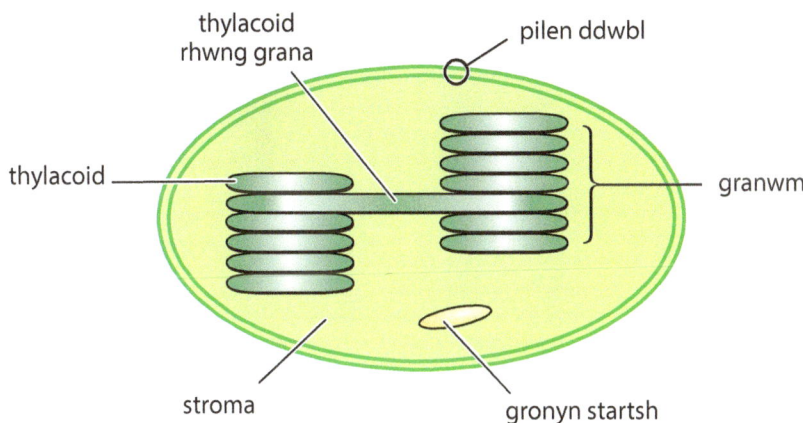

▲ *Adeiledd sylfaenol cloroplast*

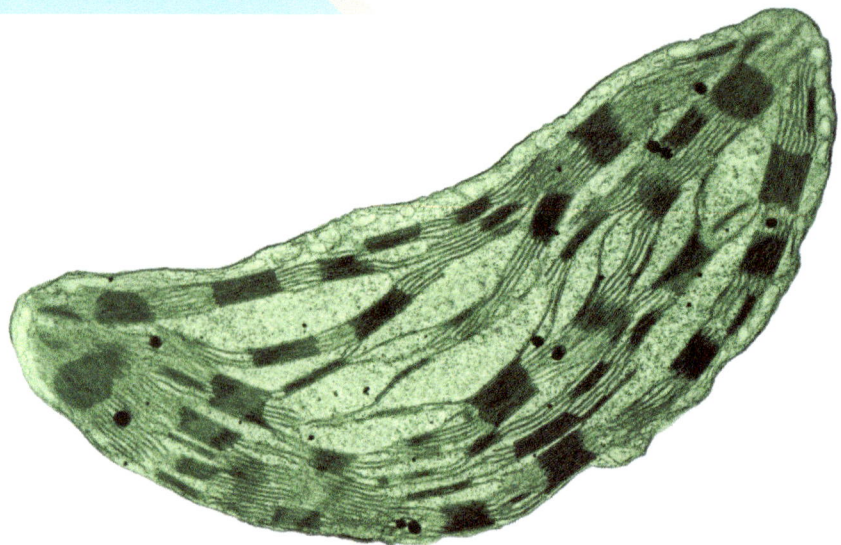

▶ *Cloroplast*

▼ Pwyntiau astudio

Nid yw pob cell planhigyn yn cynnwys cloroplastau. Er enghraifft, nid yw celloedd gwreiddiau'n cyflawni ffotosynthesis gan eu bod nhw o dan y ddaear.

Mae celloedd anifeiliaid yn cynnwys gwagolynnau ond fesiglau bach dros dro yw'r rhain a gall fod niferoedd mawr ohonyn nhw.

Mae celloedd chwydd-dynn yn rhoi cynhaliaeth fecanyddol i feinweoedd planhigion meddal ac yn eu cadw nhw'n unionsyth. Mae hyn yn arbennig o bwysig mewn eginblanhigion ifanc.

Cysylltiad Mae mwy o fanylion am swyddogaeth y cellfur ar dudalennau 41 a 42.

Gwagolyn

Mae gan gelloedd planhigyn wagolyn parhaol mawr sy'n cynnwys coden llawn hylif ag un bilen yn ei dal, sef y tonoplast. Mae gwagolynnau'n cynnwys cellnodd, man storio cemegion fel glwcos, ac maen nhw'n darparu system osmotig sy'n gweithredu i gynnal meinweoedd ifanc.

Ar wahân i weithredu fel mannau storio sylweddau fel glwcos ac asidau amino, mae dŵr yn mynd i'r gwagolyn drwy osmosis gan olygu bod y gwagolyn yn ehangu ac yn gwthio cynnwys y gell yn erbyn y cellfur. Pan nad yw'r gell yn gallu derbyn dim mwy o ddŵr, rydym ni'n dweud ei bod hi'n chwydd-dynn.

Cellfur cellwlos

Mae'r cellfur wedi'i wneud o ficroffibrolynnau cellwlos wedi'u gosod mewn matrics polysacarid. Swyddogaethau'r cellfur yw:

- Mae'n gwbl athraidd i ddŵr a sylweddau mewn hydoddiant. Wrth i'r gwagolyn llawn dŵr wthio cynnwys y gell yn erbyn y cellfur, rhaid i'r cellfur fod yn ddigon cryf i wrthsefyll yr ehangiad hwn i alluogi'r gell i fod yn chwydd-dynn.

- Gan fod y microffibrolynnau cellwlos yn gryf iawn, mae'r cellfur yn darparu cryfder mecanyddol.

Mae'n galluogi celloedd i gysylltu â'i gilydd wrth i linynnau cytoplasm (plasmodesmata) fynd drwy fandyllau neu fân-bantiau cul. Mae hyn yn caniatáu i gell gyfnewid defnyddiau â'r gell nesaf ati.

Gwahaniaethau rhwng cell planhigyn a chell anifail

Mae gan gelloedd planhigyn yr holl ffurfiadau sy'n ymddangos mewn celloedd anifail a rhai nodweddion ychwanegol:

Celloedd planhigyn	Celloedd anifail
Cellfur yn amgylchynu pilen	Dim cellfur, pilen yn unig
Cloroplastau'n bresennol	Cloroplastau byth yn bresennol
Un gwagolyn mawr parhaol canolog yn llawn cellnodd	Gwagolynnau bach dros dro wedi'u gwasgaru o gwmpas y gell
Dim centriolau	Centriolau
Plasmodesmata	Dim plasmodesmata
Defnyddio startsh fel gronynnau storio	Defnyddio glycogen fel gronigion storio

Lefelau trefniadaeth
Gwahaniaethu ac arbenigo

Mae organebau ungellog yn cyflawni holl swyddogaethau bywyd o fewn un gell. Mae angen celloedd arbenigol ar organebau amlgellog, sy'n ffurfio meinweoedd ac organau, i gyflawni swyddogaethau penodol. Wrth i'r celloedd ddatblygu, mae adeiledd pob un yn arbenigo i weddu i'r swyddogaeth y bydd yn ei chyflawni.

Mae rhai celloedd yn aros fel maen nhw heb wahaniaethu ac yn gweithredu fel celloedd 'pacio', er enghraifft, celloedd parencyma mewn planhigion. Mae celloedd eraill yn gallu **gwahaniaethu** mewn nifer o ffyrdd gan gynnwys un, dau neu bob un o'r tri newid canlynol:

- Siâp y gell – mae nerfgelloedd yn mynd yn hir a thenau i gludo ysgogiadau.
- Niferoedd organyn penodol – mae celloedd sy'n cyflawni ffotosynthesis yn cynnwys nifer mawr o gloroplastau.
- Cynnwys y gell – mae celloedd coch y gwaed yn llawn o'r protein haemoglobin.

Meinweoedd

Caiff celloedd sy'n gwahaniaethu yn yr un ffordd eu grwpio gyda'i gilydd mewn meinweoedd. Mae meinwe'n gasgliad o gelloedd arbenigol o'r un math sy'n cydweithio i gyflawni swyddogaeth benodol, er enghraifft meinwe epithelaidd. Haenau o gelloedd yw'r rhain sy'n leinio arwyneb organau mewn anifeiliaid. Yn aml, bydd gan y celloedd hyn swyddogaeth amddiffyn neu secretu.

7 Gwirio gwybodaeth

Parwch y ffurfiadau 1–3 â'r disgrifiadau o'u swyddogaethau A–C.

1. Cloroplast.
2. Cellfur.
3. Organigyn Golgi.

A. Darparu cynhaliaeth fecanyddol.
B. Safle ffotosynthesis.
C. Addasu proteinau ar ôl iddyn nhw gael eu cynhyrchu.

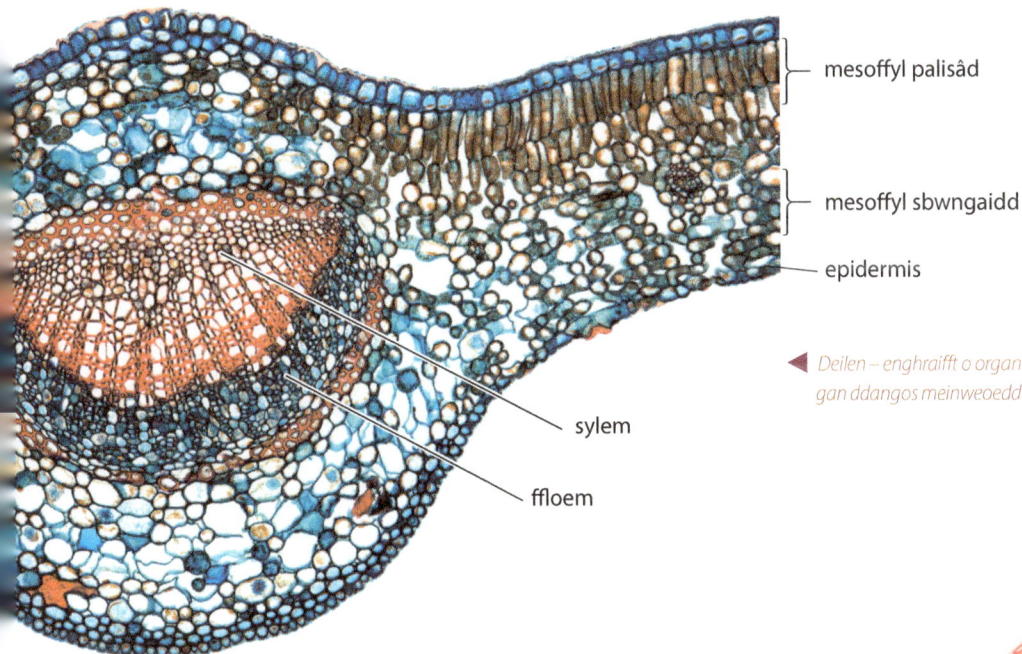

◄ Deilen – enghraifft o organ gan ddangos meinweoedd

- mesoffyl palisâd
- mesoffyl sbwngaidd
- epidermis
- sylem
- ffloem

▼ System y corff – cylchrediad

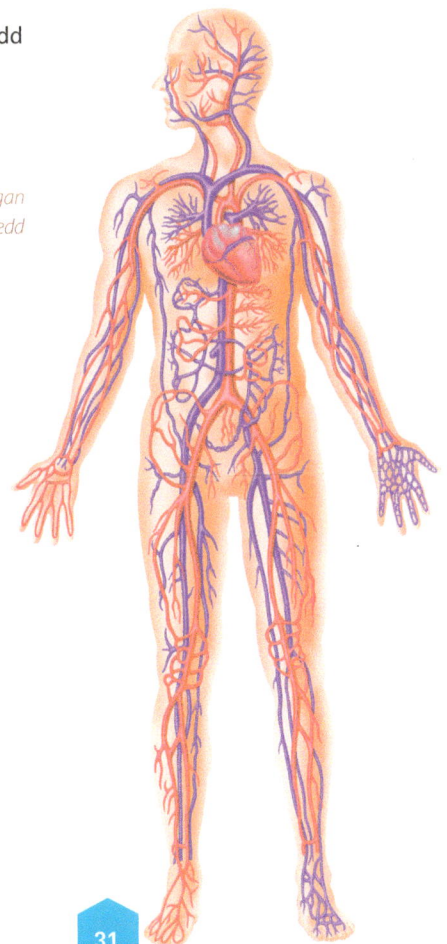

Organau

Organ yw rhan o'r corff sy'n ffurfio uned adeileddol a swyddogaethol ac sy'n cynnwys mwy nag un feinwe. Er enghraifft, mae'r llygad yn organ golwg.

Systemau

Casgliad o organau sy'n cyflawni swyddogaeth benodol yw system. Er enghraifft, y system dreulio, y system genhedlu.

Organebau

Mae holl systemau'r corff yn cydweithio, gan wneud organeb.

DYLECH CHI WYBOD ›››

››› y gwahaniaethau rhwng celloedd procaryotig ac ewcaryotig

››› adeiledd bacteriwm a firws

Cyngor arholwr

Byddwch yn barod i luniadu a labelu cell brocaryotig a'i chymharu â chell ewcaryotig.

Cysylltiad Byddwch chi'n astudio bacteria'n fanylach ar lefel A2.

Celloedd procaryotig, celloedd ewcaryotig a firysau

Celloedd procaryotig a chelloedd ewcaryotig

Hyd yn hyn, rydym ni wedi astudio adeiledd a threfniadaeth celloedd ewcaryotig. Mae'n debyg bod celloedd ewcaryotig wedi esblygu o gelloedd procaryotig tua 1000 miliwn o flynyddoedd yn ôl. Mae gan gelloedd procaryotig adeiledd symlach ac mae'n debygol mai'r rhain oedd y ffurfiau bywyd cyntaf ar y Ddaear. Enghraifft o gell brocaryotig yw bacteriwm. Mae celloedd ewcaryotig yn nodweddiadol o'r mwyafrif mawr o organebau, gan gynnwys pob anifail a phlanhigyn.

Celloedd procaryotig	Celloedd ewcaryotig
Yn bodoli mewn bacteria ac algâu gwyrddlas	Yn bodoli mewn planhigion, anifeiliaid, ffyngau a phrotoctistau
Dim organynnau pilennog	Organynnau pilennog
Ribosomau llai	Ribosomau mwy
DNA yn gorwedd yn rhydd yn y cytoplasm	DNA wedi'i leoli ar gromosomau
Dim pilen gnewyllol nag ER	Cnewyllyn pilennog amlwg
Cellfur sy'n cynnwys mwrein	Cellfur planhigion wedi'i wneud o gellwlos

Firysau

Mae firysau'n fodau anarferol sy'n wahanol iawn i unrhyw organeb arall. Maen nhw'n fach dros ben a rhaid i ni ddefnyddio microsgop electron i'w gweld. Gallwn ni eu galw nhw'n 'anghellog' gan nad oes ganddyn nhw gytoplasm, organynnau na chromosomau. Y tu allan i gell fyw, mae firws yn bodoli fel 'firion' anadweithiol. Wrth fynd i mewn i gell, maen nhw'n gallu defnyddio metabolaeth y gell a lluosogi o fewn y gell letyol. Mae pob gronyn firws wedi'i wneud o graidd o asid niwclëig wedi'i amgylchynu â chot protein, y capsid.

Mae'r rhan fwyaf o firysau i'w cael mewn celloedd anifeiliaid ac mae'r rhai sy'n ymosod ar facteria (bacterioffagau) yn cynnwys yr asid niwclëig DNA. Mae firysau eraill anifeiliaid a phlanhigion yn cynnwys RNA. Un firws sydd wedi'i astudio'n helaeth yw ffag T2, bacterioffag sy'n heintio'r bacteriwm *Escherichia coli* (E.coli).

Mae firysau'n achosi amrywiaeth o glefydau heintus mewn bodau dynol, anifeiliaid a phlanhigion.

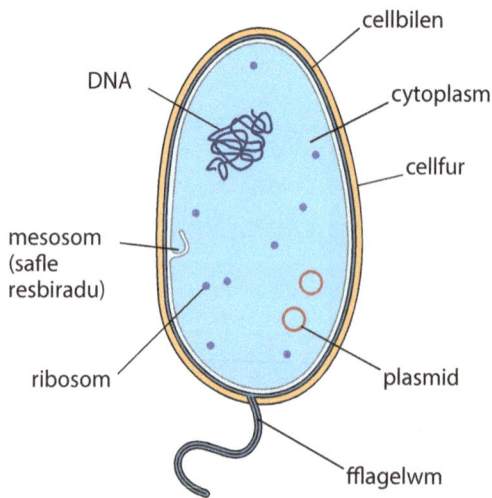

▲ *Bacteriwm*

Cyngor arholwr

Dyma'r holl fanylion sydd angen i chi eu gwybod am firysau.

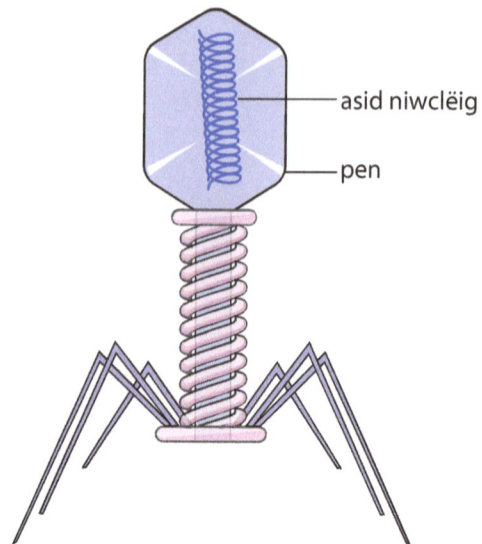

▶ *Firws*

Adeiledd celloedd a threfniadaeth

1 Caiff celloedd eu dosbarthu'n gelloedd procaryotig neu ewcaryotig. Mae'r tabl yn rhestru rhai o nodweddion y ddau fath o gell.

(a) Nodwch a yw'r nodwedd yn bresennol drwy roi tic yn y blwch. (4)

Nodwedd	Cell brocaryotig	Cell planhigyn ewcaryotig
Cromosomau		
Resbiradaeth mewn mesosomau		
Organynnau pilennog		
Ribosomau'n bresennol		

(b) Nodwch un gwahaniaeth arall rhwng cell brocaryotig a chell planhigyn ewcaryotig. (1)

2 Cwblhewch y tabl canlynol i gymharu adeiledd celloedd planhigyn, bacteria a firysau, drwy roi tic yn y blychau priodol. Gallwch roi tic mewn 1, 2 neu 3 colofn. (6)

Nodwedd adeileddol	Celloedd planhigyn	Bacteria	Firysau
Gallu cynnwys mitocondria			
Yn cynnwys cellfuriau			
Gallu cynnwys DNA			
Gallu cynnwys cloroplastau			
Dim cnewyllyn pilennog			
Gallu cynnwys plasmidau			

3 Mae'r diagram (dde) yn dangos cell planhigyn fel y mae'n edrych dan ficrosgop electron:

(a) (i) Enwch ffurfiadau A i D. (5)

(ii) Disgrifiwch swyddogaethau A, C a D. (3)

(b) Enwch y carbohydradau yn y gell sy'n bodoli:

(i) yn y cellfur. (1)

(ii) Fel cyfansoddyn storio yn y gell. (1)

(iii) Fel un o gydrannau ribosomau. (1)

(c) Nodwch ddwy ffordd y byddai cell planhigyn yn wahanol i gell anifail. (2)

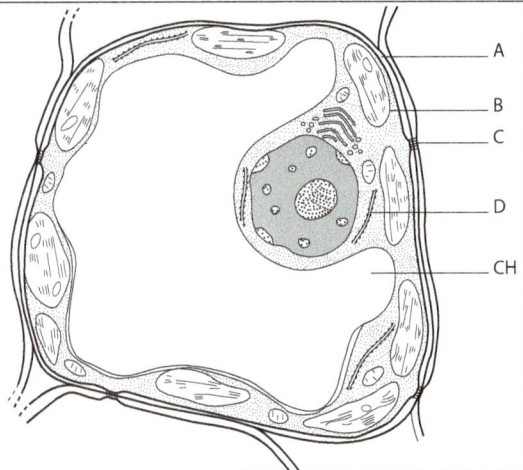

4 Rydym ni'n dweud bod celloedd planhigion ac anifeiliaid yn ewcaryotig. Mae bacteria yn organebau procaryotig.

Cwblhewch y tabl drwy roi tic os yw'r nodwedd yn bresennol neu groes os yw'n absennol. (6)

Nodwedd	Cell bacteria	Cell deilen	Cell cyhyr
Cellfur			
Gwagolyn mawr parhaol			
Pilen gnewyllol			
Cloroplastau			
Mesosomau			
Mitocondria			

(b) (i) Nodwch beth yw ystyr y term meinwe. (2)

(ii) Pa un o'r canlynol sy'n feinwe: sberm, cyhyr, deilen? (1)

5 Mae'r diagram yn dangos adeiledd cloroplast:

(a) Enwch y ffurfiadau sydd wedi'u labelu'n A i CH. (4)

(b) Mae un cyfansoddyn organig yn bodoli ym mhilenni mewnol y cloroplast ond nid mewn unrhyw organyn arall mewn planhigion nac anifeiliaid. Enwch y cyfansoddyn hwn. (1)

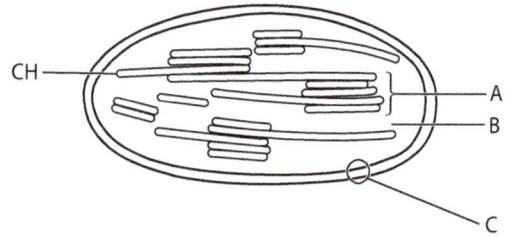

6 Mae'r diagram yn dangos rhan o gell sy'n secretu hormon i lif y gwaed:

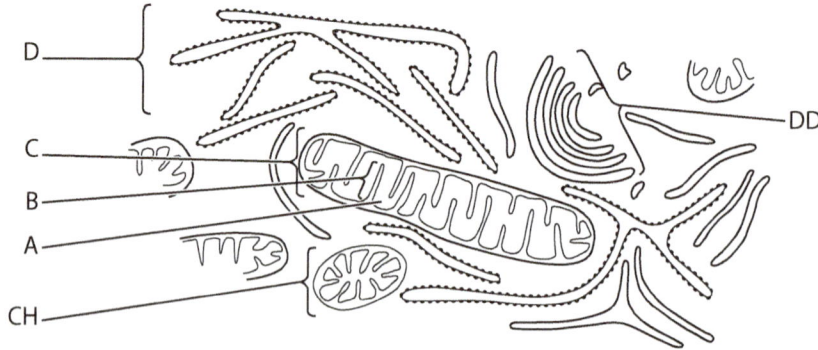

(a) Enwch ffurfiadau A a B. (2)

(b) Eglurwch swyddogaethau ffurfiadau D a DD. (4)

(c) Awgrymwch pam mae'r math hwn o gell yn debygol o gynnwys niferoedd mawr o ffurfiad C. (2)

(ch) Mae label C a label CH yn dangos yr un math o organyn. Eglurwch pam maen nhw'n edrych yn wahanol i'w gilydd. (1)

7 (a) Pa ddwy gydran gemegol sy'n gwneud ribosom? (2)

(b) Ar ba ffurfiad pilennog yn y gell y mae ribosomau i'w cael? (1)

(c) Beth yw swyddogaeth ribosomau? (1)

(ch) Nodwch yn union ble yn y gell y caiff ribosomau eu syntheseiddio. (1)

8 Cwblhewch y tabl drwy dicio un blwch ym mhob achos i ddangos pa organyn sy'n cael ei ddisgrifio gan y datganiadau yn y rhestr. (7)

Datganiad	Reticwlwm endoplasmig llyfn	Mitocondria	Organigyn Golgi	Reticwlwm endoplasmig garw
Pilen ddwbl yn ei amgylchynu				
Cynhyrchu glycoprotein				
Yn pinsio i ffurfio lysosomau				
Cynhyrchu ensymau				
Mwyaf cyffredin mewn safleoedd cludiant actif				
Llawer ohono mewn celloedd sy'n secretu lipidau				
Cysylltiad agos rhyngddo a ribosomau				

9 Disgrifiwch adeiledd a swyddogaeth y reticwlwm endoplasmig garw, organigyn Golgi a lysosomau. (10)

BY1

Cellbilenni a chludiant

Mae angen amrywiaeth o ddefnyddiau ar yr organynnau a'r ffurfiadau mewn cell er mwyn cyflawni eu swyddogaethau. Mae pob cell wedi'i hamgylchynu â philen arwyneb y gell neu bilen blasmaidd sy'n rheoli cyfnewid defnyddiau, fel maetholion a chynhyrchion gwastraff, rhwng y gell a'i hamgylchedd.

Mae'r bilen yn gweithredu fel ffin sy'n gwahanu'r gell fyw a'r pethau anfyw o'i chwmpas. Y bilen hefyd sy'n rheoli pa sylweddau sy'n mynd i mewn ac allan o'r gell.

Erbyn diwedd y testun hwn, dylech chi allu gwneud y canlynol:

- Disgrifio'r model Mosaig Hylifol ar gyfer adeiledd pilen ac egluro ei swyddogaeth yn y gell.
- Amlinellu swyddogaeth cydrannau cemegol pilenni.
- Disgrifio ac egluro sut mae moleciwlau'n mynd i mewn ac allan o gelloedd drwy'r prosesau canlynol: trylediad, trylediad cynorthwyedig, osmosis, cludiant actif, endocytosis ac ecsocytosis.

DYLECH CHI WYBOD ›››

››› adeiledd y gellbilen

››› swyddogaethau cydrannau'r gellbilen

››› sut i egluro'r model Mosaig Hylifol

▼ Pwyntiau astudio

Mae pen ffosffad y ffosffolipid yn foleciwl polar (hydroffilig neu hoff o ddŵr) ac mae'n atynnu moleciwlau polar eraill fel dŵr.

Mae pen asid brasterog y ffosffolipid wedi'i wneud o ddwy gynffon asid brasterog ac mae'n amholar (hydroffobig neu'n casáu dŵr) ac mae'n gwrthyrru dŵr.

Cyngor arholwr
Byddwch yn barod i egluro pam galwodd Singer a Nicolson eu damcaniaeth yn fodel Mosaig Hylifol.

Sut mae Gwyddoniaeth yn Gweithio

Roedd defnyddio'r microsgop electron yn galluogi Singer a Nicolson i astudio adeiledd y bilen yn fanylach. Dyna sut roedden nhw'n gallu cynnig eu damcaniaeth, sef y model Mosaig Hylifol.

Cyngor arholwr
Er bod gan bob pilen blasmaidd yr un adeiledd haen ddeuol ffosffolipid, mae eu priodweddau'n amrywio gan ddibynnu ar y gwahanol sylweddau sydd ynddyn nhw, yn enwedig proteinau.

Cellbilenni

Mae'r gellbilen wedi'i gwneud bron yn llwyr o broteinau a ffosffolipidau.

Ffosffolipidau

Mae'r rhain yn gydrannau pwysig mewn cellbilenni arwyneb am y rhesymau canlynol:

- Mae ffosffolipidau'n gallu ffurfio haenau deuol gydag un haen o ffosffolipid yn ffurfio dros un arall.

- Yn un o'r haenau o ffosffolipidau, mae'r pennau hydroffilig yn pwyntio tuag i mewn ac yn rhyngweithio â'r dŵr y tu mewn i gytoplasm y gell.

- Yn yr haen arall, mae'r pennau hydroffilig yn pwyntio tuag allan ac yn rhyngweithio â'r dŵr o gwmpas y gell.

- Mae cynffonnau hydroffobig y ddwy haen o ffosffolipidau'n pwyntio at ganol y bilen.

- Yr haen ddeuol hon o ffosffolipid sy'n rhoi sail i adeiledd pilen.

Mae'r gydran ffosffolipid hon yn galluogi moleciwlau sy'n hydawdd mewn lipidau i fynd i mewn ac allan o'r gell, ond yn atal moleciwlau sy'n hydawdd mewn dŵr rhag gwneud hynny.

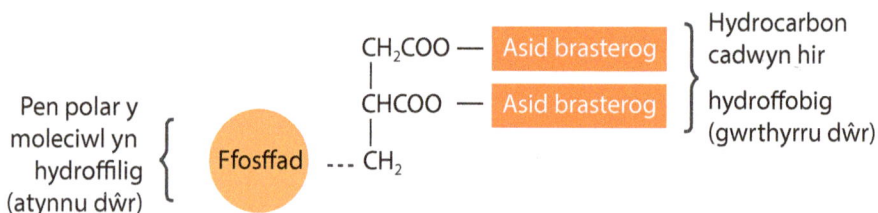

Pen polar y moleciwl yn hydroffilig (atynnu dŵr) { Ffosffad --- CH_2

CH_2COO — Asid brasterog

$CHCOO$ — Asid brasterog

} Hydrocarbon cadwyn hir hydroffobig (gwrthyrru dŵr)

▲ Adeiledd ffosffolipid

Proteinau

Yn y bilen, mae'r proteinau wedi'u trefnu ar hap, yn wahanol i batrwm mwy rheolaidd ffosffolipidau. Maen nhw wedi'u mewnblannu yn y bilen mewn dwy ffordd:

- **Proteinau anghynhenid**, sy'n ymddangos ar arwyneb yr haen ddeuol neu wedi'u mewnblannu'n rhannol yn yr arwyneb. Mae'r rhain yn rhoi cynhaliaeth adeileddol. Maen nhw hefyd yn ffurfio safleoedd adnabod drwy adnabod celloedd.

- **Proteinau cynhenid** sy'n ymestyn ar draws y ddwy haen. Mae rhai o'r rhain yn gweithredu fel cludyddion ac yn cludo sylweddau sy'n hydawdd mewn dŵr ar draws y bilen. Mae eraill yn galluogi cludiant actif ar draws y bilen drwy ffurfio sianelau ar gyfer ïonau.

Mae'r diagram yn dangos sut mae'r ffosffolipidau a'r proteinau wedi'u trefnu yn y bilen. Enw'r trefniad hwn yw'r model Mosaig Hylifol a gafodd ei gynnig gan Singer a Nicolson yn 1972.

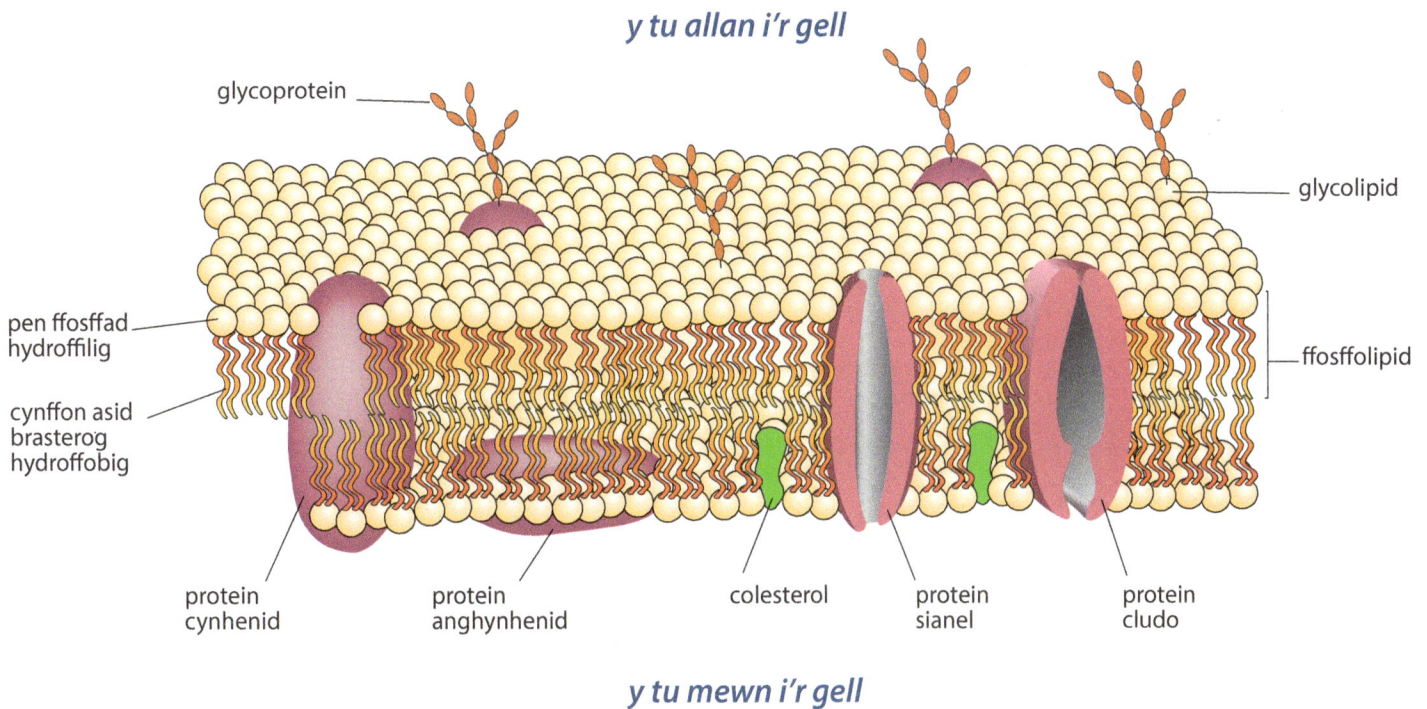

y tu allan i'r gell

glycoprotein

glycolipid

pen ffosffad hydroffilig

ffosffolipid

cynffon asid brasterog hydroffobig

protein cynhenid

protein anghynhenid

colesterol

protein sianel

protein cludo

y tu mewn i'r gell

▲ *Adeiledd pilen blasmaidd*

Caiff y model ei alw'n fodel 'Mosaig Hylifol' gan fod y moleciwlau ffosffolipid unigol yn gallu symud o gwmpas ei gilydd (hylifol) a bod siâp, maint a phatrwm y proteinau sydd wedi'u mewnblannu yn yr haen ddeuol yn amrywio (mosaig).

Mae colesterol hefyd i'w gael mewn celloedd anifail. Mae'n ffitio rhwng y moleciwlau ffosffolipid, gan gynyddu anhyblygrwydd a sefydlogrwydd y bilen. Mae glycolipidau (lipidau sydd wedi cyfuno â pholysacarid) hefyd i'w cael yn haen allanol y bilen a'r gred yw eu bod nhw'n gysylltiedig â gallu celloedd i adnabod ei gilydd. Mae glycoproteinau hefyd yn ymestyn allan o rai pilenni.

Y bilen fel rhwystr

Mae sylweddau sy'n hydawdd mewn lipidau'n symud drwy ran ffosffolipid y bilen. Mae'n atal sylweddau sy'n hydawdd mewn dŵr rhag mynd i mewn ac allan. Mae'r rhain yn pasio drwy foleciwlau protein arbennig, sy'n ffurfio sianeli llawn dŵr ar draws y bilen. Mae'r pilen arwyneb y gell yn athraidd detholus i ddŵr a rhai hydoddyddion. Mae sylweddau sy'n hydawdd mewn lipidau'n gallu symud drwy'r gellbilen yn rhwyddach na sylweddau sy'n hydawdd mewn dŵr.

Mae moleciwlau bach heb wefr, fel ocsigen a charbon deuocsid, yn mynd drwy'r bilen yn rhwydd gan eu bod nhw'n hydawdd yn y rhan lipid.

Mae moleciwlau sy'n hydawdd mewn lipidau fel glyserol yn gallu mynd drwy'r bilen.

Mae craidd hydroffobig y bilen yn rhwystro ïonau a moleciwlau polar rhag mynd drwyddi.

Ni all gronynnau â gwefr (ïonau) a moleciwlau cymharol fawr, fel glwcos, dryledu ar draws canol amholar yr haen ddeuol ffosffolipid, gan eu bod nhw'n gymharol anhydawdd mewn lipid. Mae proteinau cynhenid yn cynorthwyo gronynnau o'r fath i fynd i mewn neu allan o'r gell drwy gyfrwng proses oddefol o'r enw trylediad cynorthwyedig.

Cyngor arholwr

Mae hwn yn gysyniad anodd. Mae craidd hydroffobig y bilen yn ei gwneud yn anodd i ïonau a moleciwlau polar basio. Mae angen proteinau penodol ar y rhain i'w helpu nhw ar draws.

proteinau cynhenid yn dwâd sylweddau.

Cludiant ar draws pilenni

Cyngor arholwr

Er bod yr hafaliad gyferbyn yn ganllaw cyffredinol da i gyfradd trylediad, mae ffactorau eraill hefyd yn effeithio ar y gyfradd. Mae'r rhain yn cynnwys cyfansoddiad y mandyllau yn y bilen a'u nifer, a maint a natur y moleciwl sy'n tryledu. Mae moleciwlau sy'n hydawdd mewn braster yn tryledu'n gyflymach na moleciwlau sy'n hydawdd mewn dŵr, ac mae moleciwlau amholar yn tryledu'n gyflymach na rhai polar.

▼ Pwyntiau astudio

Bydd defnyddio'r term 'llwybr tryledu byr' yn y cyd-destun cywir yn gwneud argraff dda.

Mae pob gronyn yn symud drwy'r amser oherwydd yr egni cinetig sydd ganddo.

Tryledu

Mae trylediad yn enghraifft o gludiant goddefol. Trylediad yw symudiad moleciwlau neu ïonau o fan â chrynodiad uchel ohonyn nhw i fan â chrynodiad is nes eu bod nhw wedi'u dosbarthu'n hafal. Mae ïonau a moleciwlau'n symud ar hap drwy'r amser, ond os oes crynodiad uchel ohonyn nhw mewn un man, bydd yna symudiad net oddi wrth y man hwnnw tan y bydd yna gydbwysedd neu ddosbarthiad unffurf.

Mae'r ffactorau canlynol yn effeithio ar gyfradd tryledu:

- Y graddiant crynodiad, hynny yw y mwyaf yw'r gwahaniaeth rhwng crynodiad y moleciwlau yn y ddau fan, y mwyaf fydd y gyfradd.

- Y pellter teithio lle mae'r trylediad yn digwydd. Y byrraf yw'r pellter rhwng dau fan, y mwyaf fydd y gyfradd.

- Arwynebedd arwyneb y bilen – y mwyaf yw'r arwynebedd, y cyflymaf fydd y gyfradd.

- Trwch yr arwyneb cyfnewid. Y teneuaf yw'r bilen, y mwyaf fydd y gyfradd.

- Mae cynnydd mewn tymheredd yn cynyddu'r gyfradd, oherwydd bydd gan y moleciwlau fwy o egni cinetig ac felly bydd mwy o symud.

Mae trylediad mewn cyfrannedd ag:

$$\frac{\text{Arwynebedd arwyneb} \times \text{gwahaniaeth crynodiad}}{\text{Hyd y llwybr tryledu}}$$

Trylediad cynorthwyedig

Nid yw gronynnau wedi'u gwefru a moleciwlau mawr fel glwcos yn gallu pasio drwy'r gellbilen am eu bod nhw'n gymharol anhydawdd mewn lipid.

Mae trylediad cynorthwyedig yn fath arbennig o drylediad sy'n galluogi'r moleciwlau hyn i symud yn gyflymach. Mae'n broses oddefol ac mae'n digwydd i lawr graddiant crynodiad. Fodd bynnag, mae'n digwydd mewn mannau penodol ar y bilen blasmaidd lle mae yna foleciwlau protein arbennig.

Mae dau fath o broteinau'n gwneud hyn:

- Proteinau sianel – mandyllau yw'r rhain sydd wedi'u leinio â grwpiau polar, i ganiatáu i ïonau wedi'u gwefru fynd drwyddyn nhw. (Gan fod y sianel yn hydroffilig, mae sylweddau sy'n hydawdd mewn dŵr yn gallu mynd drwyddi.) Gan fod pob protein sianel yn benodol i un math o ïon, dim ond un ïon penodol fydd pob protein yn gadael iddo fynd drwy'r sianel. Maen nhw hefyd yn gallu agor a chau gan ddibynnu ar anghenion y gell.

- Mae proteinau cludo yn caniatáu i foleciwlau polar mwy, fel siwgrau ac asidau amino, dryledu ar draws y bilen. Bydd moleciwl penodol yn glynu at y protein cludo yn ei safle rhwymo ac yn achosi i'r protein cludo newid ei siâp, gan ryddhau'r moleciwl drwy'r bilen.

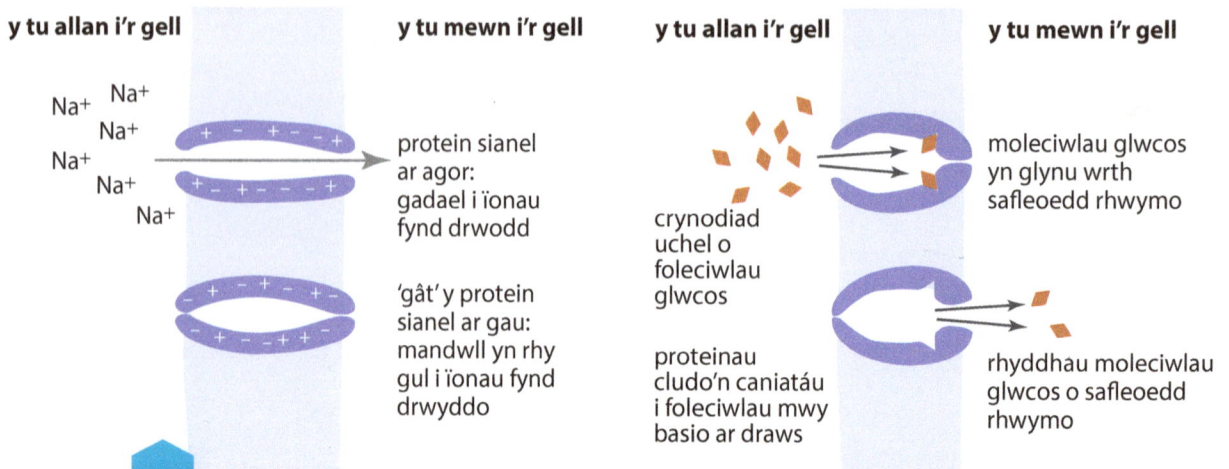

| y tu allan i'r gell | y tu mewn i'r gell | y tu allan i'r gell | y tu mewn i'r gell |

protein sianel ar agor: gadael i ïonau fynd drwodd

'gât' y protein sianel ar gau: mandwll yn rhy gul i ïonau fynd drwyddo

crynodiad uchel o foleciwlau glwcos

proteinau cludo'n caniatáu i foleciwlau mwy basio ar draws

moleciwlau glwcos yn glynu wrth safleoedd rhwymo

rhyddhau moleciwlau glwcos o safleoedd rhwymo

▶ Protein sianel a phrotein cludo

Cludiant actif

Yn wahanol i'r prosesau rydym ni wedi'u disgrifio hyd yn hyn, mae cludiant actif yn broses sydd ag angen egni arni. Yn ystod y broses mae ïonau a moleciwlau yn cael eu symud ar draws pilenni yn erbyn graddiant crynodiad.

Nodweddion cludiant actif yw:

- Mae ïonau a moleciwlau'n gallu symud i gyfeiriad sy'n ddirgroes i'r cyfeiriad y mae trylediad yn digwydd. Hynny yw, maen nhw'n symud yn erbyn graddiant crynodiad.

- Caiff egni cludiant actif ei ddarparu gan ATP, a bydd unrhyw beth sy'n effeithio ar y broses resbiradol yn effeithio ar gludiant actif.

- Mae'r broses yn digwydd drwy'r proteinau cludo sy'n ymestyn ar draws y bilen.

Mae prosesau sy'n cynnwys cludiant actif yn cynnwys: synthesis protein, cyfangiad cyhyrol, trawsyrru ysgogiadau nerfol, ac amsugno halwynau mwynol yng ngwreiddiau planhigion.

Mae cludiant actif un moleciwl neu ïon yn digwydd fel hyn:

- Mae'r moleciwl neu ïon yn cyfuno â phrotein cludo penodol.

- Mae ATP yn trosglwyddo grŵp ffosffad i'r protein cludo ar y tu mewn i'r bilen.

- O ganlyniad, mae siâp y protein cludo'n newid ac mae'n cludo'r moleciwl neu'r ïon i du mewn y bilen.

- Caiff y moleciwl neu'r ïon ei ryddhau i du mewn y bilen ac mae'r protein cludo'n mynd yn ôl i'w siâp gwreiddiol.

y tu allan i'r gell   y tu mewn i'r gell

protein cludo

ATP

P

ADP

▶ *Mae proteinau cludo'n newid siâp wrth gludo moleciwl ar draws y bilen*

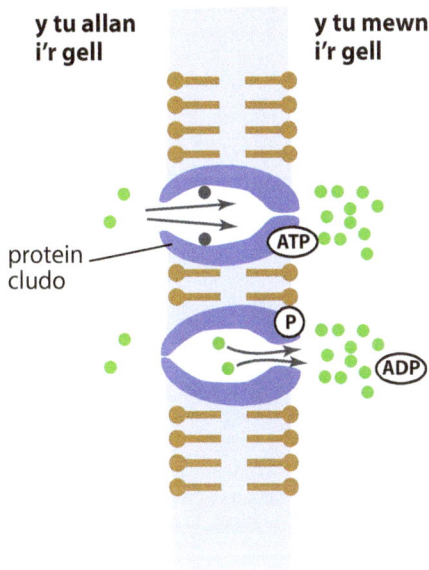

Cyngor arholwr

Mae proteinau cludo a phroteinau sianel yn cynyddu cyfradd trylediad ar hyd y graddiant crynodiad heb fod angen egni ar ffurf ATP o resbiradaeth.

▼ **Pwyntiau astudio**

Mae cyfnewid sylweddau rhwng celloedd a'u hamgylchoedd yn digwydd mewn ffyrdd sy'n cynnwys egni metabolaidd (cludiant actif) ac mewn ffyrdd sydd ddim (cludiant goddefol).

Does dim angen egni allanol ar brosesau goddefol, dim ond egni cinetig y moleciwlau eu hunain.

Cysylltiad Mae ATP yn bwysig i drosglwyddo egni ac mae'n cael ei gynhyrchu yn ystod resbiradaeth. Byddwch chi'n astudio'r moleciwl hwn yn fanylach yn BY4.

Cludiant actif ac atalyddion resbiradol

Wnaiff cludiant actif ddim digwydd ym mhresenoldeb atalydd resbiradol fel cyanid.

Mae'r graff isod yn dangos bod cyfradd mewnlifiad yn gwastadu pan fydd y proteinau cludo'n ddirlawn. Mae ychwanegu atalydd resbiradol yn effeithio ar y gyfradd mewnlifiad. Rhaid bod cludiant actif yn digwydd gan fod angen ATP ar y broses.

▼ *Ataliad cludiant actif*

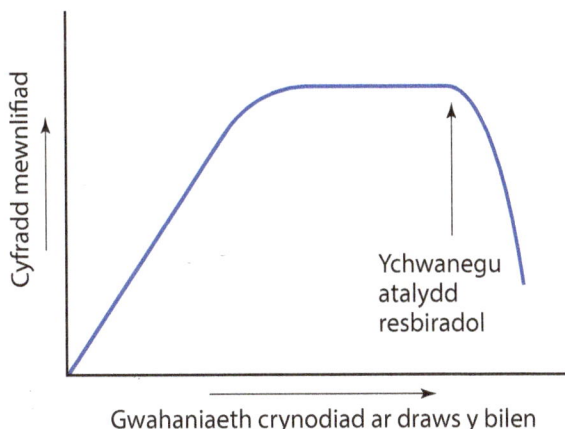

Cyfradd mewnlifiad

Ychwanegu atalydd resbiradol

Gwahaniaeth crynodiad ar draws y bilen

[handwritten notes: atal y mitocondria rhag resbiradu, felly dim ATP, felly dim cl. act.]

[handwritten note: dysgu graff]

Cyngor arholwr

Mae celloedd sy'n cyflawni cludiant actif yn tueddu i fod yn llawn mitocondria.

DYLECH CHI WYBOD ›››

››› sut i ddiffinio osmosis yn nhermau potensial dŵr

››› bod gan ddŵr pur botensial dŵr o sero

››› bod ychwanegu hydoddion yn rhoi gwerth negatif i botensial dŵr

››› ystyr y termau chwydd-dyndra a phlasmolysis mewn perthynas â chelloedd planhigion

››› effaith osmosis ar gelloedd anifeiliaid

Term Allweddol

Hydoddyn = unrhyw sylwedd sydd wedi'i hydoddi mewn hydoddydd. Mae hydoddion a hydoddyddion yn ffurfio hydoddiant.

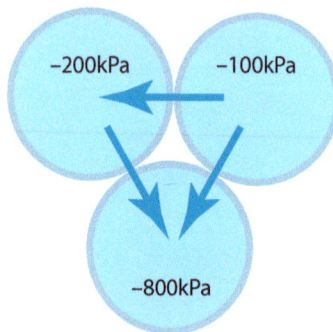

▼ Pwyntiau astudio

Mae pilenni'n athraidd detholus neu'n rhannol athraidd, hynny yw, maen nhw'n athraidd i foleciwlau dŵr a rhai moleciwlau bach eraill ond nid i foleciwlau mwy. Mae osmosis yn fath arbenigol o drylediad sy'n ymwneud â moleciwlau dŵr yn unig.

Mae biolegwyr yn defnyddio'r term potensial dŵr ψ(psi) i ddisgrifio tuedd moleciwlau dŵr i adael system.

Cyngor arholwr

Y gwerth potensial dŵr uchaf posibl, sef gwerth dŵr pur, yw sero. Mae pob gwerth arall yn negatif.

Cysylltiad Edrychwch eto ar adeiledd celloedd planhigion ar dudalen 26.

Osmosis

Mae'r rhan fwyaf o gellbilenni'n athraidd i ddŵr a rhai hydoddion yn unig. Mewn systemau biolegol, mae osmosis yn fath arbennig o drylediad lle mai dim ond moleciwlau dŵr sy'n symud.

Diffiniad osmosis yw: symudiad dŵr, o fan â photensial dŵr uchel, i fan â photensial dŵr is, drwy bilen athraidd ddetholus. *dysgu diffiniad*

Potensial dŵr yw'r gwasgedd sy'n cael ei greu gan foleciwlau dŵr. Caiff ei fesur mewn cilopascalau (kPa). Mae gan ddŵr pur botensial dŵr o sero. Bydd ychwanegu **hydoddyn** at ddŵr pur yn gostwng y potensial dŵr. Hynny yw, bydd gan yr hydoddiant werth negatif.

Dŵr pur sydd â'r potensial dŵr uchaf, sef sero. Y rheswm am hyn yw bod crynodiad uchel o foleciwlau dŵr yn golygu bod ganddyn nhw fwy o egni potensial, hynny yw, mae'r moleciwlau dŵr yn gwbl rydd i symud o gwmpas. Pan gaiff hydoddyn, fel siwgr, ei hydoddi mewn dŵr, mae cyfrannedd llai o foleciwlau dŵr i symud o gwmpas ac mae potensial dŵr yr hydoddiant yn gostwng. Mae pob gwerth potensial dŵr (heblaw gwerth dŵr pur) yn negatif. Y mwyaf crynodedig yw'r hydoddiant, y mwyaf negatif yw'r potensial dŵr, hynny yw, y lleiaf o foleciwlau dŵr rhydd sydd ynddo.

dŵr yn symud o botensial dŵr uchel i botensial dŵr is neu fwy negatif

▲ Symudiad dŵr rhwng celloedd

Osmosis a chelloedd planhigion

Bydd dŵr sy'n mynd i gell planhigyn drwy osmosis yn achosi i'r gwagolyn ehangu ac yn gwthio'r cytoplasm yn erbyn y cellfur. Dim ond hyn a hyn y mae'r cellfur yn gallu ehangu; felly mae gwasgedd yn cynyddu arno ac yn atal mwy o ddŵr rhag dod i mewn. Byddwn ni'n dweud bod y gell yn chwydd-dynn.

Chwydd-dyndra a phlasmolysis

- Os yw potensial dŵr yr hydoddiant allanol yn is na'r hydoddiant yn y gell, rydym ni'n dweud ei fod yn hypertonig a bydd dŵr yn llifo allan o'r gell.

- Os yw potensial dŵr yr hydoddiant allanol yn uwch na'r hydoddiant yn y gell, rydym ni'n dweud ei fod yn hypotonig a bydd dŵr yn llifo i mewn i'r gell.

- Os yw potensial dŵr y gell yr un faint â'r hydoddiant o'i chwmpas, mae'r hydoddiant allanol yn isotonig â hydoddiant y gell ac ni fydd symudiad dŵr net i mewn nac allan o'r gell.

- Os gosodwn ni gell planhigyn mewn hydoddiant hypertonig, bydd yn colli dŵr drwy osmosis. Bydd y gwagolyn yn crebachu a bydd y cytoplasm yn tynnu oddi wrth y cellfur. Enw'r broses hon yw plasmolysis ac ar ddiwedd y broses, rydym ni'n dweud bod y gell yn llipa.

- Enw'r pwynt lle mae'r gellbilen yn dechrau symud oddi wrth y cellfur yw pwynt plasmolysis cychwynnol.

Bydd cell planhigyn yn ennill dŵr os caiff ei gosod mewn hydoddiant hypotonig a bydd yn parhau i gymryd dŵr i mewn tan mae gwasgedd y wal yn atal hynny. Bydd y **potensial gwasgedd** yn cynyddu nes ei fod yn hafal a dirgroes i'r potensial hydoddyn. Yn ddamcaniaethol, mae'r potensial dŵr nawr yn sero a phan na all y gell dderbyn dim mwy o ddŵr rydym ni'n dweud ei bod hi'n chwydd-dynn. Mae cyflwr chwydd-dyndra'n bwysig mewn planhigion, yn enwedig mewn eginblanhigion ifanc. Mae'n eu cynnal nhw ac yn cadw eu siâp a'u ffurf.

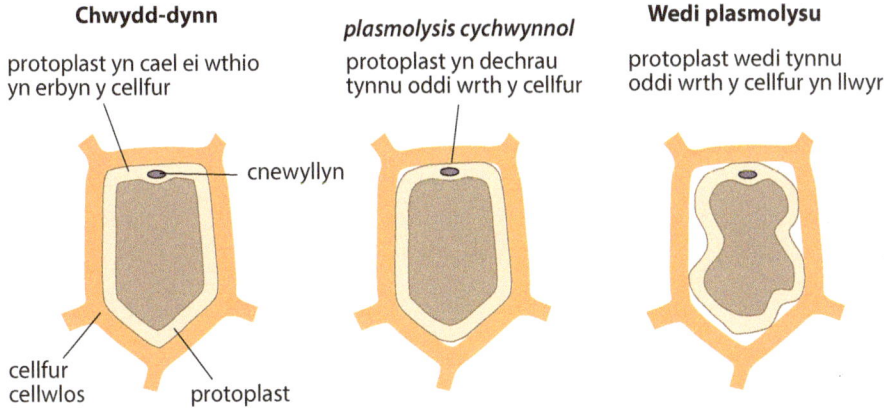

Chwydd-dynn	*plasmolysis cychwynnol*	Wedi plasmolysu
protoplast yn cael ei wthio yn erbyn y cellfur	protoplast yn dechrau tynnu oddi wrth y cellfur	protoplast wedi tynnu oddi wrth y cellfur yn llwyr

cnewyllyn

cellfur cellwlos
protoplast

▲ *Celloedd chwydd-dynn a chelloedd wedi'u plasmolysu*

Mewn celloedd planhigion, mae'r hafaliad canlynol yn cael ei ddefnyddio i ddisgrifio'r berthynas rhwng y gwasgeddau:

$$\psi = \psi_s + \psi_p$$

potensial dŵr = potensial hydoddyn + potensial gwasgedd

- Mae presenoldeb moleciwlau hydoddion yng ngwagolyn cell planhigyn yn gostwng y potensial dŵr.
- Crynodiad y sylweddau sydd wedi hydoddi yng ngwagolyn y gell sy'n cynhyrchu'r **potensial hydoddyn**.
- Pan mae dŵr yn mynd i wagolyn cell planhigyn drwy osmosis, caiff gwasgedd hydrostatig ei sefydlu sy'n gwthio'r cellfur tuag allan. Wrth i'r gwasgedd tuag allan gynyddu, mae'r cellfur yn datblygu grym dirgroes sef y potensial gwasgedd. Fel arfer, mae'r potensial gwasgedd yn bositif.

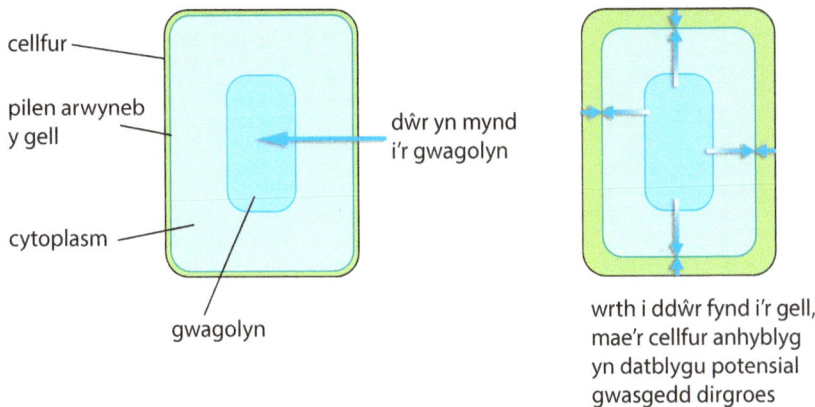

cellfur

pilen arwyneb y gell

cytoplasm

gwagolyn

dŵr yn mynd i'r gwagolyn

wrth i ddŵr fynd i'r gell, mae'r cellfur anhyblyg yn datblygu potensial gwasgedd dirgroes

▲ *Potensial hydoddyn a photensial gwasgedd*

Haemolysis

Osmosis a chelloedd anifeiliaid

Gan nad oes gan gell anifail gellfur, mae hyn yn effeithio'n wahanol arni. Fel y mae'r diagram yn ei ddangos, os caiff celloedd coch y gwaed eu rhoi mewn dŵr distyll, bydd dŵr yn mynd i'r celloedd drwy osmosis a bydd y celloedd yn byrstio. Yr enw ar hyn yw haemolysis.

Os caiff celloedd coch y gwaed eu rhoi mewn hydoddiant halwyn cryf, bydd dŵr yn mynd allan o'r celloedd a bydd y celloedd yn crebachu.

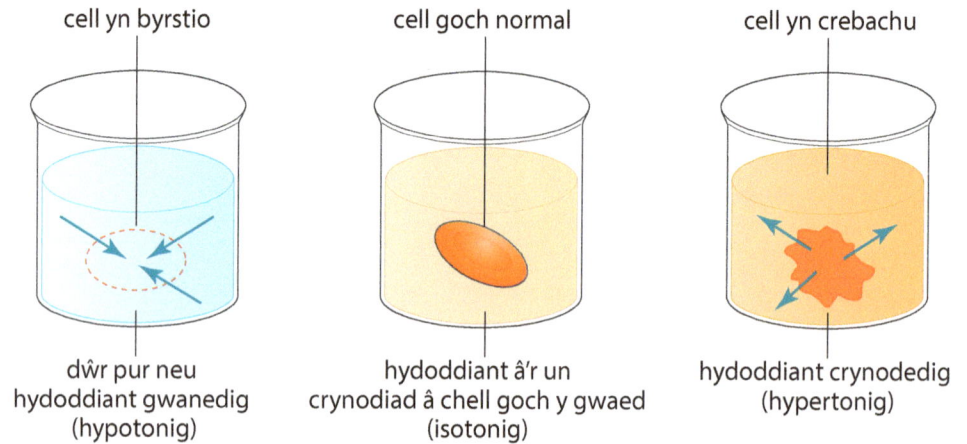

▶ *Osmosis a chelloedd anifeiliaid*

cell yn byrstio   cell goch normal   cell yn crebachu

dŵr pur neu hydoddiant gwanedig (hypotonig)

hydoddiant â'r un crynodiad â chell goch y gwaed (isotonig)

hydoddiant crynodedig (hypertonig)

Swmpgludo

Hyd yn hyn, rydym ni wedi ystyried sut mae'r bilen yn cludo moleciwlau neu ïonau unigol. Mae prosesau hefyd yn bodoli lle gall y gell gludo swmp o ddefnyddiau i'r gell (endocytosis) neu o'r gell (ecsocytosis).

- Mewn endocytosis, mae'r bilen blasmaidd yn amlyncu'r defnyd ac yn dod ag ef i mewn i'r gell mewn fesigl. Mae dau fath o endocytosis:

  – Ffagocytosis yw'r broses lle mae'r gell yn gallu cael defnyddiau solid sy'n rhy fawr i fynd i mewn iddi drwy drylediad neu gludiant actif. Mae lysosom yn asio â'r fesigl sy'n cael ei ffurfio, mae ensymau'n treulio'r defnyd solid a chaiff y cynhyrchion eu hamsugno i'r cytoplasm. Mae ffagocytau (celloedd gwyn y gwaed) yn dinistrio bacteria ac yn cael gwared ar falurion celloedd drwy ffagocytosis.

  – Pinocytosis yw lle mae hylif yn mynd i mewn drwy'r un mecanwaith â ffagocytosis, heblaw bod y broses yn cynhyrchu fesiglau llai.

- Mae ecsocytosis yn cyfeirio at sylweddau'n gadael y gell ar ôl cael eu cludo drwy'r cytoplasm mewn fesigl. Caiff ensymau treulio eu secretu fel hyn yn aml.

▶ *Ffagocytosis ac ecsocytosis*

ffagocytosis

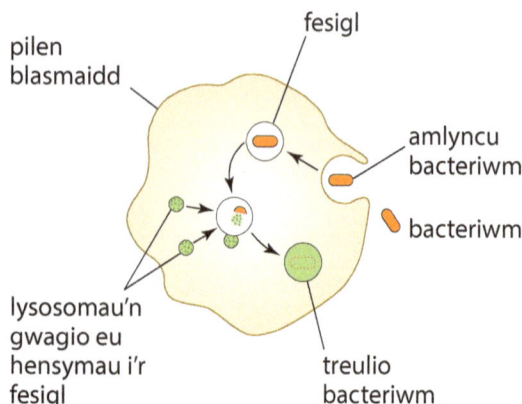

fesigl

pilen blasmaidd

amlyncu bacteriwm

bacteriwm

lysosomau'n gwagio eu hensymau i'r fesigl

treulio bacteriwm

ecsocytosis

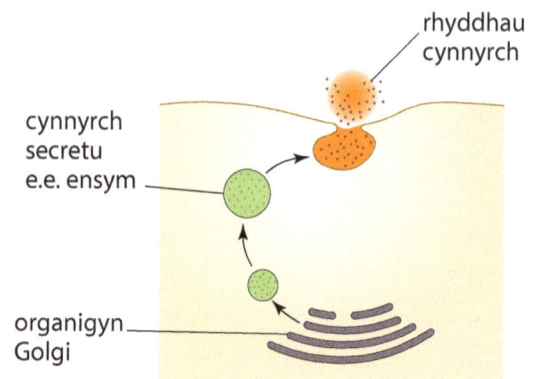

rhyddhau cynnyrch

cynnyrch secretu e.e. ensym

organigyn Golgi

Cellbilenni a chludiant

1 (a)   Mae'r diagram yn cynrychioli model o doriad drwy bilen arwyneb y gell, fel y cynigiodd Singer a Nicolson:

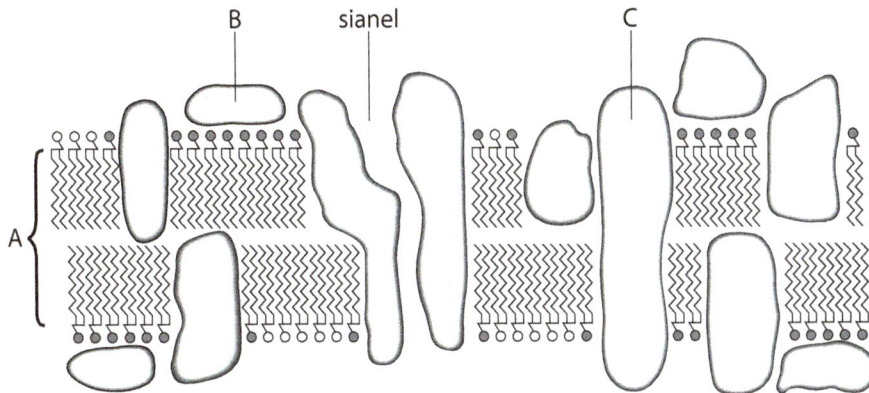

(i)   Nodwch enw'r model hwn a rhowch resymau dros yr enw hwnnw. (3)

(ii)   Enwch y ffurfiadau sydd wedi'u labelu'n A, B ac C. (3)

(iii)   Disgrifiwch swyddogaeth y sianel sydd wedi'i dangos yn y diagram. (1)

(b)   Caiff rhai moleciwlau eu cludo ar draws y bilen drwy gyfrwng cludiant actif. Beth yw ystyr y term 'cludiant actif'? (2)

(c)   Nodwch dair o swyddogaethau pilen arwyneb y gell. (3)

---

2   Caiff gwahanol gyfansoddion eu cludo drwy'r bilen blasmaidd i'r gell mewn gwahanol ffyrdd. Cwblhewch y tabl i ddangos sut mae'r tri math o gyfansoddyn, sydd wedi ei nodi yn y golofn gyntaf, yn mynd i'r gell. Yn y golofn olaf, rhestrwch un ffactor a allai newid cyfradd mewnlifiad y cyfansoddyn ar dymheredd cyson. (9)

Math o gyfansoddyn	Dull cludo i'r gell	Cydran y bilen y mae'n teithio drwyddi	Ffactor sy'n effeithio ar gyfradd cludiant
Hydawdd mewn lipid			
Hydawdd mewn dŵr mewn crynodiad allanol uchel			
Hydawdd mewn dŵr mewn crynodiad allanol isel iawn			

---

3   Mae'r graffiau canlynol yn dangos effaith cynyddu graddiant crynodiad ar gyfradd mewnlifiad sylweddau ar draws y gellbilen. Hefyd, dangosir effaith ychwanegu atalydd resbiradol ar y gyfradd mewnlifiad. Ar gyfer pob graff, enwch y math o fewnlifiad sy'n digwydd a rhowch resymau dros eich dewis. (9)

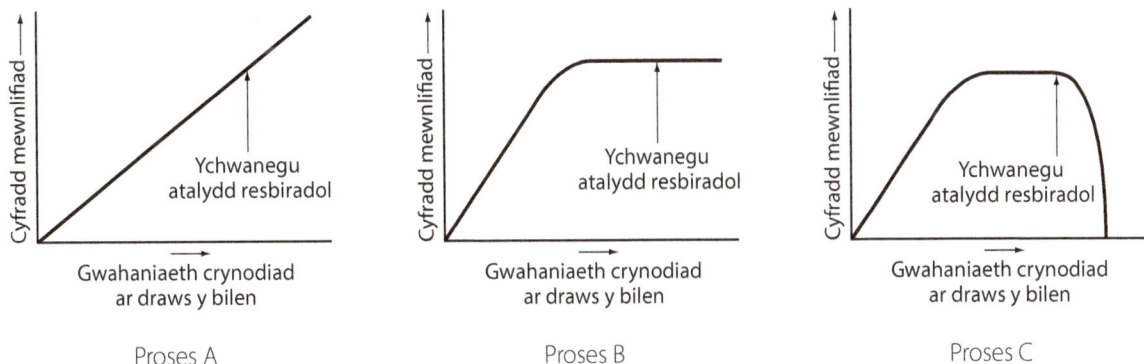

Proses A

Proses B

Proses C

4 Mae pob datganiad yn y tabl yn berthnasol i un neu fwy o'r tair ffordd y gall defnyddiau mewn hydoddiant fynd i mewn i gell ar draws y bilen blasmaidd. Cwblhewch y tabl drwy roi tic yn y blwch neu'r blychau priodol. (9)

Datganiad	Trylediad	Trylediad cynorthwyedig	Cludiant actif
Sylwedd yn hydoddi yn rhan lipid y bilen			
Wnaiff hyn ddim digwydd ym mhresenoldeb cyanid			
Symudiad yn cynnwys proteinau pilen			
Dim angen egni celloedd			
Cyfradd mewn cyfrannedd â'r graddiant crynodiad ar draws y bilen			
Digwydd o ganlyniad i symudiad moleciwlau ar hap mewn hydoddiant allanol			
Proteinau pilen yn gweithredu fel pympiau			

5 (a) Diffiniwch y term 'potensial dŵr'. (1)

(b) Cafodd cell planhigyn chwydd-dynn ei gosod mewn hydoddiant swcros crynodedig. Mae'r diagram yn dangos sut roedd y gell yn edrych ar ôl un awr:

(i) Labelwch ffurfiadau J a K. (2)

(ii) Pa dystiolaeth ar y diagram sy'n dangos ei bod yn rhaid bod potensial dŵr y cellnodd yn uwch (yn llai negatif) na photensial dŵr yr hydoddiant swcros? (1)

(iii) Defnyddiwch eich gwybodaeth am un o briodweddau ffurfiad K i egluro pam mae'n rhaid i'r potensial dŵr yn T fod yn hafal i'r potensial dŵr yn S. (2)

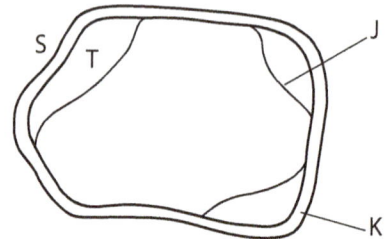

6 Mae'r diagram yn dangos dwy gell planhigyn, X ac Y, fel y maen nhw'n edrych o dan ficrosgop. Mae'r ffigyrau'n dangos potensial hydoddyn ψ_s a photensial gwasgedd ψ_p y ddwy gell, a photensial dŵr ψ cell Y.

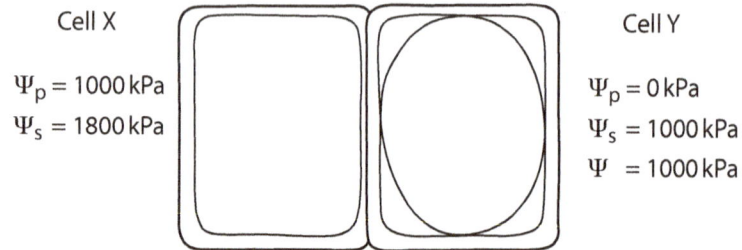

Cell X

$\Psi_p = 1000\,kPa$

$\Psi_s = 1800\,kPa$

Cell Y

$\Psi_p = 0\,kPa$

$\Psi_s = 1000\,kPa$

$\Psi = 1000\,kPa$

Mae'r hafaliad canlynol yn rhoi'r berthynas rhwng potensialau dŵr mewn celloedd: ψ cell $= \psi_s + \psi_p$

(a) Cyfrifwch botensial dŵr cell X. Dangoswch eich gwaith cyfrifo. (2)

(b) Nodwch enw'r cyflwr sydd i'w weld yng nghell Y ac eglurwch beth allai fod wedi achosi'r cyflwr hwn. (3)

(c) Awgrymwch yr effaith ar eginblanhigion pe bai eu holl gelloedd yn yr un cyflwr â chell Y (1)

(ch) Beth yw'r term sy'n disgrifio'r broses lle mae cell yn colli dŵr nes i'w philen blasmaidd ddechrau tynnu oddi ar ei chellfur? (1)

(d) Beth fyddai'n digwydd i gell anifail mewn hydoddiant hypotonig? (1)

7 (a) Disgrifiwch adeiledd y gellbilen. (4)

(b) Disgrifiwch y gwahanol ffyrdd y mae moleciwlau bach yn gallu mynd i mewn i'r gell. (6)

BY1

Ensymau

Mewn celloedd, mae adweithiau metabolaidd yn digwydd yn gyflym ac mae miloedd o adweithiau'n digwydd ar yr un pryd. Mae trefn a rheolaeth yn hanfodol er mwyn i adweithiau beidio ag ymyrryd â'i gilydd. Ensymau sy'n gwneud y nodweddion metabolaeth hyn yn bosibl.

Erbyn diwedd y testun hwn, dylech chi allu gwneud y canlynol:

- Disgrifio adeiledd ensymau a'r berthynas rhwng eu priodweddau a'u hadeiledd.
- Egluro mecanweithiau gweithredu moleciwlau ensymau gan gyfeirio at benodolrwydd, safle actif, cymhlygyn ensym-swbstrad.
- Egluro sut mae ffactorau fel tymheredd, pH a chrynodiad adweithyddion yn effeithio ar ensymau.
- Egluro sut mae ataalyddion yn effeithio ar ensymau.
- Egluro egwyddor ensymau ansymudol a'u mantais dros ensymau 'rhydd'.
- Disgrifio sut i ddefnyddio biosynhwyrydd i brofi lefel glwcos y gwaed.

DYLECH CHI WYBOD ›››

››› beth yw'r berthynas rhwng adeiledd ensymau a'u swyddogaeth

››› bod ensymau'n gostwng yr egni actifadu

››› bod cymhlygyn ensym-swbstrad yn cael ei ffurfio

Termau Allweddol

Catalydd = moleciwl sy'n cyflymu adwaith cemegol, ond nad yw'n newid yn ystod yr adwaith.

Metabolaeth = yr holl brosesau cemegol sy'n digwydd mewn organebau byw.

Cysylltiad Edrychwch eto ar adeiledd proteinau ar dudalen 16.

Adeiledd ensymau

Proteinau crwn yw ensymau sy'n gweithredu fel **catalyddion** biolegol.

Maen nhw'n cyflymu cyfradd adweithiau **metabolaidd**. Mae rhai ensymau'n cataly ddu adweithiau lle caiff moleciwlau mawr eu hymddatod i roi moleciwlau llai. Mae eraill yn catalyddu adweithiau lle caiff moleciwlau llai eu huno i greu moleciwlau mawr cymhleth.

Proteinau trydyddol crwn yw ensymau, lle mae'r gadwyn proteinau wedi'i phlygu'n ôl arni ei hun i roi siâp sfferig neu grwn gyda grwpiau R hydroffilig ar y tu allan i'r moleciwl. Mae hyn yn gwneud ensymau'n hydawdd. Mae gan bob ensym ei ddilyniant ei hun o asidau amino ac mae'n cael ei ddal yn ei ffurf drydyddol gan fondiau hydrogen, pontydd deusylffid a bondiau ïonig. Y siâp 3D cymhleth a manwl hwn sy'n rhoi llawer o briodweddau ensym iddo. Er bod moleciwl yr ensym yn fawr, dim ond rhan fach, sef y safle actif, sy'n weithredol.

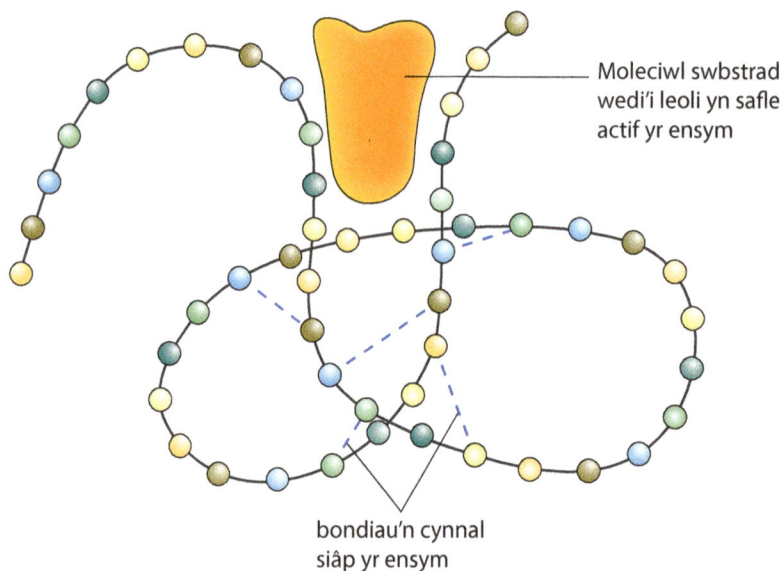

Moleciwl swbstrad wedi'i leoli yn safle actif yr ensym

bondiau'n cynnal siâp yr ensym

▲ *Adeiledd ensym*

Bydd ensymau'n adweithio â moleciwl arall o'r enw swbstrad. Mae gan bob ensym ei siâp arbennig ei hun, a rhan, sef y safle actif, lle mae moleciwlau'r swbstrad yn rhwymo.

Dim ond tri i ddeuddeg o asidau amino sy'n gwneud y safle actif, ond mae ei siâp yn ffitio'r swbstrad yn union. Enw'r cyfuniad o ensym a swbstrad yw'r cymhlygyn ensym-swbstrad, a bondiau dros dro sy'n dal y swbstrad yn ei le. Pan fydd yr adwaith wedi'i gwblhau, caiff mwy o gynhyrchion eu rhyddhau, gan adael yr ensym heb newid ac yn barod i dderbyn moleciwl swbstrad arall.

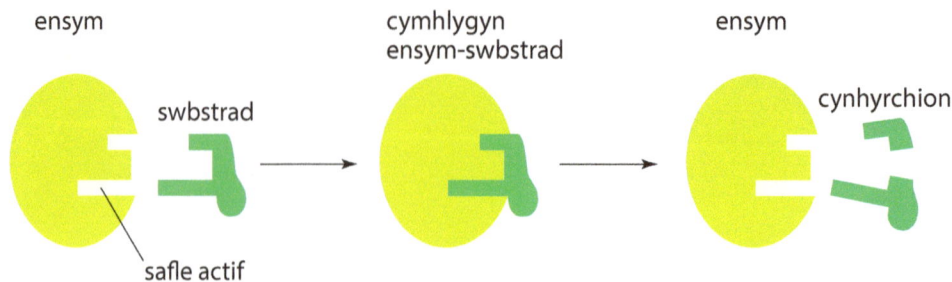

ensym

swbstrad

safle actif

cymhlygyn ensym-swbstrad

ensym

cynhyrchion

▲ *Cymhlygyn ensym-swbstrad*

Priodweddau ensymau

- Dim ond gydag un math o foleciwl swbstrad y bydd pob ensym yn gweithio. Y rheswm am hyn yw mai dim ond un siâp moleciwl fydd yn ffitio gyda siâp y safle actif. Mae'r ensym yn benodol ar gyfer y swbstrad arbennig hwnnw.

- Mae ensymau'n gweithio'n gyflym iawn ac mae ganddyn nhw rif trosiant uchel. Mae hyn yn golygu eu bod nhw'n gallu trawsnewid llawer o foleciwlau o swbstrad i bob uned amser. Er enghraifft, mae rhif trosiant catalas, sy'n dadelfennu'r cynnyrch gwastraff hydrogen perocsid yn y corff, yn rhai miliynau!

- Mae angen egni ar adweithiau cemegol i'w cychwyn, neu ni chaiff yr adweithyddion eu trawsnewid yn gynhyrchion. Enw'r egni hwn yw egni actifadu a dyma'r egni sydd ei angen i dorri'r bondiau cemegol sy'n bodoli mewn moleciwlau. Un ffordd o wneud i gemegion adweithio â'i gilydd yw cynyddu'r egni ar ffurf gwres. Ni all organebau byw wneud hyn oherwydd bydd tymheredd uwch na 40 °C yn achosi niwed anghildroadwy i'r proteinau adeileddol a'r proteinau swyddogaethol yn eu cyrff.

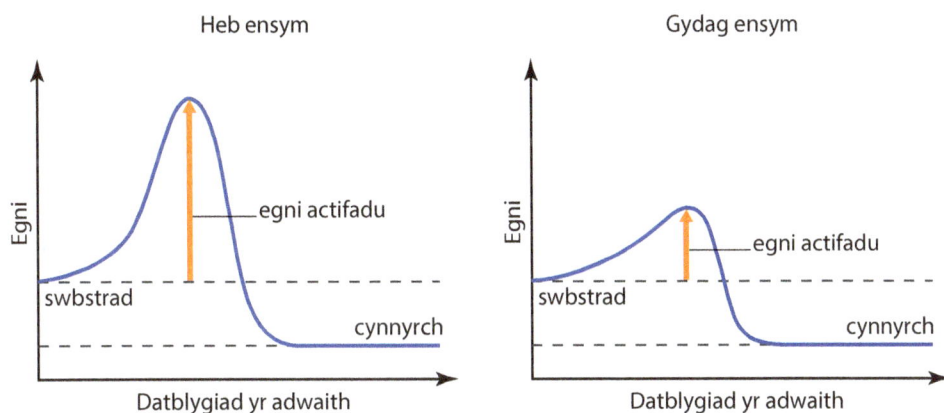

▲ Ensymau ac egni actifadu

Er mwyn i adwaith ddigwydd, rhaid i'r adweithyddion wrthdaro â digon o egni i newid trefniant yr atomau yn y moleciwlau. Mewn geiriau eraill, mae angen hwb o egni i ddechrau, neu mae'n rhaid goresgyn lefel egni actifadu cyn y gall yr adwaith fwrw ymlaen. Mewn adweithiau cemegol, gallwn ni wneud hyn drwy wresogi. Mae ensymau'n gweithio drwy ostwng yr egni actifadu. Pan aiff swbstrad i safle actif ensym, caiff siâp y moleciwl ei newid ychydig bach. Mae hyn yn galluogi prosesau metabolaidd i ddigwydd ar dymheredd cymharol is nag adweithiau cemegol heb eu catalyddu gan ensymau.

◄ Mae angen i adweithiau oresgyn rhwystr egni cyn iddyn nhw ddechrau. Gallwch chi gymharu hyn â dyn yn gwthio carreg fawr dros ben bryn. Yn gyntaf, rhaid iddo ddefnyddio egni i wthio'r garreg i frig y bryn a drosto cyn iddi allu rholio i lawr yr ochr arall.

Sut mae Gwyddoniaeth yn Gweithio

Ar ôl arsylwi moleciwlau ensymau, cynigiodd gwyddonwyr y model ffit anwythol ar gyfer gweithredoedd ensymau.

Pwyntiau astudio

Sut gallech chi gynnal arbrawf i ganfod effaith tymheredd ar gyfradd dadelfennu hydrogen perocsid gan yr ensym catalas?

Os aiff crynodiad y swbstrad yn gyfyngol, ni fydd ychwanegu mwy o ensym yn cynyddu cyfradd yr adwaith.

Cyngor arholwr

Mae'r gromlin ar ei serthaf ar ddechrau'r adwaith. Ei graddiant yno yw cyfradd gychwynnol yr adwaith.

Modelau gweithredu ensymau

Yn aml, bydd gwyddonwyr yn defnyddio model gwyddonol i gynrychioli sut mae rhywbeth yn gweithio. Mae'r rhagdybiaeth clo ac allwedd yn cynnig bod ensymau'n gweithio yn yr un ffordd ag y mae allwedd yn agor clo. Mae gan bob allwedd siâp penodol sy'n ffitio clo arbennig ac yn ei agor. Yn debyg i hyn, dim ond yn safle actif un math o ensym y bydd swbstrad yn ffitio.

Fodd bynnag, mae gwyddonwyr wedi arsylwi bod y moleciwl sy'n rhwymo'n newid siâp yr ensym, sy'n awgrymu bod yr adeiledd mewn gwirionedd yn hyblyg. Felly, cynigiodd y gwyddonwyr fodel arall, sef y model ffit anwythol. Mae'r ddamcaniaeth hon yn awgrymu bod gan yr ensym siâp cyffredinol penodol sy'n newid ychydig bach i dderbyn y swbstrad. Wrth i'r ensym newid ei siâp, mae'n rhoi straen ar foleciwl y swbstrad sy'n ystumio bond penodol. Mae hyn yn lleihau'r egni actifadu sydd ei angen i dorri'r bond.

Datblygiad adwaith wedi'i reoli gan ensym

Gallwn ni ddilyn datblygiad adwaith wedi'i gatalyddu gan ensym ar gyfer crynodiad penodol o swbstrad drwy fesur naill ai y cynnyrch sy'n cael ei ffurfio neu'r swbstrad sy'n diflannu.

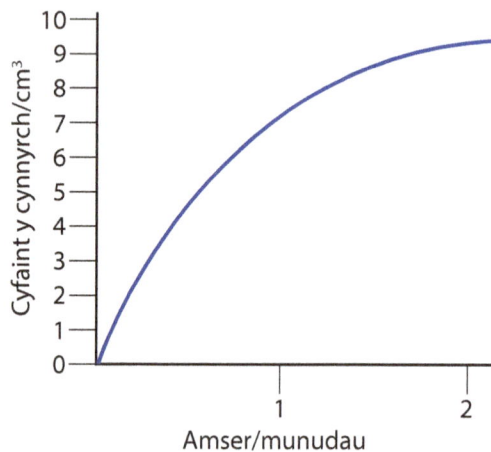

▲ *Graff yn dangos mesur cynnyrch sy'n cael ei ffurfio*

Gallwn ni egluro siâp y graff fel hyn:

- Pan gaiff yr ensym a'r swbstrad eu cymysgu gyda'i gilydd am y tro cyntaf, mae nifer mawr o foleciwlau swbstrad.
- Mae'r ddau fath o foleciwl yn symud yn gyson.
- Mae moleciwlau swbstrad yn dod i gysylltiad â safleoedd actif gwag y moleciwlau ensym.
- Mae pob safle actif yn llenwi â moleciwlau swbstrad, sy'n cael eu dadelfennu'n gyflym i ffurfio cynnyrch.
- Wrth i'r adwaith fynd yn ei flaen, mae llai o swbstrad ar gael a mwy a mwy o gynnyrch.
- Yn y pen draw, mae'r graff yn gwastadu oherwydd mae'r swbstrad i gyd wedi'i ddefnyddio ac felly nid yw'n bosibl ffurfio mwy o gynnyrch.

Ffactorau sy'n effeithio ar sut mae ensymau'n gweithredu

Caiff ensymau eu gwneud mewn celloedd byw ond gallan nhw weithredu y tu mewn i'r gell (mewngellol) neu y tu allan iddi (rhyng-gellol, allgellol) fel ensymau treulio'r llwybr ymborth. Mae amodau amgylcheddol, fel tymheredd a pH, yn newid adeiledd tri dimensiwn moleciwlau ensymau. Caiff bondiau eu torri felly caiff siâp y safle actif ei newid.

▼ Pwynt astudio

Caiff ensymau, yn hytrach na chatalyddion anorganig, eu defnyddio'n helaeth mewn diwydiant am eu bod nhw'n fwy effeithlon. Mae ganddyn nhw rif trosiant uwch ac maen nhw'n benodol iawn. Maen nhw hefyd yn fwy economaidd gan eu bod nhw'n gweithio ar dymheredd is.

Effaith tymheredd ar gyfradd gweithredu ensymau

Mae cynnydd mewn tymheredd yn rhoi mwy o egni cinetig i foleciwlau a byddan nhw'n symud o gwmpas yn gyflymach, gan wrthdaro â'i gilydd yn amlach. Mewn adwaith wedi'i reoli gan ensym, bydd moleciwlau'r ensym a'r swbstrad yn gwrthdaro'n amlach mewn cyfnod penodol, gan gynyddu cyfradd yr adwaith. Yn fras, bydd cyfradd yr adwaith yn dyblu am bob cynnydd o 10 °C yn y tymheredd hyd at dymheredd optimwm, sef 40 °C i'r rhan fwyaf o ensymau. Uwchlaw'r tymheredd hwn, mae'r moleciwlau'n dirgrynu cymaint nes bod y bondiau hydrogen yn torri, sy'n newid adeiledd trydyddol yr ensym. Mae hyn yn newid siâp y safle actif ac ni fydd y swbstrad yn ffitio yn y safle actif. Dywedir bod yr ensym wedi'i ddadnatureiddio. Mae hyn yn newid parhaol yn yr adeiledd. Ar dymheredd isel, fel y rhewbwynt, caiff yr ensym ei anactifadu gan nad oes gan y moleciwlau unrhyw egni cinetig. Fodd bynnag, bydd yr ensym yn gallu gweithio eto os caiff y tymheredd ei godi.

▶ *Effaith tymheredd ar gyfradd adwaith*

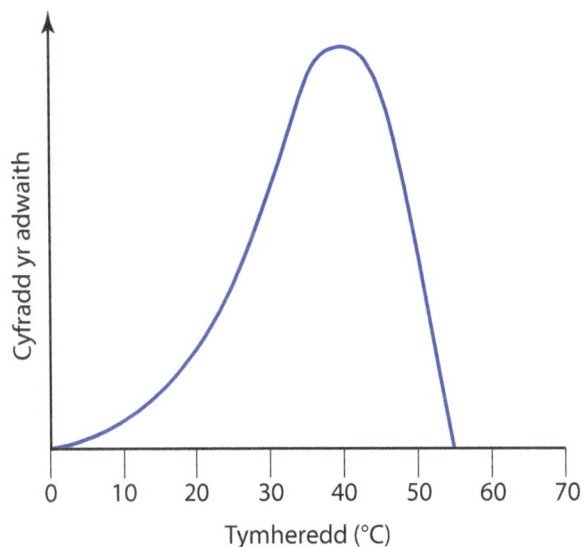

Effaith pH ar gyfradd gweithredu ensymau

Mae gan y rhan fwyaf o ensymau pH optimwm lle bydd cyfradd yr adwaith ar ei huchaf. Mae newidiadau bach mewn pH y tu allan i'r optimwm yn gallu achosi newidiadau cildroadwy bach i adeiledd yr ensym a'i anactifadu. Mae pH eithafol yn gallu dadnatureiddio ensym.

Mae ïonau hydrogen neu ïonau hydrocsyl rhydd yn effeithio ar y gwefrau ar y cadwynau ochr asid amino yn safle actif yr ensym. Wrth ffurfio cymhlygyn ensym-swbstrad, rhaid i'r wefr ar y safle actif gyfateb i'r gwefrau ar y swbstrad. Os oes gormod o ïonau H_+ yn y safle actif (er enghraifft) gall fod yr un wefr ar y safle actif a'r swbstrad a bydd yr ensym yn gwrthyrru'r swbstrad.

▶ *Effaith pH ar gyfradd adwaith*

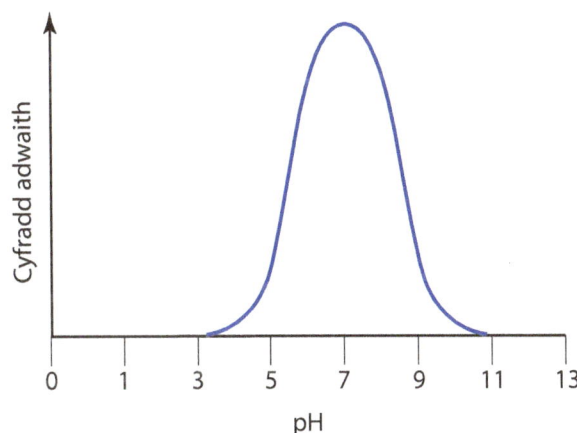

▼ *Sut mae newid mewn pH yn effeithio ar sut mae ensymau'n gweithredu*

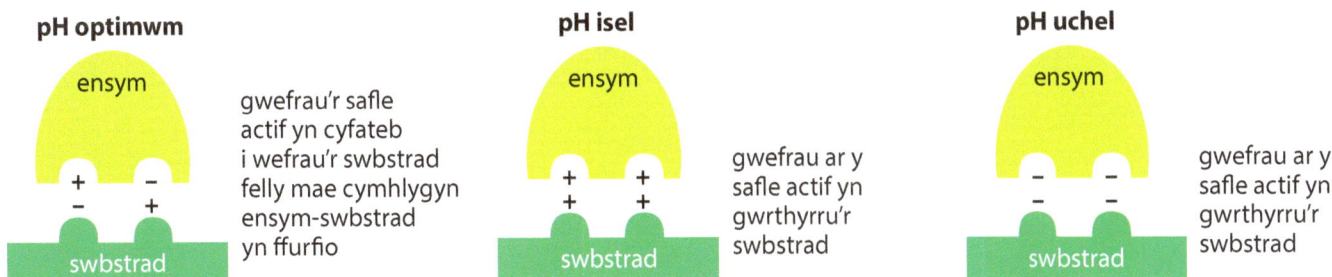

pH optimwm

ensym

gwefrau'r safle actif yn cyfateb i wefrau'r swbstrad felly mae cymhlygyn ensym-swbstrad yn ffurfio

+ −
− +

swbstrad

pH isel

ensym

gwefrau ar y safle actif yn gwrthyrru'r swbstrad

+ +
+ +

swbstrad

pH uchel

ensym

gwefrau ar y safle actif yn gwrthyrru'r swbstrad

− −
− −

swbstrad

10

Mae pH eithafol yn effeithio ar y bondiau hydrogen, sy'n newid siâp tri dimensiwn yr ensym ynghyd â siâp y safle actif.

Mae crynodiad y swbstrad a chrynodiad yr ensym ei hun hefyd yn effeithio ar ensymau.

Crynodiad y swbstrad

Bydd cyfradd adwaith wedi'i gatalyddu gan ensym yn amrywio gyda newidiadau yng nghrynodiad y swbstrad. Os yw crynodiad yr ensym yn gyson, bydd cyfradd yr adwaith yn cynyddu wrth i grynodiad y swbstrad gynyddu. Ar grynodiad isel o'r swbstrad, does dim llawer o foleciwlau swbstrad i foleciwlau'r ensym wrthdaro â nhw. Mewn geiriau eraill, nid yw'r safleoedd actif yn gweithio at eu gallu llawn. Wrth i fwy o swbstrad gael ei ychwanegu, bydd pwynt yn cyrraedd lle mae safleoedd actif yr ensym i gyd yn llawn. Mewn geiriau eraill, mae cyfradd yr adwaith wedi cyrraedd uchafbwynt.

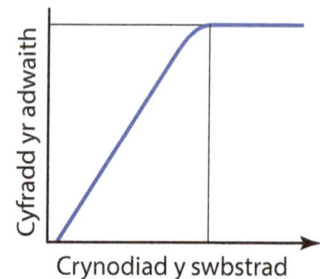

▶ *Effaith cynyddu crynodiad y swbstrad*

▼ *Effaith crynodiad swbstrad isel ac uchel*

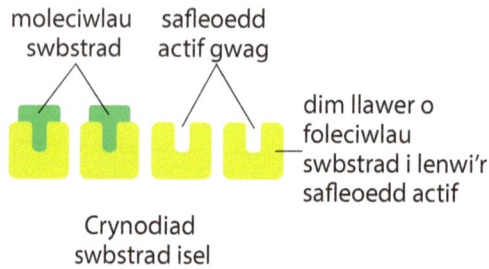

moleciwlau swbstrad

safleoedd actif gwag

dim llawer o foleciwlau swbstrad i lenwi'r safleoedd actif

Crynodiad swbstrad isel

gormodedd o foleciwlau swbstrad sy'n methu â dod o hyd i safleoedd actif rhydd

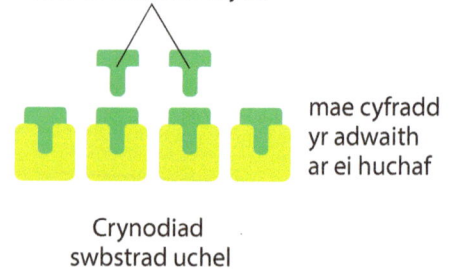

mae cyfradd yr adwaith ar ei huchaf

Crynodiad swbstrad uchel

Crynodiad yr ensym

Ar ôl i gynnyrch adael safle actif ensym, gellir defnyddio'r moleciwl ensym hwnnw eto. Felly, dim ond crynodiad bach o ensym sydd ei angen i gatalyddu nifer mawr o foleciwlau swbstrad. Yr enw ar nifer y moleciwlau swbstrad y mae un moleciwl ensym yn gallu eu troi'n gynnyrch mewn un munud yw'r rhif trosiant. Mae rhif trosiant yr ensym catalas yn rhai miliynau.

Bydd cyfradd adwaith sy'n cael ei gatalyddu gan ensym yn amrywio gyda newidiadau yng nghrynodiad yr ensym. Bydd cynyddu crynodiad yr ensym yn cynyddu nifer y safleoedd actif sydd ar gael ac felly'n cynyddu cyfradd yr adwaith.

Ataliad ensymau

Mae ataliad yn digwydd pan mae effaith ensym yn cael ei harafu neu ei stopio gan sylwedd arall. Mae'r atalydd yn cyfuno â'r ensym ac naill ai'n uniongyrchol neu'n anuniongyrchol yn ei atal rhag ffurfio cymhlygyn ensym-swbstrad.

Mae dau fath o atalydd, cystadleuol ac anghystadleuol.

Ataliad cystadleuol

Mae gan atalyddion cystadleuol adeiledd tebyg i'r swbstrad. Mae hyn yn caniatáu iddyn nhw ffitio yn safle actif yr ensym yn lle'r swbstrad. Maen nhw felly'n cystadlu â'r swbstrad am y safle actif. Er enghraifft, mae asid malonig yn cystadlu â sycsinad am safleoedd actif dadhydrogenas sycsinig, ensym pwysig yng nghylchred Krebs mewn resbiradaeth. Os caiff crynodiad y swbstrad ei gynyddu, bydd yn lleihau effaith yr atalydd. Y rheswm dros hyn yw os oes mwy o foleciwlau swbstrad yn bresennol, bydd mwy o siawns iddyn nhw ganfod safleoedd actif, gan adael llai o safleoedd actif i'r atalydd eu llenwi.

Cyngor arholwr

Disgrifiwch adweithiau ensymau â swbstradau yn nhermau gwrthdrawiadau rhwng moleciwlau. Gydag ataliad cystadleuol, y mwyaf yw crynodiad y swbstrad o'i gymharu â'r atalydd, y mwyaf yw'r siawns y bydd y swbstrad yn gwrthdaro â'r ensym.

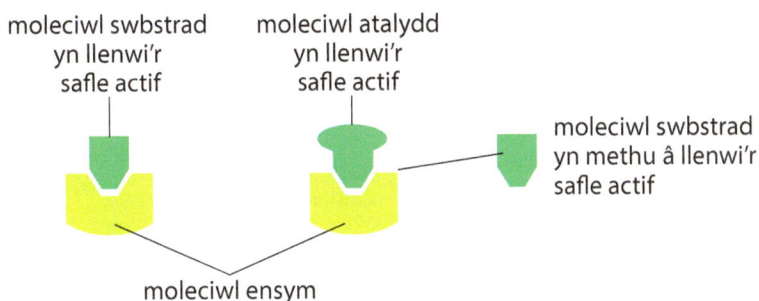

- moleciwl swbstrad yn llenwi'r safle actif
- moleciwl atalydd yn llenwi'r safle actif
- moleciwl swbstrad yn methu â llenwi'r safle actif
- moleciwl ensym

▲ *Ataliad cystadleuol*

▼ Pwyntiau astudio

Nid yw'r atalydd cystadleuol yn rhwymo'n barhaol â'r safle actif, felly, pan fydd yn gadael, gall moleciwl arall gymryd ei le. Gallai hwn fod yn swbstrad neu'n atalydd, gan ddibynnu ar grynodiad y naill a'r llall.

Peidiwch â phoeni gormod am weithredoedd cytocrom ocsidas ac asid malonig ar hyn o bryd. Byddwch chi'n astudio'r cemegion hyn a'u rhan ym mhroses resbiradaeth yn U2.

Ataliad anghystadleuol

Mae atalyddion anghystadleuol yn rhwymo â'r ensym mewn safle heblaw'r safle actif. Wrth iddyn nhw rwymo, maen nhw'n newid siâp cyffredinol moleciwl yr ensym, gan gynnwys y safle actif, mewn ffordd sy'n golygu nad yw'r safle actif yn gallu derbyn y swbstrad. Gan fod moleciwlau'r swbstrad a'r atalydd yn rhwymo â rhannau gwahanol o'r ensym, dydyn nhw ddim yn cystadlu am yr un safle. Felly, nid yw crynodiad y swbstrad yn effeithio ar gyfradd yr adwaith. Er enghraifft, mae cyanid (gwenwyn resbiradol) yn glynu wrth ran o'r ensym cytocrom ocsidas, ac yn atal resbiradaeth.

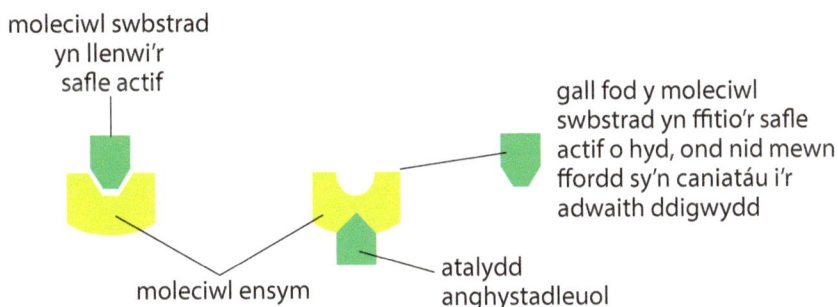

- moleciwl swbstrad yn llenwi'r safle actif
- gall fod y moleciwl swbstrad yn ffitio'r safle actif o hyd, ond nid mewn ffordd sy'n caniatáu i'r adwaith ddigwydd
- moleciwl ensym
- atalydd anghystadleuol

▲ *Ataliad anghystadleuol*

11 Gwirio gwybodaeth

Nodwch y gair neu'r geiriau coll.

Mae atalyddion cystadleuol yn llenwi •••• •••• ensym yn lle'r •••••. Os yw crynodiad y swbstrad yn ••••, bydd yn lleihau effaith yr atalydd. Mae •••• yn enghraifft o atalydd anghystadleuol sy'n atal resbiradaeth.

DYLECH CHI WYBOD ›››

››› beth yw ensymau ansymudol

››› beth yw manteision ensymau ansymudol o'u cymharu ag ensymau 'rhydd'

››› sut caiff ensymau ansymudol eu defnyddio mewn biosynwyryddion i ganfod lefel siwgr y gwaed

Cymhwyso ensymau mewn meysydd meddygol a diwydiannol

Ensymau ansymudol

Mae moleciwlau ensymau ansymudol wedi'u sefydlogi, eu rhwymo neu wedi'u dal ar fatrics anadweithiol fel capsiwl gel (gleiniau alginad). Gallwn ni becynnu'r gleiniau hyn mewn colofnau gwydr. Gallwn ni ychwanegu swbstrad at dop y golofn a bydd yn adweithio â'r ensym wrth iddo lifo'n araf i lawr y golofn. Ar ôl cydosod y golofn, gallwn ni ei defnyddio dro ar ôl tro. Gan fod yr ensym wedi'i sefydlogi, does dim posibl iddo gymysgu â'r cynhyrchion felly mae'n rhatach ei wahanu. Caiff ensymau ansymudol eu defnyddio'n aml mewn prosesau diwydiannol, fel eplesiad, oherwydd mae'n hawdd eu hadfer nhw a'u defnyddio nhw eto.

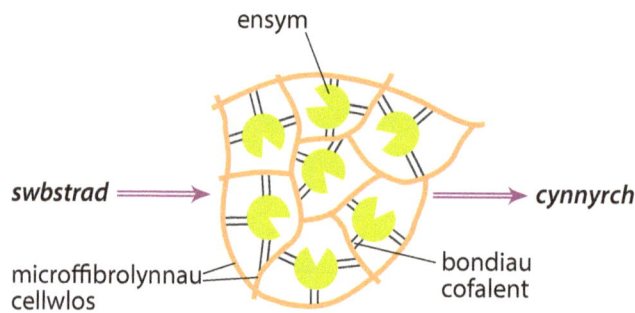

▲ *Ensymau ansymudol mewn fframwaith o ficroffibrolynnau cellwlos*

Ansefydlogrwydd ensymau yw un o'r ffactorau allweddol sy'n atal defnyddio ensymau 'rhydd' yn amlach. Mae cemegion fel hydoddyddion organig, tymheredd uwch a gwerthoedd pH y tu allan i'r norm yn gallu dadnatureiddio'r ensym ac achosi iddo golli ei actifedd. Mae defnyddio matrics polymer i wneud ensymau'n ansymudol yn creu microamgylchedd sy'n caniatáu i adweithiau ddigwydd ar dymheredd uwch nag arfer. Mae hyn yn golygu mwy o actifedd ac felly fwy o gynhyrchedd. Mae manteision eraill yn cynnwys:

- Mae ensymau'n gallu goddef amrediad ehangach o amodau.
- Mae'n hawdd adfer (*recover*) ensymau i'w defnyddio nhw eto, sy'n lleihau cyfanswm costau.
- Gallwn ni ddefnyddio llawer o ensymau â gwahanol optima pH neu dymheredd gyda'i gilydd.
- Mae'n hawdd ychwanegu neu dynnu ensymau, sy'n rhoi mwy o reolaeth i ni dros yr adwaith.

► **Cyngor arholwr**
Dysgwch ddiffiniadau termau. Er enghraifft, allwch chi ddiffinio ensym ansymudol?

► **Cyngor arholwr**
Byddwch yn barod i gymharu effaith tymheredd ar ensym rhydd ac ensym ansymudol.

► *Graff yn dangos effaith tymheredd ar gyfradd adwaith yr un ensym yn ei gyflwr rhydd a'i gyflwr ansymudol*

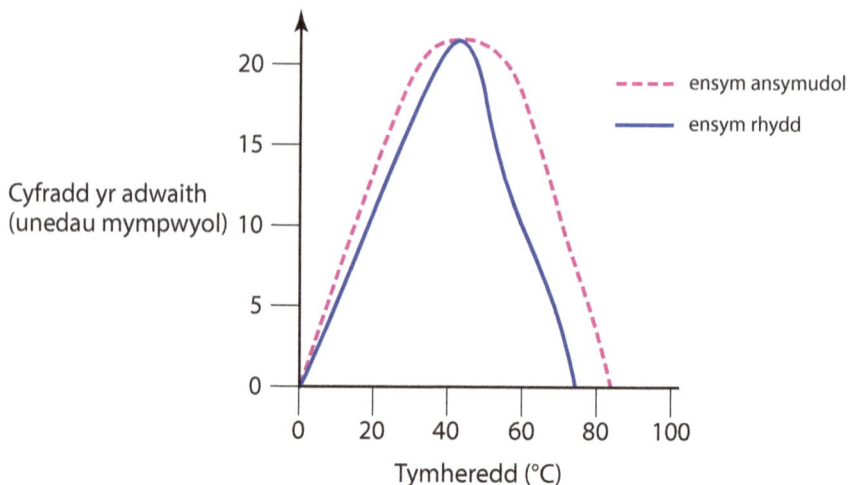

Biosynhwyrydd

Un ffordd o ddefnyddio ensymau ansymudol yw mewn **biosynhwyrydd**, sy'n gweithio ar yr egwyddor bod ensymau'n benodol ac yn gallu dewis un math o foleciwl o gymysgedd, hyd yn oed mewn crynodiadau isel iawn. Gellir defnyddio biosynhwyrydd i ganfod symiau bach iawn o foleciwlau â phwysigrwydd biolegol yn gyflym ac yn fanwl gywir.

Mae gan fiosynwyryddion botensial mawr ym meysydd diagnosis meddygol a monitro amgylcheddol. Mae'r chwiliedydd electrod yn gallu canfod newidiadau i'r swbstrad neu'r cynnyrch, newid mewn tymheredd neu newid mewn priodweddau optegol.

Un ffordd benodol o ddefnyddio biosynhwyrydd yw canfod lefel y siwgr gwaed mewn cleifion sydd â diabetes. Caiff y chwiliedydd electrod, sydd ag ensym ansymudol penodol mewn pilen, ei osod yn y sampl gwaed. Os oes glwcos yn bresennol, bydd yn tryledu drwy'r bilen ac yn ffurfio cymhlygyn ensym-swbstrad. Mae'r adwaith yn cynhyrchu cerrynt trydanol bach sy'n cael ei ganfod gan yr electrod (y **trawsddygiadur**).

Caiff y cerrynt hwn ei ddarllen gan fesurydd sy'n rhoi darlleniad lefel y glwcos yn y gwaed. Byddem ni'n dweud bod lefel normal glwcos yn y gwaed rhwng 3.89 a 5.83 mmol dm^{-3}.

Term Allweddol

Biosynhwyrydd = yn cysylltu biofoleciwl, fel ensym, â **thrawsddygiadur**, sy'n cynhyrchu signal trydanol fel ymateb i drawsffurfiad swbstrad. Mae'n bosibl defnyddio mesurydd i fesur cryfder y signal trydanol.

▼ Pwynt astudio

Caiff ensymau ansymudol eu defnyddio hefyd mewn offer profi beichiogrwydd ac mewn eplesydd i fesur cynhyrchion yn gyflym, yn sensitif ac yn benodol.

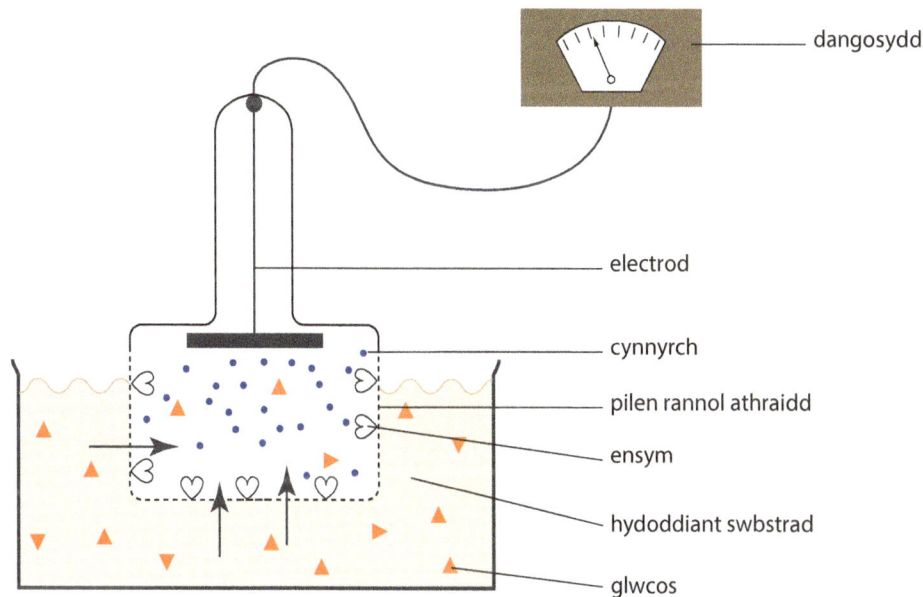

- dangosydd
- electrod
- cynnyrch
- pilen rannol athraidd
- ensym
- hydoddiant swbstrad
- glwcos

▲ *Biosynhwyrydd*

Camau defnyddio biosynhwyrydd

1. Mae gwaed yn cynnwys cymysgedd o wahanol foleciwlau.
2. Caiff electrod ensym ei osod mewn sampl gwaed.
3. Mae glwcos yn tryledu i'r haen ensym ansymudol.
4. Mae ocsigen yn llifo i mewn.
5. Mae cyfradd mewnlifiad yr ocsigen mewn cyfrannedd â chrynodiad y glwcos.
6. Mae dangosydd digidol yn dangos crynodiad y glwcos yn fanwl gywir.

Gwirio gwybodaeth 12

Nodwch y gair neu'r geiriau coll.

Yr enw ar ensymau sy'n sefydlog mewn capsiwl gel yw ensymau ·····. Mae'r rhain yn cael eu defnyddio mewn biosynwyryddion i ganfod lefel ····· ····· mewn cleifion sydd â diabetes.

Ensymau

1 Mae'r graff yn cynrychioli effaith cynyddu tymheredd ar gyfradd adwaith wedi'i reoli gan ensym.

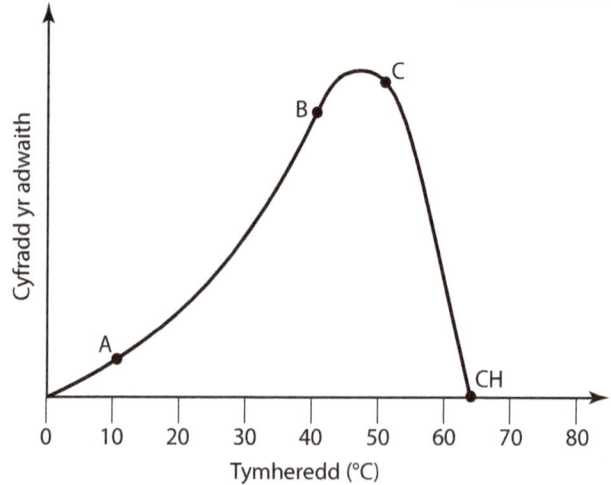

(a) Eglurwch siâp y gromlin rhwng A a B a rhwng C ac CH. (4)

(b) Awgrymwch pam mae tymheredd mamolyn yn cael ei gadw ychydig yn is na'r tymheredd optimwm ar gyfer yr ensymau yn y mamolyn hwnnw. (2)

2 Roedd myfyriwr yn ymchwilio i sut mae'r ensym catalas yn gweithio. Mae'r ensym hwn yn catalyddu'r adwaith lle caiff hydrogen perocsid ei ddadelfennu i roi ocsigen a dŵr. Casglodd y myfyriwr yr ocsigen a oedd yn cael ei ryddhau mewn silindr mesur. Cafodd cyfaint y nwy ei gofnodi bob 20 eiliad a chaiff ei ddangos gan y llinell sydd wedi'i labelu'n Y ar y graff ar y chwith isod.

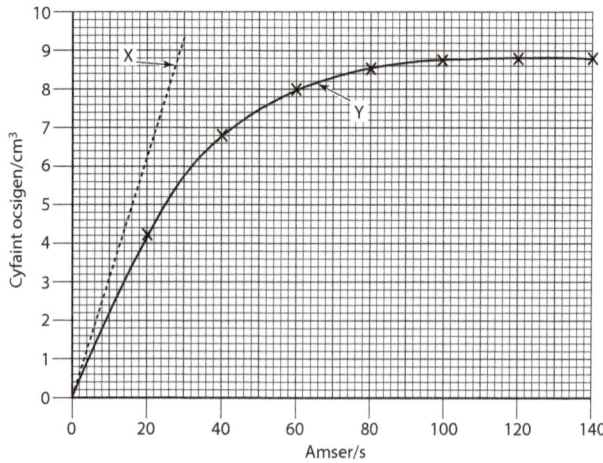

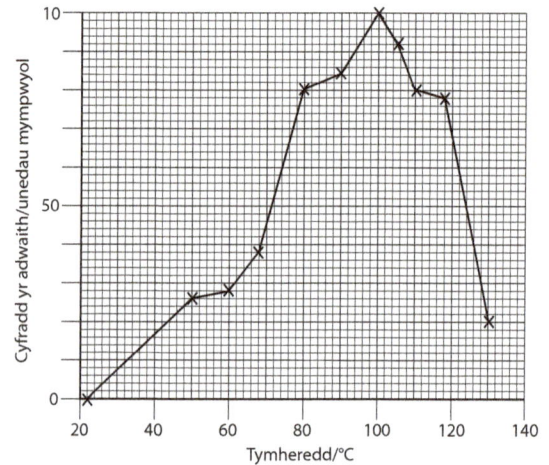

(a) Gallwn ni ddefnyddio'r fformiwla ganlynol i gyfrifo cyfradd yr adwaith:

$$\frac{\text{Cyfaint yr ocsigen a gasglwyd}}{\text{Yr amser a gymerwyd i'w gasglu}}$$

Defnyddiwch y fformiwla i gyfrifo'r gyfradd mewn cm^3 mun^{-1} am y 30 eiliad cyntaf. (2)

(b) Y gyfradd gychwynnol yw cyfradd yr adwaith wrth iddi ddechrau, a dyma'r gyfradd uchaf. Mae llinell X yn dangos y gyfradd hon. Mae'r gyfradd gychwynnol yn 19 cm^3 mun^{-1}. Eglurwch pam mae'r gyfradd gychwynnol yn fwy na'r gyfradd a gafodd ei chyfrifo yn (a). (2)

(c) Mae'r graff ar y dde uchod yn dangos effaith tymheredd ar sut mae ensym amylas yn gweithio mewn bacteria sy'n byw mewn dŵr poeth mewn ardaloedd folcanig:

(i) Defnyddiwch y graff i ddisgrifio ac egluro effaith tymheredd ar gyfradd actifedd yr amylas. (6)

(ii) Nodwch y gwahaniaeth rhwng amylas bacteriol ac amylas sy'n bodoli mewn bodau dynol. (2)

3 Mae'r graff yn dangos màs y cynnyrch sy'n cael ei ffurfio pan gaiff crynodiad penodol o ensym ei ychwanegu at grynodiad penodol o swbstrad ac yna ei roi mewn baddonau dŵr ar dri gwahanol dymheredd.

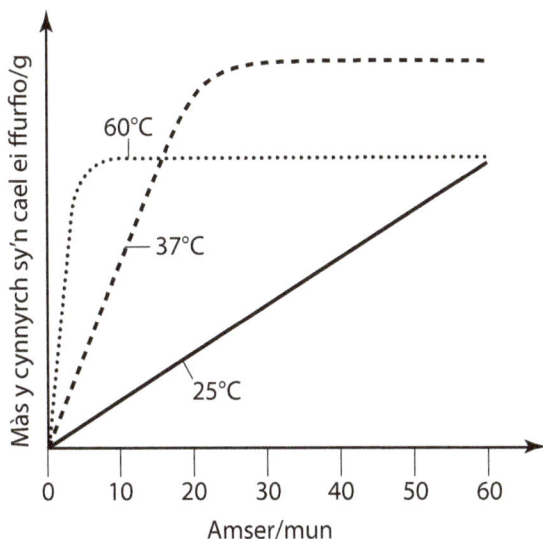

(a) (i) Eglurwch pam mae màs y cynnyrch sy'n cael ei ffurfio ar 60 °C yn fwy yn ystod y pum munud cyntaf na'r masau sy'n cael eu ffurfio ar 25 °C a 37 °C. (3)

(ii) Eglurwch pam mae cyfanswm y cynnyrch sy'n cael ei ffurfio yn llai ar 60 °C nag ar 37 °C. (3)

(b) Eglurwch pam mae màs y cynnyrch sy'n cael ei ffurfio ar 37 °C yn gwastadu ar ôl tua 20 munud. (1)

(c) Eglurwch pam nad yw'r gromlin ar 25 °C wedi gwastadu ar ôl 60 munud. (3)

4 (a) Ar wahân i grynodiad y swbstrad a phresenoldeb atalyddion, nodwch dair ffactor sy'n effeithio ar gyfradd adwaith wedi'i reoli gan ensym. (3)

(b) Mae'r graff yn dangos sut mae cyfradd adwaith wedi'i gatalyddu gan ensym yn amrywio gyda chrynodiad y swbstrad pan fydd atalydd cystadleuol ac anghystadleuol yn effeithio arni.

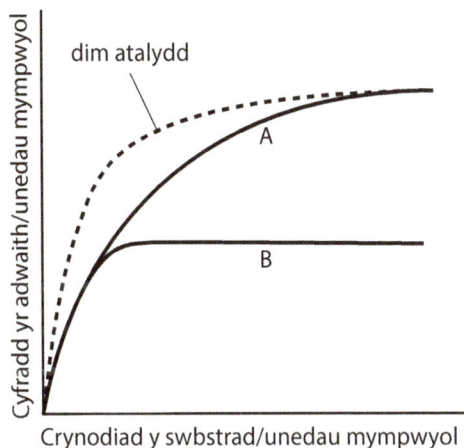

(i) Pa linell sy'n dangos yr atalydd cystadleuol? (1)

(ii) Rhowch reswm am eich ateb i (b) (i). (1)

(iii) Eglurwch sut mae atalydd cystadleuol yn gweithio. (3)

5 Gallwn ni dynnu lactos allan o laeth drwy basio'r llaeth i lawr colofn o'r ensym ansymudol lactas. Cynhaliwyd arbrawf i ganfod maint optimwm y gleiniau alginad i'w defnyddio yn y broses hon. Cafodd gleiniau o dri maint eu paratoi a'u gosod mewn colofnau. Cafodd yr un cyfaint o laeth ei arllwys i bob colofn ar yr un gyfradd llif. Cafodd cynnyrch canrannol pob arbrawf ei fesur. Cafodd yr arbrawf ei ailadrodd nifer o weithiau.

	Diamedr y gleiniau (mm)		
	2	4	6
Cynnyrch canrannol cymedrig	98	84	70

(a) (i) Awgrymwch pa faint glain y dylid ei ddefnyddio yn y broses. Rhowch reswm dros eich ateb. (1)

(ii) Rhowch ddau reswm dros y gwahanol ganlyniadau i'r tri maint glain. (2)

(iii) Pa ganlyniad fyddech chi'n ei ddisgwyl pe bai cyfradd llif y llaeth yn is? Eglurwch eich ateb. (1)

(iv) Pa ffactor arall ddylai aros yn gyson yn ystod yr arbrawf? (1)

(b) Enwch y ddau fonosacarid sy'n cael eu cynhyrchu wrth ymddatod lactos. (1)

(c) Nodwch ddwy o fanteision defnyddio ensymau ansymudol mewn prosesau diwydiannol. (2)

6 Mae presenoldeb glwcos mewn troeth dynol yn dynodi diabetes. Gallwn ni ganfod glwcos drwy roi striped plastig lliw sy'n cynnwys yr ensym ansymudol, glwcos ocsidas, mewn sampl troeth. Mae'r striped yn newid lliw os oes glwcos yn bresennol.

(a) Eglurwch pam nad yw'r dull diagnostig hwn yn addas i fesur crynodiad y glwcos yn y troeth yn fanwl gywir. (2)

(b) Mae dull arall o fesur glwcos yn defnyddio biosynhwyrydd.
Mae'r diagram yn dangos electrod ensym o fiosynhwyrydd glwcos:

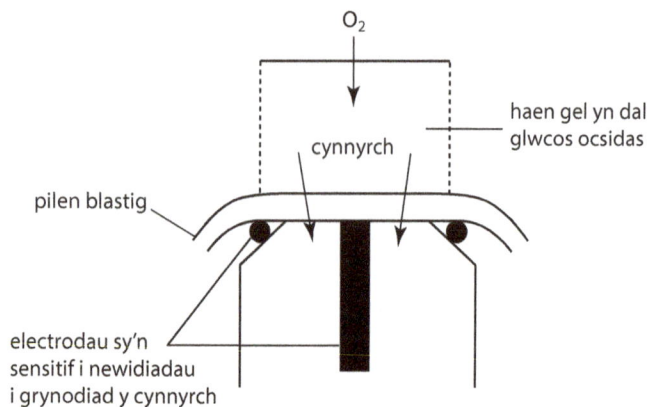

(i) Eglurwch beth yw ystyr y term *biosynhwyrydd*. (2)

(ii) Disgrifiwch swyddogaeth yr ensym. (2)

(iii) Disgrifiwch sut gallwn ni ddefnyddio'r biosynhwyrydd hwn i fesur crynodiad glwcos yn y gwaed. (4)

7 Disgrifiwch adeiledd ensymau a'u swyddogaeth. Eglurwch sut mae pH, tymheredd ac ataly ddion yn effeithio ar eu hactifedd. (10)

BY1

Asidau niwclëig a chellraniad

DNA yw'r moleciwl sy'n cynnwys y wybodaeth am organeb ar ffurf cod genetig. Y cod hwn sy'n pennu nodweddion sy'n cael eu hetifeddu ac mae wedi'i gynnwys yng nghnewyllyn pob cell yn yr organeb dan sylw. Mae angen copïo'r cod genetig yn fanwl gywir drosodd a throsodd, fel bod cnewyllyn cell yn gallu rhoi copi perffaith i gnewyll epilgelloedd pan fydd yn rhannu. Mae DNA yn cyflawni dwy brif swyddogaeth: mae'n dyblygu mewn celloedd sy'n rhannu drwy broses o'r enw mitosis ac mae'n cludo'r wybodaeth ar gyfer cynhyrchu proteinau.

Erbyn diwedd y testun hwn, dylech chi allu gwneud y canlynol:

- Disgrifio adeiledd niwcleotidau fel is-unedau asidau niwclëig.
- Disgrifio adeiledd DNA.
- Cymharu adeiledd DNA ac RNA.
- Egluro pam mae angen cynhyrchu celloedd genetig unfath mewn organebau byw.
- Deall bod dyblygu DNA yn digwydd yn ystod cyfnod rhyngffas mitosis.
- Disgrifio ymddygiad cromosomau yn ystod mitosis a sut mae gwerthyd yn ffurfio.
- Enwi prif gyfnodau mitosis.
- Egluro bod mitosis yn gallu arwain at atgynhyrchu anrhywiol ac at dwf ac atgyweirio celloedd.
- Egluro arwyddocâd mitosis fel proses lle mae'r epilgelloedd yn cael copïau unfath o enynnau.
- Disgrifio arwyddocâd y gwahaniaethau rhwng mitosis a meiosis.

Adeiledd niwcleotidau ac asidau niwclëig

Mae niwcleotidau unigol wedi'u gwneud o dair rhan sy'n uno mewn adweithiau cyddwyso. Y rhain yw:

- Grŵp ffosffad. Mae adeiledd hwn yr un fath ym mhob niwcleotid.
- Siwgr pentos.
- Bas organig sy'n cynnwys nitrogen.

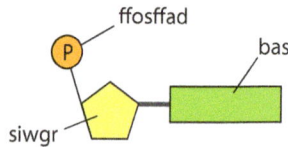

◀ *Adeiledd niwcleotid*

Mae'r bas organig yn perthyn i un o ddau grŵp:

- Y basau pyrimidin yw cytosin a thymin.
- Y basau pwrin yw adenin a gwanin.

Adeiledd DNA

- **Polymer** â dau edefyn o niwcleotidau, neu bolyniwcleotid, yw DNA.
- Mae pob polyniwcleotid yn gallu cynnwys miliynau o unedau niwcleotid.
- Mae ar ffurf helics dwbl; caiff ei siâp ei gynnal gan fondiau hydrogen.
- Deocsiribos yw'r siwgr pentos bob amser.
- Mae DNA yn cynnwys pedwar bas organig, sef adenin, gwanin, cytosin a thymin.
- Mae'r ddau edefyn wedi'u cysylltu â'i gilydd gan fondiau hydrogen rhwng parau o fasau organig.
- Mae cytosin yn paru â gwanin bob amser, mae adenin yn paru â thymin bob amser, a bondiau hydrogen sy'n uno'r basau. O ganlyniad i'r parau hyn, dywedir bod adenin yn gyflenwol i thymin a bod gwanin yn gyflenwol i gytosin.

Term Allweddol

Polymer = nifer mawr o unedau'n ailadrodd.

Cysylltiad Edrychwch eto ar 'adeiledd celloedd' ar dudalen 26.

▼ Pwynt astudio

Mae basau nitrogenaidd sy'n deillio o byrimidinau'n adeileddau un cylch, ac mae rhai sy'n deillio o burinau'n adeileddau cylch dwbl.

Cyngor arholwr

Mae cytosin a thymin yn cynnwys y llythyren 'Y', ynghyd â phyrimidin!

▼ Pwynt astudio

Wrth astudio UG Bioleg does dim gofyn i chi wybod am synthesis proteinau.

▼ *Rhan o gadwyn DNA yn dangos polyniwcleotid sy'n cynnwys tri phâr o fasau*

▼ *Helics DNA*

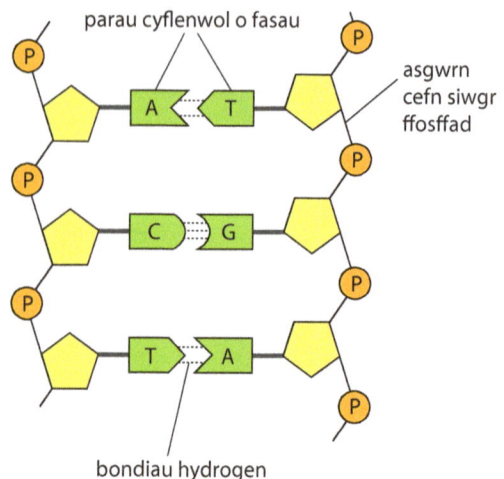

Sut mae DNA wedi addasu'n dda i'r swyddogaethau mae'n eu cyflawni

- Mae'n foleciwl sefydlog iawn ac mae'n gallu pasio o genhedlaeth i genhedlaeth heb newid.
- Mae'n foleciwl mawr iawn ac mae'n gallu cludo llawer o wybodaeth enetig.
- Mae'r ddau edefyn yn hawdd eu gwahanu gan mai bondiau hydrogen gwan sy'n eu dal nhw gyda'i gilydd.
- Gan fod y parau o fasau wedi'u cynnwys o fewn yr asgwrn cefn deocsiribos-ffosffad, caiff y wybodaeth enetig ei hamddiffyn rhag grymoedd allanol.

Adeiledd RNA

- Polymer un llinyn o niwcleotid yw RNA.
- Mae RNA yn cynnwys y siwgr pentos, ribos.
- Mae RNA yn cynnwys basau organig adenin, gwanin, cytosin ac wracil (yn lle thymin).

Mae tri math o RNA ac mae pob un yn rhan o broses synthesis protein:

- Mae RNA negeseuol (mRNA) yn foleciwl hir un edefyn ar ffurf helics. Caiff ei gynhyrchu yn y cnewyllyn ac mae'n cludo cod genetig y DNA i'r ribosomau yn y cytoplasm.
- Mae RNA ribosomaidd (rRNA) i'w gael yn y cytoplasm ac mae'n foleciwl mawr, cymhleth wedi'i wneud o helicsau dwbl a sengl. Mae ribosomau wedi'u gwneud o RNA ribosomaidd a phrotein. Dyma lle caiff y cod genetig ei drosi.
- Mae RNA trosglwyddol (tRNA) yn foleciwl bach un edefyn. Mae'n ffurfio siâp deilen meillionen, gydag un pen i'r gadwyn yn diweddu â dilyniant cytosin-cytosin-adenin. Dyma'r safle lle mae'r asid amino y mae'n ei gludo'n cysylltu. Ar ben arall y moleciwl, mae dilyniant o dri bas o'r enw gwrthgodon. Mae moleciwlau tRNA yn cludo asidau amino i'r ribosom er mwyn gallu syntheseiddio proteinau.

Cymharu DNA ac RNA

	DNA	RNA
Siwgr	Deocsiribos	Ribos
Basau	CGAT	CGAU
Helics	Dwbl	Sengl

Yn wreiddiol, roedd gwyddonwyr yn credu bod proteinau yn cymryd rhan yn y trosglwyddiad o ddeunydd etifeddol o un genhedlaeth i'r nesaf. Er ein bod ni heddiw'n cymryd yn ganiataol mai DNA yw'r deunydd etifeddol, ar ddechrau'r 20fed ganrif, dim ond tystiolaeth amgylchiadol o swyddogaeth DNA yn y broses oedd wedi'i datgelu gan arsylwadau a gwybodaeth wyddonol. Roedd pobl wedi dangos bod cromosomau wedi'u gwneud o broteinau a DNA. Fodd bynnag, gyda'r wybodaeth a oedd gan bobl ar y pryd, roedden nhw o'r farn bod DNA yn gemegyn rhy syml i fod yn ddeunydd etifeddol. Yn nes at ganol yr ugeinfed ganrif, ar ôl llawer o arbrofion â llygod, firysau a bacteria, cafwyd tystiolaeth mai DNA oedd y deunydd etifeddol mewn gwirionedd. Cafodd hyn ei gadarnhau'n ddiweddarach gydag astudiaethau â microsgopau electron ac astudiaethau diffreithiad pelydr X. Cafodd adeiledd moleciwlaidd DNA ei gynnig gan Watson a Crick yn 1953. Roedden nhw wedi defnyddio gwybodaeth a gafwyd gan nifer o wyddonwyr a oedd yn gweithio yn y maes hwn, gan gynnwys Franklin a Wilkins, i lunio model tri dimensiwn o DNA.

Pwyntiau astudio

Yn syml, mae DNA fel ysgol dorchog. Ochrau'r ysgol yw grwpiau siwgr a ffosffad bob yn ail a ffyn yr ysgol yw'r basau. Bondiau hydrogen gwan sy'n dal y basau at ei gilydd.

Mae DNA yn foleciwl rhy fawr i fynd drwy'r mandyllau cnewyllol i gludo'r cod i'r ribosomau i'w drosi. Caiff ei drawsgrifio i ffurfio RNA un llinyn sy'n gallu mynd drwy'r mandyllau.

Sut mae Gwyddoniaeth yn Gweithio

Nid yw tystiolaeth amgylchiadol yn profi'n wyddonol bod rhagdybiaeth neu ddamcaniaeth yn gywir. Rhaid cynnal ymchwiliadau arbrofol i brofi rhagdybiaeth.

13

Gwirio gwybodaeth

Nodwch y gair neu'r geiriau coll.

Mae moleciwl DNA wedi'i wneud o lawer o is-unedau o'r enw ••••, ac mae pob un o'r rhain wedi'i wneud o fas wedi'i gysylltu â siwgr •••• a grŵp ffosffad. Mae'r moleciwl DNA yn cynnwys dau linyn yn wrthbaralel i'w gilydd wedi'u torchi'n •••• ••••. Bondiau •••• sy'n dal y basau yn y naill linyn a'r llall at ei gilydd. Mewn RNA, mae'r bas •••• yn cymryd lle •••• a'r siwgr pentos sy'n bresennol yw ••••.

Term Allweddol

Homologaidd = mae cromosomau'n bodoli mewn parau sy'n cael eu galw'n barau homologaidd. Mae un o bob pâr yn deillio o'r cromosomau sy'n dod o'r fam a'r llall yn deillio o'r cromosomau sy'n dod o'r tad.

▼ **Pwynt astudio**

Bydd gwybodaeth am adeiledd cromosomau yn eich helpu chi i ddeall proses mitosis.

Cellraniad

Mae cromosomau y tu mewn i'r cnewyllyn. Mae cromosomau'n cynnwys DNA, sy'n cynnwys gwybodaeth etifeddol sy'n cael ei throsglwyddo o gell i gell pan fydd celloedd yn rhannu. Mae nifer y cromosomau ym mhob corffgell mewn unrhyw un rhywogaeth yn aros yn gyson. Mitosis yw rhaniad cnewyllyn i gynhyrchu dau epilgnewyllyn sy'n cynnwys setiau unfath o gromosomau.

Adeiledd cromosomau

Mae cromosomau wedi'u gwneud o DNA, protein ac ychydig bach o RNA. Mae DNA yn bodoli fel un edefyn ar ffurf helics dwbl sydd mor hir â'r cromosom. Mae pob moleciwl DNA yn cynnwys llawer o rannau o'r enw genynnau. Dim ond ar ddechrau cellraniad y mae'r cromosomau'n weladwy. Ychydig cyn i gellraniad ddechrau, mae pob moleciwl DNA yn gwneud copi ohono'i hun. Mae'r edefyn DNA sengl yn troi'n ddau linyn unfath. Enw'r rhain yw cromatidau ac maen nhw'n baralel â'i gilydd am y rhan fwyaf o'u hyd ac wedi'u huno mewn man arbenigol, a elwir yn centromer, yn unig.

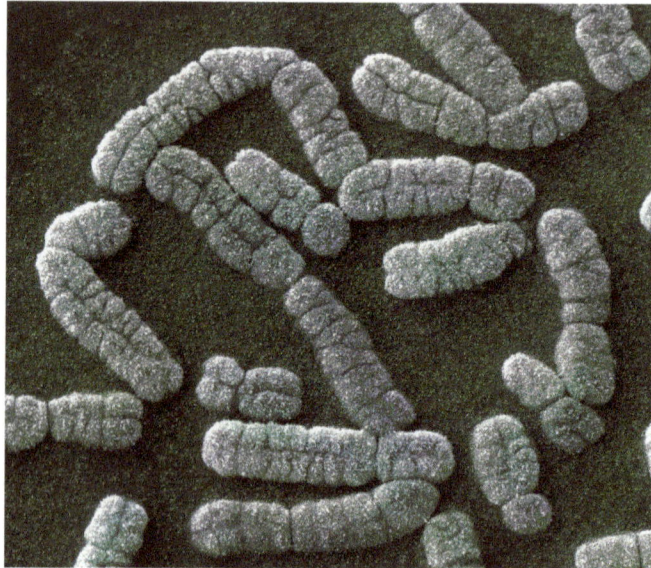

▲ *Delwedd microsgop electron sganio o gromosomau dynol*

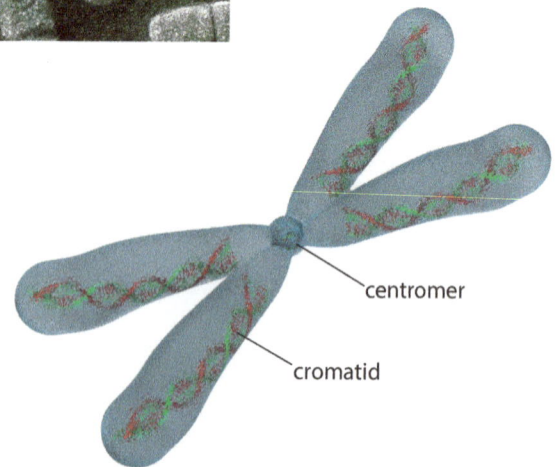

centromer

cromatid

▶ *Adeiledd cromosom*

Rhif cromosom

Mae nifer y cromosomau yng nghelloedd rhywogaethau gwahanol yn amrywio. Mae gan fodau dynol 46 cromosom, mae gan bryfed ffrwythau 8 cromosom, ac mae gan datws 48 cromosom! Mae cromosomau'n bodoli mewn parau sy'n cyfateb i'w gilydd, neu barau **homologaidd**. Felly mae gan fodau dynol 23 pâr o gromosomau homologaidd. Cyfanswm nifer y cromosomau yw'r rhif diploid. Mae celloedd rhyw, neu gametau, yn cynnwys hanner y rhif diploid, sef y rhif haploid. Mae 23 cromosom mewn gametau dynol.

Mitosis

Mae mitosis yn cynhyrchu dwy epilgell sy'n enetig unfath i'r rhiant-gell.

Mae celloedd sy'n rhannu'n mynd drwy batrwm rheolaidd o ddigwyddiadau, sef cylchred y gell. Mae hon yn broses barhaus, ond er mwyn ei gwneud yn haws ei disgrifio, caiff ei rhannu'n bedwar cam a chyfnod 'gorffwys', y rhyngffas, sef y cam rhwng un rhaniad cyflawn a'r nesaf.

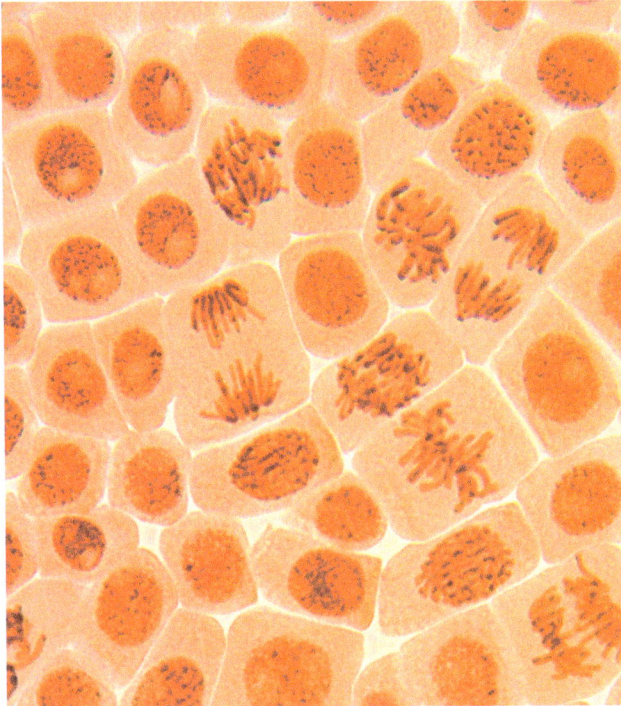
▲ *Micrograff o gelloedd yn ystod gwahanol gyfnodau mitosis*

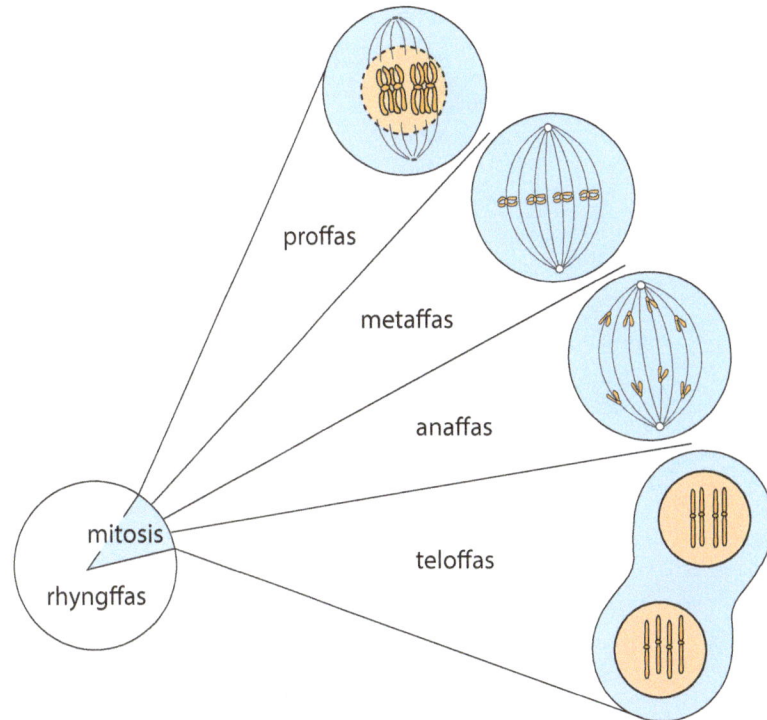
▲ *Cylchred cell*

Rhyngffas

Hwn yw rhan hiraf y gylchred, pan fydd cell sydd newydd gael ei ffurfio'n tyfu'n fwy ac yn cynhyrchu organynnau a gafodd eu colli yn y rhaniad blaenorol. Caiff swm y DNA ei ddyblu yn ystod y cyfnod hwn. Ychydig cyn y cellraniad nesaf, mae'r cromosomau'n dyblygu fel bod pob un yna'n cynnwys dau gromatid wedi'u huno gan y centromer. Mae yna lawer o weithgarwch metabolaidd gan fod angen egni ar y prosesau hyn ar ffurf ATP. Nid yw'r cromosomau'n weladwy yn y rhyngffas oherwydd mae defnydd y cromosom, cromatin, wedi'i wasgaru drwy'r cnewyllyn i gyd.

Proffas

Hwn yw'r cyfnod hiraf mewn mitosis.

Yn ystod y cyfnod hwn, mae'r newidiadau canlynol yn digwydd:

- Mae'r cromosomau'n cyddwyso (mynd yn fyrrach a mwy trwchus) ac yn dod yn weladwy fel edafedd hir tenau. Nawr, byddwn ni'n cyfeirio atyn nhw fel parau o gromatidau.

- Mae centriolau'n bresennol mewn celloedd anifeiliaid; bydd y centriolau'n rhannu ac yn symud i ddau ben (pegwn) y celloedd.

- Mae microdiwbynnau protein yn ffurfio o bob centriol ac mae'r werthyd yn datblygu, gan ymestyn o begwn i begwn.

- Tua diwedd y proffas mae'r bilen gnewyllol yn ymddatod ac mae'r cnewyllan yn diflannu.

- Gallwn ni weld parau o gromatidau'n gorwedd yn rhydd yn y cytoplasm.

proffas

metaffas

anaffas

teloffas

mitosis

rhyngffas

Cyngor arholwr

Ar ôl i'r cromosomau ddyblygu yn y rhyngffas, gelwir nhw'n gromatidau, tan y teloffas pan maen nhw'n cyrraedd pegynau'r celloedd ac yn cael eu galw'n gromosomau eto.

Proffas cynnar

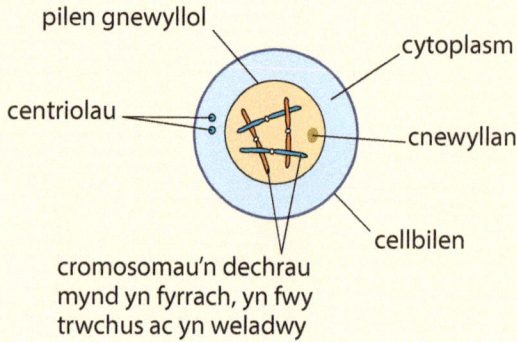

- pilen gnewyllol
- cytoplasm
- centriolau
- cnewyllan
- cellbilen
- cromosomau'n dechrau mynd yn fyrrach, yn fwy trwchus ac yn weladwy

Proffas hwyr

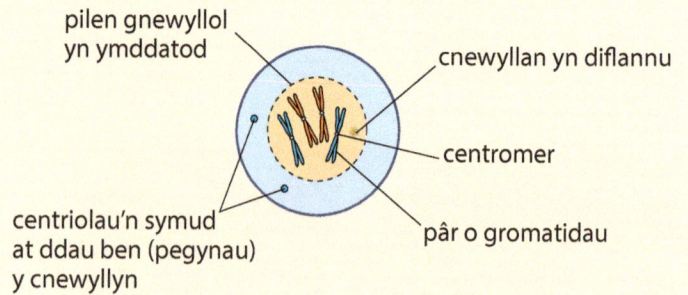

- pilen gnewyllol yn ymddatod
- cnewyllan yn diflannu
- centromer
- centriolau'n symud at ddau ben (pegynau) y cnewyllyn
- pâr o gromatidau

Metaffas

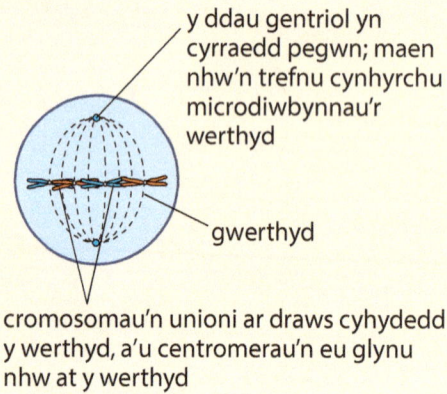

- y ddau gentriol yn cyrraedd pegwn; maen nhw'n trefnu cynhyrchu microdiwbynnau'r werthyd
- gwerthyd
- cromosomau'n unioni ar draws cyhydedd y werthyd, a'u centromerau'n eu glynu nhw at y werthyd

Anaffas

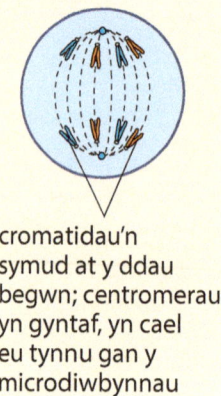

- cromatidau'n symud at y ddau begwn; centromerau yn gyntaf, yn cael eu tynnu gan y microdiwbynnau

Teloffas

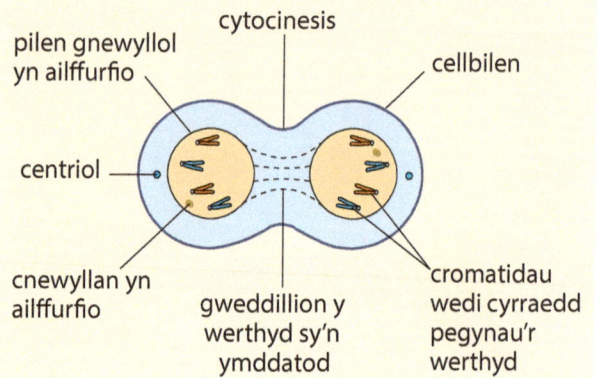

- cytocinesis
- pilen gnewyllol yn ailffurfio
- cellbilen
- centriol
- cnewyllan yn ailffurfio
- gweddillion y werthyd sy'n ymddatod
- cromatidau wedi cyrraedd pegynau'r werthyd

▲ *Cyfnodau mitosis*

Metaffas

Yn ystod metaffas, mae'r cromosomau'n eu trefnu eu hunain yng nghanol neu ar gyhydedd y werthyd ac mae'r centromer yn cydio yn y ffibrau gwerthyd penodol yn y centromer. Mae cyfangu'r ffibrau hyn yn tynnu'r cromatidau unigol rhywfaint ar wahân.

Anaffas

Mae anaffas yn gam cyflym iawn. Mae'r centromer yn hollti ac mae ffibrau'r werthyd yn cyfangu ac yn tynnu'r cromatidau sydd wedi gwahanu at y pegynau, gyda'r centromer yn gyntaf.

Teloffas

Hwn yw cam olaf mitosis. Mae'r cromosomau nawr wedi cyrraedd pegynau'r celloedd ac rydym ni'n cyfeirio atyn nhw fel cromosomau eto. Maen nhw'n dad-dorchi ac yn ymestyn. Mae'r werthyd yn ymddatod, mae'r centriolau'n dyblygu, mae'r cnewyllannau'n ailymddangos ac mae'r bilen gnewyllol yn ailffurfio. Mewn celloedd anifail, mae cytocinesis yn digwydd drwy ddarwasgu canol y rhiant-gell o'r tu allan tuag i mewn. Mewn celloedd planhigyn, mae cellblat yn ffurfio ar draws cyhydedd y rhiant-gell o'r canol tuag allan a chaiff cellfur newydd ei osod.

Arwyddocâd mitosis

- Mae mitosis yn cynhyrchu dwy gell â'r un nifer o gromosomau â'r rhiant-gell, ac mae pob cromosom yn replica union o un o'r rhai gwreiddiol. Mae'r rhaniad yn caniatáu cynhyrchu celloedd sy'n enetig unfath i'r rhiant, felly mae'n rhoi sefydlogrwydd genetig.

- Drwy gynhyrchu celloedd newydd, mae mitosis yn arwain at dwf organeb ac yn caniatáu i feinweoedd gael eu hatgyweirio ac i gelloedd newydd gymryd lle rhai marw. Enghraifft o fitosis mewn planhigion yw blaenwreiddyn. Mewn croen dynol, mae celloedd newydd unfath yn dod o islaw'r arwyneb i gymryd lle rhai sydd wedi marw ar yr arwyneb.

- Mae atgynhyrchu anrhywiol yn rhoi epil cyflawn sy'n union yr un fath â'r rhiant. Mae hyn yn digwydd mewn organebau ungellog fel burum a bacteria a rhai pryfed fel pryfed gleision. Mae hefyd yn digwydd mewn rhai planhigion blodeuol lle mae organau fel bylbiau, cloron ac ymledyddion yn cynhyrchu niferoedd mawr o epil unfath mewn cyfnod cymharol fyr. Does dim amrywiad rhwng yr unigolion. Fodd bynnag, mae'r rhan fwyaf o'r planhigion hyn hefyd yn atgenhedlu'n rhywiol.

Meiosis

Mewn atgenhedlu rhywiol, mae dau gamet yn asio i ffurfio sygot. Er mwyn i bob cenhedlaeth gadw set lawn o gromosomau (rhif diploid) rhaid i nifer y cromosomau haneru (rhif haploid) yn ystod meiosis.

Mae meiosis yn cynnwys dau raniad: meiosis I lle caiff nifer y cromosomau ei haneru, a meiosis II, lle mae'r ddau gnewyllyn haploid yn rhannu eto mewn rhaniad sy'n union yr un fath â rhaniad mitosis. Y canlyniad terfynol yw cynhyrchu pedair epilgell, a phob un â hanner nifer cromosomau'r rhiant-gell.

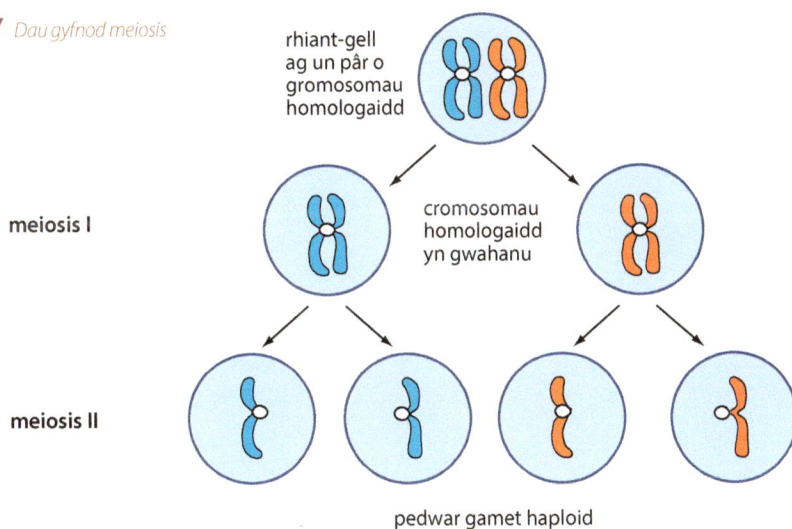

▼ *Dau gyfnod meiosis*

rhiant-gell ag un pâr o gromosomau homologaidd

meiosis I — cromosomau homologaidd yn gwahanu

meiosis II

pedwar gamet haploid

Fodd bynnag, mae gwahaniaeth pwysig arall rhwng meiosis a mitosis. Yn ystod proffas I mae cromatidau homologaidd yn lapio o gwmpas ei gilydd ac yna'n gwrthyrru ei gilydd yn rhannol, ond maen nhw'n dal i fod wedi'u huno mewn mannau penodol o'r enw ciasmata. Yn y mannau hyn, mae cromatidau'n gallu torri ac ailgyfuno â chromatid gwahanol o'r cromosom homologiadd. Enw'r ffordd y mae darnau cromosomau'n cyfnewid fel hyn yw trawsgroesiad ac mae'n un o ffynonellau amrywiad genetig.

Yn ystod cam cyntaf metaffas meiosis, mae'r parau o gromosomau homologaidd yn trefnu eu hunain ar hap ar gyhydedd y werthyd. Dim ond un o bob pâr sy'n mynd i'r epilgell ac mae hyn yn digwydd i bob pâr. Felly, mae'r cyfuniad o gromosomau sy'n mynd i'r epilgell ym meiosis I yn cael ei ddewis ar hap. Canlyniad yr hap-ddosraniad hwn a'r rhydd-ddosraniad o gromosomau yw cynhyrchu cyfuniadau genetig newydd.

14

Gwirio gwybodaeth

Enwch y cyfnod mitosis lle mae pob un o'r canlynol yn digwydd:

A. Cromatidau'n unioni ar y cyhydedd.

B. Centromerau'n hollti.

C. Ffibrau'r werthyd yn cyfangu ac yn byrhau.

CH. Cromosomau i'w gweld am y tro cyntaf fel pâr o gromatidau.

D. Pilen gnewyllol yn ailffurfio.

▼ Pwynt astudio

Mitosis a chanser: mae canser yn digwydd o ganlyniad i fitosis direolaeth. Mae celloedd canser yn rhannu'n gyson ac yn ddireolaeth gan ffurfio tiwmor, sef màs afreolaidd o gelloedd. Y gred yw mai newidiadau i'r genynnau sy'n rheoli cellraniad sy'n dechrau canserau.

▼ Pwynt astudio

Does dim gofyn i chi ddisgrifio holl broses meiosis ond mae gofyn i chi ddisgrifio arwyddocâd y gwahaniaethau rhwng mitosis a meiosis.

▼ Pwynt astudio

Ym mhroffas I meiosis, mae cromosomau o'r tad ac o'r fam yn dod at ei gilydd mewn parau homologaidd. Enw'r broses hon o baru cromosomau yw synapsis a'r enw ar bob pâr o gromosomau homologaidd yw deufalent. Mae pob deufalent yn cynnwys pedair rhan: dau gromosom sydd wedi'u hollti'n ddau gromatid yr un.

Comparison of mitosis and meiosis

Mitosis	Meiosis
Un rhaniad yn creu dwy epilgell	Dau raniad yn creu pedair epilgell
Nifer y cromosomau'n aros yr un fath	Nifer y cromosomau'n haneru
Cromosomau homologaidd ddim yn cyd-gysylltu mewn parau	Cromosomau homologaidd yn paru
Dim trawsgroesiad	Trawsgroesiad yn digwydd a ciasmata'n ffurfio
Epilgelloedd yn enetig unfath	Epilgelloedd yn enetig wahanol

Meiosis ac amrywiad

Yn y tymor hir, er mwyn i rywogaeth oroesi mewn amgylchedd sy'n newid drwy'r amser a chytrefu amgylcheddau newydd, mae ffynonellau amrywiad yn hanfodol. Mae tair ffordd o greu amrywiaeth:

- Yn ystod atgenhedlu rhywiol caiff genoteip un rhiant ei gymysgu â genoteip y llall wrth i gametau haploid asio.
- Mae rhydd-ddosraniad yn golygu bod gametau'n cynnwys cyfuniadau gwahanol o gromosomau.
- Yn ystod trawsgroesiad gall darnau cyfatebol o gromosomau homologaidd gael eu cyfnewid i gynhyrchu cyfuniadau newydd a gwahanu genynnau cysylltiedig.

▼ *Cymharu cyfnodau mitosis a meiosis*

Metaffas mitosis

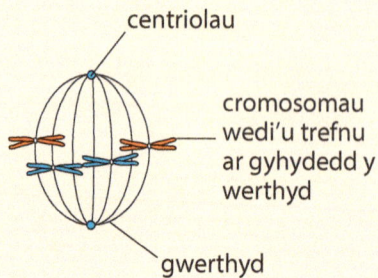

centriolau

cromosomau wedi'u trefnu ar gyhydedd y werthyd

gwerthyd

Metaffas I meiosis

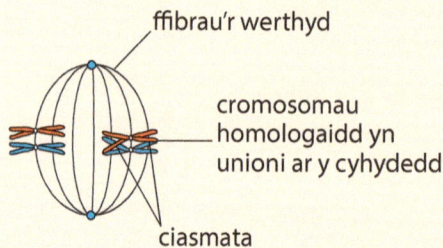

ffibrau'r werthyd

cromosomau homologaidd yn unioni ar y cyhydedd

ciasmata

Proffas I meiosis

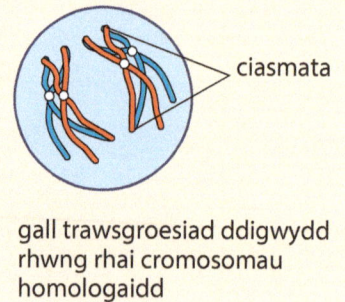

ciasmata

gall trawsgroesiad ddigwydd rhwng rhai cromosomau homologaidd

Asidau niwclëig a chellraniad

1 Mae'r diagram yn dangos darn o foleciwl DNA:

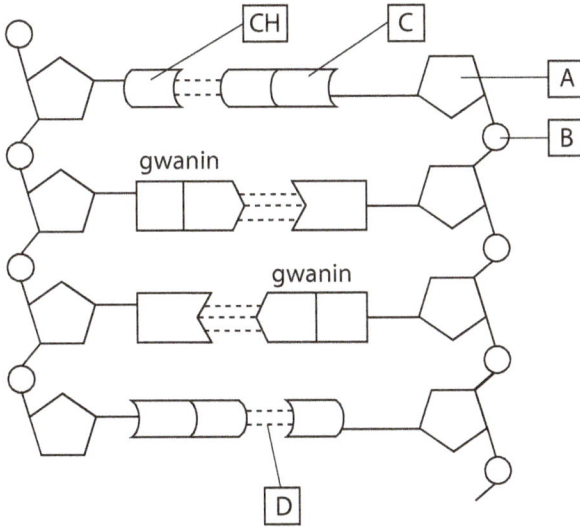

(a) Enwch y rhannau sydd wedi'u labelu'n A a B. (2)

(b) Enwch y math o fondio sydd wedi'i labelu'n D. (1)

(c) (i) Pa fath o fas nitrogenaidd yw gwanin? (1)

   (ii) Enwch y basau C a CH. (2)

(ch) Cafodd sampl mawr o DNA ei ddadansoddi ac roedd yn cynnwys 28% o'r bas nitrogenaidd gwanin. Cyfrifwch ganran y moleciwl a fyddai'n thymin. (2)

2 (a) Cwblhewch y tabl sy'n cymharu DNA ag RNA negeseuol (mRNA). (4)

Nodwedd	DNA	mRNA
Enw'r siwgr		
Nifer yr atomau carbon yn y siwgr		
Nifer y cadwynau polyniwcleotid yn y moleciwl		
Lleoliad mewn cell		

(b) Mae'r tabl isod yn dangos symiau cymharol y pedwar bas mewn DNA wedi'i gymryd o dair ffynhonnell:

	Bas nitrogenaidd (symiau cymharol)			
Cell ffynhonnell y DNA	Adenin	Gwanin	Cytosin	Thymin
Cyhyr llygoden fawr	28.6	21.4	21.5	28.4
Hedyn gwenith	27.3	22.7	22.9	27.1
Burum	31.3	18.7	17.1	32.9

(i) Eglurwch pam mae swm cymharol yr adenin bron yr un fath â swm cymharol y thymin ym mhob ffynhonnell. (3)

(ii) Eglurwch pam byddai dilyniant basau samplau DNA wedi'u cymryd o fêr esgyrn y llygoden fawr yr un fath â'r rhai wedi'u cymryd o gyhyr yr un llygoden fawr. (3)

(iii) Eglurwch sut mae sampl DNA o sberm llygoden fawr yn wahanol i sampl o gell cyhyr yr un llygoden fawr. (3)

3 Cwblhewch y tabl i ddangos a yw pob swyddogaeth yn berthnasol i fitosis, meiosis, neu'r ddau. Os yw'r swyddogaeth yn berthnasol, rhowch dic, ac os nad yw, rhowch groes. (4)

Swyddogaeth	Mitosis	Meiosis
Ymwneud â thwf		
Cynhyrchu amrywiad		
Cynhyrchu celloedd haploid		
Digwydd mewn planhigion		

4 (a) Mae'r diagram yn dangos golwg tri dimensiwn o un o gyfnodau mitosis mewn anifail nodweddiadol:

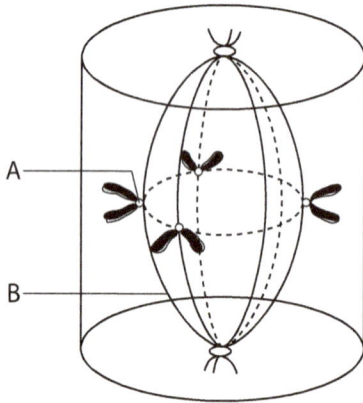

    (i) Enwch y cyfnod yn y diagram. (1)

    (ii) Enwch yr adeiledd wedi'i labelu'n A. (1)

    (iii) Nodwch swyddogaeth adeiledd B. (1)

(b) Mae celloedd sy'n rhannu'n mynd drwy batrwm rheolaidd o ddigwyddiadau, sef cylchred y gell. Mae'r datganiadau canlynol yn disgrifio rhai o'r prif bethau sy'n digwydd mewn celloedd anifail. Rhowch enw'r cyfnod priodol yn y blwch gyferbyn â phob datganiad. (3)

Datganiad	Cyfnod yng nghylchred y gell
Cromosomau'n mynd yn fyrrach a mwy trwchus a gwerthyd yn ffurfio	
Cyfnod o weithgarwch dwys sy'n cynnwys dyblygu DNA	
Ffurfio dau gnewyllyn	

(c) Cwblhewch y tabl i ddangos tri gwahaniaeth rhwng meiosis a mitosis. (3)

Meiosis	Mitosis

5 Mae'r datganiadau'n cyfeirio at bethau sy'n digwydd yn ystod mitosis, meiosis, neu'r ddau:

    A. Trawsgroesi rhwng parau homologaidd o gromosomau.

    B. Cromatidau'n mynd yn fyrrach ac yn fwy trwchus.

    C. Centromerau'n hollti.

  CH. Pilen gnewyllol yn ymddatod.

    D. Ciasmata yn ffurfio.

  DD. Cromosomau heb wahanu'n trefnu eu hunain ar gyhydedd y gell.

    E. Ffibrau'r werthyd yn cyfangu.

    F. Ffurfio pilen gnewyllol.

(a) Ar gyfer mitosis yn unig, rhowch y llythrennau yn y drefn y mae'r pethau'n digwydd. Mae'r llythyren gyntaf wedi'i gwneud i chi. (5)

    B –

(b) Rhif diploid y ceffyl yw 60. Cwblhewch y tabl ar gyfer celloedd sy'n cael eu cynhyrchu drwy fitosis a meiosis yn y ceffyl. (2)

	Mitosis	Meiosis
Nifer y cromosomau yn y cnewyllyn		
Nifer y cnewyll sy'n cael eu ffurfio		

6 Mae'r rhan fwyaf o gelloedd yn mynd drwy broses gylchol o dyfu a rhannu. Mae'r graff yn dangos y newidiadau i gynnwys DNA yn ystod un cylchred cell yn y rhan fwyaf o blanhigion ac anifeiliaid:

(a) Defnyddiwch y llythrennau ar y graff i nodi pryd mae'r pethau canlynol yn digwydd:

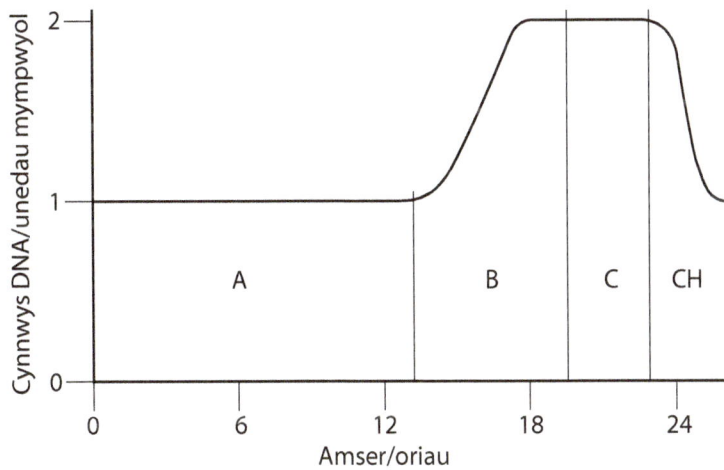

(i) Mae cromosomau'n cael eu dyblygu.

(ii) Mae cellraniad yn digwydd.

(iii) Mae'r rhyngffas yn digwydd. (3)

(b) Rhestrwch dair proses sy'n digwydd yn ystod rhyngffas. (3)

(c) Eglurwch y newid mewn cynnwys DNA yn CH yn y graff. (2)

7 Mae'r ffotograffau A i CH isod yn dangos pedwar cyfnod proses mitosis:

 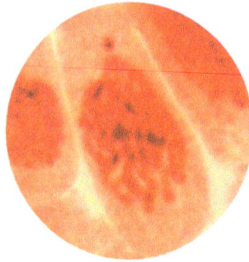 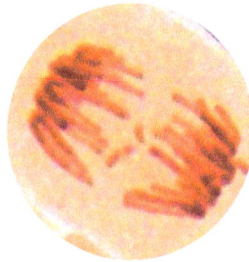 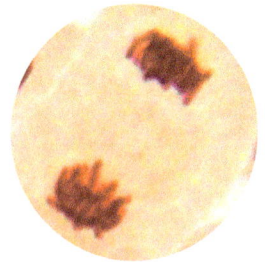

A   B   C   CH

(a) Rhowch lythrennau'r diagramau hyn yn y drefn gywir y mae'r cyfnodau'n digwydd. (2)

(b) Enwch y cyfnod mitosis pryd mae'r pethau canlynol yn digwydd:

  (i) Cromatidau i'w gweld am y tro cyntaf â microsgop golau. (1)

  (ii) Amlen gnewyllol yn diflannu. (1)

  (iii) Parau o gromatidau'n glynu at eu ffibrau gwerthyd, gerfydd eu centromerau, ar y cyhydedd. (1)

  (iv) Cromatidau'n troi'n gromosomau. (1)

(c) Mae ffotograff D yn dangos cell yn ystod rhan o gylchred y gell o'r enw rhyngffas. Yn aml, caiff y cyfnod hwn ei alw'n 'gyfnod gorffwys'

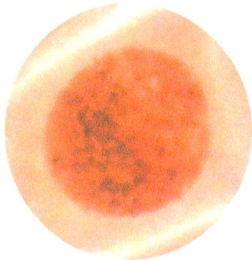

D

Eglurwch pam mae'n anghywir ystyried bod y gell yn 'gorffwys' yn ystod rhyngffas. (3)

(ch) Beth yw arwyddocâd mitosis a pham mae'n bwysig i blanhigion? (3)

(d) Caiff meiosis ei ddefnyddio i gynhyrchu gametau ar gyfer atgenhedlu rhywiol mewn mamolion. Enwch dair ffordd y mae meiosis yn arwain at amrywiad ymysg epil. (3)

8 (a) Disgrifiwch swyddogaethau mitosis mewn organebau byw gan ddefnyddio enghreifftiau lle bo'n briodol. (6)

(b) Disgrifiwch beth sy'n wahanol rhwng meiosis a mitosis ac eglurwch arwyddocâd y gwahaniaethau hyn. (4)

Golwg gyffredinol: BY2
Bioamrywiaeth a Ffisioleg Systemau'r Corff

Bioamrywiaeth, esblygiad a dosbarthiad — t70

- Bioamrywiaeth
- Detholiad naturiol
- Ymlediad ymaddasol
- Tacsonomeg
- Dosbarthiad pum teyrnas
- System finomaidd

Cludiant mewn anifeiliaid — t98

- Pibellau – rhydwelïau, gwythiennau a chapilarïau
- Pwmp cyhyrog – y galon
- Tri phrif gam curiad calon – systole atrïaidd, systole fentriglaidd a diastole
- Mae cyhyr y galon yn fyogenig ac yn cael ei reoli gan ffibrau cardiaidd mewn mannau arbenigol.
- Mae gwaed wedi'i wneud o blasma, celloedd coch y gwaed a chelloedd gwyn y gwaed
- Caiff carbon deuocsid ei gludo ar ffurf ïonau hydrogen carbonad yn bennaf, ac mae syfliad clorid yn cynnal niwtraliaeth electrocemegol celloedd coch y gwaed
- Mae celloedd coch y gwaed yn cynnwys haemoglobin
- Mae cromlin ddaduniad ocsigen yn digwydd pan ddaw haemoglobin i gysylltiad â chynnydd graddol mewn tensiwn ocsigen
- Mae celloedd gwyn y gwaed yn chwarae rhan ym mhrosesau amddiffyn y corff.

Cludiant mewn planhigion — t109

- Caiff dŵr a halwynau mwynol eu cludo o'r gwreiddiau i'r dail
- Mae dŵr yn trydarthu o'r dail drwy'r stomata
- Mae'r grymoedd sy'n gysylltiedig â hyn yn cynnwys gwasgedd gwraidd, grymoedd cydlynol ac adlynol a thynfa trydarthiad
- Mae seroffytau a hydroffytau wedi datblygu addasiadau i dyfu'n well yn eu cynefinoedd penodol eu hunain
- Caiff defnyddiau organig eu cludo yn nhiwbiau hidlo'r ffloem
- Mae cludiant yn digwydd o ffynonellau i suddfannau yn unol â damcaniaeth màs-lifiad.

Addasiadau ar gyfer cyfnewid nwyol — t83

- Mae organebau ungellog yn defnyddio trylediad
- Mewn planhigion, mae nwyon yn tryledu drwy stomata ac i gelloedd mesoffyl dail
- Mae gan organebau amlgellog:
  - Arwyneb cyfnewid arbenigol fel tagellau, ysgyfaint neu draceau
  - Mecanwaith awyru
  - System cludiant mewnol.

Strategaethau atgenhedlu — t124

- Manteision ac anfanteision atgenhedlu rhywiol ac anrhywiol
- Mae organebau wedi addasu i fyw ar y tir
- Mae ffrwythloniad yn gallu bod:
  - Yn allanol mewn organebau dyfrol
  - Yn fewnol mewn organebau daearol
- Caiff yr embryo ei amddiffyn rhag sychu gan:
  - Wy wedi'i amgylchynu â phlisgyn mewn ymlusgiaid ac adar
  - Cael ei gadw yng nghorff y fam mewn mamolion
  - Mae planhigion blodeuol a phryfed yn grwpiau daearol arbennig o lwyddiannus.

Addasiadau ar gyfer maeth — t130

Mathau o faethiad
- Mae planhigion yn awtotroffig ac yn gallu cynhyrchu bwyd drwy ffotosynthesis
- Mae anifeiliaid yn heterotroffig ac yn bwyta bwyd organig cymhleth
- Mae dulliau bwydo heterotroffig yn cynnwys saprobiontau, parasitiaid a chydymddibyniaeth

Mewn bodau dynol
- Caiff bwyd ei brosesu drwy ei lyncu, ei dreulio, ei amsugno a'i garthu
- Mae treuliad cemegol yn cynnwys ensymau sy'n hydrolysu defnyddiau anhydawdd mawr
- Cynhyrchion terfynol treuliad yw glwcos, asidau amino, asidau brasterog a glyserol
- Mae'r coludd wedi'i rannu'n rhannau arbenigol ar gyfer treuliad ac amsugniad
- Caiff cynhyrchion wedi'u treulio eu hamsugno yn yr ilewm drwy drylediad, tryIediad cynorthwyedig neu gludiant actif.

Mae anifeiliaid wedi esblygu addasiadau
- Mae dannedd llysysyddion a chigysyddion wedi arbenigo i weddu i'w deietau
- Mae gan anifeiliaid cnoi cil stumog arbenigol lle mae bacteria'n byw ac yn treulio cellwlos
- Mae'r llyngyren borc yn barasit sydd wedi addasu i oroesi yn amodau anghyfeillgar coludd dynol.

Bioamrywiaeth, esblygiad a dosbarthiad

Yn gyffredinol, mae pobl yn derbyn bod organebau cyfoes wedi deillio drwy newid graddol o fodau blaenorol, dros gyfnodau hir iawn. Mae nifer enfawr y rhywogaethau sydd wedi esblygu, wedi'u trefnu mewn grwpiau hawdd eu rheoli. Dros y 200 mlynedd diwethaf, mae rhai gweithgareddau penodol gan fodau dynol wedi cael effeithiau anffafriol ar yr amgylchedd ac mae hyn, yn ei dro, wedi effeithio ar oroesiad planhigion ac anifeiliaid. Mae cyfraddau difodiant rhai rhywogaethau mewn ardaloedd penodol fel y trofannau wedi cynyddu'n fawr. Nawr mae gwyddonwyr wedi sylwi bod argyfwng bioamrywiaeth yn digwydd, sef gostyngiad cyflym yn amrywiaeth y bywyd ar y Ddaear.

Cynnwys y pwnc

Erbyn diwedd y testun hwn, dylech chi allu gwneud y canlynol:

- Diffinio'r termau: rhywogaeth, tacsonomeg, bioamrywiaeth, difodiant ac esblygiad.
- Deall bod bioamrywiaeth wedi'i gynhyrchu drwy ddetholiad naturiol ac addasu dros gyfnod hir.
- Disgrifio ymlediad ymaddasol gan ddefnyddio pincod (*finches*) Darwin fel enghraifft.
- Disgrifio dosbarthiad rhywogaethau i hierarchaeth dacsonomaidd sef teyrnas, ffylwm, dosbarth, urdd, teulu, genws a rhywogaeth.
- Amlinellu y system finomaidd o enwi organebau byw.
- Disgrifio nodweddion penodol y pum teyrnas: Prokaryotae, Protoctista, Fungi, Plantae ac Animalia.
- Disgrifio nodweddion sylfaenol rhai ffyla penodol.
- Amlinellu sut gallwn ni ddefnyddio nodweddion ffisegol a dulliau biocemegol i asesu'r berthynas rhwng organebau.

Bioamrywiaeth

Mae gweithgareddau pobl yn newid ecosystemau y maen nhw a rhywogaethau eraill yn dibynnu arnynt. Mae coedwigoedd glaw trofannol yn cael eu dinistrio'n frawychus o gyflym i wneud lle i'r cynnydd ym mhoblogaeth bodau dynol, ac i'w cynnal nhw. Yn y moroedd, mae stociau llawer o bysgod yn gostwng oherwydd gorbysgota, ac mae rhai o'r ardaloedd mwyaf cynhyrchiol ac amrywiol, fel riffiau cwrel a morydau, dan straen mawr. Yn fyd-eang, gallai cyfradd colli rhywogaethau fod gymaint â 50 gwaith mwy nag unrhyw bryd yn y 100,000 mlynedd diwethaf. Addasiadau i gynefinoedd gan fodau dynol yw'r un bygythiad mwyaf i **fioamrywiaeth** ar y blaned.

Mae **difodiant** yn broses naturiol sydd wedi bod yn digwydd ers i fywyd esblygu am y tro cyntaf. *Cyfradd* bresennol difodiant sy'n achosi'r argyfwng bioamrywiaeth. Mae gwyddonwyr yn credu mai cyfradd 'cefndir' normal difodiant yw un o bob miliwn o rywogaethau bob blwyddyn. Heddiw, gellir amcangyfrif bod gweithgareddau bodau dynol mewn ardaloedd trofannol yn unig wedi cynyddu cyfraddau difodiant rhwng 1000 a 10,000 gwaith! Mae amaethyddiaeth, datblygu trefol, coedwigaeth, mwyngloddio a llygredd amgylcheddol wedi achosi dinistr enfawr i gynefinoedd ledled y byd. Mae bywyd morol wedi teimlo'r effaith hefyd. Mae tua thraean rhywogaethau pysgod morol y byd yn dibynnu ar riffiau cwrel. Drwy barhau i'w dinistrio nhw ar y gyfradd bresennol, gallem ni golli tua hanner y riffiau yn yr 20 mlynedd nesaf.

Mae'r mwyafrif llethol o greaduriaid cynharach y Ddaear, gan gynnwys y dinosoriaid a'r rhedyn coed mawr a oedd yn arfer bod yn amlwg iawn, wedi mynd yn ddiflanedig yn bennaf o ganlyniad i newidiadau hinsoddol, daearegol a biotig. Ar hyn o bryd, mae gweithgareddau bodau dynol wedi cymryd lle'r rhain fel prif achos **difodiant** rhywogaethau. Prif achosion y gostyngiad yn niferoedd mamolion mawr fel y gorila mynydd, y panda mawr, y teigr a'r arth wen, yw colli cynefinoedd; gormod o hela gan fodau dynol; cystadleuaeth gan rywogaethau sy'n cael eu cyflwyno. Mae rhywogaethau eraill hefyd dan fygythiad gan achosion ychwanegol fel datgoedwigo, llygredd a draenio gwlypdiroedd.

Heddiw, rydym ni'n cydnabod y gallai pob rhywogaeth fod yn ased bwysig i fodau dynol fel ffynhonnell bosibl o fwyd, cemegion defnyddiol, neu enynnau sy'n gallu gwrthsefyll clefydau. Er enghraifft, efallai fod priodweddau meddyginiaethol gan rai o'r llawer o blanhigion sy'n tyfu yn y coedwigoedd glaw trofannol. Gallai difodiant unrhyw rywogaeth blanhigol cyn i ni ymchwilio i'w phriodweddau cemegol fod yn golled fawr. Felly, mae angen cadwraeth rhywogaethau, sef cynllunio i warchod bywyd gwyllt.

Esblygiad

Beth sydd wedi achosi bodolaeth cymaint o fodau gwahanol ar y Ddaear? Mae'r term esblygiad yn cael ei ddefnyddio'n benodol am y prosesau sydd wedi trawsnewid bywyd ar y Ddaear o'r dechreuad hyd at yr amrywiaeth enfawr o ffurfiau wedi'u ffosileiddio a ffurfiau byw rydym ni'n gwybod amdanyn nhw heddiw.

Charles Darwin oedd y cyntaf i gyflwyno **damcaniaeth** esblygiad. Yn 1832, yn 22 mlwydd oed, teithiodd Charles Darwin i Dde America ar yr *HMS Beagle* i gynnal arolwg gwyddonol. Aeth ati i astudio planhigion ac anifeiliaid tir mawr De America a rhai o'r ynysoedd o'i gwmpas, gan gynnwys Ynysoedd y Galapagos. Cafodd yr ynysoedd hyn eu ffurfio'n ddiweddar yn nhermau daearegol, o ganlyniad i weithgarwch folcanig. Felly, rhaid bod unrhyw ffurfiau bywyd arnynt wedi cyrraedd yno o'r tir mawr.

Ei dasg oedd arsylwi, disgrifio a dosbarthu'r planhigion a'r anifeiliaid a welodd. Hefyd, casglodd ffosiliau yn y creigiau; roedd y rhain yn dangos iddo bod gwahanol ffurfiau bywyd wedi newid llawer yn y gorffennol. Yn 1859, cynigiodd mai detholiad naturiol yw'r grym sy'n achosi newidiadau i boblogaethau.

Astudiodd Darwin y pedwar ar ddeg o rywogaethau pincod a oedd yn bodoli ar Ynysoedd y Galapagos. All pincod ddim hedfan pellteroedd hir, a gan fod y tir mawr 600 milltir i ffwrdd, awgrymodd Darwin fod un rhywogaeth hynafiadol o bincod wedi cyrraedd yr ynysoedd gyda chymorth y prifwyntoedd lleol. Gan nad oedd rhywogaeth arall o adar yn byw ar yr ynysoedd,

Termau Allweddol

Bioamrywiaeth = mesur o nifer y rhywogaethau ar y blaned.

Difodiant = colli rhywogaethau.

Esblygiad = y broses lle mae rhywogaethau newydd yn ffurfio o rai sy'n bodoli eisoes, dros gyfnodau hir iawn.

Damcaniaeth = nid dyfaliad, ond yr eglurhad gorau sydd wedi'i gynnig am gyfres o arsylwadau.

▼ Pwynt astudio

Nid oes gofyn i chi astudio damcaniaeth detholiad naturiol Darwin. Caiff hon ei hastudio yn U2.

roedd amrywiaeth o fwyd ar gael i'r pincod a oedd wedi cytrefu yno. Sylwodd fod pincod unigol yn amrywio o un ynys i'r llall. Roedd y prif wahaniaethau ym maint a siâp eu pigau ac roedd hyn yn gysylltiedig â'r math gwahanol o fwyd roedden nhw'n ei fwyta, er enghraifft pryfed, hadau, ffrwythau.

Bwytawyr pryfed

pinc telor

Bwytawyr pryfed gan fwyaf – ond hefyd yn bwyta hadau

pinc pryfysol bach

pinc pryfysol canolig

pinc pryfysol mawr

Bwytawyr hadau

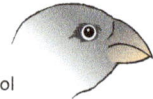

pinc coed llysieuol

Bwytawyr hadau gan fwyaf – ond hefyd yn bwyta pryfed

pinc tir bach

pinc tir canolig

pinc tir mawr

▲ *Gwahanol fathau o bigau pincod*

Ar bob ynys, gwelodd fod y nodweddion penodol y pinc, oedd yn golygu ei fod yn addasu orau i'w amgylchedd, yn cael eu hetifeddu gan yr epil. Awgrymodd Darwin fod y pincod wedi datblygu o un hynafiad a bod y math o big wedi datblygu'n arbenigol dros amser i fwydo ar ffynhonnell fwyd benodol. Mae hyn yn enghraifft o **ymlediad ymaddasol**.

Tacsonomeg

Rydym ni'n credu bod rhwng 3 a 30 miliwn o rywogaethau organebau byw ar y Ddaear ond, hyd yma, dim ond tua dwy filiwn o wahanol fathau o rywogaethau sydd wedi'u disgrifio a'u hadnabod. Enw'r broses o drefnu organebau mewn grwpiau hawdd eu trin yw **tacsonomeg** neu ddosbarthiad.

Wrth ddisgrifio planhigion ac anifeiliaid, mae tacsonomyddion yn chwilio am bethau sy'n debyg ac yn wahanol rhyngddyn nhw ac yn rhoi organebau tebyg yn agos at ei gilydd a rhai anhebyg yn bellach ar wahân. Yr enw ar system ddosbarthu sy'n seiliedig ar rannu grwpiau mawr yn grwpiau llai a llai yw system hierarchaidd.

Cafodd y dosbarthiad naturiol rydym ni'n ei ddefnyddio heddiw ei ddyfeisio gan y gwyddonydd o Sweden, Linnaeus, yn y ddeunawfed ganrif. Yn y cynllun hwn, caiff organebau eu grwpio gyda'i gilydd yn ôl eu tebygrwydd sylfaenol. Mae system **hierarchaidd** wedi'i dyfeisio i wahaniaethu rhwng grwpiau mawr o organebau ac mae cyfres o enwau gradd yn nodi'r gwahanol lefelau o fewn yr hierarchaeth:

- Teyrnas – y grŵp tacsonomaidd mwyaf, e.e. anifeiliaid, planhigion.
- Ffylwm – grŵp mawr o'r holl ddosbarthiadau sy'n rhannu rhai nodweddion cyffredin, e.e. Arthropodau (sy'n cynnwys pryfed, corynod, cantroediaid a miltroediaid, cramenogion).
- Dosbarth – grŵp o urddau tebyg, e.e. Insecta (pryfed).
- Urdd – grŵp o deuluoedd cysylltiedig, e.e. Orthoptera (sy'n cynnwys locustiaid, ceiliogod rhedyn a chriciaid).
- Teulu – grŵp o genera (lluosog genws) tebyg, e.e. Rosaceae (rhosod).
- Genws – grŵp o rywogaethau â pherthynas agos iawn rhyngddyn nhw. Er enghraifft, *Locusta*.
- Rhywogaeth – grŵp o organebau sy'n rhannu nifer fawr o nodweddion cyffredin ac sy'n gallu rhyngfridio i gynhyrchu epil ffrwythlon. Er enghraifft, *Locusta migratoria*.

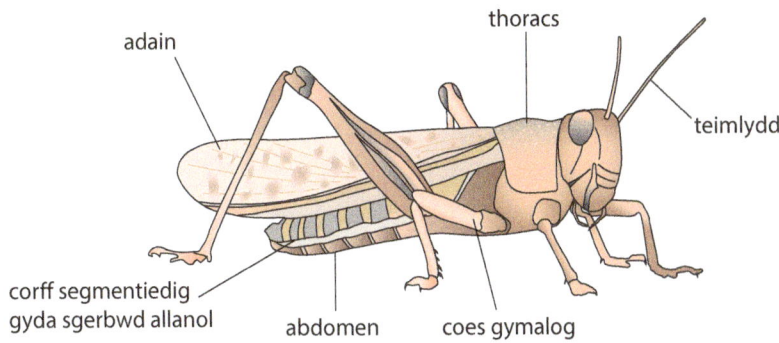

▲ *Diagram o locust*

Mae symud i fyny'r hierarchaeth o **rywogaeth** i deyrnas yn golygu bod y berthynas rhwng organebau yn y grŵp yn lleihau. Mae symud i lawr yr hierarchaeth o deyrnas i rywogaeth yn golygu bod perthynas agosach rhwng yr organebau.

Ffylogenedd

Mae trefn hierarchaidd y categorïau tacsonomaidd yn seiliedig ar linach esblygiadol aelodau'r grŵp. Mae'r berthynas **ffylogenig** rhwng gwahanol rywogaethau fel arfer yn cael eu cynrychioli gan ddiagram tebyg i goeden o'r enw coeden esblygol. Yn y diagramau hyn, mae'r rhywogaethau hynaf wrth fôn y goeden a'r rhai mwyaf diweddar ar ben draw'r canghennau.

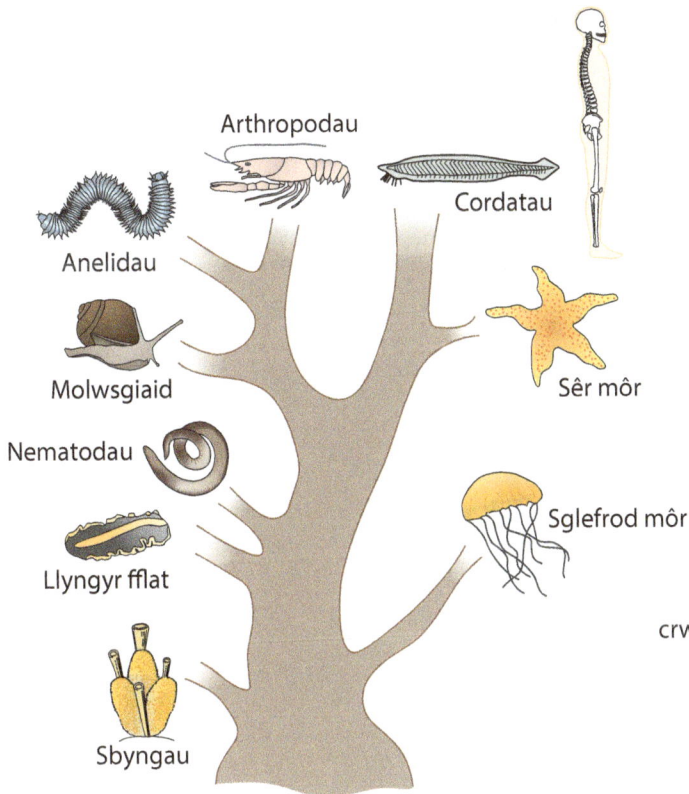

▲ *Coeden esblygol (ffylogenig) teyrnas anifeiliaid*

Cysylltiad Dylech chi wybod am egwyddorion dosbarthu modern sy'n dangos y berthynas bosibl rhwng organebau drwy esblygiad yn ôl nifer y nodweddion cyffredin y maen nhw'n eu rhannu. Gweler tudalen 72.

Cyngor arholwr
Byddwch yn barod i roi tacsonau yn y drefn gywir.

▼ *Coeden esblygol (ffylogenig) cordatau*

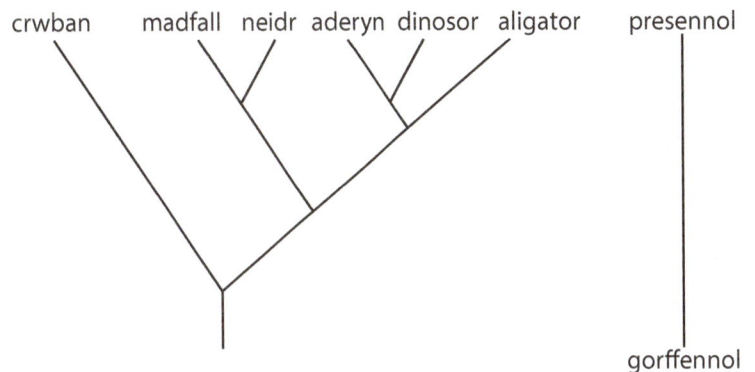

System finomaidd

Mae gan lawer o organebau byw enwau cyffredin, sy'n gallu bod yn wahanol mewn gwledydd gwahanol. Mae hyn yn gallu arwain at ddryswch, a mwy fyth o ddryswch os oes angen enwi a disgrifio rhywogaeth benodol mewn papur ymchwil gwyddonol, a allai gael ei ddarllen gan wyddonydd o wlad arall.

I oresgyn y broblem hon, caiff organebau eu henwi yn ôl y system finomaidd. Cafodd y system hon ei chyflwyno gan Linnaeus yn 1753 ac mae'n seiliedig ar ddefnyddio Lladin fel iaith ryngwladol. Mae pob organeb yn cael dau enw, yr enw generig (enw'r genws) ac enw'r rhywogaeth. Mae'r system hon yn golygu ein bod ni'n gallu adnabod yr organeb yn fanwl ledled y byd, yn wahanol i'r enwau cyffredin. Mae'r system finomaidd yn dal i fod yn llwyddiannus heddiw – yn ogystal â rhoi enw gwyddonol unigryw i bob organeb, mae'n galluogi biolegwyr i sylwi ar berthynas agos rhwng dwy rywogaeth, e.e. *Panthera leo* (llew) a *Panthera tigris* (teigr).

Wrth ddefnyddio'r system finomaidd, rhaid dilyn rhai rheolau:

- Enw'r genws yw'r gair cyntaf ac mae'n cael priflythyren bob amser.
- Enw'r rhywogaeth yw'r ail air bob amser ac nid yw'n cael priflythyren.
- Wrth ddefnyddio'r enw gwyddonol am y tro cyntaf mewn testun, dylech chi ei ysgrifennu'n llawn. Er enghraifft, *Panthera tigris*.
- Ar ôl hynny o fewn yr un testun, gallwch chi ei dalfyrru, *P. tigris*.
- Dylech chi roi'r ddau enw mewn teip italig, neu eu tanlinellu nhw wrth eu hysgrifennu.

Y dosbarthiad pum teyrnas

Caiff organebau byw eu rhannu'n bump grŵp mawr neu deyrnas.

Procaryotau

Organebau ungellog gan gynnwys bacteria ac algâu gwyrddlas. Does gan y rhain ddim cellbilenni mewnol, dim pilen gnewyllol, dim reticwlwm endoplasmig, dim mitocondria a dim organigyn Golgi. Mae ganddyn nhw gellfur ond nid yw'r cellfur hwn wedi'i wneud o gellwlos.

▼ *Bacteria*

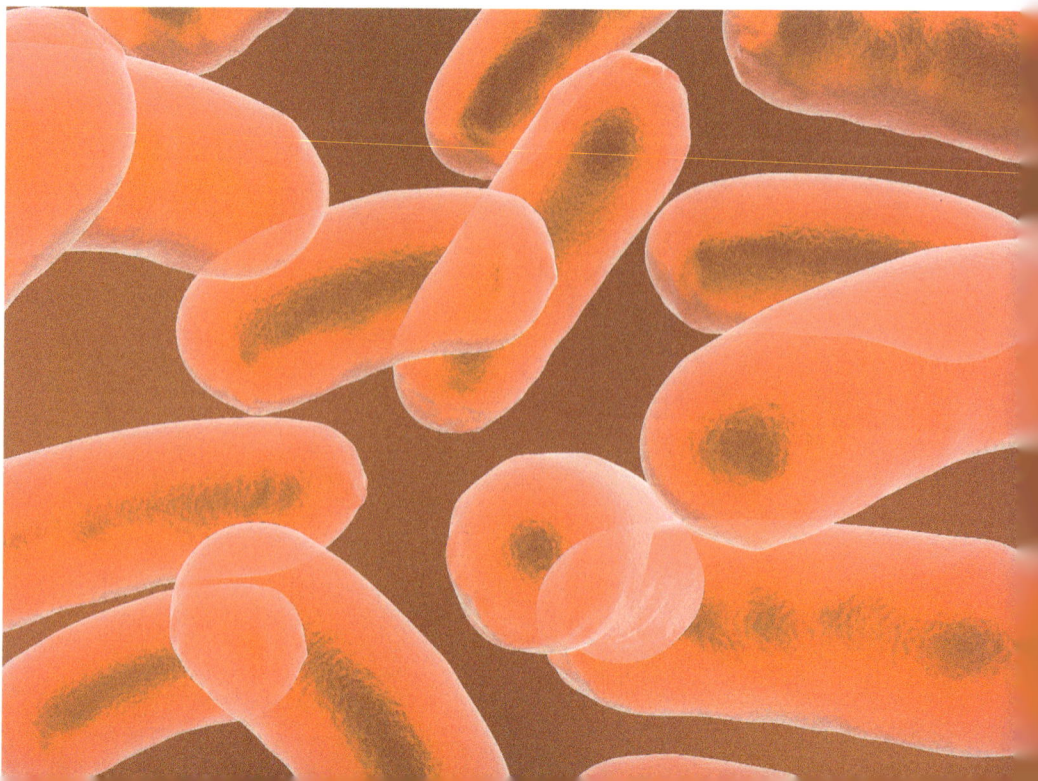

Protoctista

Organebau ewcaryotig bach gan fwyaf, gydag organynnau pilennog a chnewyllyn â philen gnewyllol. Yn y deyrnas hon mae'r organebau sydd ddim yn blanhigion nac yn anifeiliaid nac yn ffyngau. Mae'r deyrnas yn cynnwys algâu, llwydni dŵr, llwydni llysnafedd a phrotosoa.

▼ *Ewglena*

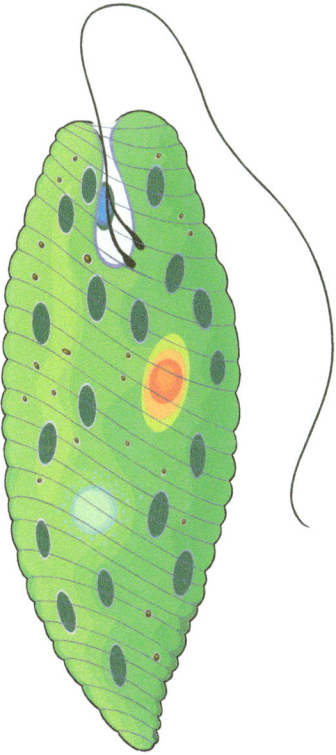

▲ *Ffwng bachog*

Cysylltiad Y planhigion blodeuol (Angiosbermau) yw'r grŵp planhigion amlycaf ar y Ddaear. Maen nhw'n cynnwys ein prif gnydau i gyd ac maen nhw felly'n ffynhonnell fwyd bwysig. Mae eu blodau'n cynnwys hadau sydd y tu mewn i ffrwyth sy'n cael ei ffurfio o wal yr ofari. Caiff atgenhedlu planhigion ei astudio'n fanwl ar lefel U2.

Ffyngau

Ewcaryotig, gyda'r corff yn cynnwys rhwydwaith o edafedd o'r enw hyffâu, sy'n ffurfio myceliwm. Mae ganddyn nhw gellfur anhyblyg wedi'i wneud o gitin. Does ganddyn nhw ddim pigmentau ffotosynthetig ac maen nhw'n bwydo'n heterotroffig; mae holl aelodau'r grŵp naill ai'n saproffytig neu'n barasitig. Mewn rhai is-grwpiau, does gan yr hyffâu ddim croesfuriau, ond mewn eraill, mae croesfuriau, neu wahanfuriau, yn bresennol. Maen nhw'n atgenhedlu drwy ddefnyddio sborau heb fflagela. Enghreifftiau yw *Penicillium*, burum, madarch.

Planhigion

Amlgellog ac yn cyflawni ffotosynthesis. Mae'r celloedd yn ewcaryotig, mae ganddyn nhw gellfuriau cellwlos, gwagolynnau sy'n cynnwys cellnodd, a chloroplastau sy'n cynnwys pigmentau ffotosynthetig.

Mae prif ffyla planhigion yn cynnwys mwsoglau a llys yr iau, rhedyn, coed conwydd a phlanhigion sy'n blodeuo.

Anifeiliaid

Ewcaryotau amlgellog, heterotroffig gyda chelloedd heb gellfuriau sy'n dangos cyd-drefniant nerfol.

DYLECH CHI WYBOD ›››

››› beth yw'r berthynas rhwng dosbarthiad ac esblygiad

››› nodweddion sylfaenol Annelida, Arthropoda a Chordata

››› enwau pedwar dosbarth yr Arthropoda

››› beth yw pwysigrwydd y sgerbwd allanol a'i anfanteision

▼ **Pwynt astudio**

Mae 95% o bob anifail yn infertebratau a dim ond 5% sy'n fertebratau.

▲ *Cimwch*

18

Gwirio gwybodaeth

Nodwch y gair neu'r geiriau coll.

Mae nodweddion arthropodau'n cynnwys sgerbwd allanol •••• •••••. Mae'r sgerbwd allanol yn cynnwys cwtigl trwchus wedi'i wneud o ••••. Mae'n darparu cynhaliaeth ond nid yw ei faint yn gallu newid, felly rhaid i'r arthropod ddiosg ei groen o bryd i'w gilydd mewn proses o'r enw ••••.

Detholiad o ffyla o deyrnas yr anifeiliaid

Caiff bioamrywiaeth anifeiliaid ei ddosbarthu mewn dros ugain o brif ffyla a llawer o ffyla is. Mae pob ffylwm yn cynnwys organebau sy'n seiliedig ar lasbrint sylfaenol.

I ddangos hyn, rydym ni wedi dewis tri ffylwm anifeiliaid, Annelida, Arthropoda a Chordata. Rydym ni wedi dewis astudio'r rhain oherwydd byddwch chi'n dod ar eu traws nhw eto wrth astudio cyfnewid nwyol, systemau cylchrediad ac atgenhedlu yn nes ymlaen yn yr uned hon.

Mae teyrnas yr anifeiliaid wedi'i rhannu'n ddau brif grŵp:

▪ Anghordatau, sy'n aml yn cael eu galw'n infertebratau. Mae enghreifftiau'n cynnwys mwydod segmentiedig, molysgiaid ac arthropodau.

▪ Cordatau – mae pob un ond y symlaf o'r cordatau'n cynnwys asgwrn cefn ac felly'n cael eu galw'n fertebratau. Maen nhw'n cynnwys pysgod, amffibiaid, ymlusgiaid, adar a mamolion.

Annelida

Mae 8,000 o rywogaethau anelidau wedi'u henwi. Mae'r rhain yn cynnwys pryfed genwair, gelenod a lygwn. Mae gan holl aelodau'r ffylwm y nodweddion canlynol yn gyffredin:

▪ Corff hir, tenau segmentiedig, a'r segmentau'n weladwy'n allanol fel cylchoedd a'r corff wedi'i rannu'n fewnol gan wahanfuriau.

▪ Ceudod corff llawn hylif (ceudod gwaed).

▪ Sgerbwd hydrostatig.

▪ Pen yn cynnwys ymennydd cyntefig a system nerfol ar hyd y corff i gyd.

▪ Croen athraidd tenau y mae nwyon yn cyfnewid drwyddo.

▪ System cylchrediad gaeedig sy'n cynnwys pigment sy'n cludo ocsigen.

Arthropoda

Arthropodau yw'r ffylwm anifeiliaid mwyaf niferus a mwyaf llwyddiannus. Maen nhw'n rhannu'r nodweddion canlynol:

▪ Corff wedi'i rannu'n segmentau.

▪ Ymennydd datblygedig da.

▪ System cylchrediad agored a cheudod sy'n amgylchynu organau'r corff.

▪ Sgerbwd allanol caled.

▪ Coesau cymalog mewn parau.

Dau o ddatblygiadau esblygiadol pwysig y ffylwm hwn yw:

▪ Coesau cymalog wedi'u haddasu i gyflawni amrywiaeth o swyddogaethau, gan gynnwys cerdded, nofio, neidio, bwydo, atgenhedlu.

▪ Sgerbwd allanol – mae haen allanol celloedd y corff yn secretu cwtigl trwchus wedi'i wneud o gitin gan fwyaf. Mae gan hwn lawer o swyddogaethau:

  – Amddiffyn yr organau mewnol, amddiffyn rhag ysglyfaethwyr.

  – Man i'r cyhyrau gysylltu.

  – Cynhaliad – i anifeiliaid bach, mae adeiledd tiwbaidd gwag o gwmpas y corff yn rhoi gwell cynhaliad na rhoden silindrog solet y tu mewn iddo (sgerbwd mewnol fel sydd gan fertebratau) wedi'i wneud o'r un faint o ddefnydd.

  – Yn y rhan fwyaf o arthropodau daearol, mae'r sgerbwd allanol wedi'i orchuddio â haen o gwyr sy'n golygu eu bod nhw'n colli llai o ddŵr.

Prif anfantais y sgerbwd allanol yw bod ganddo faint penodol ac nad yw'n gallu tyfu gyda'r anifail. Mae hyn yn wahanol i sgerbwd mewnol fertebratau sy'n mynd yn fwy wrth i'r corff dyfu. Er mwyn tyfu, rhaid i arthropod ddiosg ei **sgerbwd allanol** o bryd i'w gilydd (ecdysis). Mae hyn yn gadael yr anifail yn arbennig o agored i niwed wrth i'r sgerbwd allanol newydd galedu. Mae'r ffylwm Arthropoda wedi'i rannu'n bedwar dosbarth:

- Milrhedion (*myriapoda*) – mae gan y rhain lawer o barau o goesau, un neu ddau i bob segment; enghreifftiau yw cantroediaid a miltroediaid.

- Cramenogion – mae gan y rhain rhwng 5 a 10 pâr o goesau, e.e. cranc.

- Corynod – mae gan y rhain bedwar pâr o goesau.

- Pryfed – mae gan y rhain dri phâr o goesau.

Mae'n ffaith anhygoel mai pryfed yw 75% o bob rhywogaeth anifail! Nhw yw'r grŵp mwyaf llwyddiannus o anifeiliaid ar y Ddaear o bell ffordd. Mewn llawer o ffyrdd, maen nhw'n fwy llwyddiannus na bodau dynol.

Mae pryfed yn byw yn y rhan fwyaf o gynefinoedd ac maen nhw hefyd wedi concro'r awyr.

▲ *Chwilen*

Mae pryfed yn perthyn i'r ffylwm Arthropod ond maen nhw wedi'u rhannu i'r dosbarth Insecta oherwydd bod y nodweddion canlynol gan bryfed llawn dwf sydd ddim gan Arthropodau eraill:

- Mae ganddyn nhw dri phâr o goesau, un pâr i bob segment yn y thoracs.

- Mae gan y pen bâr o deimlyddion a llygaid cyfansawdd.

- Caiff nwyon eu cyfnewid ar dagellau mewn pryfed dyfrol a thrwy draceau mewn ffurfiau daearol.

- Mae llawer o rywogaethau pryfed wedi esblygu adenydd, sy'n golygu mai nhw yw'r unig infertebratau sy'n gallu hedfan. Maen nhw'n beiriannau hedfan pwerus ac mae pŵer hedfan yn ffactor mawr yn eu llwyddiant.

Mae'r ffaith bod gan bryfed llawn dwf ddau bâr o adenydd a chwe choes yn un o'u nodweddion diagnostig. Yn esblygiad rhai grwpiau pryfed, gallai'r nodweddion hyn fod wedi'u colli'n eilaidd. Mae hyn wedi digwydd yn esblygiad chwain a llau.

Term Allweddol

Cordatau = yr enw gwyddonol am fertebratau.

▼ Pwynt astudio

Nodwch y dilyniant o ddŵr i dir yn y dosbarthiadau fertebratau. Mae grwpiau daearol gwahanol wedi addasu i fywyd ar y tir mewn ffyrdd gwahanol. Byddwch chi'n astudio'r esblygiad o fodolaeth ddyfrol i ddaearol yn fanylach, yn nes ymlaen yn yr uned.

▼ Pwynt astudio

Dylai fod gennych chi wybodaeth gyffredinol am amrywiaeth o organebau a'u haddasiadau cymharol. Does dim disgwyl i chi gofio dosbarthiad manwl dim o'r grwpiau.

Cordatau

Mae 60,000 o rywogaethau **Cordatau** wedi'u henwi. Mae enghreifftiau'n cynnwys y broga, y neidr, yr eryr a bodau dynol. Mae gan fertebratau:

- Asgwrn cefn.
- Ymennydd datblygedig wedi'i amgáu mewn craniwm.

Mae'r fertebratau wedi'u hisrannu'n bum dosbarth:

- Pysgod – ffurfiau dyfrol â chennau, esgyll a thagellau.
- Amffibiaid – y rhain oedd y fertebratau tir cyntaf; maen nhw'n rhannol ddaearol ac yn rhannol ddyfrol. Mae ganddyn nhw groen meddal, llaith. Mae'r wyau'n cael eu ffrwythloni'n allanol mewn dŵr lle maen nhw hefyd yn datblygu. Mae'r epil (larfâu) yn ddyfrol ac mae ganddyn nhw dagellau; mae'r oedolion yn ddaearol fel arfer ac mae ganddyn nhw ysgyfaint syml.
- Ymlusgiaid – daearol gan fwyaf ac mae ganddyn nhw groen sych gyda chennau. Mae ganddyn nhw ysgyfaint. Mae'r wyau'n cael eu ffrwythloni'n fewnol, eu gorchuddio â phlisgyn a'u dodwy ar y tir.
- Adar – tebyg i ymlusgiaid mewn llawer o ffyrdd. Y prif wahaniaethau yw'r gallu i hedfan a datblygu plu; mae eu coesau blaen wedi datblygu fel adenydd. Mae ganddyn nhw ysgyfaint. Mae gan yr wyau blisg caled.
- Mamolion – croen â blew. Caiff epil eu geni'n fyw a'u bwydo ar laeth. Mae ganddyn nhw ysgyfaint. Maent yn cael eu hisrannu eto i ddau grŵp:
  - Bolgodogion (*marsupials*), e.e. cangarŵ – caiff epil eu geni mewn cyflwr anaeddfed iawn ac maen nhw'n datblygu yng nghoden y fenyw.
  - Brychol – mae'r epil yn datblygu'n sylweddol yng nghroth y fam, ac yn cael maeth drwy'r brych cyn cael eu geni.

◄ *Dolffin*   ▲ *Llew*   ▲ *Coala*

Tystiolaeth o linach gyffredin

Hyd yn hyn, rydych chi wedi dysgu mai tacsonomeg yw astudiaeth grwpio neu ddosbarthu organebau a'i bod yn ymwneud â'r canlynol:

- Darganfod amrywiaeth fiolegol a'i disgrifio.
- Ymchwilio i berthynas esblygol rhwng organebau.
- Dosbarthu'r organebau hyn er mwyn adlewyrchu'r berthynas hon.

Mae damcaniaeth esblygiad yn awgrymu bod grwpiau gwahanol iawn o organebau'n rhannu cyd-hynafiad. Felly, byddai disgwyl iddyn nhw rannu rhai nodweddion adeileddol sylfaenol. Dylai pa mor debyg ydyn nhw ddangos pa mor agos yw'r berthynas rhyngddyn nhw o ran esblygiad. Rydym ni'n tybio bod grwpiau heb lawer yn gyffredin wedi dargyfeirio o gyd-hynafiad yn llawer cynharach mewn hanes daearegol na grwpiau â llawer yn gyffredin.

Defnyddio nodweddion ffisegol

Wrth benderfynu pa mor agos yw'r berthynas rhwng dwy organeb, mae angen i fiolegydd chwilio am adeileddau sydd, er eu bod nhw o bosibl yn cyflawni swyddogaethau eithaf gwahanol, yn adeileddau tebyg. Mae hyn yn awgrymu tarddiad cyffredin. Mae adeileddau o'r fath yn cael eu galw'n **homologaidd**. Enghraifft dda o hyn yw aelod **pentadactyl** Cordatau (fertebratau), sydd i'w weld yn y pedwar dosbarth o fertebratau daearol: amffibiaid, ymlusgiaid, adar a mamolion. Mae adeiledd sylfaenol yr aelod yr un fath ym mhob dosbarth. Fodd bynnag, mae aelodau'r fertebratau gwahanol wedi addasu ar gyfer swyddogaethau gwahanol, fel gafael, cerdded, nofio a hedfan, mewn amrywiaeth o fertebratau.

Enghreifftiau o'r aelod pentadactyl wedi'i addasu at swyddogaethau gwahanol yw braich bod dynol, adain ystlum, asgell morfil, adain aderyn, coes ceffyl.

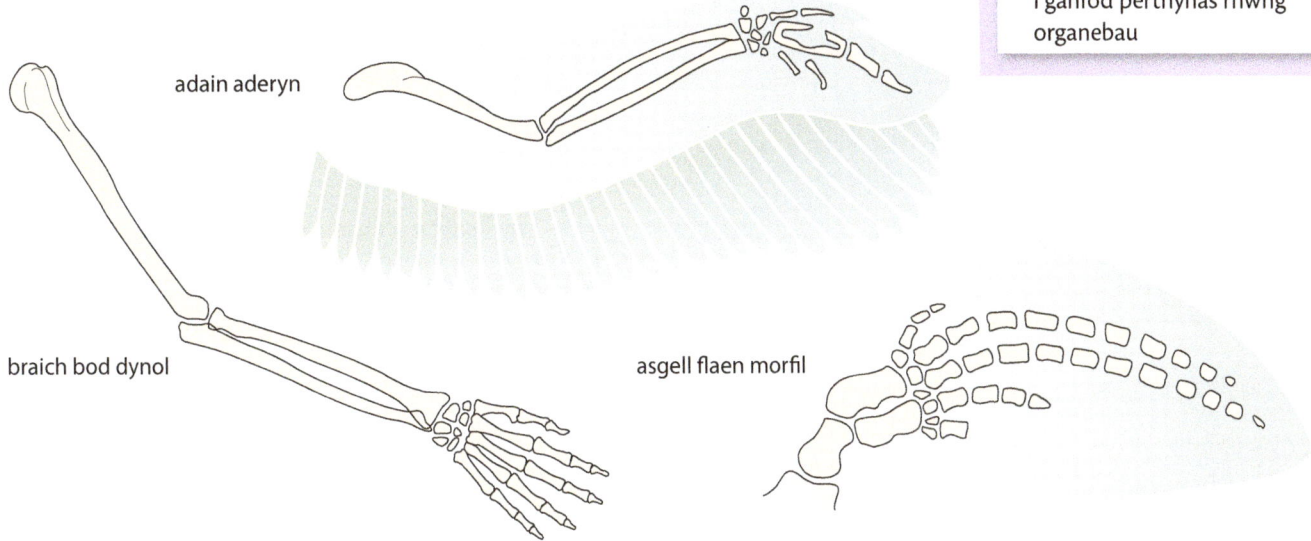

DYLECH CHI WYBOD ›››

››› bod aelod pentadactyl Cordatau yn rhoi tystiolaeth o berthynas rhyngddyn nhw

››› beth yw'r gwahaniaeth rhwng y termau homologaidd a chydweddol

››› mae'n bosibl defnyddio technegau fel croesrywedd DNA, dilyniant asidau amino ac astudiaethau imiwnolegol i ganfod perthynas rhwng organebau

▲ *Aelod pentadactyl tri fertebrat gwahanol*

Gan ddefnyddio gwybodaeth fel hyn, mae'n bosib llunio coed esblygol lle mae gan gynhyrchion terfynol esblygiad rai nodweddion adeileddol penodol yn gyffredin â'i gilydd ac â'r stoc hynafiadol y maen nhw'n deillio ohono. Y tebycaf yw dwy organeb, y diweddaraf y byddwn ni'n tybio eu bod nhw wedi dargyfeirio.

Fodd bynnag, mae yna berygl posibl i dybio bod perthynas yn bodoli rhwng dau anifail sy'n digwydd edrych yn debyg i'w gilydd. Ystyriwch siarc, dolffin a phengwin.

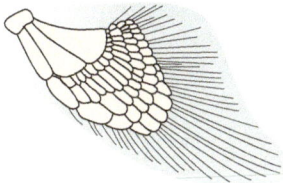

Termau Allweddol

Homologaidd = â tharddiad cyffredin ond yn cyflawni swyddogaeth wahanol

Pentadactyl = â phum digid.

Cydweddol = â'r un swyddogaeth ond tarddiad gwahanol.

siarc, pysgodyn cartilagaidd   dolffin, mamolyn dyfrol   pengwin, aderyn dyfrol nad yw'n gallu hedfan mwyach

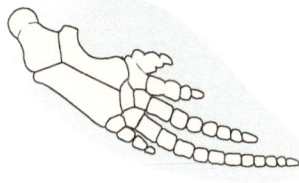

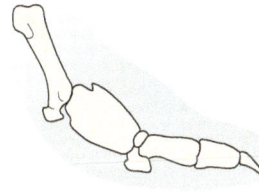

▲ *Esblygiad cydgyfeiriol*

Mae un yn bysgodyn, un yn famolyn a'r llall yn aderyn. Drwy astudio sgerbwd yr aelodau blaen, mae'n bosib gweld bod gan y dolffin a'r pengwin aelodau pentadactyl wedi'u haddasu, ond nad oes gan y pysgodyn rai. Mae'r siarc a'r dolffin yn anifeiliaid ag esgyll tebyg am eu bod nhw'n byw mewn amgylcheddau tebyg ac wedi addasu i'r amgylchedd hwnnw, nid am eu bod nhw'n rhannu cyd-hynafiad diweddar. Hynny yw, mae'r adeileddau, yr aelodau, yn cyflawni'r un swyddogaeth. Rydym ni'n dweud bod adeileddau o'r fath yn **gydweddol**. Enghraifft arall yw adenydd adar a phryfed.

Esblygiad cydgyfeiriol = tueddiad organebau heb berthynas rhyngddyn nhw i ffurfio adeileddau tebyg.

19 Gwirio gwybodaeth

Parwch y diffiniadau 1–4 â'r termau A–CH.

1. Homologaidd.

2. Cydweddol.

3. Esblygiad cydgyfeiriol.

4. Dadansoddi DNA.

A. Dull o gymharu DNA dwy rywogaeth.

B. Tueddiad organebau heb berthynas rhyngddyn nhw i ffurfio adeileddau tebyg.

C. Bod â tharddiad cyffredin ond swyddogaeth wahanol.

CH. Bod â'r un swyddogaeth ond tarddiad gwahanol.

Sut mae Gwyddoniaeth yn Gweithio

Un agwedd ar esblygiad sydd wedi bod yn ddirgelwch tan yn ddiweddar yw esblygiad dynol. Wrth i ni ddatblygu technegau newydd, rydym ni wedi adolygu ein gwybodaeth am esblygiad primatiaid. Mae gwahanol dechnegau wedi rhoi tystiolaeth sy'n gwrthdaro o'r berthynas rhwng gwahanol brimatiaid. Mae hyn yn dangos bod angen defnyddio amrywiaeth o dystiolaeth o wahanol ffynonellau i lunio casgliadau gwyddonol dilys.

Defnyddio tystiolaeth enetig

Yn ystod esblygiad, pan fydd un rhywogaeth yn arwain at un arall, bydd y rhywogaeth newydd ychydig yn wahanol o ran dilyniant y basau niwcleotid yn y DNA. Dros amser, bydd y rhywogaeth newydd yn datblygu mwy o wahaniaethau yn y DNA. Felly, byddai rhywun yn disgwyl i rywogaethau â pherthynas agosach rhyngddyn nhw fod â dilyniannau basau DNA sydd yn debycach i'w gilydd na rhywogaethau â pherthynas bellach.

Mae dulliau dadansoddi DNA wedi ein galluogi ni i gadarnhau perthnasoedd esblygiadol ac mae'n gallu lleihau'r camgymeriadau sy'n cael eu gwneud wrth ddosbarthu oherwydd **esblygiad cydgyfeiriol**.

Mae techneg croesrywedd DNA yn cynnwys echdynnu DNA dwy rywogaeth a'u cymharu nhw. Caiff dilyniant y basau eu cymharu a'r tebycaf yw'r dilyniannau, yr agosaf yw'r berthynas rhwng yr organebau yn nhermau esblygiad.

DNA sy'n pennu dilyniant asidau amino mewn proteinau. Felly, bydd pa mor debyg yw dilyniant asidau amino'r un protein mewn dwy rywogaeth yn adlewyrchu pa mor agos yw'r berthynas rhwng y ddwy rywogaeth. Rydym ni wedi cymharu rhan o foleciwl ffibrinogen gwahanol famolion a chanfod bod y dilyniant yn amrywio i raddau gwahanol o un rhywogaeth i un arall; mae hyn wedi galluogi gwyddonwyr i lunio coeden esblygol bosibl i famolion.

Gallwn ni hefyd ddefnyddio technegau imiwnolegol i gymharu proteinau rhywogaethau gwahanol. Mae'r egwyddor y tu ôl i hyn yn cynnwys y ffaith y bydd gwrthgyrff un rhywogaeth yn ymateb i antigenau penodol ar broteinau, fel albwmin, yn serwm gwaed rhywogaeth arall. Pan mae gwrthgyrff yn ymateb i antigenau cyfatebol, caiff gwaddod ei ffurfio. Y mwyaf o waddod sydd, yr agosaf yw'r berthynas esblygiadol.

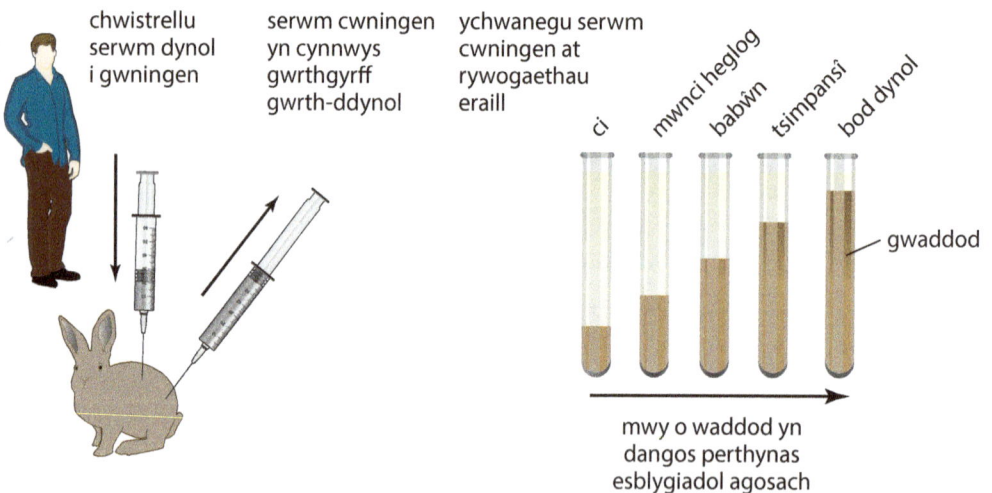

▲ Cymariaethau imiwnolegol o serwm dynol â serwm rhywogaethau eraill

I ganfod pa mor agos yw'r berthynas rhwng dwy rywogaeth primat fel bodau dynol a tsimpansîaid, rydym ni'n tynnu edafedd DNA o'r ddwy rywogaeth, eu gwahanu nhw a'u torri nhw'n ddarnau. Yna, caiff y darnau o'r ddwy rywogaeth eu cymysgu a'u dadansoddi. Mae'r dechneg hon yn rhoi canlyniadau sy'n dangos bod gan fodau dynol a tsimpansîaid 97.6% o'u DNA yn gyffredin, a bod gan fodau dynol a mwnciod rhesws 91.1% o'u DNA yn gyffredin. Mae astudiaethau diweddar hefyd wedi defnyddio'r dechneg hon i ddangos perthynas agos rhwng yr hipopotamws a'r morfil.

Bioamrywiaeth, esblygiad a dosbarthiad

1 Nodwch y term am bob un o'r canlynol (5):

(a) Grŵp o organebau sy'n gallu rhyngfridio i gynhyrchu epil ffrwythlon.

(b) Y broses sy'n ffurfio rhywogaethau newydd o rai sy'n bodoli dros gyfnodau hir.

(c) Mesur o nifer y rhywogaethau ar y blaned.

(ch) Y system sy'n rhoi dau enw i bob organeb, enw ei genws ac enw ei rhywogaeth.

(d) Astudiaeth wyddonol o amrywiaeth organebau byw.

2 Mae'r tabl yn rhestru pum organeb, ynghyd â phum teyrnas. Ticiwch flwch i roi pob organeb yn y deyrnas y mae'n perthyn iddi. (5)

	Plantae	Animalia	Protoctista	Fungi	Prokaryotae
Sglefren fôr					
Burum					
Ameba					
Rhedyn					
Bacteriwm					

3 (a) Cwblhewch y tabl sy'n dangos dosbarthiad rhai organebau, gan gynnwys dwy yn unig o nodweddion y ffylwm lle bo'n briodol. (9)

Teyrnas	Ffylwm	Nodweddion y ffylwm	Dosbarth	Enghraifft
Animalia	Annelida	1. 2.	Polychaeta	Lygwn *Arenicola marina*
Animalia		Croen llaith meddal Larfa dyfrol â thagellau; Oedolion ag ysgyfaint syml		Broga cyffredin *Rana temporaria*
Animalia		1. 2.		Locust y diffeithwch *Schistocerca gregaria*
	Basidiomycota	Hyffâu; cellfur citin; defnyddio sborau i atgenhedlu.	Basidiomycetes	Madarchen y maes *Agaricus campestris*

(b) Enwch genws locust y diffeithwch. (1)

Cwestiynau ymarfer ar gyfer yr arholiad

4 Mae dilyniant yr asidau amino ym moleciwlau haemoglobin tair rhywogaeth wedi'i defnyddio i bennu'r berthynas esblygol rhyngddynt. Mae'r canlyniadau'n dangos yr un darnau o foleciwlau haemoglobin y tri mamolyn, a phob llythyren yn cynrychioli un asid amino:

Macroderma gigas   ---GEEKAAVTGLWGKVNVE------DS -------S
Phoca vitulina   ---GEEKSAVTALWGKVNVD------DS--------S
Balaenoptera acutorostrata ---AEEKSAVTALWAKVNVE------EA --------T

(a) Mae 7 gwahaniaeth rhwng *B. acutorostrata* a *M. gigas*.
Mae 3 gwahaniaeth rhwng *P. vitulina* a *M. gigas*.
Sawl gwahaniaeth sydd rhwng *P. vitulina* a *B. acutorostrata*? (1)

(b) Pa rywogaeth sy'n perthyn agosaf i *P. vitulina*? (1)

5 (a) Mae pincod (*finches*) y Galapagos yn enghraifft o esblygiad adar gwahanol o un ffurf hynafiadol. Beth yw'r term am wasgariad esblygiadol ffurfiau newydd? (1)

(b) Pe bai rhywogaeth pinc newydd yn cael ei chyflwyno i Brydain heddiw, byddai'n annhebygol dros ben iddi arwain at ddisgynyddion tebyg i'r rhai ar Ynysoedd y Galapagos. Beth yw'r gwahaniaeth rhwng y sefyllfa heddiw a'r sefyllfa pan gyrhaeddodd y pincod y Galapagos am y tro cyntaf? (2)

(c) Pam mae pincod y Galapagos erbyn hyn yn cael eu cydnabod fel rhywogaeth ar wahân, yn hytrach nag amrywiaeth o'r un rhywogaeth? (1)

6 20,000 o flynyddoedd, yn ôl, roedd y llewpart hela (*Acinonyx jubatus*) yn crwydro safanau a gwastadeddau pedwar cyfandir Affrica, Asia, Ewrop a Gogledd America. Tua 10,000 o flynyddoedd yn ôl, oherwydd newid yn yr hinsawdd, aeth pob rhywogaeth llewpart hela heblaw un yn ddiflanedig. O ganlyniad i'r gostyngiad dramatig yn eu niferoedd, cafodd perthnasau agos eu gorfodi i fridio, gan olygu bod y llewpart hela wedi mewnfridio'n enetig. Mae hyn yn golygu bod perthynas agos rhwng pob llewpart hela heddiw.

(a) Dosbarthwch y llewpart hela mewn ffylwm, dosbarth a genws. (3)

(b) Enwch un nodwedd ym mhob achos sy'n nodi i ba ffylwm a dosbarth y mae llewpart hela'n perthyn. (2)

(c) (i) Enwch ddull biocemegol y gellid bod wedi ei ddefnyddio i ganfod bod perthynas agos rhwng pob llewpart hela. (1)

(ii) Rhowch ddisgrifiad byr o'r canlyniadau y byddech chi'n eu disgwyl. (1)

7 Mae'r anifeiliaid yn y diagram yn perthyn i'r ffylwm Arthropoda.

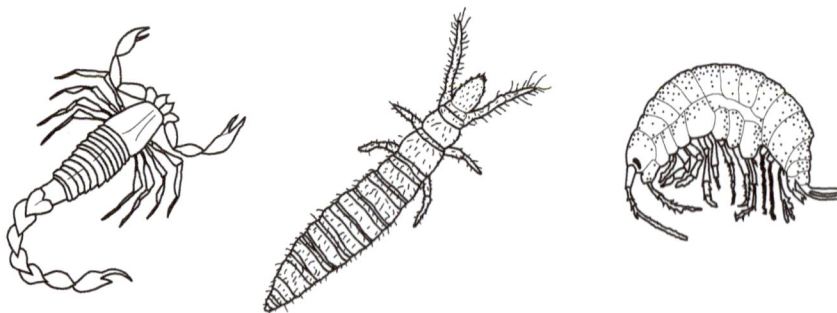

(a) Ar wahân i fod â sgerbwd allanol, enwch ddwy nodwedd arall y gallwch chi eu gweld yn y diagram sy'n gyffredin i aelodau'r Arthropoda. (2)

(b) Enwch un fantais ac un anfantais i sgerbwd allanol. (2)

(c) Mae pob un o'r anifeiliaid uchod yn perthyn i un o bedwar prif is-grŵp yr Arthropoda. Enwch lefel dacsonomaidd yr is-grwpiau hyn. (1)

Addasiadau ar gyfer cyfnewid nwyol

Mae pob organeb fyw'n cyfnewid nwyon â'r amgylchedd. Mae angen ocsigen arnyn nhw i drawsnewid moleciwlau organig, fel glwcos, yn egni drwy broses resbiradaeth. Yn eu tro, rhaid cael gwared ar nwyon gwastraff.

Mae organebau'n byw mewn gwahanol amgylcheddau; mae rhai'n byw mewn dŵr ac eraill ar y tir. Mae amgylchedd dyfrol yn eithaf cyson ond mae bywyd ar y tir yn gallu bod yn fwy eithafol, gan amrywio o'r atmosffer tenau ar ben mynydd i wres llethol y diffeithwch cras. Er mwyn goroesi, mae organebau byw wedi addasu mewn gwahanol ffyrdd.

Erbyn diwedd y testun hwn, dylech chi allu disgrifio:

- Sut mae organebau ungellog yn cyfnewid nwyon drwy drylediad ar draws arwyneb y corff.
- Sut mae organebau amlgellog syml wedi addasu ar gyfer cyfnewid nwyol i ganiatáu i faint eu corff gynyddu.
- Arwynebau resbiradol arbenigol organebau amlgellog mawr, gan gynnwys tagellau pysgod, ysgyfaint mamolion a thraceau pryfed.
- Y mecanweithiau awyru sydd wedi esblygu mewn pysgod a bodau dynol er mwyn cynnal graddiannau ar draws arwynebau resbiradol.
- Adeiledd a swyddogaethau'r system resbiradol ddynol.
- Dosbarthiad alfeoli a phibellau gwaed mewn meinweoedd ysgyfaint.
- Addasiadau grwpiau cordatau a phhryfed ar gyfer cyfnewid nwyol ar y tir.
- Y ddeilen fel organ cyfnewid nwyol mewn planhigion.
- Adeiledd a swyddogaeth gwahanol rannau o ddeilen.
- Mecanwaith agor a chau stomata.

Cynnwys y pwnc

Term Allweddol

Arwyneb resbiradol = safle cyfnewid nwyol.

Cyngor arholwr

Cyfnewid nwyon yw'r broses sy'n mynd ag ocsigen i gelloedd ac yn symud carbon deuocsid ohonynt. Ddylech chi ddim ei chamgymryd am resbiradaeth.

▼ Pwynt astudio

Os yw cysyniad cymhareb arwynebedd arwyneb i gyfaint yn anodd i chi, meddyliwch am y peth fel hyn. Os yw'r siâp cyffredinol yn aros yr un fath, bydd gwneud y maint yn fwy'n golygu bod canol yr organeb yn bellach oddi wrth yr arwyneb.

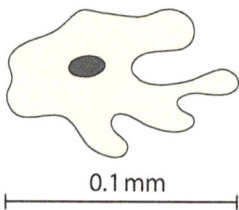

0.1 mm

▲ *Amoeba*

Cyngor arholwr

Byddwch yn ofalus os caiff graddfeydd eu rhoi ar ddiagramau mewn cwestiynau arholiad.

Problemau cysylltiedig â chynnydd mewn maint

Mae anifeiliaid a phlanhigion wedi esblygu arwynebau arbennig i gyfnewid nwyon fel bod nwyon yn gallu tryledu i mewn ac allan o gelloedd yn gyflym ac yn effeithlon. Mae **arwynebau resbiradol** fel tagellau pysgod, yr alfeoli yn ysgyfaint mamolion, traceau pryfed a'r celloedd mesoffyl sbwngaidd sydd mewn dail planhigion i gyd yn arwynebau arbennig o dda ar gyfer cyfnewid nwyon.

Er mwyn cael y gyfradd dryledu uchaf bosibl, rhaid i arwyneb resbiradol fod â'r nodweddion canlynol:

- Arwynebedd arwyneb digon mawr o'i gymharu â chyfaint yr organeb i gyflymu'r gyfradd cyfnewid a bodloni anghenion yr organeb.

- Bod yn denau, fel bod llwybrau tryledu'n fyr.

- Bod yn athraidd er mwyn i'r nwyon resbiradol allu tryledu yn hawdd.

Organebau ungellog syml

Mewn organebau ungellog syml fel Amoeba, y gellbilen yw'r arwyneb cyfnewid nwyon. Mae'r organeb yn byw mewn dŵr ac mae tryledu nwyon yn digwydd dros holl arwyneb y corff. Mae gan un gell arwynebedd arwyneb mawr o'i gymharu â'i chyfaint. Rydym ni'n dweud bod ei chymhareb arwynebedd arwyneb i gyfaint yn fawr. Mae tryledu nwyol yn ddigon effeithlon i fodloni anghenion yr organeb. Mae'r bilen yn denau a llaith, ac mae'r llwybrau tryledu'n fyr.

Rhaid bod terfyn i faint cell, ac mae'n cyrraedd pwynt lle mae'r llwybr tryledu mor hir nes bod proses trylediad yn mynd yn aneffeithlon. Yn nhermau esblygiad, yr unig ffordd y gallai organebau fynd yn fwy oedd drwy gydgasglu celloedd gyda'i gilydd, hynny yw, mynd yn amlgellog. Fodd bynnag, y mwyaf yw'r organeb, y lleiaf fydd y gymhareb arwynebedd arwyneb i gyfaint. Hefyd, mae angen cyfnewid defnyddiau rhwng gwahanol organau yn ogystal â rhwng yr organau a'r amgylchedd. Mae hyn yn golygu bod y gofynion nwyol sy'n cael eu darparu drwy dryledu ar draws arwyneb y gell yn annigonol i fodloni anghenion yr organeb. Yn y bôn, mae proses trylediad yn rhy araf.

Anifeiliaid amlgellog

Mae cymhareb arwynebedd arwyneb i gyfaint organebau mwy yn isel. Yn gyffredinol, mae cyfradd fetabolaidd anifeiliaid amlgellog yn uwch na llawer o organebau ungellog, felly mae angen mwy o ocsigen arnyn nhw i fodloni eu hanghenion. Hefyd, gall fod arwyneb y corff wedi mynd yn fwy gwydn ac anhydraidd; mae corff rhai anifeiliaid wedi'i amgáu mewn cragen i'w warchod. Mae'r organebau hyn wedi esblygu mecanweithiau arbennig ar gyfer cyfnewid nwyol.

Rhaid cynnal graddiannau tryledu digonol. Mae hyn yn golygu symud y cyfrwng amgylcheddol, aer, a symud cyfrwng mewnol, gwaed. Gan fod arwynebau resbiradol yn denau, mae'n hawdd eu niweidio nhw. Fel arfer, maen nhw wedi eu lleoli y tu mewn i'r organeb er mwyn eu hamddiffyn nhw. Os yw'r arwyneb cyfnewid wedi'i leoli y tu mewn i'r corff, fel ysgyfaint mamolyn, rhaid i'r organeb allu symud yr aer dros yr arwyneb, hynny yw, rhaid iddi allu awyru'r ysgyfaint.

Mae llyngyr lledog yn anifeiliaid dyfrol sydd wedi esblygu siâp fflat i oresgyn problem y cynnydd yn eu maint. Mae hyn yn golygu bod eu cymhareb arwynebedd arwyneb i gyfaint yn llawer mwy ac yn sicrhau nad oes dim rhan o'r corff yn bell o'r arwyneb, hynny yw, mae'r llwybrau tryledu'n fyr.

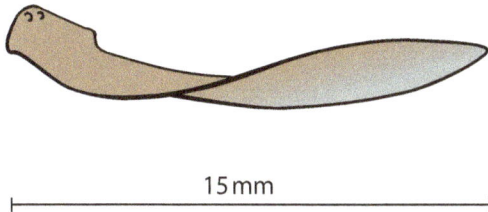

15 mm

▲ *Llyngyren ledog*

Mae'r pryf genwair yn organeb ddaearol sydd wedi datblygu siâp tiwb, ac mae wedi'i gyfyngu i amgylchedd llaith pridd. Mae ei siâp hir yn golygu bod ganddo gymhareb arwynebedd arwyneb i gyfaint fawr o'i gymharu ag organeb gryno â'r un cyfaint. Er nad oes arno angen arwyneb arbennig i gyfnewid nwyon, mae angen iddo gadw ei groen yn llaith drwy secretu mwcws ar ei arwyneb. Does dim angen llawer o ocsigen arno gan ei fod yn symud yn araf a bod ei **gyfradd fetabolaidd** yn isel iawn. Mae ocsigen a charbon deuocsid yn tryledu ar draws arwyneb y croen a does ganddo ddim organau arbennig i gyfnewid nwyon.

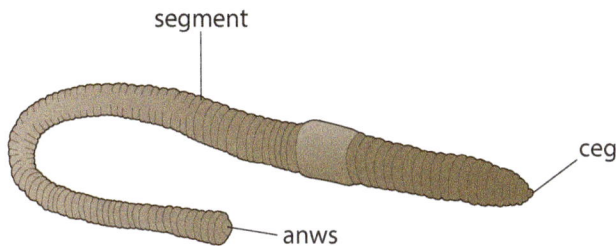

▲ *Pryf genwair*

Mae ocsigen yn tryledu i gapilarïau'r gwaed o dan arwyneb y croen ac yn cael ei gludo mewn pibellau i'r celloedd. Caiff carbon deuocsid ei gludo i'r cyfeiriad dirgroes. O ganlyniad, mae system y gwaed yn cynnal graddiant trylediad ar yr arwyneb resbiradol. Mae gan y pryf genwair system waed gaeedig sydd gyda gwaed mewn pibellau. Mae'r gwaed hefyd yn cynnwys pigment resbiradol i gludo ocsigen.

Mae gan anifeiliaid amlgellog cymharol fawr a mwy datblygedig, fel pryfed, pysgod, ymlusgiaid a mamolion, gyfradd fetabolaidd uchel, sy'n golygu bod angen mwy o egni ac ocsigen arnyn nhw. Wrth i faint ac arbenigedd gynyddu, mae meinweoedd ac organau'n dibynnu mwy ar ei gilydd. Er mwyn cyfnewid nwyon yn fwy effeithlon, mae'r organebau hyn wedi datblygu arwyneb cyfnewid arbenigol i ateb y galw uwch am ocsigen:

- Mewn pryfed dyfrol a physgod, mae'r arwynebau cyfnewid nwyon resbiradol yn bodoli ar ffurf tagellau.

- Cafodd ysgyfaint eu datblygu yn hynafiad cyffredin grwpiau anifeiliaid daearol fel adar, ymlusgiaid a mamolion.

- Mae gan bryfed daearol diwbiau llawn aer o'r enw traceau.

I grynhoi, er mwyn cyfnewid nwyon yn effeithlon, mae angen y pethau canlynol ar organebau amlgellog mwy datblygedig:

- Mecanwaith awyru.

- System gludo fewnol – yn cael ei darparu gan system cylchrediad gwaed i symud nwyon rhwng celloedd sy'n resbiradu a'r arwyneb resbiradol.

- Pigment resbiradol yn y gwaed – i'w alluogi i gludo mwy o ocsigen.

20 Gwirio gwybodaeth

Nodwch y gair neu'r geiriau coll.

Mae organebau ungellog fel •••• yn gallu cyfnewid yr holl nwyon sydd eu hangen arnyn nhw drwy •••• ar draws y gellbilen. Fodd bynnag, wrth i organebau fynd yn fwy, mae cyfnewid nwyon yn mynd yn fwy o broblem. Y rheswm am hyn yw'r gostyngiad yn eu cymhareb •••• •••• i ••••. Mae pryfed genwair yn ddigon bach i beidio â gorfod cael organ arbenigol i gyfnewid nwyon, ond maen nhw wedi addasu drwy fod â system ••••, ac mae gan y pigment •••• affinedd ag ocsigen. Mae organebau mawr gweithgar wedi goresgyn y problemau hyn drwy ddatblygu organ arbenigol i gyfnewid nwyon fel yr •••• mewn bodau dynol neu'r •••• mewn pysgod.

DYLECH CHI WYBOD ›››

›››adeiledd tagell pysgodyn

›››y gwahaniaeth rhwng llif paralel a llif gwrthgerrynt

›››beth yw mantais llif gwrthgerrynt

›››y mecanwaith awyru i orfodi dŵr dros y ffilamentau tagell

▼ Pwynt astudio

Mae angen ffordd o awyru'r gwahanol arwynebau resbiradol er mwyn iddyn nhw gael cyflenwad ocsigen ffres a chynnal graddiannau trylediad. Hynny yw, swyddogaeth mecanwaith awyru yw symud y cyfrwng resbiradol, aer neu ddŵr, dros yr arwyneb resbiradol.

Cyngor arholwr

Byddwch yn barod i luniadu saethau ar ddiagramau a roddir i ddangos cyfeiriad llif gwaed a llif dŵr.

Cyfnewid nwyon mewn pysgod

Mae gan organebau dyfrol broblem wrth gyfnewid nwyon gan fod dŵr yn cynnwys llawer llai o ocsigen nag aer a bod cyfradd trylediad mewn dŵr yn is. Hefyd, mae dŵr yn gyfrwng mwy dwys nag aer ac nid yw'n llifo mor rhydd. Gan fod pysgod yn weithgar iawn, mae angen cyflenwad ocsigen da arnyn nhw. Mewn pysgod, mae cyfnewid nwyol yn digwydd ar draws arwyneb arbennig, y dagell, ac mae mecanwaith pwmpio arbenigol yn cadw cerrynt un-ffordd o ddŵr yn llifo drosti. Mae dwysedd y dŵr yn atal y tagellau rhag cwympo a gorwedd ar ben ei gilydd; byddai hynny'n lleihau'r arwynebedd arwyneb. Mae tagellau wedi'u gwneud o lawer o blygion, sy'n rhoi arwynebedd arwyneb mawr i ddŵr lifo drosto a chyfnewid nwyon.

Mae pysgod wedi'u rhannu'n ddau brif grŵp yn ôl y defnydd sy'n gwneud eu sgerbwd:

- Mae gan bysgod cartilagaidd, e.e. siarcod, sgerbwd wedi'i wneud o gartilag yn unig. Mae bron pob un o'r rhain yn byw yn y môr. Ychydig y tu ôl i'r pen ar y ddwy ochr, mae pum hollt tagell sy'n agor i agen dagell. Caiff dŵr ei gymryd i'r geg a'i orfodi drwy'r agennau tagellau pan mae llawr y geg yn codi. Mae gwaed yn teithio drwy gapilarïau'r tagellau i'r un cyfeiriad â dŵr y môr. Mae cyfnewid nwyon mewn llif paralel fel hyn yn gymharol aneffeithlon.

- Mae gan bysgod esgyrnog sgerbwd mewnol wedi'i wneud o asgwrn, ac mae'r tagellau wedi'u gorchuddio â fflap o'r enw opercwlwm. Pysgod esgyrnog yw'r rhan fwyaf o fertebratau dyfrol o bell ffordd. Maen nhw'n byw mewn dŵr croyw ac mewn dŵr môr. Mae cyfnewid nwyon yn cynnwys trefniad llif gwrthgerrynt lle mae gwaed yng nghapilarïau'r dagell yn llifo i'r cyfeiriad dirgroes i'r dŵr sy'n llifo dros arwyneb y dagell.

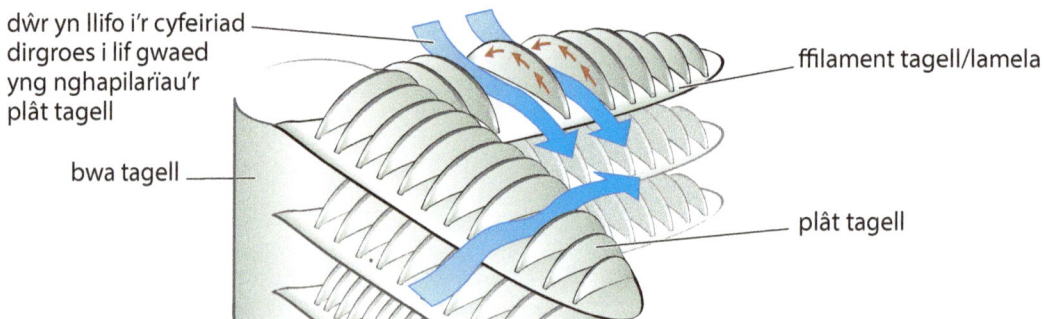

dŵr yn llifo i'r cyfeiriad dirgroes i lif gwaed yng nghapilarïau'r plât tagell

ffilament tagell/lamela

bwa tagell

plât tagell

▲ *Tagellau pysgodyn a chyfeiriad llif dŵr*

Mewn pysgod esgyrnog, mae pedwar pâr o dagellau yn y ffaryncs ac mae pob tagell yn cael ei chynnal gan fwa tagell. Ar hyd pob bwa tagell mae sawl plât tenau o'r enw ffilament tagell ac ar y rhain mae'r arwynebau cyfnewid nwyol, y platiau tagell. Pan nad yw mewn dŵr, mae'r dagell yn cwympo gan fod ffilamentau'r dagell yn gorwedd ar ben ei gilydd ac yn glynu at ei gilydd. Fodd bynnag, mewn dŵr, maen nhw'n cael eu cynnal, gan roi arwynebedd arwyneb mawr. Mae'r platiau tagell yn cynnwys capilarïau gwaed. Mae'r ocsigen yn mynd drwy'r platiau tagell i mewn i'r capilarïau ac mae carbon deuocsid yn mynd allan ohonyn nhw i'r dŵr.

Mae tagellau'n darparu:

- Ardal arbenigol yn hytrach na defnyddio holl arwyneb y corff.

- Arwyneb mawr wedi'i ehangu gan ffilamentau'r tagellau

- Rhwydwaith eang o gapilarïau gwaed i alluogi trylediad effeithlon a haemoglobin i gludo ocsigen.

I gynyddu effeithlonrwydd, mae angen amrywio'r gwasgedd i orfodi dŵr dros y ffilamentau tagellau a chynnal llif dŵr parhaus i un cyfeiriad. Mae gwasgedd is yn cael ei gynnal yng ngheudod yr opercwlwm nag yn y ffaryncs bochaidd. Mae'r **opercwlwm** yn gweithredu fel falf, i adael i ddŵr fynd allan, ac fel pwmp, i dynnu dŵr heibio i'r ffilamentau tagell. Mae'r geg hefyd yn gweithredu fel pwmp.

Dyma sut mae mecanwaith awyru ar gyfer gorfodi dŵr dros y ffilamentau tagellau'n gweithredu:

- Mae'r geg yn agor.
- Mae'r opercwlwm yn cau.
- Mae llawr y geg yn gostwng.
- Mae'r cyfaint yng ngheudod y geg yn cynyddu.
- Mae'r gwasgedd yn y ceudod yn gostwng.
- Mae dŵr yn llifo i mewn gan fod y gwasgedd allanol yn uwch na'r gwasgedd y tu mewn i'r geg.
- Caiff y prosesau hyn eu gwrthdroi i orfodi'r dŵr allan dros ffilamentau'r tagell.

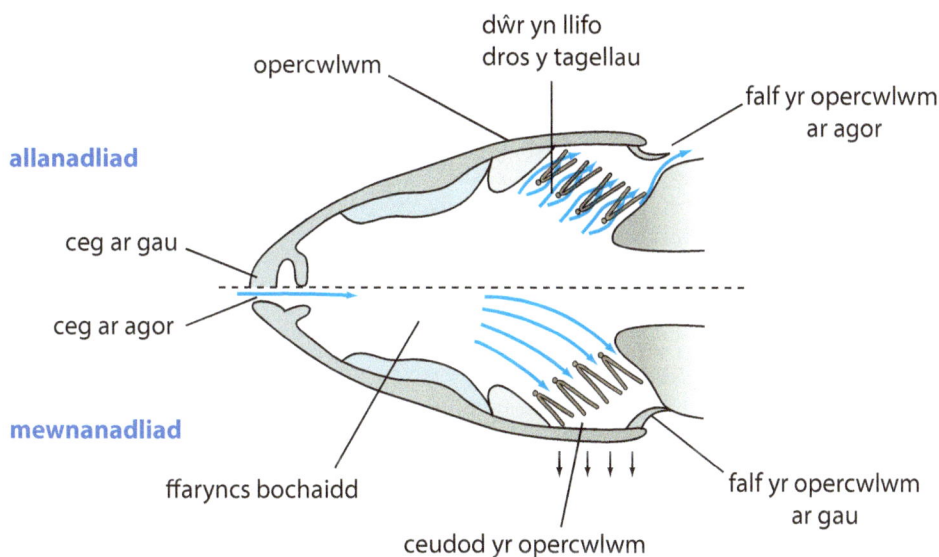

Termau Allweddol

Opercwlwm = gorchudd tagellau.

Mewnanadliad = anadlu i mewn.

Allanadliad = anadlu allan.

21

Gwirio gwybodaeth

Nodwch y gair neu'r geiriau coll.

Yn nhagellau pysgodyn cartilagaidd, mae system llif paralel yn gweithredu. Mewn pysgodyn esgyrnog, mae system llif •••• yn bodoli. Yn yr olaf o'r rhain, mae'r dŵr yn llifo i'r cyfeiriad dirgroes i lif y ••••. Mae hyn yn •••• effeithlonrwydd cyfnewid nwyon gan fod y •••• •••• yn cael ei gynnal dros hyd cyfan y •••• ••••.

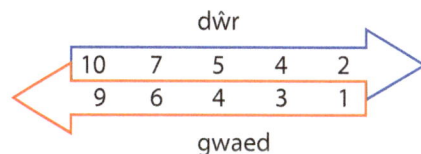

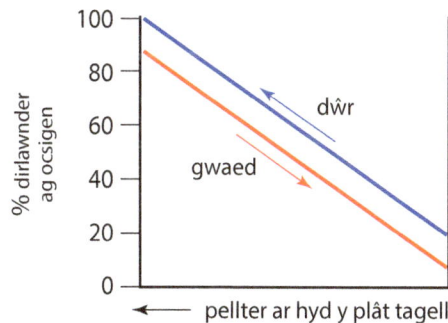

▲ *Awyru tagellau*

Llif gwrthgerrynt

Mae'r arwynebau cyfnewid nwyon wedi'u gosod mewn ffordd sy'n golygu bod y dŵr, wrth lifo o'r ffaryncs i siambr yr opercwlwm, yn mynd rhwng y platiau tagell i'r cyfeiriad dirgroes i lif y gwaed. Mae hyn yn golygu bod nwyon yn cael eu cyfnewid yn fwy effeithlon gan fod y graddiant trylediad rhwng y ddau lif cyfagos yn cael ei gynnal dros hyd cyfan y ffilament tagell. Hynny yw, mae'r gwaed bob amser yn dod i gysylltiad â dŵr â swm cymharol uwch o ocsigen ynddo. Mae'r system hon yn golygu bod tagellau pysgod esgyrnog yn gallu tynnu 80% o'r ocsigen o ddŵr. Mae hyn yn dair gwaith cymaint â'r ocsigen sy'n cael ei echdynnu o aer mewn ysgyfaint dynol. Mae'r lefel echdynnu uchel hon yn hanfodol i bysgod gan fod tua 25 gwaith yn llai o ocsigen mewn dŵr nag mewn aer.

Mae'r system gwrthgerrynt yn cynnal graddiant trylediad ar hyd y plât tagell i gyd.

▶ *System gwrthgerrynt*

mae llif gwrthgerrynt yn gallu cyrraedd crynodiad uwch o ocsigen yn y gwaed na llif paralel

Term Allweddol

Organeb ddaearol = organeb sy'n byw ar y tir.

Addasiadau grwpiau fertebratau i gyfnewid nwyol

Y broblem i bob **organeb ddaearol** yw bod dŵr yn anweddu oddi ar arwyneb y corff gan achosi dadhydradu (*dehydration*). Mae angen i arwynebau cyfnewid nwyon fod yn arwynebau tenau, athraidd gydag arwynebedd mawr. Mae'r nodweddion hyn yn gwrthdaro â'r angen i gadw dŵr. Mae fertebratau a phryfed wedi esblygu dulliau gwahanol o oresgyn y broblem hon.

Rydym ni'n credu bod bywyd wedi esblygu mewn dŵr a bod anifeiliaid wedi addasu er mwyn cytrefu'r tir. Addasodd rhai i allu hedfan hefyd. Nid yw tagellau'n gweithio y tu allan i ddŵr ac roedd angen i fertebratau esblygu math gwahanol o arwyneb cyfnewid nwyol, yr ysgyfaint. Mae adar a mamolion yn arbennig o weithgar ac wedi addasu i gyfnewid ag aer, cyfrwng llai dwys, yn hytrach na dŵr, felly mae ganddyn nhw ysgyfaint mewnol sy'n golygu eu bod nhw'n colli llai o ddŵr a gwres.

Amffibiaid

Mae'r amffibiaid yn cynnwys brogaod, llyffantod a madfallod dŵr. Mae cyfnewid nwyol broga'n digwydd drwy'r croen ac yn yr ysgyfaint. Pan mae'n anweithgar, dim ond y croen y mae'n ei ddefnyddio fel arwyneb resbiradol â naill ai aer neu ddŵr. Mae'r croen yn llaith ac yn athraidd, ac mae rhwydwaith datblygedig o gapilarïau'n agos at yr arwyneb. Mae'r ysgyfaint yn godennau elastig syml sy'n cael cyflenwad gwaed da. Nid oes llengig na chawell asennau; caiff aer ei orfodi i'r ysgyfaint gan symudiadau llawr y geg.

▼ Pwynt astudio

Yn hytrach na dysgu dulliau awyru, mae'n bwysicach ystyried y problemau sydd angen eu goresgyn wrth i anifeiliaid resbiradu ar dir. Mae angen i ysgyfaint fod yn fewnol er mwyn eu hamddiffyn nhw ac er mwyn colli llai o ddŵr oddi ar yr arwyneb resbiradol.

Ymlusgiaid

Mae ymlusgiaid yn cynnwys crocodeilod, madfallod a nadroedd. Mae'r nifer bach o ymlusgiaid sy'n bodoli heddiw'n ddisgynyddion i grŵp o anifeiliaid a oedd yn arfer bod yn llwyddiannus iawn, gan gynnwys y dinosoriaid, a oedd yn dominyddu'r Ddaear tua 100 miliwn o flynyddoedd yn ôl. Maen nhw wedi addasu'n llawer gwell i fywyd ar y tir nag amffibiaid. Mae ymlusgiaid yn gallu defnyddio eu pedwar aelod i symud heb i'w gorff gyffwrdd y llawr. Mae parau o asennau'n ymestyn o'r fertebrâu (asgwrn cefn). Mae asennau'n cynnal ac yn amddiffyn yr organau yng nghuedod y corff. Mae'r asennau hefyd yn ymwneud ag awyru'r ysgyfaint. Mae adeiledd mewnol yr ysgyfant hefyd yn fwy cymhleth nag mewn amffibiaid; mae meinweoedd yn tyfu tuag i mewn i gynyddu'r arwynebedd arwyneb i gyfnewid nwyon.

Adar

Mae adeiledd mewnol ysgyfaint adar yn debyg i adeiledd ysgyfaint mamolion. Fodd bynnag, mae angen cyfeintiau mawr o ocsigen i roi'r egni iddyn nhw hedfan. Mae ysgyfaint adar yn cael eu hawyru'n llawer mwy effeithlon nag ysgyfaint fertebratau eraill ac mae system o godennau aer, sy'n gweithio fel megin, yn cynorthwyo'r awyru. Symudiadau'r asennau sy'n achosi awyru'r ysgyfaint. Wrth i'r aderyn hedfan, mae gweithgaredd y cyhyrau hedfan yn awyru'r ysgyfaint.

Cyfnewid nwyol mewn pryfed

Mae'r rhan fwyaf o bryfed yn ddaearol. Fel pob organeb ddaearol arall, mae dŵr yn anweddu oddi ar arwyneb y corff, ac mae hyn yn gallu achosi i'r organeb ddadhydradu. Er mwyn cyfnewid nwyon yn effeithlon, mae angen arwyneb tenau, athraidd ag arwynebedd mawr, sy'n gwrthdaro â'r angen i gadw dŵr.

Er mwyn osgoi colli gormod o ddŵr, mae angen i organebau daearol fod â gorchudd gwrth-ddŵr dros arwynebau eu cyrff. I oresgyn y broblem hon, mae pryfed wedi esblygu sgerbwd allanol anhyblyg wedi'i orchuddio â chwtigl. Mae gan bryfed gymhareb arwynebedd arwyneb i gyfaint gymharol fach felly nid ydyn nhw'n gallu defnyddio arwyneb eu cyrff i gyfnewid nwyon drwy dryledu.

Yn lle hynny, maen nhw wedi esblygu system wahanol o gyfnewid nwyol i anifeiliaid tir eraill. Mae cyfnewid nwyon yn digwydd drwy barau o dyllau, o'r enw sbiraglau, sy'n rhedeg ar hyd ochr y corff. Mae'r sbiraglau'n arwain i'r traceau sef system o diwbiau aer canghennog wedi'u leinio â chitin. Mae'r sbiraglau'n gallu agor a chau fel falfiau. Mae hyn yn caniatáu i gyfnewid nwyol ddigwydd ac mae hefyd yn lleihau faint o ddŵr sy'n cael ei golli.

Mae pryfed sy'n gorffwys yn dibynnu ar drylediad i gael ocsigen a chael gwared â charbon deuocsid. Yn ystod cyfnodau gweithgar – wrth hedfan, er enghraifft – mae symudiadau'r abdomen yn awyru'r traceau. Enw'r rhannau sydd ar ben y canghennau traceol yw traceolau; dyma lle mae cyfnewid nwyol yn digwydd gan basio ocsigen yn uniongyrchol i'r celloedd.

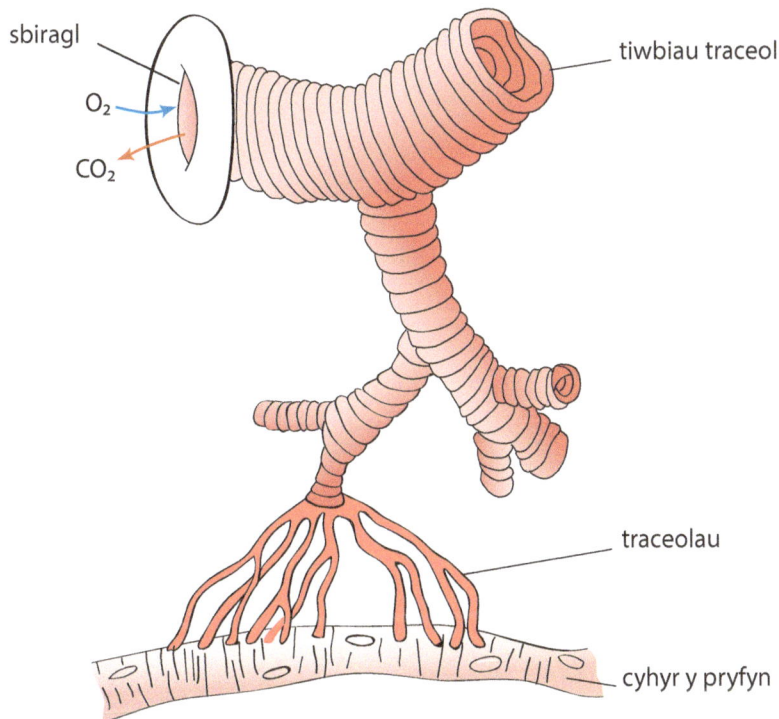

DYLECH CHI WYBOD >>>

>>> sut mae anifeiliaid daearol yn cydbwyso'r angen i gyfnewid nwyon â'r angen i gadw dŵr

>>> sut mae pryfed yn cyfnewid nwyon

▼ Pwynt astudio

Mae gan y rhan fwyaf o bryfed adenydd ac maen nhw'n effeithlon dros ben yn yr awyr. Mae hedfan yn defnyddio llawer o egni felly mae angen cyflenwad ocsigen da ar bryfed.

▼ Pwynt astudio

Er bod y system traceau yn ddull effeithlon o gyfnewid nwyon, mae ganddi ei chyfyngiadau. Nid yw trylediad yn effeithiol dros lwybrau hir. Mae hyn yn cyfyngu ar faint mwyaf pryfed.

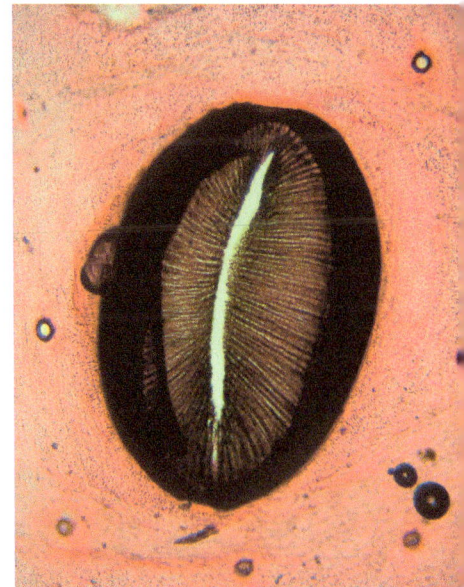

sbiragl

O_2

CO_2

tiwbiau traceol

traceolau

cyhyr y pryfyn

▲ *Traceau canghennog pryfyn*

▶ *Sbiragl pryf sidan*

Y system resbiradol ddynol

Mae nodweddion hanfodol arwynebau cyfnewid yr un fath ym mhob organeb, gan gynnwys bodau dynol. Mae'r ysgyfaint yn rhoi arwynebedd arwyneb mawr, sydd wedi'i gynyddu gan alfeoli a'i leinio â lleithder i hydoddi nwyon, waliau tenau i wneud y llwybr tryledu'n fyrrach a rhwydwaith eang o gapilarïau i dryledu a chludo sylweddau'n gyflym, er mwyn cynnal graddiannau tryledu.

Mae'r ysgyfaint wedi'u cau mewn adran aerglos, sef y thoracs. Ar waelod y thoracs mae llen o gyhyr ar siâp cromen o'r enw llengig. Caiff yr ysgyfaint eu cynnal a'u hamddiffyn gan y cawell asennau. Mae'r cyhyrau rhyngasennol yn gallu symud yr asennau. Dyma sut mae'r ysgyfaint yn cael eu hawyru fel eu bod nhw'n cael aer newydd yn gyson. Caiff aer ei dynnu i'r ysgyfaint drwy lwybr anadlu hyblyg o'r enw tracea. Mae'r ysgyfaint wedi'u gwneud o rwydwaith canghennog o ddiwbiau o'r enw bronciolynnau sy'n deillio o'r bronci.

▼ Pwynt astudio

Mae'r llwybr tryledu'n fyr oherwydd dim ond un haen o gelloedd sydd yn waliau'r alfeoli a dim ond un haen o gelloedd epithelaidd sydd yn y capilarïau gwaed hefyd.

▼ Pwynt astudio

Y prif reswm pam caiff aer ei orfodi allan wrth anadlu'n arferol (wrth orffwys) yw adlam yr ysgyfaint elastig.

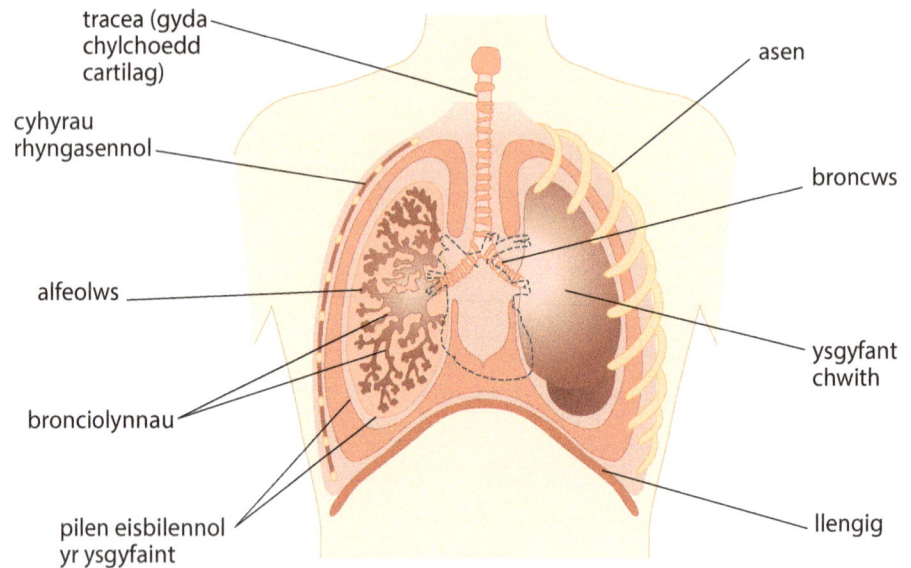

▲ *System resbiradol ddynol*

Gwirio gwybodaeth

22

Cysylltwch y termau priodol 1–5 â'r brawddegau A–D.

1. Bronci.
2. Cyhyrau rhyngasennol.
3. Alfeoli.
4. Tracea.
5. Llengig.

A. Llwybr anadlu hyblyg wedi'i gynnal gan gylch o gartilag.

B. Llen o gyhyr ar waelod y thoracs.

C. Dwy gangen y tracea.

CH. Codennau aer ar ben bronciolynnau.

D. Cyhyrau wedi'u lleoli rhwng yr asennau.

Cyfnewid nwyon yn yr alfeolws

Yr arwynebau cyfnewid nwyon yw'r codenni aer neu'r alfeoli sy'n darparu arwynebedd arwyneb mawr iawn o'i gymharu â chyfaint y corff. Maen nhw wedi addasu'n dda i fod yn arwyneb cyfnewid nwyon oherwydd mae'r waliau'n denau, sy'n rhoi llwybr tryledu byr. Mae pob alfeolws wedi'i orchuddio â rhwydwaith eang o gapilarïau i gynnal graddiannau trylediad, oherwydd mae gwaed yn cludo ocsigen o'r alfeolws drwy'r amser ac yn cludo carbon deuocsid yn ôl.

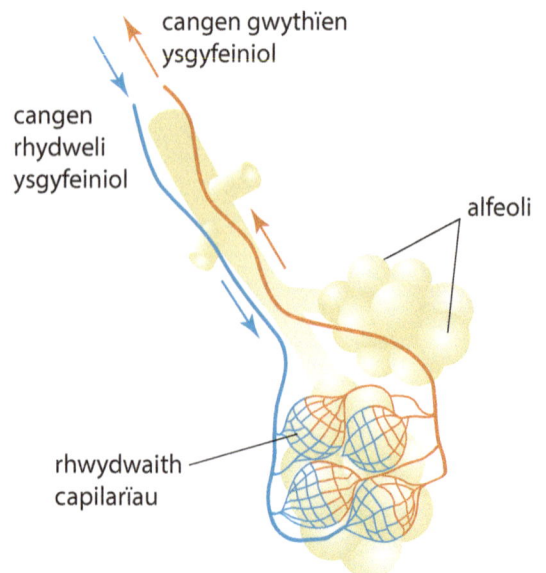

▶ *Alfeolws*

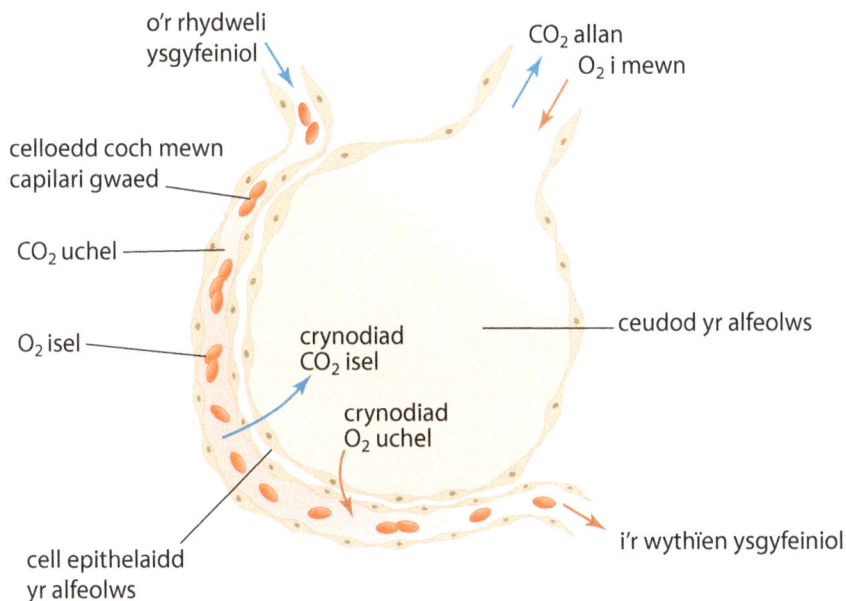

o'r rhydweli ysgyfeiniol

CO_2 allan
O_2 i mewn

celloedd coch mewn capilari gwaed

CO_2 uchel

O_2 isel

crynodiad CO_2 isel

crynodiad O_2 uchel

ceudod yr alfeolws

cell epithelaidd yr alfeolws

i'r wythïen ysgyfeiniol

▲ Cyfnewid nwyon mewn alfeolws

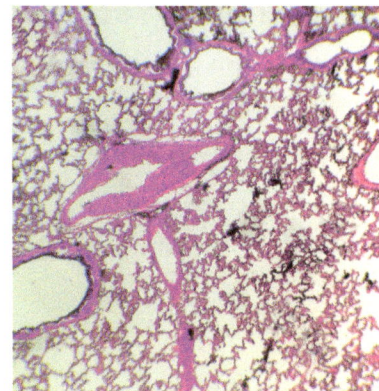

▲ Meinwe ysgyfant yn dangos alfeoli a phibellau gwaed

Mae gwaed deocsigenedig yn mynd i'r capilarïau o gwmpas yr alfeolws. Mae ocsigen yn tryledu allan o'r alfeolws i'r gwaed yn y capilari. Mae carbon deuocsid yn tryledu allan o'r capilari i'r aer yn yr alfeolws.

Awyru'r ysgyfaint

Mae mamolion yn awyru eu hysgyfaint drwy anadliad â gwasgedd negatif, sy'n gorfodi aer i lawr i'r ysgyfaint. Hynny yw, er mwyn i aer fynd i'r ysgyfaint, rhaid i'r gwasgedd yn yr ysgyfaint fod yn is na gwasgedd yr atmosffer.

Mewnanadlu

Mae mewnanadlu'n broses actif oherwydd mae angen egni er mwyn cyfangu cyhyrau.

- Mae'r cyhyrau rhyngasennol allanol yn cyfangu.
- Mae'r asennau'n cael eu tynnu i fyny a thuag allan.
- Ar yr un pryd, mae cyhyrau'r llengig yn cyfangu, gan achosi iddo wastadu.
- Mae'r ddwy weithred hyn yn cynyddu cyfaint y thoracs.
- Mae hyn yn lleihau'r gwasgedd yn yr ysgyfaint.
- Gan fod y gwasgedd atmosfferig nawr yn fwy na'r gwasgedd yn yr ysgyfaint, caiff aer ei orfodi i mewn i'r ysgyfaint.

Allanadlu

Mae allanadlu'n broses oddefol gan fwyaf, ac i bob pwrpas mae i'r gwrthwyneb o fewnanadlu.

Mae pilenni eisbilennol o gwmpas y ddwy ysgyfant ac yn leinio'r thoracs, a rhwng y rhain mae ceudod sy'n cynnwys hylif eisbilennol. Wrth anadlu, mae'r hylif hwn yn gweithredu fel iraid, gan ganiatáu symudiad heb ffrithiant yn ebryn mur mewnol y thoracs. I atal yr alfeoli rhag cwympo wrth anadlu allan, mae cemegyn gwrthlud, neu arwynebydd, yn gorchuddio eu harwynebau ac yn lleihau'r tyniant arwyneb.

Mewnanadlu

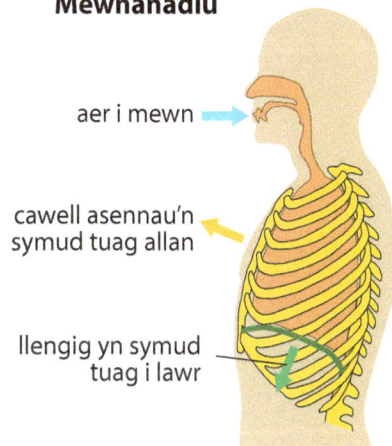

aer i mewn

cawell asennau'n symud tuag allan

llengig yn symud tuag i lawr

Allanadlu

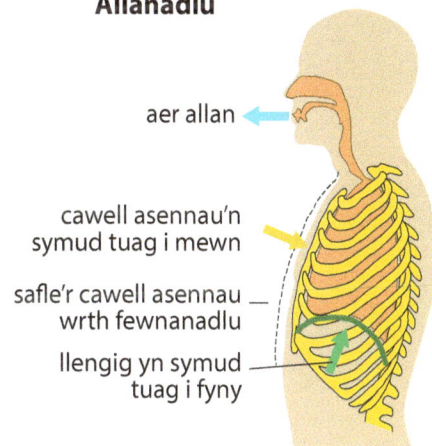

aer allan

cawell asennau'n symud tuag i mewn

safle'r cawell asennau wrth fewnanadlu

llengig yn symud tuag i fyny

▲ Symudiad yr asennau a'r llengig wrth awyru

DYLECH CHI WYBOD ›››

››› adeiledd deilen a swyddogaethau'r cydrannau

››› sut mae cyfnewid nwyon yn digwydd

››› sut mae'r ddeilen wedi addasu ar gyfer ffotosynthesis

››› adeiledd stomata

››› sut mae stomata'n agor a chau

▼ Pwynt astudio

Yn ystod y dydd, gan fod cyfradd ffotosynthesis yn fwy na chyfradd resbiradaeth, y nwy sy'n cael ei ryddhau yw ocsigen. Dim ond resbiradaeth sy'n digwydd dros nos, felly carbon deuocsid sy'n cael ei ryddhau.

Cyfnewid nwyol mewn planhigion

Mae angen i blanhigion resbiradu drwy'r amser, yn union fel anifeiliaid! Fodd bynnag, mae celloedd planhigion sy'n cynnwys cloroplastau hefyd yn gallu cyflawni proses ffotosynthesis. Yn ystod y dydd, mae planhigion yn resbiradu ac yn cyflawni ffotosynthesis. Mae'r rhan fwyaf o'r carbon deuocsid sydd ei angen ar gyfer y ffotosynthesis yn tryledu i'r dail o'r atmosffer. Fodd bynnag, caiff rhywfaint o'r carbon deuocsid ei ddarparu gan eu resbiradaeth. Mae'r rhan fwyaf o'r ocsigen sy'n cael ei gynhyrchu gan ffotosynthesis yn tryledu allan o ddail. Dros nos, dim ond resbiradu y mae planhigion yn ei wneud, ac mae angen cyflenwad ocsigen arnyn nhw o'r atmosffer. Er bod rhywfaint o ocsigen yn mynd i'w gwreiddiau drwy dryllediad, yn y dail y mae'r rhan fwyaf o gyfnewid nwyon yn digwydd.

Y ddeilen fel organ cyfnewid nwyol

Er mwyn i gyfnewid nwyol ddigwydd yn effeithlon:

- Mae'r ddeilen yn denau a fflat ac mae ganddi arwynebedd arwyneb mawr.
- Mae meinwe mesoffyl sbwngaidd yn caniatáu tryllediad nwyon.
- Mae gwagleoedd aer yn treiddio drwy'r meinweoedd planhigol.
- Mae mandyllau'r stomata'n caniatáu cyfnewid nwyon.

▲ *Adeiledd deilen*

◆ Cysylltiad

Gweler y micrograff o ddeilen ar dudalen 31.

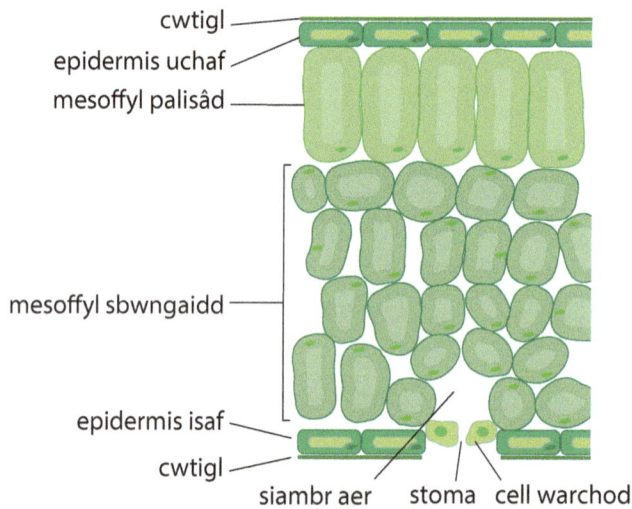

▼ Pwynt astudio

Mae llwybr tryllediad byr mewn planhigion.

Mae nwyon yn tryledu drwy'r stomata ar hyd graddiant crynodiad. Ar ôl mynd i mewn i'r ddeilen, mae'r nwyon yn y siambrau is-stomataidd yn tryledu drwy wagleoedd rhyng-gellol y mesoffyl sbwngaidd ac i mewn i'r celloedd. Mae cyfeiriad y tryllediad yn dibynnu ar yr amodau amgylcheddol ac ar ofynion y planhigion. Cyfnewid net carbon deuocsid ac ocsigen mewn perthynas â resbiradaeth a ffotosynthesis sy'n bwysig.

Addasiadau'r ddeilen ar gyfer ffotosynthesis

I sicrhau bod golau'n cael ei amsugno'n effeithlon, mae'r ddeilen yn dangos yr addasiadau canlynol:

- Mae gan ddail arwynebedd arwyneb mawr i ddal cymaint â phosibl o olau'r haul.
- Mae dail yn denau i alluogi golau i dreiddio i haenau is o gelloedd.
- Mae'r cwtigl a'r epidermis yn dryloyw i ganiatáu i olau dreiddio at y mesoffyl.

- Mae celloedd palisâd yn hir a chul ac wedi'u trefnu'n ddwys mewn haen neu haenau.
- Mae'r celloedd palisâd yn llawn cloroplastau ac wedi'u trefnu gyda'u hechelinau hir yn berpendicwlar i'r arwyneb.
- Mae'r cloroplastau'n gallu troi a symud o fewn y celloedd mesoffyl. Mae hyn yn eu galluogi nhw i symud i'r safleoedd gorau i amsugno golau'n effeithlon.
- Mae'r gwagleoedd aer rhyng-gellol yn y mesoffyl sbwngaidd yn caniatáu i garbon deuocsid dryledu i'r celloedd ac i ocsigen dryledu i ffwrdd.

Stomata

Mandyllau bach ar arwyneb isaf deilen yw **stomata**. Mae dwy gell warchod o amgylch pob mandwll. Mae celloedd gwarchod yn anarferol oherwydd mae ganddyn nhw gloroplastau a waliau â thrwch gwahanol i'w gilydd; mae'r wal fewnol yn drwchus a'r wal allanol yn denau. Mae'r stomata'n caniatáu cyfnewid nwyon rhwng yr atmosffer a meinweoedd mewnol y ddeilen.

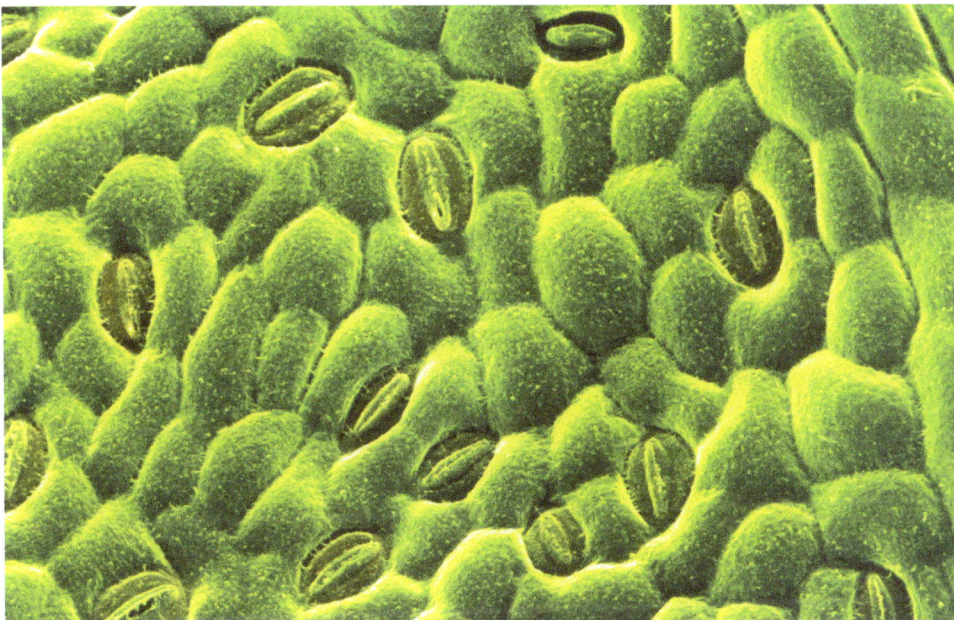

▲ *Arwyneb epidermis isaf deilen*

Mae planhigion hefyd yn colli dŵr wrth iddo anweddu drwy'r stomata. Enw'r broses hon yw trydarthiad. Bydd planhigion yn gwywo os byddan nhw'n colli gormod o ddŵr. Gan fod golau'r haul yn taro arwyneb uchaf y ddeilen, mae cadw'r stomata ar yr arwyneb isaf yn unig yn golygu colli llai o ddŵr. Mae presenoldeb **cwtigl** cwyraidd ar yr arwyneb uchaf hefyd yn lleihau'n sylweddol faint o ddŵr sy'n cael ei golli. Yn y rhan fwyaf o blanhigion, pan nad oes digon o olau i ffotosynthesis ddigwydd mae'r stomata'n cau dros nos i atal y planhigyn rhag colli dŵr yn ddiangen.

▼ *Stomata ar agor ac ar gau*

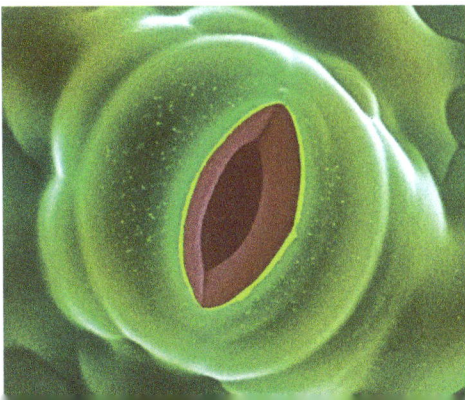

Term Allweddol

ATP = cyfansoddyn sy'n bwysig i drosglwyddo egni.

▼ Pwynt astudio

Rhaid i blanhigion gydbwyso anghenion cyfnewid nwyon a rheoli colled dŵr, sy'n gwrthdaro â'i gilydd. Pan fydd planhigion yn colli gormod o ddŵr, gall stomata aros ar gau, yn rhannol neu'n gyfan gwbl.

▼ Pwynt astudio

Nodweddion allweddol celloedd gwarchod yw bod ganddyn nhw gloroplastau a bod eu cellfuriau â thrwch gwahanol i'w gilydd.

► Cyngor arholwr

Mae malad, ynghyd ag ïonau potasiwm, yn gostwng y potensial dŵr mewn celloedd gwarchod.

Mecanwaith agor a chau

Rydym ni wedi gwneud yr arsylwadau canlynol:

- Os yw dŵr yn mynd i mewn i'r celloedd gwarchod, maen nhw'n chwyddo ac mae'r mandwll yn agor.
- Os yw dŵr yn gadael y celloedd gwarchod, maen nhw'n mynd yn llipa ac mae'r mandwll yn cau.

Yn ystod y dydd, rydym ni'n meddwl mai'r broses ganlynol sy'n achosi'r newidiadau hyn:

- Mae'r cloroplastau yn y celloedd gwarchod yn cyflawni ffotosynthesis gan gynhyrchu **ATP**.
- Mae'r ATP hwn yn darparu egni i fecanwaith cludiant actif sy'n tynnu ïonau potasiwm (K^+) o'r celloedd epidermaidd cyfagos i'r celloedd gwarchod.
- Caiff y startsh sydd wedi'i storio ei drawsnewid yn falad.
- Mae potensial dŵr y celloedd gwarchod yn gostwng (mynd yn fwy negatif) ac mae dŵr yn llifo i mewn drwy osmosis.
- Mae'r celloedd gwarchod mynd yn chwydd-dynn ac yn crymu ar wahân gan fod eu waliau allanol yn deneuach na'r waliau mewnol, sy'n lledu'r mandwll.

Mae'r broses ddirgroes yn digwydd gyda'r nos ac mae'r mandwll yn cau.

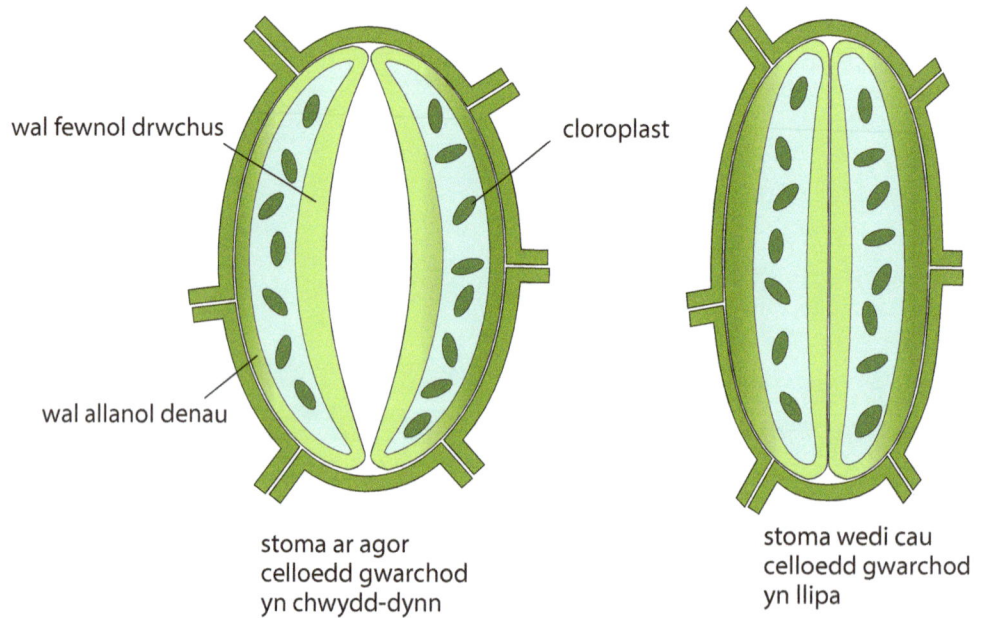

wal fewnol drwchus

cloroplast

wal allanol denau

stoma ar agor
celloedd gwarchod
yn chwydd-dynn

stoma wedi cau
celloedd gwarchod
yn llipa

▲ *Stomata ar agor ac wedi cau*

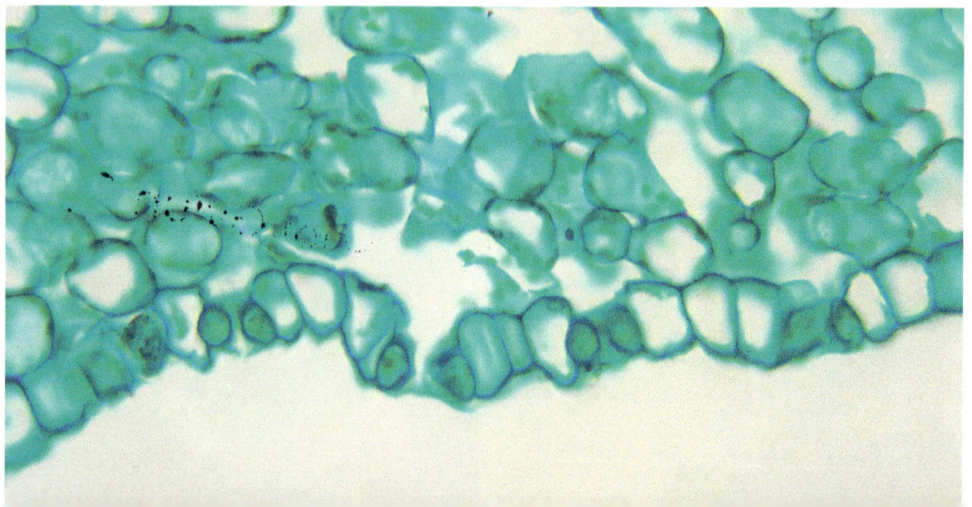

► *Toriad ardraws stomata*

Addasiadau ar gyfer cyfnewid nwyol

1 (a) Diffiniwch y term trylediad. (1)

(b) Mae'r lluniadau'n dangos maint a siâp organeb ungellog, *Amoeba*, sy'n perthyn i'r Protoctista, a mwydyn (pryf genwair) amlgellog, hir, tenau, fflat, *Planaria*.

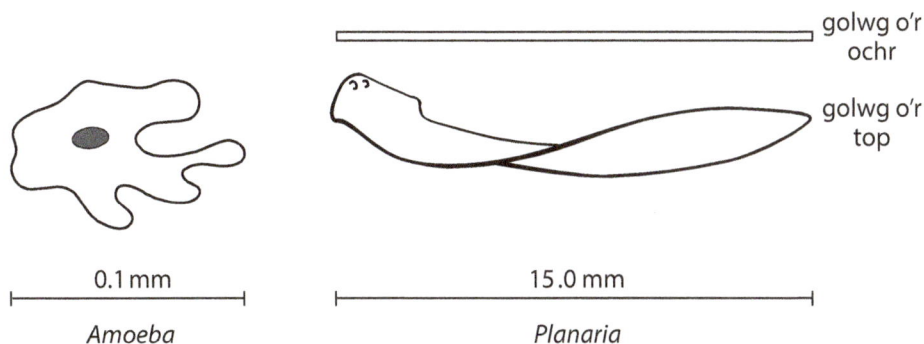

golwg o'r ochr

golwg o'r top

0.1 mm

15.0 mm

Amoeba

Planaria

Ar gyfer pob anifail, eglurwch pam mae trylediad syml yn darparu cyfnewid nwyol digonol rhwng yr organeb a'r amgylchedd. (2)

(c) Mae'r tabl isod yn dangos gwahanol ddimensiynau ciwbiau o feinwe anifeiliol:

Hyd yr ochr (cm)	Cyfaint (cm³)	Cymhareb arwynebedd arwyneb: cyfaint
1	1	6:1
2	8	3:1

(i) Nodwch, mewn geiriau, y berthynas feintiol rhwng yr hyd a'r gymhareb arwynebedd arwyneb/cyfaint. (1)

(ii) Mae angen arwyneb cyfnewid resbiradol ar organebau mawr, amlgellog, fel mamolion.

I Enwch yr arwyneb cyfnewid resbiradol mewn mamolyn. (1)

II Gan gyfeirio at y tabl, eglurwch bwysigrwydd yr arwyneb cyfnewid hwn i famolyn. (2)

2 (a) Mae rhan o arwyneb corff organebau amlgellog fel pysgod a mamolion wedi addasu i ffurfio arwynebau resbiradol arbenigol.

(i) Disgrifiwch bedair o nodweddion sy'n gyffredin rhwng arwynebau resbiradol pysgod a mamolion. (2)

(ii) Rhowch ddwy o fanteision ysgyfaint mewnol i famolyn. (2)

(b) Mae gan bysgod a mamolion fecanweithiau awyru.

(i) Eglurwch swyddogaeth mecanweithiau awyru. (2)

(ii) Enwch y cyhyrau sy'n gweithredu'r mecanwaith awyru mewn mamolion. (2)

Ysgol Gyfun ... Glantaf

3 Mae'r diagram yn cynrychioli system resbiradol mamolion.

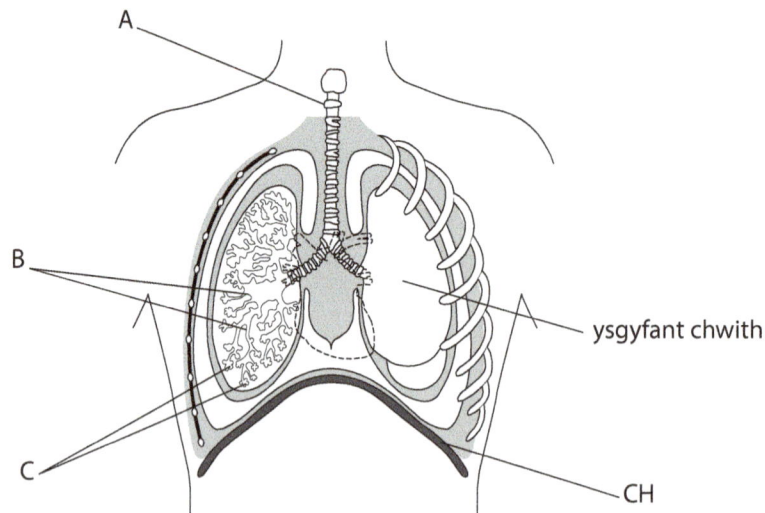

ysgyfant chwith

(a) Labelwch yr adeileddau A–CH ar y diagram. (4)

(b) Eglurwch swyddogaethau adeileddau A, C ac CH. (3)

4 (a) Mae pryfed yn defnyddio system draceol i gyfnewid nwyon.

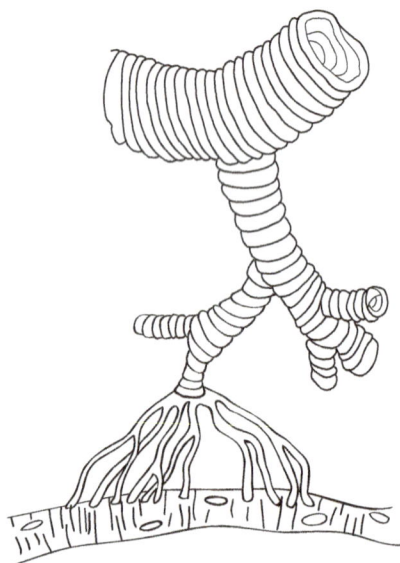

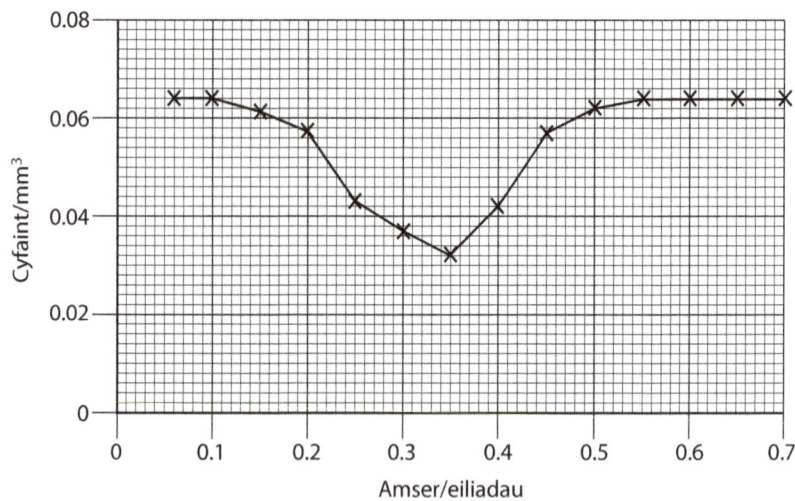

(i) Enwch yr arwyneb resbiradol. (1)

(ii) Nodwch ddwy fantais o ddefnyddio'r system draceol ar gyfer cyfnewid nwyon. (2)

(iii) Mae'r graff yn dangos newidiadau cyfaint ym mhrif dracea'r thoracs blaen a phen chwilen. Cyfrifwch ganran (%) y newid mewn cyfaint. Dangoswch eich gwaith cyfrifo. (2)

(b) Disgrifiwch ac eglurwch y broses mewnanadlu mewn mamolyn. (4)

5 Mae cyfnewid nwyon mewn pysgod yn digwydd ar draws arwyneb arbennig, y dagell.

(a) Nodwch yr anawsterau sy'n wynebu organebau dyfrol, o'u cymharu ag organebau daearol, wrth gael ocsigen o ddŵr. (2)

(b) Mewn pysgod cartilagaidd, fel siarcod, mae system o lif paralel yn weithredol yn y tagellau, ac mewn pysgod esgyrnog, fel y macrell, mae system llif gwrthgerrynt i'w gael. Eglurwch beth mae'r termau 'llif paralel' a 'llif gwrthgerrynt' yn eu golygu a nodwch pam mae'r system llif gwrthgerrynt yn fwy effeithlon. (3)

6 Mae'r diagram yn dangos toriad drwy ddeilen planhigyn blodeuol. Mae llawer o nodweddion yn y diagram sy'n dangos sut mae'r ddeilen wedi addasu i'w swyddogaeth. Enwch yr adeileddau A–CH gan nodi swyddogaeth pob un. (8)

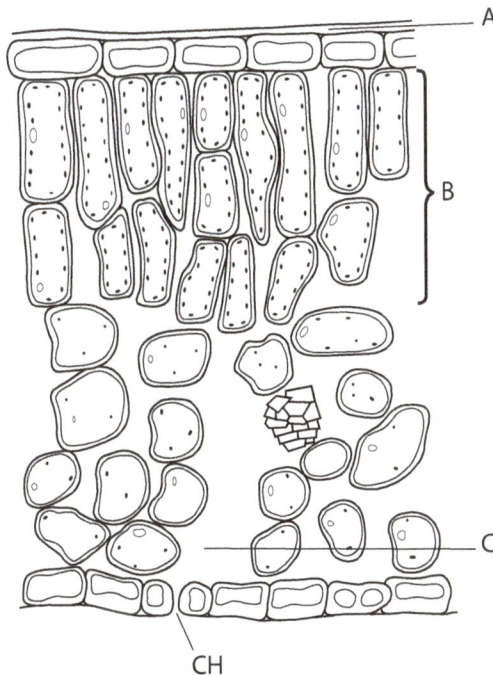

7 Mae'r ffotograff yn dangos uwcholwg o stomata sydd i'w cael ar arwyneb isaf dail y planhigyn *Kalanchoe* sp.

(a) Enwch gelloedd A a B. (2)

(b) Rhowch ddwy swyddogaeth stomata mewn dail. (2)

(c) Eglurwch sut mae'r llif dŵr i gelloedd A yn achosi i'r mandyllau stomataidd agor. (4)

(ch) Pan gafodd celloedd A eu trin â cyanid, methodd y mandyllau'r stomataidd ag agor. Eglurwch pam mae cyanid yn effeithio ar y celloedd fel hyn. (2)

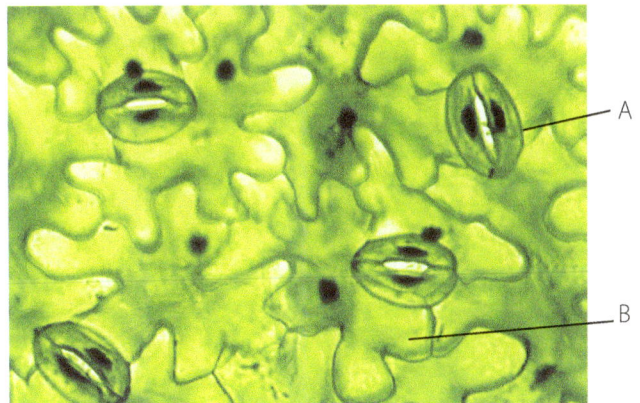

8 Disgrifiwch adeiledd deilen planhigyn blodeuol, gan egluro sut mae'r adeiledd hwn wedi'i addasu i swyddogaethau'r ddeilen. (10)

Cludiant mewn anifeiliaid a phlanhigion

Mae angen system cludiant ar organebau amlgellog i drosglwyddo defnyddiau rhyngddyn nhw eu hunain a'r amgylchedd. Ar ôl cyrraedd y corff, rhaid i'r defnyddiau gael eu trosglwyddo i'r celloedd ac ar ôl eu defnyddio nhw, rhaid dychwelyd y cynnyrch gwastraff i'r arwyneb cyfnewid i gael gwared arno. Mae maint organeb a'i chyfradd fetabolaidd yn effeithio ar faint o ddefnydd y bydd angen ei gyfnewid.

Mae angen i blanhigion ac anifeiliaid gyfnewid y nwyon carbon deuocsid ac ocsigen. Fodd bynnag, gan fod planhigion yn gwneud eu bwyd eu hunain drwy ffotosynthesis, eu gofynion ychwanegol yw dŵr a halwynau mwynol; maen nhw'n cael y rhain drwy'r gwreiddiau. Mae angen i anifeiliaid, ar y llaw arall, gael maetholion, a rhaid iddyn nhw gael gwared ar gynnyrch gwastraff fel wrea.

Cludiant mewn anifeiliaid

Erbyn diwedd y testun hwn, dylech chi allu gwneud y canlynol:

- Egluro pam mae angen mecanweithiau cludiant ar anifeiliaid amlgellog.
- Egluro arwyddocâd systemau gwaed agored a chaeedig, a chylchrediadau sengl a dwbl, a'r gwahaniaethau rhwng y rhain.
- Egluro'r berthynas rhwng adeiledd a swyddogaethau rhydwelïau, gwythiennau a chapilarïau.
- Disgrifio'r gylchred gardiaidd, a dehongli graffiau sy'n dangos newidiadau gwasgedd yn ystod y gylchred.
- Egluro swyddogaeth y nod sinwatrïaidd o ran cychwyn curiad y galon, a swyddogaethau'r nod atrio-fentriglaidd a meinwe Purkinje o ran cyd-drefnu curiad y galon.
- Disgrifio adeiledd celloedd coch a gwyn y gwaed a'r gwahaniaeth rhwng gwaed, hylif meinweol a lymff.
- Disgrifio swyddogaeth haemoglobin o ran cludo ocsigen a charbon deuocsid.
- Disgrifio ac egluro effeithiau lefelau uwch carbon deuocsid ar gromlin ddaduniad ocsigen.
- Disgrifio cludiant carbon deuocsid yn nhermau'r syfliad clorid.
- Disgrifio sut caiff hylif meinweol ei ffurfio a'i bwysigrwydd wrth gyfnewid defnyddiau.

Nodweddion system cludiant

Mae gan system cludiant y nodweddion cyffredin canlynol:

- Cyfrwng addas, sef gwaed, i gludo defnyddiau ynddo.
- System gaeedig o bibellau sy'n cynnwys y gwaed ac yn ffurfio rhwydwaith canghennog i'w ddosbarthu i bob rhan o'r corff.
- Pwmp, fel y galon, i symud y gwaed mewn pibellau.
- Falfiau i gynnal y llif i un cyfeiriad.
- Pigment resbiradol (sy'n absennol mewn pryfed) sy'n cynyddu cyfaint yr ocsigen sy'n gallu cael ei gludo.

Systemau agored a chaeedig

Mae gan bryfed system waed agored lle caiff gwaed ei bwmpio ar wasgedd cymharol isel o un brif galon hir ddorsal (top) siâp tiwb, sy'n rhedeg drwy holl hyd y corff. Caiff y gwaed ei bwmpio o'r galon hon i wagleoedd yng ngheudod y corff, sy'n cael eu galw'n geudod gwaed. Mae'r gwaed yn trochi'r meinweoedd yn uniongyrchol, caiff defnyddiau eu cyfnewid, a does dim llawer o reolaeth dros gyfeiriad y cylchrediad. Mae'r gwaed yn dychwelyd i'r galon yn araf. Yma, mae falfiau a thonnau o gyfangiadau'r wal gyhyrog yn symud y gwaed ymlaen at y pen lle mae'r cylchrediad agored yn dechrau eto. Fel arfer, does dim pigment resbiradol yn y pryfyn oherwydd nid yw gwaed pryfyn yn cludo ocsigen. Caiff ocsigen ei gludo'n uniongyrchol i'r meinweoedd drwy'r traceau.

Mae gan famolion system cylchrediad caeedig lle mae'r gwaed yn cylchredeg mewn system barhaus o diwbiau, sef y pibellau gwaed. Caiff gwaed ei bwmpio gan galon gyhyrog ar wasgedd uchel, gan roi cyfradd llif gyflym. Nid yw'r organau mewn cysylltiad uniongyrchol â'r gwaed, ond maen nhw'n cael eu trochi gan hylif meinweol sy'n llifo drwy waliau tenau capilarïau. Mae'r gwaed yn cynnwys pigment gwaed sy'n cludo ocsigen.

Er bod y pryf genwair yn organeb gymharol syml o'i gymharu â mamolyn, mae ganddo system cylchrediad caeedig. Mae ganddo bibellau dorsal a fentrol yn rhedeg drwy holl hyd y corff ac mae pum pâr o 'ffug-galonnau' yn cysylltu'r rhain. Mae'r 'ffug-galonnau' yn pwmpio'r gwaed drwy'r pibellau.

Cylchrediadau sengl a dwbl

Mae dau fath o systemau cylchrediad caeedig, gan ddibynnu a yw'r gwaed yn mynd drwy'r galon unwaith neu ddwywaith ym mhob cylchrediad o'r corff.

Mae gan bysgod gylchrediad sengl. Mae'r galon yn pwmpio gwaed deocsigenedig i'r tagellau, mae'r gwaed ocsigenedig yna'n mynd i'r meinweoedd, ac mae gwaed deocsigenedig yn dychwelyd o'r meinweoedd i'r galon. Mae'r gwaed yn mynd drwy'r galon unwaith yn ystod pob cylchrediad o'r corff.

DYLECH CHI WYBOD ›››

››› nodweddion hanfodol system cludiant

››› sut caiff gwaed ei gylchredeg mewn mamolion

››› manteision cylchrediad dwbl

▼ Pwynt astudio

Yr uchaf yw'r gyfradd fetabolaidd, y pwysicaf yw cludo glwcos ac ocsigen yn gyflym.

▼ Pwynt astudio

Mewn system agored, caiff y gwaed ei bwmpio i wagloedd mawr yng ngheudod y corff. Mewn system gaeedig, mae'r gwaed yn llifo drwy bibellau.

▼ Cylchrediad pysgod a mamolion

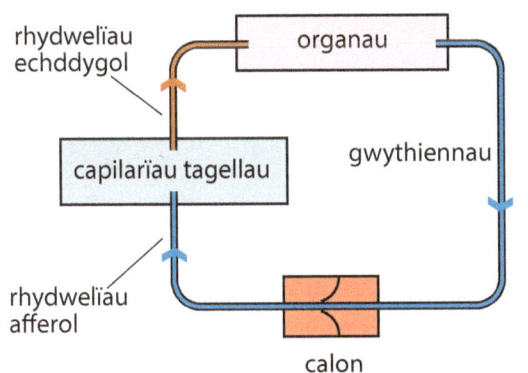

cylchrediad sengl mewn pysgod

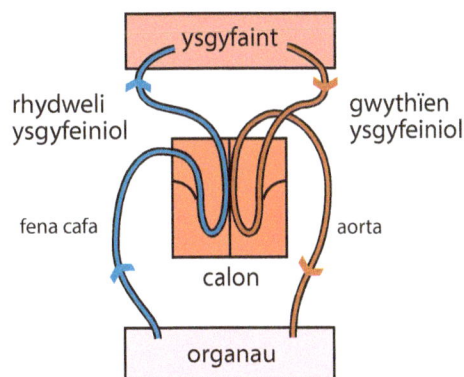

rhydwelïau echddygol

organau

capilarïau tagellau

gwythiennau

rhydwelïau afferol

calon

cylchrediad dwbl mewn mamolion

ysgyfaint

rhydweli ysgyfeiniol

gwythïen ysgyfeiniol

fena cafa

aorta

calon

organau

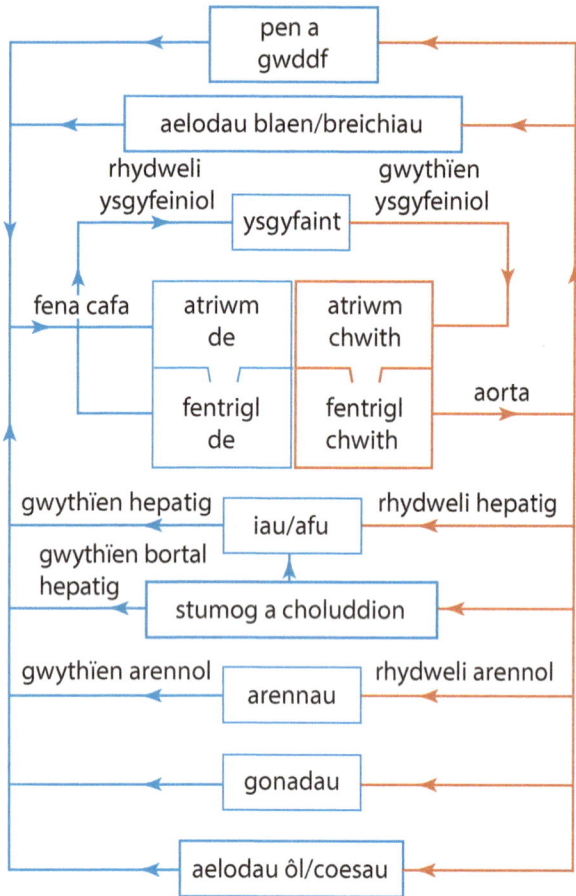

Cynllun system cylchrediad gwaed mamolaidd

Cludiant mewn mamolion

Mae gan famolion system gylchrediad dwbl. Mae hyn yn golygu bod y gwaed yn mynd drwy'r galon ddwywaith am bob un gylchred gyfan yn y corff.

Pan gaiff gwaed ei basio i'r ysgyfaint, mae ei wasgedd yn isel. Pe bai'r gwaed yn mynd yn syth o'r ysgyfaint i weddill y corff, byddai'r gwasgedd hwn yn golygu bod y cylchrediad yn araf iawn. Yn lle hynny, caiff y gwaed ei ddychwelyd i'r galon cyn cael ei bwmpio i weddill y corff. Yna, caiff defnyddiau eu dosbarthu'n gyflym i gelloedd y corff i ateb y galw metabolaidd.

Gallwn ni ddisgrifio'r system gylchrediad dwbl fel hyn:

- Y cylchrediad ysgyfeiniol – mae ochr dde'r galon yn pwmpio gwaed deocsigenedig i'r ysgyfaint. Mae gwaed ocsigenedig yna'n dychwelyd i ochr chwith y galon.

- Y cylchrediad hollgorffol (systemig) – mae ochr chwith y galon yn pwmpio'r gwaed ocsigenedig i'r meinweoedd. Mae gwaed deocsigenedig yna'n dychwelyd i ochr dde'r galon.

- Ym mhob cylchrediad, mae'r gwaed yn mynd drwy'r galon ddwywaith – unwaith drwy'r ochr dde ac unwaith drwy'r ochr chwith.

Mae cylchrediad dwbl mamolion yn fwy effeithlon na chylchrediad sengl pysgod gan fod gwaed ocsigenedig yn gallu cael ei bwmpio o gwmpas y corff ar wasgedd uwch. Mewn pysgod, caiff gwasgedd ei golli yng nghapilarïau'r tagellau.

Cyngor arholwr

Dim ond y prif bibellau gwaed sy'n gysylltiedig â'r galon y bydd gofyn i chi eu henwi.

24 Gwirio gwybodaeth

Parwch bibellau gwaed 1–5 â'r disgrifiadau A–D.

1. Rhydweli ysgyfeiniol.
2. Aorta.
3. Gwythïen bortal hepatig.
4. Fena cafa.
5. Gwythïen ysgyfeiniol

A. Cludo gwaed o'r stumog i'r iau/afu.
B. Uno fentrigl de'r galon â chapilarïau'r ysgyfaint.
C. Cludo gwaed ocsigenedig o'r galon i'r corff.
CH. Cludo gwaed deocsigenedig o'r corff i atriwm de'r galon.
D. Cludo gwaed ocsigenedig o'r ysgyfaint i atriwm chwith y galon.

Adeiledd a swyddogaeth pibellau gwaed

Mae tri math o bibellau gwaed: rhydwelïau, gwythiennau a chapilarïau.

Mae gan rydwelïau a gwythiennau yr un adeiledd tair haen sylfaenol, ond mae trwch y gwahanol haenau'n amrywio. Mewn rhydwelïau a gwythiennau:

- Yr haen fewnol yw'r endotheliwm, sydd â thrwch o un gell ac sy'n darparu leinin llyfn i leihau ffrithiant a rhoi cyn lleied â phosibl o wrthiant i lif y gwaed.

- Mae'r haen ganol wedi'i gwneud o ffibrau elastig a chyhyr anrhesog. Mae'r haen hon yn fwy trwchus yn y rhydwelïau nag yn y gwythiennau oherwydd y newidiadau yn llif a gwasgedd y gwaed wrth iddo gael ei bwmpio o'r galon.

- Mae'r haen allanol wedi'i gwneud o ffibrau colagen sy'n gallu gwrthsefyll gorestyniad.

Rhydweli, gwythïen a chapilari

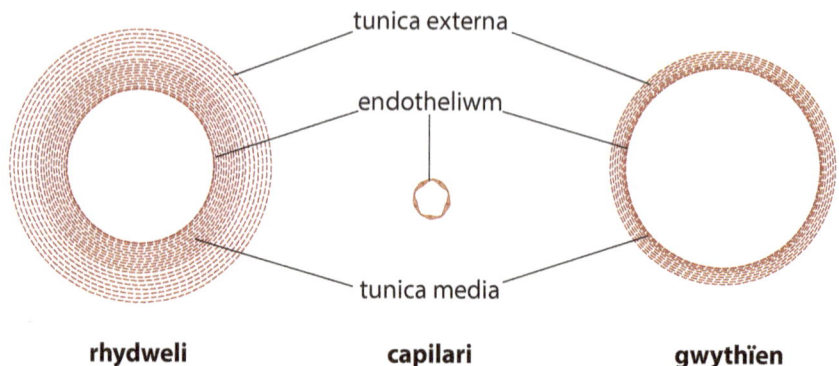

rhydweli   capilari   gwythïen

Mae rhydwelïau yn cludo gwaed o'r galon. Mae gan y rhydwelïau waliau trwchus, cyhyrog i wrthsefyll gwasgedd uchel gwaed sy'n cael ei dderbyn o'r galon. Mae cyfangiad cyhyrau'r rhydwelïau hefyd yn helpu i gynnal y gwasgedd wrth i'r gwaed gael ei gludo'n bellach oddi wrth y galon.

Mae'r rhydwelïau'n canghennu i bibellau llai o'r enw rhydwelïynnau ac yna'n rhannu eto i gapilarïau â waliau tenau. Mae'r capilarïau'n ffurfio rhwydwaith eang sy'n mynd i holl feinweoedd ac organau'r corff. Mae gwaed o'r capilarïau'n casglu mewn gwythïenigau, sydd yn eu tro'n gwagio'r gwaed i wythïennau, sy'n ei ddychwelyd i'r galon.

Mae diamedr gwythïennau yn fwy na diamedr rhydwelïau ac mae eu waliau'n deneuach. Hefyd mae'r gwasgedd a'r llif wedi'u gostwng. Mae gan wythïennau falfiau cilgant ar eu hyd i sicrhau llif i un cyfeiriad (atal ôl-lifiad); nid yw'r rhain yn bresennol mewn rhydwelïau heblaw yn yr aorta a'r rhydweli ysgyfeiniol

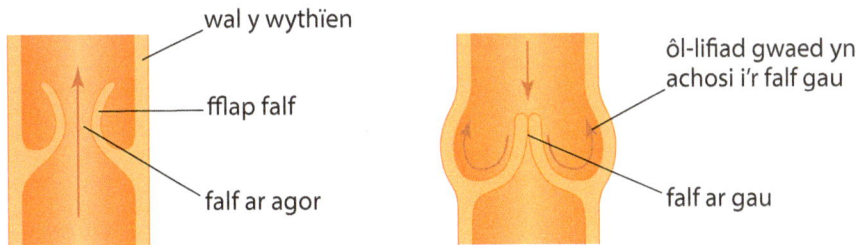

gwaed yn llifo tuag at y galon yn mynd drwy'r falfiau

▲ Gwythïen yn dangos falf

Mae gan gapilarïau waliau tenau o un haen o endotheliwm yn unig, sy'n golygu bod eu waliau'n athraidd i ddŵr a sylweddau hydawdd fel glwcos. Yn y capilarïau caiff defnyddiau eu cyfnewid rhwng y gwaed a'r meinweoedd.

Mae gan gapilarïau ddiamedr bach, ac mae ffrithiant gyda'r waliau'n arafu llif y gwaed. Er bod y diamedr yn fach, mae llawer o gapilarïau yn y gwely capilarïau sy'n rhoi cyfanswm arwynebedd trawstoriadol mawr, gan arafu llif y gwaed eto. Mae'r cyflymder isel hwn mewn pibellau â waliau tenau iawn yn ei gwneud yn haws iddyn nhw gyfnewid defnyddiau â'r hylif meinweol o'u cwmpas.

Y galon

Mae pwmp i gylchredeg gwaed yn un o nodweddion hanfodol system cylchrediad gwaed. Mae'r galon wedi'i gwneud o siambr gasglu â waliau cymharol denau, ac hefyd siambr bwmpio sydd â waliau trwchus. Mae'r ddwy siambr wedi eu rhannu'n ddwy fel bod modd gwahanu gwaed ocsigenedig a gwaed deocsigenedig yn llwyr. I bob diben, mae'r galon yn ddau bwmp ochr yn ochr â'i gilydd. Mae'r pwmp ar y chwith yn ymdrin â gwaed ocsigenedig a'r un ar y dde'n ymdrin â gwaed deocsigenedig. Mae dwy siambr yn y naill bwmp a'r llall, yr atriwm uchaf a'r fentrigl isaf.

Mae'r galon â phedair siambr wedi'i gwneud yn bennaf o gyhyr cardiaidd, sef meinwe arbenigol sy'n gallu cyfangu ac llaesu'n rhythmig ar ei phen ei hun drwy gydol bywyd unigolyn. Rydym ni'n dweud bod cyhyr y galon yn gyhy **'myogenig'**.

▶ Calon

DYLECH CHI WYBOD ›››

››› adeiledd rhydwelïau, gwythïennau a chapilarïau

››› beth yw'r berthynas rhwng adeiledd pob pibell waed a'i swyddogaeth

Term Allweddol

Myogenig = caiff y curiad calon ei gychwyn o'r tu mewn i'r cyhyr ei hun; nid yw'n cael ei ysgogi'n nerfol.

Cyngor arholwr

Lluniwch dabl i gymharu rhydweli a gwythïen. Mewn cwestiwn arholiad, mae'n bwysig gwneud cymhariaeth gywir. Nid yw datgan bod gan wythïennau lwmen mawr yn ddigon heb ychwanegu bod gan rydwelïau lwmen bach.

Cyngor arholwr

Mae nifer mawr o gapilarïau ac mae ganddyn nhw lawer o ganghennau; mae hyn yn rhoi arwynebedd arwyneb mawr ar gyfer trylediad.

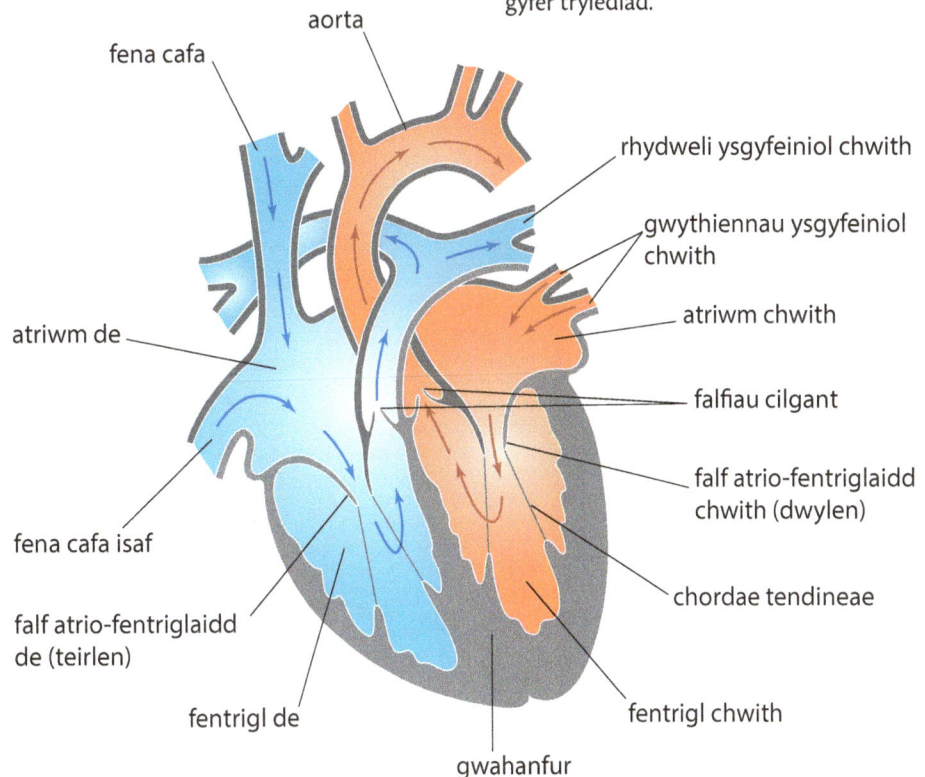

DYLECH CHI WYBOD ›››

››› camau'r gylchred gardiaidd

››› sut mae falfiau'n gweithio i reoli llif gwaed

››› y newidiadau gwasgedd sy'n digwydd yn y galon yn ystod cylchred gardiaidd

Termau Allweddol

Systole = y cam lle mae cyhyr y galon yn cyfangu.

Diastole = y cam lle mae cyhyr y galon yn ymlacio.

Y gylchred gardiaidd

Mae'r gylchred gardiaidd yn disgrifio dilyniant y digwyddiadau sy'n gwneud un curiad calon. Wrth bwmpio, mae'r galon yn cyfangu (**systole**) ac yn ymlacio (**diastole**) bob yn ail. Mae tri cham i'r gylchred gardiaidd.

Systole atriaidd

Mae'r fentriglau de a chwith yn ymlacio, mae'r falfiau teirlen a dwylen yn agor wrth i'r atria gyfangu ac mae gwaed yn llifo i'r fentriglau.

Systole fentriglaidd

Mae'r atria'n ymlacio ac mae'r fentriglau de a chwith yn cyfangu gyda'i gilydd gan orfodi gwaed allan o'r galon i'r rhydweli ysgyfeiniol a'r aorta wrth i'r falfiau cilgant agor. Mae'r falfiau teirlen a dwylen yn cael eu cau gan y cynnydd mewn gwasgedd yn y fentrigl. Mae'r rhydweli ysgyfeiniol yn cludo gwaed deocsigenedig i'r ysgyfaint ac mae'r aorta'n cludo gwaed ocsigenedig i wahanol rannau o'r corff.

Diastole

Mae'r fentriglau'n ymlacio ac mae'r gwasgedd yn y fentriglau'n gostwng. Mae gwaed dan wasgedd uchel yn y rhydweliau'n achosi i'r falfiau cilgant gau, gan atal gwaed rhag mynd yn ôl i'r fentriglau. Mae gwaed o'r fena cafa a'r gwythiennau ysgyfeiniol yn mynd i'r atria ac mae'r cylch yn ailddechrau.

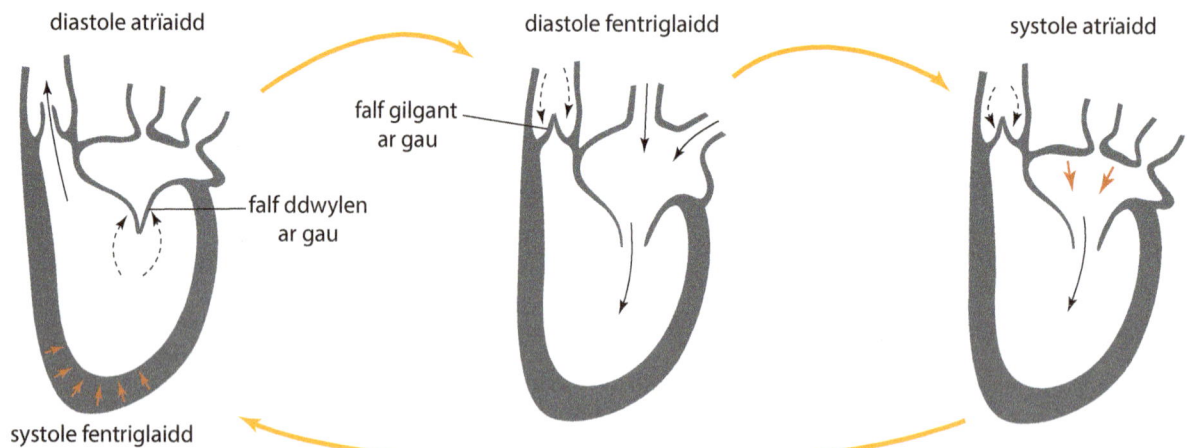
▲ Cylchred gardiaidd

Mae'r canlynol yn disgrifio llif gwaed drwy ochr chwith y galon.

Mae'r atriwm chwith yn ymlacio ac yn derbyn gwaed ocsigenedig o'r wythïen ysgyfeiniol. Pan mae'n llawn, mae'r gwasgedd yn gorfodi'r falf ddwylen rhwng yr atriwm a'r fentrigl i agor. Mae ymlacio'r fentrigl chwith yn tynnu gwaed o'r atriwm chwith. Mae'r atriwm chwith yn cyfangu, gan wthio gweddill y gwaed i'r fentrigl chwith, drwy'r falf. Gyda'r atriwm chwith yn ymlacio a'r falf ddwylen ar gau, mae'r fentrigl chwith yn cyfangu. Mae'r waliau cyhyrog cryf yn rhoi gwasgedd cryf ac yn gwthio gwaed i ffwrdd o'r galon drwy'r falfiau cilgant, drwy'r aorta.

- Mae dwy ochr y galon yn gweithio gyda'i gilydd. Mae'r ddau fentrigl yn cyfangu ar yr un pryd, a'r ddau atriwm yn cyfangu gyda'i gilydd. Mae cyfangu ac ymlacio llwyr un waith yn un curiad calon.

- Ar ôl cyfangu, pan mae'r gwaed wedi'i wagio o'r adran, mae'r adran yn llaesu i gael ei llenwi â gwaed unwaith eto.

- Mae'r fentriglau'n cynnwys mwy o gyhyr na'r atria ac felly maen nhw'n cynhyrchu mwy o wasgedd i orfodi'r gwaed dros bellter mwy.

- Mae gan y fentrigl chwith wal gyhyrog fwy trwchus na'r fentrigl de gan fod rhaid iddo bwmpio'r gwaed o gwmpas y corff i gyd; dim ond pellter byr i'r ysgyfaint y mae'n rhaid i'r fentrigl de bwmpio'r gwaed.

Cyngor arholwr

Peidiwch â drysu rhwng y gylchred gardiaidd a rheoli curiad y galon.

Falfiau

Caiff falfiau eu defnyddio i atal unrhyw ôl-lifiad gwaed dieisiau. Mae'r falfiau atrio-fentriglaidd (dwylen a theirlen), y falfiau cilgant a'r falfiau mewn gwythiennau i gyd wedi'u cynllunio'r un fath ac yn gweithio yn yr un ffordd.

Newidiadau gwasgedd yn y galon

- Mae'r gwasgedd uchaf yn digwydd yn yr aorta/rhydwelïau sy'n dangos cynnydd a gostyngiad rhythmig i gyd-fynd â chyfangu'r fentriglau.

- Mae ffrithiant â waliau'r pibellau'n achosi gostyngiad graddol mewn gwasgedd. Mae cyfanswm arwynebedd arwyneb y rhydwelïynnau'n fawr a'u tyllfedd yn gymharol gul, sy'n achosi gostyngiad sylweddol o'r gwasgedd yn yr aorta. Mae eu gwasgedd yn dibynnu a ydyn nhw wedi ymagor neu wedi cyfangu.

- Mae'r gwelyau capilarïau'n eang ac mae ganddynt arwynebedd trawstoriadol mawr. Mae'r gwelyau hyn yn creu mwy fyth o wrthiant i lif y gwaed.

- Mae yna berthynas rhwng gwasgedd a buanedd ac mae'r gwasgedd yn gostwng ymhellach oherwydd gollyngiadau o'r capilarïau i feinweoedd.

- Nid yw'r llif yn ôl i'r galon yn rhythmig ac mae'r gwasgedd yn y gwythiennau'n isel. Gall effaith tylino gan gyhyrau gynyddu'r gwasgedd yma.

▼ *Newidiadau gwasgedd*

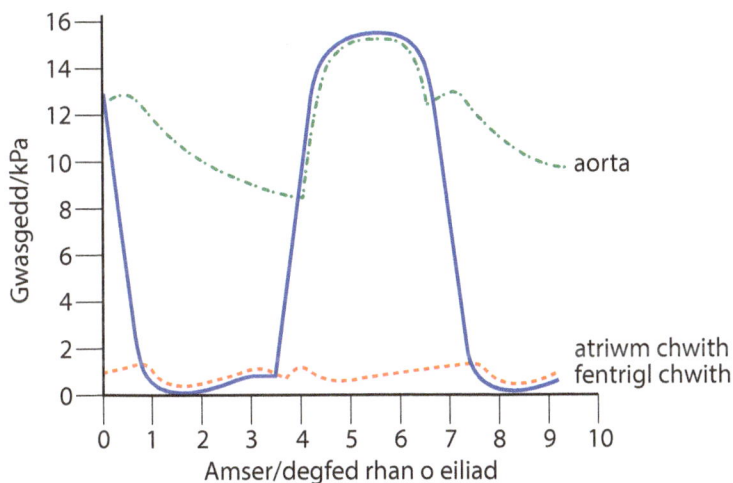

Rheoli curiad y galon

- Mae cyhyr cardiaidd yn fyogenig.

- Yn wal yr atriwm de, mae rhan â ffibrau cardiaidd arbenigol o'r enw'r nod sinwatrïaidd (SAN) sy'n gweithredu fel rheoliadur.

- Mae ton o ysgogiad trydanol yn cychwyn yn y man hwn ac yna'n lledaenu dros y ddau atriwm gan achosi iddyn nhw gyfangu fwy neu lai ar yr un pryd.

- Mae'r ysgogiad trydanol yn cael ei atal rhag lledaenu i'r fentriglau gan haen denau o feinwe gyswllt. Mae hon yn gweithredu fel haen ynysu (mae'n bwysig nad yw cyhyrau'r fentriglau'n dechrau cyfangu tan ar ôl i gyhyrau'r atria orffen cyfangu).

- Mae'r ysgogiad yn cyrraedd rhan arall â ffibrau cardiaidd arbenigol, y nod atrio-fentriglaidd (AVN), sydd rhwng y ddau atriwm ac sy'n pasio'r cyffroad i feinweoedd arbenigol yn y fentriglau.

Cyngor arholwr

Mae dadansoddi graff o newidiadau mewn gwasgedd yn y galon yn ffefryn ymysg cwestiynau arholiad. Byddwch yn barod i ddisgrifio'r newidiadau mewn gwasgedd wrth i waed lifo o un siambr yn y galon i un arall, ynghyd â sut mae'r falfiau'n agor a chau mewn cysylltiad â hyn.

25

Gwirio gwybodaeth

Nodwch y gair neu'r geiriau coll.

Caiff curiad y galon ei ddechrau mewn rhan o'r atriwm de o'r enw ••••. Mae ton y cyffroad yn mynd ar draws y ddau atriwm nes iddi gyrraedd darn o feinwe yn y gwahanfur o'r enw ••••. Mae hwn yn ei dro'n pasio'r don i grŵp o ffibrau o'r enw •••• •••• sy'n trosglwyddo'r don i apig y fentriglau. Mae hyn yn achosi i'r fentriglau •••• o'r gwaelod i fyny ac yn gorfodi gwaed i lifo allan o'r galon drwy'r aorta a'r •••• ••••.

Cyngor arholwr

Mae oediad byr y don o weithgarwch trydanol yn yr AVN yn sicrhau bod yr atria wedi'u gwagio cyn i'r fentriglau gyfangu.

▼ *Rheoli curiad y galon*

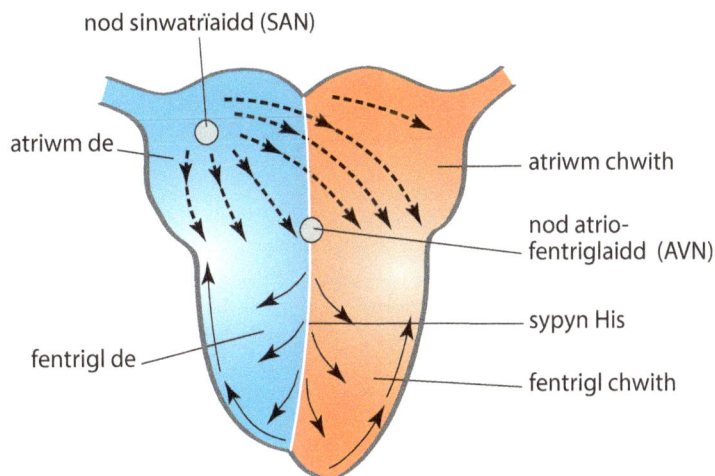

DYLECH CHI WYBOD ›››

››› beth yw'r berthynas rhwng adeiledd celloedd coch y gwaed a'u swyddogaeth

››› beth yw swyddogaeth haemoglobin yn y broses o gludo ocsigen

Cysylltiad Haemoglobin ac adeiledd cwaternaidd proteinau ar dudalen 18.

Cyngor arholwr
Nodwch y berthynas rhwng adeiledd celloedd coch y gwaed a'u swyddogaeth wrth gludo ocsigen.

26

Gwirio gwybodaeth

Nodwch y gair neu'r geiriau coll.

Mae'r gwaed wedi'i wneud o hylif melyn golau o'r enw •••• sy'n cynnwys celloedd coch a gwyn y gwaed. Mae'r celloedd coch neu •••• yn cludo •••• wedi'i gyfuno â haemoglobin ar ffurf ••••. Mae dau brif fath o gelloedd gwyn y gwaed, neu ••••, sef ••••, sy'n amlyncu bacteria, a ••••, sy'n cynhyrchu gwrthgyrff.

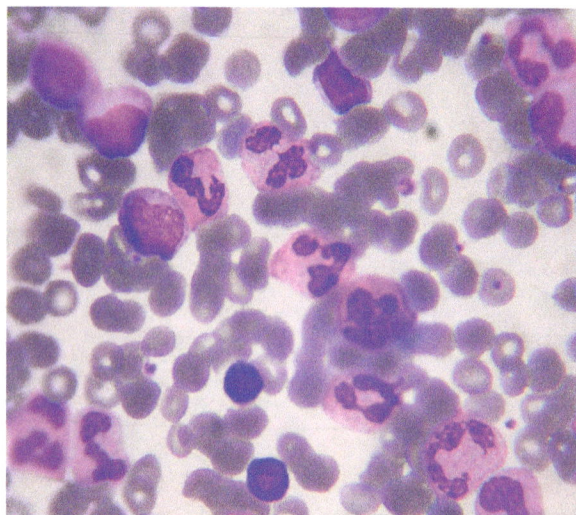

- O'r AVN, mae'r cyffroad yn pasio ar hyd sypyn His i apig y fentrigl. Mae'r sypyn yn canghennu i ffibrau Purkinje, sef ffibrau yn waliau'r fentriglau sy'n cludo ton y cyffroad i fyny drwy gyhyr y fentrigl.

- Mae'r ysgogiadau'n achosi i gyhyr cardiaidd y ddwy fentrigl gyfangu ar yr un pryd o'r apig tuag i fyny.

- Mae hyn yn sicrhau bod y fentriglau'n gwagio'n llwyr.

Gwaed

Meinwe yw gwaed sydd wedi'i wneud o gelloedd (45%) mewn plasma hylifol (55%).

Celloedd coch y gwaed

Mae celloedd coch y gwaed (neu erythrocytau) yn cynnwys y pigment haemoglobin. Prif swyddogaeth y pigment hwn yw cludo ocsigen o'r ysgyfaint i'r feinwe sy'n resbiradu. Mae celloedd coch y gwaed yn anarferol am ddau brif reswm:

- Mae ganddyn nhw siâp deugeugrwm. Mae hyn yn cynyddu arwynebedd arwyneb y gell, sy'n caniatáu i ocsigen dryledu'n gyflym i mewn neu allan o'r gell.

- Does ganddyn nhw ddim cnewyllyn. Mae hyn yn golygu bod mwy o le i haemoglobin, i roi y gallu i bob cell gludo mwy o ocsigen.

▲ Celloedd coch a gwyn y gwaed dan ficrosgop

▲ Dau olwg ar gelloedd coch y gwaed

Celloedd gwyn y gwaed

Mae celloedd gwyn y gwaed (neu lewcocytau) yn wahanol i gelloedd coch y gwaed. Maen nhw'n fwy, mae ganddyn nhw gnewyllyn ac mae eu siâp yn sfferig neu'n afreolaidd. Mae dau grŵp o gelloedd gwyn y gwaed:

- Granwlocytau, sy'n ffagocytig, yn cynnwys cytoplasm gronynnog a chnewyll llabedog, ac sy'n amlyncu bacteria.

- Agranwlocytau, sy'n cynhyrchu gwrthgyrff a gwrthdocsinau, yn cynnwys cytoplasm clir a chnewyll sfferig.

Plasma

Mae plasma wedi'i wneud o ddŵr yn bennaf (90%), ac mae'n cynnwys moleciwlau bwyd hydawdd, cynnyrch gwastraff, hormonau, proteinau plasma, ïonau mwynol a fitaminau wedi'u hydoddi. Mae plasma'n cludo carbon deuocsid, cynhyrchion bwyd wedi'u treulio, hormonau, proteinau plasma, ffibrinogen, gwrthgyrff ac ati, a hefyd yn dosbarthu gwres.

Cludo ocsigen

Er mwyn cludo ocsigen yn effeithlon, mae angen i haemoglobin uno'n rhwydd ag ocsigen ar yr arwyneb lle caiff nwyon eu cyfnewid, sef yr ysgyfaint, a daduno'n rhwydd oddi wrth ocsigen yn y meinweoedd sydd ei angen, fel cyhyrau. Mae priodweddau arbennig haemoglobin yn sicrhau ei fod yn gallu cyflawni'r gofynion hyn er ei bod yn edrych fel eu bod nhw'n gwrthddweud ei gilydd. Mae'n gallu newid ei **affinedd** ag ocsigen ym mhresenoldeb carbon deuocsid drwy newid ei siâp. Mae'r siâp wedi'i addasu'n glynu'n llai tyn at ocsigen ac yn ei ryddhau.

Efallai y byddem yn disgwyl i haemoglobin, gyda chynnydd yng **ngwasgedd rhannol ocsigen** roi graff llinell syth rhwng y ddwy echelin. Fodd bynnag, mae samplau o haemoglobin mewn ocsigen â gwasgedd rhannol cynyddol yn dangos cromlin ddaduniad ocsigen.

▲ *Graff o gromlin ddaduniad ocsigen ar gyfer haemoglobin oedolyn dynol*

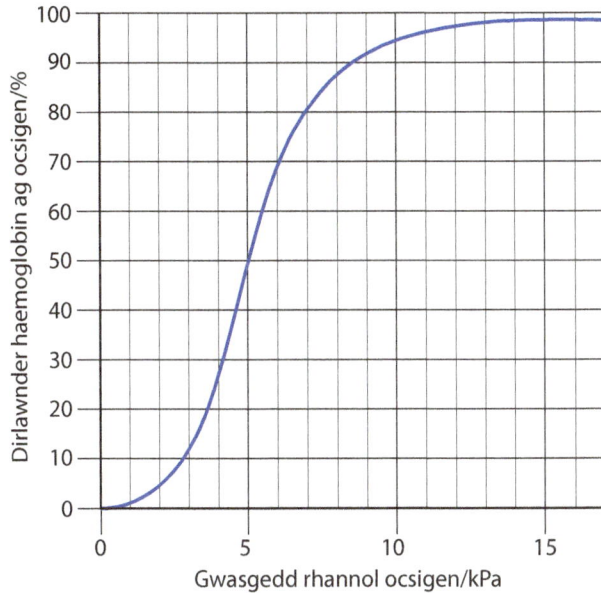

Ar grynodiadau isel iawn, mae'n anodd i haemoglobin amsugno ocsigen ond ar ôl llwytho mae'n uno'n rhwydd ag ocsigen. Ar wasgedd rhannol ocsigen uchel, mae canran dirlawnder yr ocsigen yn uchel iawn.

Mae celloedd coch y gwaed yn llwytho (codi) ocsigen yn yr ysgyfaint lle mae'r gwasgedd rhannol yn uchel a'r haemoglobin yn mynd yn ddirlawn ag ocsigen. Mae'r celloedd yn cludo'r ocsigen ar ffurf ocsihaemoglobin i'r meinweoedd sy'n resbiradu, e.e. cyhyrau, lle mae'r gwasgedd rhannol yn isel (gan fod resbiradaeth yn defnyddio ocsigen i ryddhau egni). Yna, mae'r ocsihaemoglobin yn dadlwytho ei ocsigen, hynny yw, mae'n daduno.

Mae'r graff hefyd yn dangos bod gostyngiad bach iawn yng ngwasgedd rhannol ocsigen yn achosi i lawer o ocsigen gael ei ddaduno o haemoglobin.

Mae'n bwysig cofio dwy ffaith:

- Wrth i gromlin ddaduniad haemoglobin gael ei syflyd i'r chwith, mae'n rhwydd iddo godi ocsigen, ond yn llai rhwydd iddo ei ryddhau.
- Wrth i gromlin ddaduniad haemoglobin gael ei syflyd i'r dde, nid yw mor rhwydd iddo godi ocsigen, ond mae'n rhwyddach iddo ei ryddhau.

Effeithiau crynodiad carbon deuocsid

Pan mae gwasgedd rhannol carbon deuocsid yn uwch, mae cromlin ddaduno ocsigen yn syflyd (*shift*) i'r dde. Enw'r ffenomenon hwn yw **effaith Bohr**. Pan fydd ocsigen yn cyrraedd meinweoedd sy'n resbiradu, fel cyhyrau, mae gwasgedd rhannol uchel y carbon deuocsid yno'n galluogi haemoglobin i ddadlwytho ei ocsigen yn rhwyddach fyth.

DYLECH CHI WYBOD ›››

››› beth yw cromlin ddaduniad ocsigen ac effaith carbon deuocsid ar y gromlin

››› beth yw cromliniau daduniad anifeiliaid sydd wedi addasu i gynefinoedd â lefel isel o ocsigen

››› sut mae'r syfliad clorid yn cyfrannu at gludo carbon deuocsid

››› sut caiff hylif meinweol ei ffurfio a'i swyddogaeth o ran cyfnewid defnyddiau

Termau Allweddol

Affinedd = atyniad cemegol rhwng un moleciwl a moleciwl arall.

Gwasgedd rhannol (ocsigen (pO_2)) = mae gwasgedd arferol yr atmosffer yn 100 kPa. Gan fod 21% o'r atmosffer yn ocsigen, ei wasgedd rhannol uchaf posibl yw 21 kPa.

Effaith Bohr = yr uchaf yw gwasgedd rhannol carbon deuocsid, y pellaf y bydd y gromlin yn syflyd i'r dde.

▼ Pwynt astudio

Wrth gyfeirio at ocsigen yn cyfuno â haemoglobin, defnyddiwch y termau llwytho neu uno. Wrth gyfeirio at haemoglobin yn rhyddhau ocsigen, defnyddiwch y termau dadlwytho neu ddaduno.

▼ Pwynt astudio

Mae affinedd haemoglobin ag ocsigen yn lleihau ym mhresenoldeb carbon deuocsid.

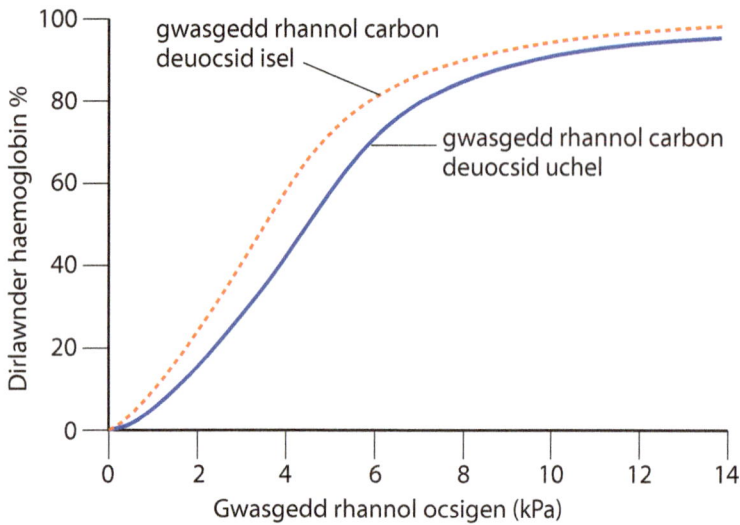

▲ *Graff yn dangos effaith Bohr*

I grynhoi:

- Pan mae'r pigment resbiradol haemoglobin yn profi cynnydd graddol mewn crynodiad ocsigen, mae'n amsugno ocsigen yn gyflym i ddechrau ond yn arafach wrth i'r crynodiad barhau i gynyddu. Enw'r berthynas hon yw cromlin ddaduniad ocsigen.

- Mae rhyddhau ocsigen o haemoglobin yn cael ei hwyluso gan bresenoldeb carbon deuocsid. Os yw gwasgedd rhannol ocsigen yn uchel, fel yng nghapilarïau'r ysgyfaint, mae ocsigen yn uno â'r haemoglobin i ffurfio ocsihaemoglobin.

- Pan mae gwasgedd rhannol ocsigen yn isel, fel yn y meinweoedd sy'n resbiradu, mae'r ocsigen yn daduno o'r haemoglobin.

- Pan mae gwasgedd rhannol carbon deuocsid yn uchel, mae'r haemoglobin yn llai effeithlon wrth uno â ocsigen ac yn fwy effeithlon wrth ei ryddhau.

Cromlin ddaduniad haemoglobin mewn ffoetws

Mae gwaed y ffoetws a'r fam yn llifo'n agos at ei gilydd yn y brych, ond nid ydynt yn cymysgu'n aml. I alluogi haemoglobin y ffoetws i amsugno ocsigen o haemoglobin y fam yn y brych, mae haemoglobin y ffoetws yn wahanol (dwy o'r pedair cadwyn polypeptid) i haemoglobin yr oedolyn. Mae'r gwahaniaeth adeileddol hwn yn achosi i gromlin ddaduniad haemoglobin y ffoetws syflyd i'r chwith i gromlin yr oedolyn. Mae haemoglobin y ffoetws yn cyfuno ag ocsigen yn rhwyddach na haemoglobin y fam. Hynny yw, mae gan haemoglobin y ffoetws fwy o affinedd ag ocsigen.

▼ *Cymharu cromliniau daduniad lygwn a bodau dynol*

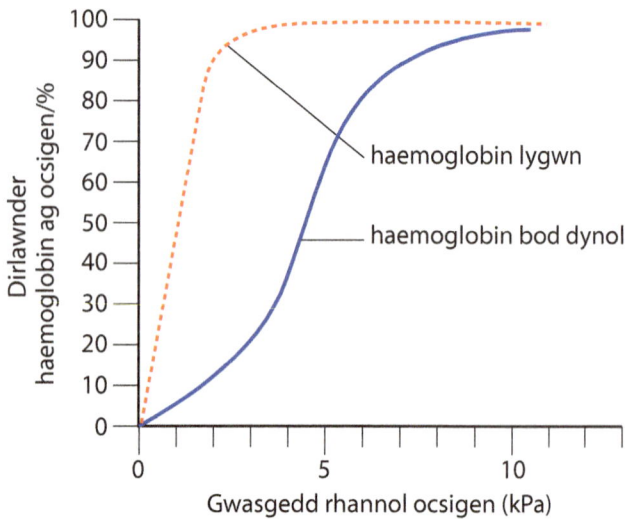

Cludo ocsigen mewn anifeiliaid eraill

Mae haemoglobin i'w gael mewn llawer o organebau, ac yn aml mae ar ffurfiau gwahanol. Rydym ni wedi gweld bod perthynas rhwng hyn a'r cynefin lle mae'r anifail yn byw. Mae rhai anifeiliaid wedi addasu i fyw mewn cynefinoedd â lefel isel o ocsigen.

Mae gan y lygwn gyfradd fetabolaidd isel ac mae'n byw yn y tywod ar lan y môr (mae olion y lygwn i'w gweld pan mae'r llanw'n isel). Mae'r lygwn yn pwmpio dŵr y môr drwy ei dyrchfa i gael yr ychydig o ocsigen sydd wedi'i hydoddi ynddo. I'w gwneud yn haws iddo lwytho'r ocsigen, mae ganddo haemoglobin â chromlin ddaduniad sy'n bell i'r chwith o'i chymharu â chromlin ddaduniad haemoglobin dynol.

Wrth i uchder gynyddu, mae gwasgedd atmosfferig yn gostwng. Mae hyn yn arwyddocaol i anifeiliaid fel y lama, oherwydd mae gwasgedd rhannol yr ocsigen yn yr atmosffer yn is ar uchder uchel. I wneud iawn am hyn, mae gan y lama haemoglobin sy'n llwytho ocsigen yn rhwyddach yn yr ysgyfaint. Mae cromlin ddaduniad y math hwn o haemoglobin i'r chwith o gromlin haemoglobin arferol.

Myoglobin

Mae myoglobin yn llawer mwy sefydlog na haemoglobin ac ni fydd yn rhyddhau ei ocsigen oni bai bod gwasgedd rhannol ocsigen yn isel iawn. Mae cromlin ddaduniad myoglobin yn bell i'r chwith o gromlin ddaduniad haemoglobin. Ar bob gwasgedd rhannol ocsigen, mae gan fyoglobin ganran uwch o ddirlawnder ocsigen na haemoglobin. Fel arfer, mae cyhyr sy'n resbiradu'n cael ei ocsigen o haemoglobin. Fodd bynnag, os yw gwasgedd rhannol yr ocsigen yn mynd yn isel iawn, wrth ymarfer corff er enghraifft, mae'r ocsimyoglobin yn dadlwytho ei ocsigen. Mae ocsigen y myoglobin yn gweithredu fel cronfa wrth gefn i'w defnyddio pan fydd y galw am ocsigen yn arbennig o uchel, fel wrth wneud ymarfer corff egnïol.

▾ Pwynt astudio

Ar dir uchel, mae nifer y celloedd coch yng ngwaed mamolion yn cynyddu.

Cludo carbon deuocsid

Caiff carbon deuocsid ei gludo mewn celloedd gwaed a phlasma mewn tair ffordd:

- Mewn hydoddiant yn y plasma (5%).
- Ar ffurf hydrogen carbonad (85%).
- Wedi'i gyfuno â haemoglobin i ffurfio carbamino-haemoglobin (10%).

Caiff rhywfaint o garbon deuocsid ei gludo yng nghelloedd coch y gwaed ond caiff y rhan fwyaf ei drawsnewid yn hydrogen carbonad yng nghelloedd coch y gwaed; sydd wedyn yn hydoddi yn y plasma.

Mae'r canlynol yn disgrifio cyfres o adweithiau sy'n cael eu galw'n syfliad clorid:

- Mae carbon deuocsid yn tryledu i gell goch y gwaed (CGG) ac yn uno â dŵr i ffurfio asid carbonig. Mae carbonig anhydras yn catalyddu'r adwaith.
- Mae asid carbonig yn daduno i ïonau H^+ a HCO_3^-. Mae ïonau HCO_3^- yn tryledu allan o'r CGG i'r plasma lle maen nhw'n uno ag ïonau Na^+ o ddaduniad sodiwm clorid i ffurfio sodiwm hydrogen carbonad.
- Mae ïonau H^+ yn rhoi'r amodau i'r ocsihaemoglobin ddaduno i ocsigen a haemoglobin.
- Mae ïonau H^+ yn cael eu byffro wrth gael eu cyfuno â haemoglobin ac wrth i asid haemoglobinig (HHb) gael ei ffurfio.
- Mae'r ocsigen yn tryledu allan o'r CGG i'r meinweoedd.
- I gydbwyso symudiad ïonau â gwefr negatif tuag allan, mae ïonau clorid yn tryledu i mewn.
- Dyma sut caiff niwtraliaeth electrocemegol y CGG ei chynnal.

▼ *Crynodeb o syfliad clorid*

▼ Pwynt astudio

Mae'r syfliad clorid yn cyfeirio at fewnlifiad ïonau clorid i gelloedd coch y gwaed i gynnal eu niwtraliaeth drydanol.

Cyngor arholwr
Cyn defnyddio byrfoddau fel CGG, defnyddiwch y term llawn i ddechrau.

▼ Pwynt astudio

Mae haemoglobin yn gweithredu fel byffer i helpu i gynnal pH y gwaed drwy dynnu ïonau hydrogen o hydoddiant.

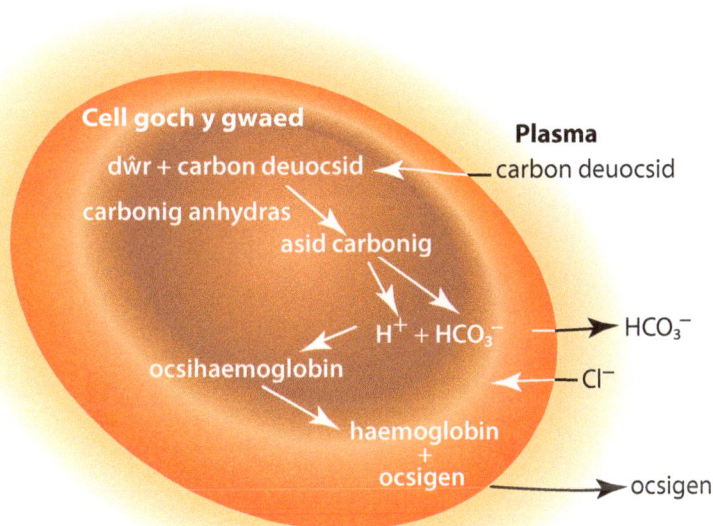

Hylif rhyng-gellol

Y capilarïau yw lle mae cyfnewid yn digwydd rhwng y gwaed a chelloedd y corff. Maen nhw wedi addasu'n dda i ganiatáu cyfnewid defnyddiau rhwng y gwaed a'r celloedd:

- Mae ganddyn nhw waliau tenau, athraidd.
- Maen nhw'n darparu arwynebedd arwyneb mawr i gyfnewid defnyddiau.
- Mae gwaed yn llifo'n araf iawn drwy'r capilarïau sy'n rhoi amser i gyfnewid defnyddiau.

Term Allweddol

Hylif meinweol = plasma heb broteinau plasma.

▶ *Rhwydwaith capilarïau*

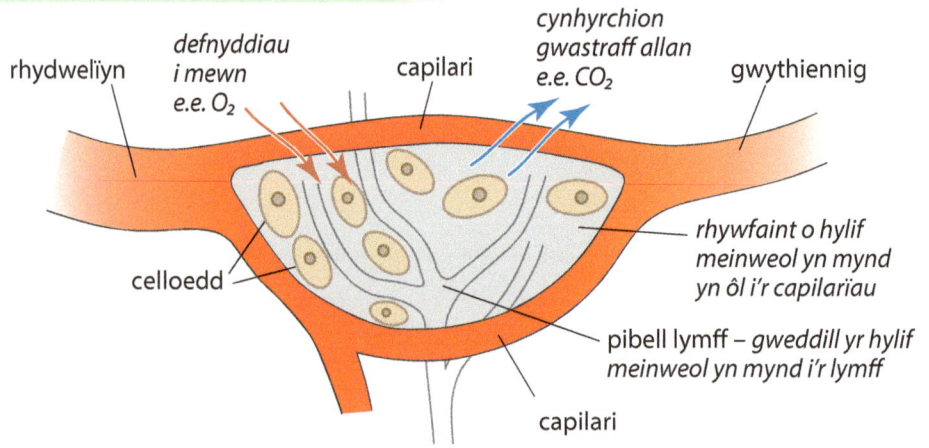

rhydwelïyn

defnyddiau i mewn e.e. O_2

capilari

cynhyrchion gwastraff allan e.e. CO_2

gwythiennig

celloedd

rhywfaint o hylif meinweol yn mynd yn ôl i'r capilarïau

pibell lymff – gweddill yr hylif meinweol yn mynd i'r lymff

capilari

Pwynt astudio

Y ddau rym dirgroes sy'n rhan o ffurfio hylif meinweol yw gwasgedd hydrostatig a photensial dŵr.

Mae gwaed wedi'i wneud o'r plasma hylifol sy'n cludo celloedd y gwaed, defnyddiau wedi'u hydoddi a moleciwlau mawr o'r enw proteinau plasma. Mae'r gwaed wedi'i gynnwys mewn system gaeedig ond mae hylif o'r plasma'n dianc drwy waliau'r capilarïau. Enw'r hylif hwn yw **hylif meinweol** ac mae'n trochi'r celloedd gan roi glwcos, asidau amino, asidau brasterog, halwynau ac ocsigen iddyn nhw. Mae'r hylif meinweol hefyd yn tynnu defnyddiau gwastraff o'r celloedd.

- Y ffactorau sy'n gyfrifol am symudiadau hydoddion a dŵr i mewn ac allan o'r capilarïau yw pwysedd y gwaed a thrylediad.

- Wrth i waed gyrraedd pen rhydwelïol capilari mae dan wasgedd oherwydd pwmpio'r galon a gwrthiant y capilarïau i lif gwaed. Mae'r gwasgedd hydrostatig hwn yn gorfodi rhan hylifol y gwaed drwy waliau'r capilarïau i'r bylchau rhwng y celloedd.

- Mae'r llif hwn tuag allan yn cael ei wrthwynebu gan botensial dŵr is y gwaed, sy'n cael ei greu gan bresenoldeb y proteinau plasma.

- Mae gwasgedd hydrostatig y gwaed yn fwy na'r grymoedd osmotig, felly mae yna lif net o ddŵr a hydoddion allan o'r gwaed.

- Ar ben rhydwelïol y gwely capilarïau mae graddiant trylediad hydoddion, fel glwcos, ocsigen ac ïonau, yn ffafrio symudiad o'r capilarïau i'r hylif meinweol. Y rheswm am hyn yw bod y sylweddau hyn yn cael eu defnyddio ym metabolaeth celloedd.

- Ar ben gwythiennol y gwely capilarïau, mae pwysedd y gwaed yn is ac mae dŵr yn llifo i'r capilarïau drwy osmosis. Mae potensial dŵr is y gwaed sy'n cael ei greu gan bresenoldeb y proteinau plasma'n achosi mewnlifiad dŵr net.

- Ar y pen gwythiennol, mae'r hylif meinweol yn codi CO_2 a sylweddau ysgarthol eraill. Mae rhywfaint o'r hylif hwn yn pasio'n ôl i'r capilarïau, ond mae rhywfaint yn draenio i'r system lymffatig ac yn cael ei ddychwelyd yn y pen draw i'r system wythiennol drwy'r ddwythell thorasig, sy'n gwagio i wythïen yn agos i'r galon.

Gwirio gwybodaeth

27

Parwch y termau 1–4 â'r disgrifiadau A–CH.

1. Effaith Bohr.
2. Hylif meinweol.
3. Syfliad clorid.
4. Haemoglobin.

A. Ffordd o gynnal niwtraliaeth electrocemegol celloedd coch y gwaed.

B. Yr hylif sy'n ymwneud â chyfnewid defnyddiau rhwng y gwaed a chorffgelloedd.

C. Y pigment gwaed sy'n cludo ocsigen mewn mamolion.

CH. Ar wasgedd rhannol carbon deuocsid uwch, mae'r gromlin ddaduniad ocsigen yn syflyd i'r dde.

▼ *Grym osmotig hydrostatig a dirgroes*

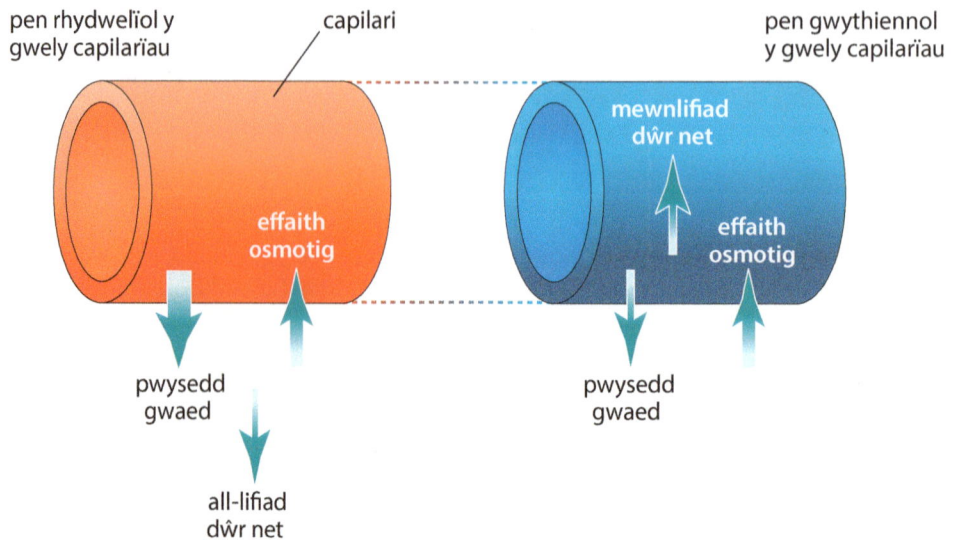

pen rhydwelïol y gwely capilarïau

capilari

pen gwythiennol y gwely capilarïau

effaith osmotig

pwysedd gwaed

all-lifiad dŵr net

mewnlifiad dŵr net

effaith osmotig

pwysedd gwaed

Cludiant mewn anifeiliaid a phlanhigion

Mae gwreiddiau'n amsugno dŵr o'r pridd ac mae angen cludo'r dŵr hwn dros gryn bellter i'r dail, lle caiff ei ddefnyddio ym mhroses ffotosynthesis. Ar ôl cynhyrchu siwgr, rhaid cludo hwnnw i'r lleoedd y mae ei angen. Mae planhigion wedi esblygu dwy system neilltuol o diwbiau: sylem i gludo dŵr a ffloem i gludo siwgrau.

Cludiant mewn planhigion

Erbyn diwedd y testun hwn, dylech chi allu gwneud y canlynol:

- Egluro pam mae angen system cludiant ar blanhigion.
- Disgrifio dosbarthiad sylem a ffloem mewn gwreiddiau a choesynnau.
- Disgrifio adeiledd tiwbiau sylem a thiwbiau hidlo ffloem a'r berthynas rhwng y celloedd hyn a'u swyddogaethau.
- Disgrifio mewnlifiad dŵr i'r gwreiddyn.
- Disgrifio llwybr symud dŵr o wreiddyn i ddeilen, a'r mecanweithiau cysylltiedig.
- Disgrifio adeiledd a swyddogaeth yr endodermis.
- Disgrifio trydarthiad ac egluro sut mae ffactorau amgylcheddol yn effeithio ar ei gyfradd.
- Egluro addasiadau hydroffytau a seroffytau mewn perthynas â'r cyflenwad dŵr sydd ar gael.
- Egluro sut mae trawsleoliad hydoddion organig yn digwydd mewn planhigion.

DYLECH CHI WYBOD ›››

››› adeiledd tiwbiau sylem

››› sut mae dŵr yn llifo i mewn i'r gwreiddflew

››› mewnlifiad actif mwynau

››› y llwybrau y mae dŵr yn eu dilyn wrth gael ei gludo ar draws cortecs y gwreiddyn

››› swyddogaeth yr endodermis wrth i ddŵr fynd i mewn i'r sylem

Adeiledd a dosbarthiad meinweoedd fasgwlar

Mae sypyn fasgwlar wedi'i wneud o ddwy brif feinwe: sylem a ffloem. Maen nhw wedi'u dosbarthu'n wahanol mewn gwreiddiau, coesynnau a dail.

- Mewn gwreiddiau, mae'r sylem wedi'i drefnu'n ganolog. Mae'r trefniad hwn yn ddelfrydol i wrthsefyll tyndra (tynnu) fertigol ac felly'n helpu i angori'r planhigyn.

- Mewn coesynnau, mae sylem wedi'i drefnu mewn sypynnau fasgwlar sydd wedi'u lleoli mewn cylch ar yr ymylon. Mae'r trefniad hwn yn rhoi cynhaliad hyblyg ond hefyd yn gwrthsefyll straen plygu.

- Mewn dail, mae trefniad meinweoedd fasgwlar yn y wythïen ganol a'r rhwydwaith o wythiennau'n rhoi cryfder hyblyg ac yn gwrthsefyll straen rhwygo.

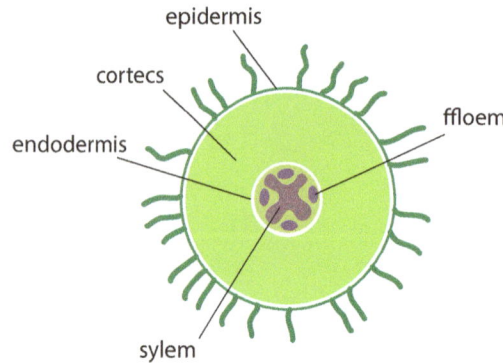

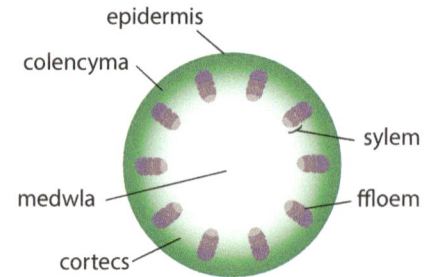

▲ *Toriad ardraws gwreiddyn a choesyn*

Adeiledd sylem

Y prif fathau o gelloedd mewn sylem yw pibellau a thraceidau.

Mae pibellau a thraceidau'n ffurfio system o diwbiau y mae dŵr yn gallu teithio drwyddi. Wrth iddyn nhw aeddfedu a gwahaniaethu, caiff lignin, sylwedd caled a chryf iawn, ei ddyddodi ar eu cellfuriau cellwlos. Wrth i'r lignin gronni o gwmpas y gell bydd y cynnwys yn marw, gan adael gwagle y tu mewn. Mae'r muriau pen yn ymddatod fel bod y celloedd yn ffurfio tiwb parhaus. Mae'r dyddodiadau lignin yn cryfhau'r mur a hefyd yn gwneud y muriau'n anathraidd i ddŵr a hydoddion. Felly, mae gan diwbiau sylem ddwy swyddogaeth: cludiant a rhoi cryfder mecanyddol a chynhaliad i'r planhigyn.

Pwynt astudio

Gan y byddai trylediad yn rhy araf i fodloni anghenion planhigion amlgellog, mae angen system màs-lifiad. Mae planhigion wedi esblygu dwy system neilltuol o diwbiau: sylem i gludo dŵr a halwynau mwynol, a ffloem i gludo swcros ac asidau amino.

Cyngor arholwr

Byddwch yn barod i adnabod mathau o gelloedd mewn arholiad.

Cysylltiad Caiff adeiledd ffloem ei drafod dan destun trawsleoliad ar dudalen 117.

Cysylltiad Caiff trydarthiad ei astudio'n fanwl ar dudalen 113.

▼ *Toriad hydredol sylem*

▼ *Toriad ardraws sylem*

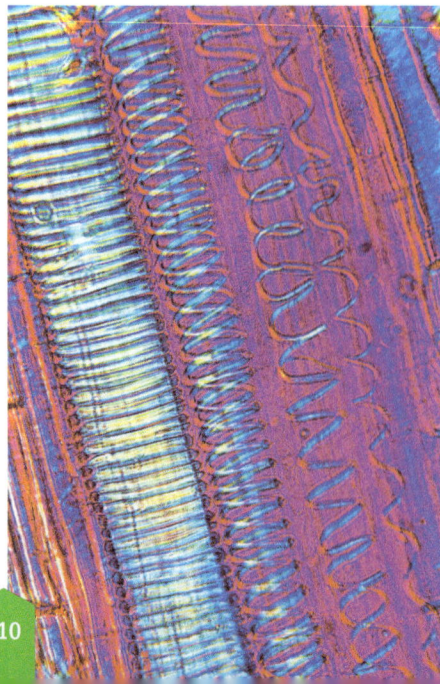

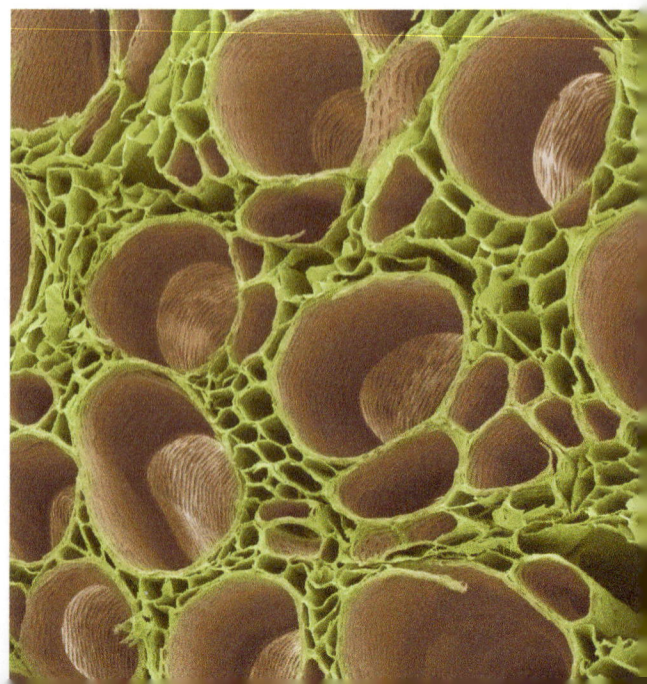

Cludiant yn y sylem

Mewnlifiad dŵr i'r gwreiddiau

Mae planhigion daearol yn wynebu'r un broblem ag anifeiliaid daearol. Mae angen iddyn nhw gadw dŵr, ond mae angen dŵr i gyflawni proses ffotosynthesis sy'n digwydd yn y dail. Rhaid i blanhigion gymryd dŵr o'r pridd drwy'r gwreiddiau a'i gludo i'r dail, lle caiff rhywfaint o'r dŵr ei ddefnyddio i gyflawni ffotosynthesis a lle caiff y gweddill ei golli drwy'r stomata. Rhaid tynnu dŵr o'r pridd yn gyson i gymryd lle'r llawer o ddŵr sy'n cael ei golli drwy stomata'r dail drwy broses **trydarthiad**. Y rhan lle mae'r mewnlifiad mwyaf yn digwydd yw ardal y gwreiddflew lle mae presenoldeb y gwreiddflew'n cynyddu arwynebedd arwyneb y gwreiddyn yn aruthrol.

Term Allweddol

Trydarthiad = Anweddiad dŵr o'r tu mewn i'r dail, drwy'r stomata ac i'r atmosffer.

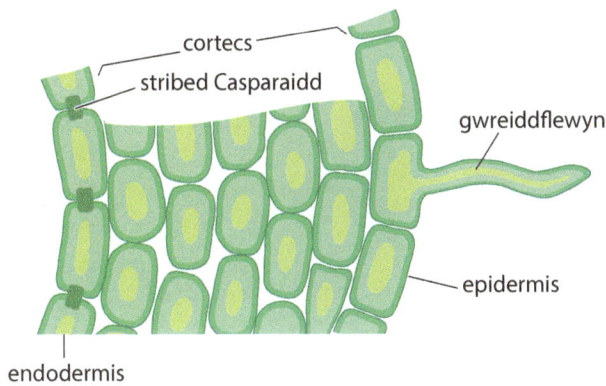

▲ *Cortecs gwreiddyn*

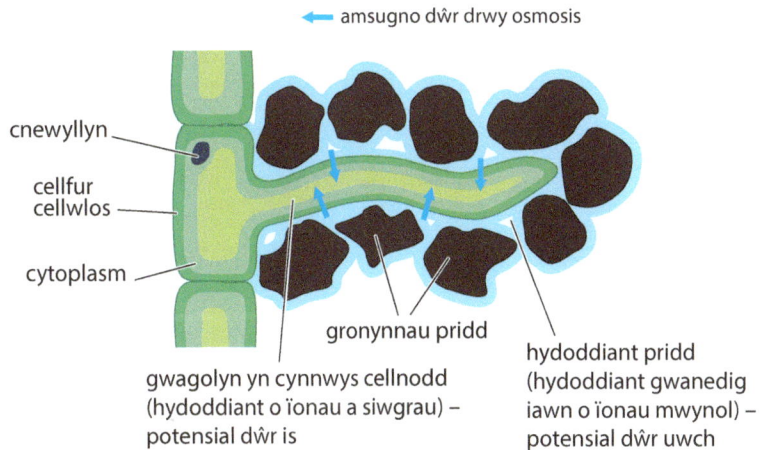

▲ *Amsugno dŵr i gell gwreiddflewyn*

Mae dŵr y pridd yn cynnwys hydoddiant gwan iawn o halwynau mwynol ac felly mae ganddo botensial dŵr uchel. Mae gwagolyn cell gwreiddflewyn yn cynnwys hydoddiant cryf o sylweddau wedi hydoddi ac mae ganddo botensial dŵr isel. Mae dŵr yn llifo i gell gwreiddflewyn i lawr graddiant potensial dŵr, o botensial dŵr uchel i botensial dŵr isel, drwy osmosis. Mae dŵr yn gallu teithio ar draws celloedd cortecs y gwreiddyn ar hyd tri llwybr:

- Yr apoplast – drwy'r cellfur.

- Y symplast – drwy'r cytoplasm a'r plasmodesmata.

- Y llwybr gwagolynnol – o wagolyn i wagolyn.

Fodd bynnag, rydym ni'n ystyried mai'r ddau brif lwybr yw'r llwybrau symplast ac apoplast. Mae'n debyg bod y rhan fwyaf o ddŵr yn dilyn yr ail o'r rhain gan mai dyna'r llwybr cyflymaf.

▼ *Llwybrau cludiant dŵr ar draws cortecs*

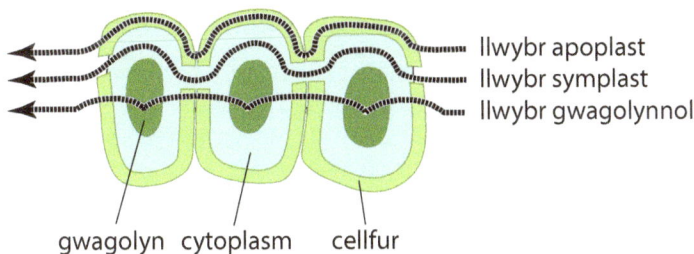

▼ Pwynt astudio

Mae graddiant potensial dŵr yn bodoli ar draws y cortecs. Mae'r potensial dŵr yn uchel yng nghell y gwreiddflewyn ac yn is yn y celloedd cyfagos.

Termau Allweddol

Endodermis = cylch o gelloedd sy'n amgylchynu meinwe'r sylem. Mae eu cellfuriau'n rhoi rhwystr gwrth-ddŵr anathraidd.

Gwasgedd gwraidd = grym sy'n cael ei greu ar waelod tiwb sylem gan fewnlifiad dŵr ar hyd graddiant potensial dŵr.

Cydlyniad = mae moleciwlau dŵr yn tueddu i lynu at ei gilydd.

Adlyniad = mae'r moleciwlau dŵr yn glynu at waliau'r sylem.

Capiaredd = tuedd dŵr i godi mewn tiwbiau cul.

28

Gwirio gwybodaeth

Nodwch y gair neu'r geiriau coll.

Caiff dŵr ei gymryd o'r pridd yn bennaf drwy gelloedd arbenigol o'r enw celloedd ••••. Mae dŵr yn croesi'r cortecs gwreiddyn i lawr graddiant •••• ••••. Mae'r dŵr yn teithio ar hyd dau lwybr yn bennaf, y llwybrau •••• ac apoplast. Ar ôl cyrraedd yr endodermis, mae band o swberin o'r enw •••• •••• yn atal y dŵr rhag defnyddio'r llwybr apoplast.

Mae meinwe sylem i'w chael yng nghanol y gwreiddyn ac mae wedi'i hamgylchynu â haen unigol o gelloedd o'r enw **endodermis**. . Mae cellfuriau'r endodermis yn cael eu trwytho â defnydd cwyraidd o'r enw swberin. Mae hwn yn ffurfio band nodedig sef stribed Casparaidd. Mae'r swberin yn wrth-ddŵr ac mae stribed Casparaidd yn atal defnyddio'r llwybr apoplast. Yr unig ffordd y mae dŵr yn gallu pasio ar draws yr endodermis i'r sylem yw ar hyd y llwybr symplast. Cludiant actif halwynau yw'r mecanwaith mwyaf tebygol o gludo dŵr i'r sylem o'r celloedd endodermaidd. Mae hyn yn egluro pam mae'n rhaid i'r dŵr fynd i gytoplasm y celloedd endodermaidd yn gyntaf. Mae cludiant actif ïonau mwynol i'r sylem drwy'r celloedd endodermaidd yn gostwng potensial dŵr y sylem. Nawr, bydd dŵr yn symud i mewn i'r sylem, drwy osmosis, ar hyd graddiant potensial dŵr. Mae'r graddiant potensial dŵr sy'n cael ei gynhyrchu'n creu grym o'r enw **gwasgedd gwraidd**.

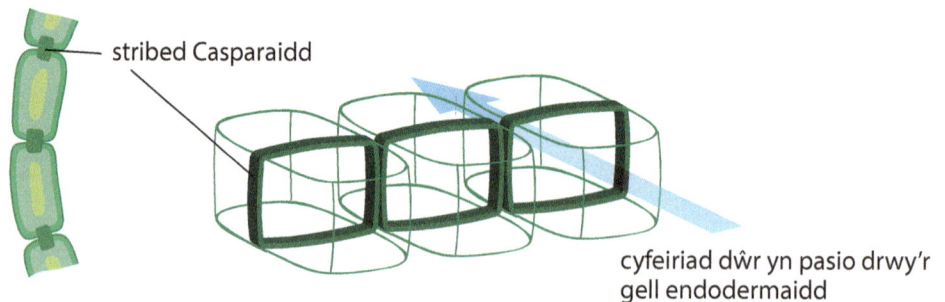

▲ *Cell endodermaidd yn dangos stribed Casparaidd*

Mewnlifiad mwynau

Yn gyffredinol, bydd mwynau'n mewnlifo i'r gwreiddflew drwy gludiant actif o hydoddiant y pridd. Ar ôl iddyn nhw gael eu hamsugno, mae'r ïonau mwynol yn gallu symud ar hyd y llwybr apoplast mewn hydoddiant yn y dŵr sy'n cael ei dynnu i fyny'r planhigyn yn y llif trydarthol. Pan mae'r mwynau'n cyrraedd yr endodermis, mae'r stribed Casparaidd yn eu hatal nhw rhag symud yn bellach ar hyd y cellfuriau. Mae'r ïonau'n mynd i gytoplasm y gell, ac yna'n mynd i'r sylem drwy gyfrwng trylediad neu gludiant actif. Er enghraifft, bydd nitrogen fel arfer yn mynd i'r planhigyn ar ffurf ïonau nitrad/ïonau amoniwm sy'n tryledu ar hyd y graddiant crynodiad i'r llif apoplast, ond yn mynd i'r symplast drwy gyfrwng cludiant actif yn erbyn y graddiant crynodiad ac yna'n llifo drwy blasmodesmata yn y llif cytoplasmig.

Yn yr endodermis, rhaid i ïonau fewnlifo'n actif i fynd heibio i'r stribed Casparaidd, sy'n galluogi mewnlifiad detholus o ïonau i'r planhigyn ar y pwynt hwn.

Symudiad dŵr o wreiddiau i'r dail

Y prif rym sy'n tynnu dŵr i fyny'r coesyn yw trydarthiad. Mae hon yn broses oddefol ac nid oes angen egni arni er mwyn i'r broses ddigwydd.

- Mae dŵr yn teithio yn y sylem i fyny drwy'r coesyn i'r dail, lle mae'r rhan fwyaf ohono'n anweddu o arwyneb mewnol y ddeilen ac yn gadael, ar ffurf anwedd dŵr, i'r atmosffer.

- Mae trydarthiad dŵr o'r dail yn tynnu dŵr ar draws y ddeilen o'r feinwe sylem ar hyd yr un tri llwybr ag yn y gwreiddyn.

- Wrth i foleciwlau dŵr adael celloedd sylem yn y ddeilen, maen nhw'n tynnu moleciwlau dŵr eraill i fyny. Enw'r effaith tynnu hon yw'r tyniad trydarthol, ac mae'r effaith yn bosibl oherwydd y grymoedd **cydlynol** mawr rhwng y moleciwlau dŵr a'r grymoedd **adlynol** sy'n bodoli rhwng y moleciwlau dŵr a leinin hydroffilig y pibellau. Mae'r ddau rym hyn yn cyfuno i gynnal y golofn ddŵr yn y sylem.

- Enw damcaniaeth y mecanwaith sy'n symud y dŵr i fyny'r sylem yw'r ddamcaniaeth cydlyniad-tensiwn.

- Mae **capiaredd** yn rym arall sy'n gallu cyfrannu at godiad dŵr yn y sylem. Mae gweithred capilarïau'n codi dŵr i fyny tiwbiau cul ond mae'n debyg bod y grym hwn yn fwy perthnasol mewn planhigion bach nag mewn coed mawr.

coesyn

sylem y coesyn

deilen

gwagle aer

anwedd dŵr

dŵr yn cael ei dynnu i fyny'r llif trydarthol o ganlyniad i'r grymoedd cydlynol rhwng moleciwlau dŵr

stribed Casparaidd yn atal dŵr rhag symud ar draws cellfur

mewnlifiad osmotig drwy'r gwreiddflewyn

cell endodermaidd

gwreiddyn

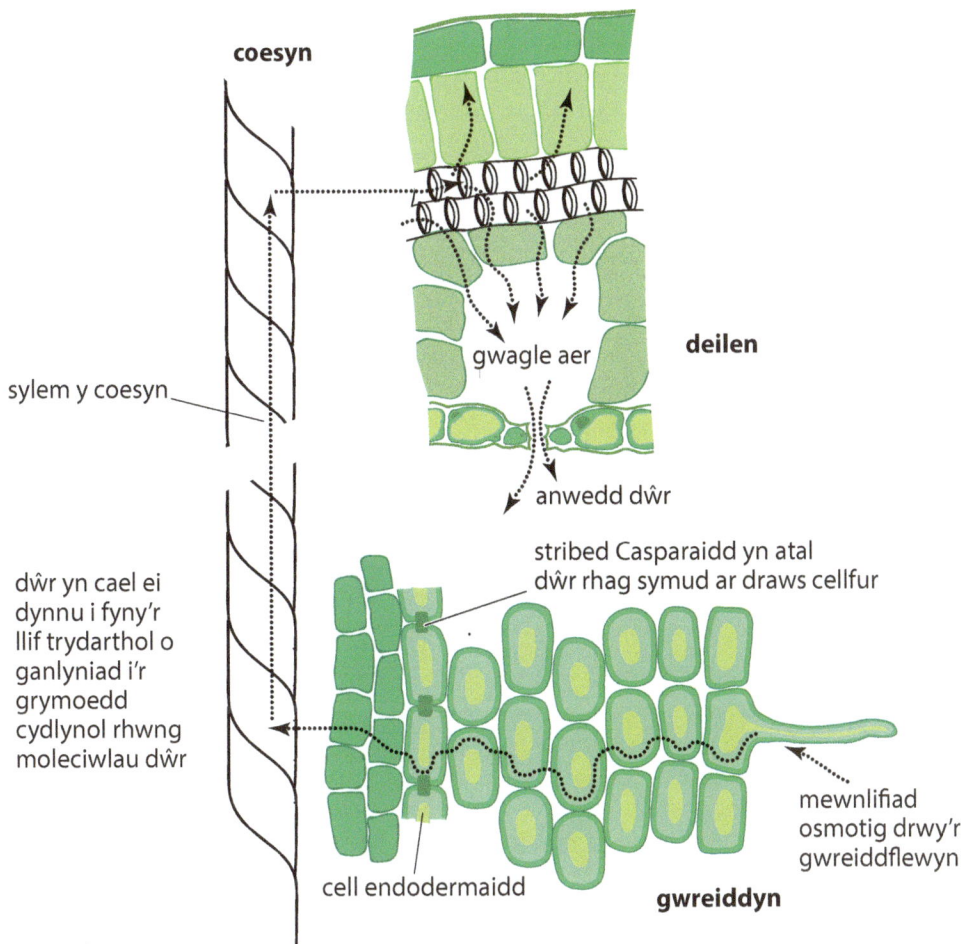

▲ *Crynodeb o gludiant dŵr drwy blanhigyn*

DYLECH CHI WYBOD ›››

››› swyddogaeth trydarthiad yn y planhigyn

››› sut mae ffactorau amgylcheddol yn effeithio ar gyfradd trydarthiad

››› sut mae seroffytau a hydroffytau wedi addasu i fyw mewn cynefinoedd â gwahanol gyflenwadau dŵr

▼ **Pwynt astudio**

Mae tri phrif rym yn cymryd rhan yng nghludiant dŵr o wreiddyn i ddeilen: gwasgedd gwraidd, sy'n 'wthiad', trydarthiad, sy'n 'dyniad' a chapilaredd.

Cyngor arholwr

Mae cludiant dŵr yn bwnc eang. Bydd yn aml yn ymddangos mewn arholiad fel cwestiwn traethawd. Darllenwch y cwestiwn yn ofalus i wneud yn siŵr mai dim ond y deunydd perthnasol y byddwch chi'n ei roi.

Trydarthiad

Mae planhigion tir yn colli anwedd dŵr i'r atmosffer yn gyson. Yn wir, mae tua 99% o'r dŵr sy'n cael ei amsugno gan y planhigyn yn gallu cael ei golli drwy anweddiad o'r dail. Yr enw ar anweddu dŵr o'r tu mewn i'r dail drwy'r stomata i'r atmosffer yw trydarthiad ac mae'n achosi'r llif trydarthol. Rhaid i bob planhigyn gydbwyso mewnlifiad dŵr â cholli dŵr. Os yw planhigyn yn colli mwy o ddŵr nag y mae'n ei amsugno, mae'n gwywo. Os yw planhigyn yn colli gormod o ddŵr, mae'n cyrraedd pwynt pan na all adennill ei chwydd-dyndra ac mae'n marw.

Mae planhigion yn wynebu dilema. Mae angen i'r stomata fod ar agor yn ystod y dydd er mwyn i feinweoedd y ddeilen allu cyfnewid nwyon â'r atmosffer. Fodd bynnag, mae presenoldeb mandyllau yn y dail yn golygu bod dŵr gwerthfawr yn cael ei golli o'r planhigyn. Caiff y rhan fwyaf o'r dŵr ei golli drwy'r stomata, ond mae tua 5% o gyfanswm yr anwedd dŵr sy'n cael ei golli'n gallu mynd drwy epidermis y ddeilen. Mae'r golled hon fel arfer yn cael ei lleihau oherwydd presenoldeb y cwtigl cwyraidd ar arwyneb y dail.

▶ *Symudiad dŵr allan o ddeilen*

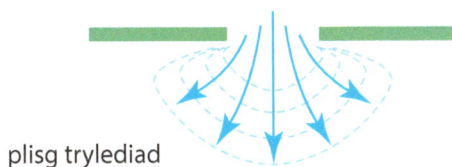

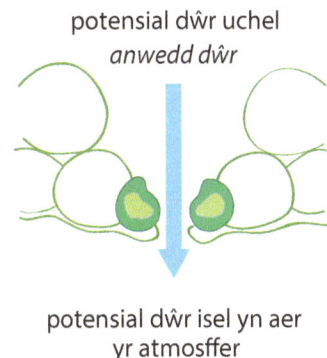

plisg trylediad

potensial dŵr uchel
anwedd dŵr

potensial dŵr isel yn aer yr atmosffer

Cyngor arholwr

Wrth ateb cwestiwn arholiad am ffactor sy'n effeithio ar drydarthiad, peidiwch ag ysgrifennu, er enghraifft, 'tymheredd' yn unig. Nodwch ai tymheredd uchel neu isel sydd dan sylw.

Cysylltiad Mecanwaith agor a chau stomata ar dudalen 94.

Cyngor arholwr

Astudiwch graffiau sy'n dangos sut mae ffactorau amgylcheddol yn effeithio ar gyfradd trydarthiad.

Cyngor arholwr

Mae defnyddio'r term 'plisg trylediad' yn gallu helpu i egluro'r ffactorau sy'n effeithio ar gyfradd trydarthiad. Mewn aer llonydd, mae'r plisg yn aros ar arwyneb y ddeilen, ond bydd gwynt yn eu chwythu nhw i ffwrdd gan gynyddu'r graddiant potensial dŵr.

Ffactorau sy'n effeithio ar y gyfradd trydarthu

Enw cyfradd colli dŵr o blanhigion yw'r gyfradd trydarthu ac mae'n dibynnu ar ffactorau allanol fel tymheredd, lleithder a symudiad aer. Mae unrhyw ffactor sy'n cynyddu'r graddiant potensial dŵr rhwng yr anwedd dŵr yn y ddeilen a'r atmosffer o'i chwmpas yn cynyddu'r gyfradd trydarthu.

- Tymheredd – mae cynnydd mewn tymheredd yn rhoi mwy o egni cinetig i foleciwlau dŵr i symud. Mae'r egni ychwanegol hwn yn cyflymu cyfradd anweddu'r dŵr o waliau'r celloedd mesoffyl ac, os yw'r stomata ar agor, yn cyflymu cyfradd tryledu anwedd dŵr i'r atmosffer o'u cwmpas nhw. Mae potensial dŵr yr atmosffer yn gostwng wrth i'w dymheredd godi, sy'n ei alluogi i ddal mwy o leithder.

- Lleithder – mae'r aer y tu mewn i ddeilen yn ddirlawn ag anwedd dŵr ond mae lleithder yr atmosffer o gwmpas deilen yn amrywio; mae gwerthoedd sydd dros 70% yn brin ym Mhrydain. Felly, mae'r graddiant potensial dŵr rhwng y ddeilen a'r atmosffer yn fawr drwy'r amser a phan fydd y stomata ar agor, mae anwedd dŵr yn tryledu o'r ddeilen yn gyflym.

- Symudiad aer – mae trydarthiad mewn aer llonydd yn arwain at gronni haen o aer dirlawn o gwmpas arwyneb dail. Mae hyn yn rhoi gwrthiant sylweddol i drylediad anwedd dŵr drwy stomata ac felly'n gostwng y gyfradd trydarthu. Mae symudiad yr aer o gwmpas y ddeilen yn lleihau trwch yr haen o aer dirlawn ac yn achosi mwy o drydarthiad.

- Mae arddwysedd golau hefyd yn effeithio ar drydarthiad drwy reoli i ba raddau y mae'r stomata'n agor.

Nid yw'r ffactorau hyn yn gweithredu'n annibynnol; maen nhw'n rhyngweithio â'i gilydd. Er enghraifft, caiff mwy o ddŵr ei golli ar ddiwrnod sych gwyntog nag ar ddiwrnod llaith llonydd. Y rheswm am hyn yw'r potensial dŵr uchel yn y siambr is-stomataidd gan fod waliau'r celloedd mesoffyl sbwngaidd yn ddirlawn â dŵr. Mae'r dŵr yn anweddu o'r waliau ac yn symud i lawr graddiant potensial dŵr o'r planhigyn i'r atmosffer, sydd â chanran lleithder cymharol isel gan fod y gwynt wedi lleihau trwch yr haen o aer dirlawn wrth arwyneb y ddeilen.

Defnyddio potomedr i gymharu cyfraddau trydarthu

Mesur cyfradd mewnlifiad dŵr y mae'r potomedr mewn gwirionedd, ond gan fod tua 99% o'r dŵr y bydd brigyn deiliog yn ei gymryd yn cael ei golli drwy drydarthiad, mae cyfradd mewnlifiad dŵr bron yr un fath â'r gyfradd trydarthu. Gallwn ni ddefnyddio'r potomedr i fesur mewnlifiad dŵr i'r un brigyn o dan wahanol amodau, neu i gymharu brigau deiliog gwahanol rywogaethau o dan yr un amodau.

▼ *Potomedr*

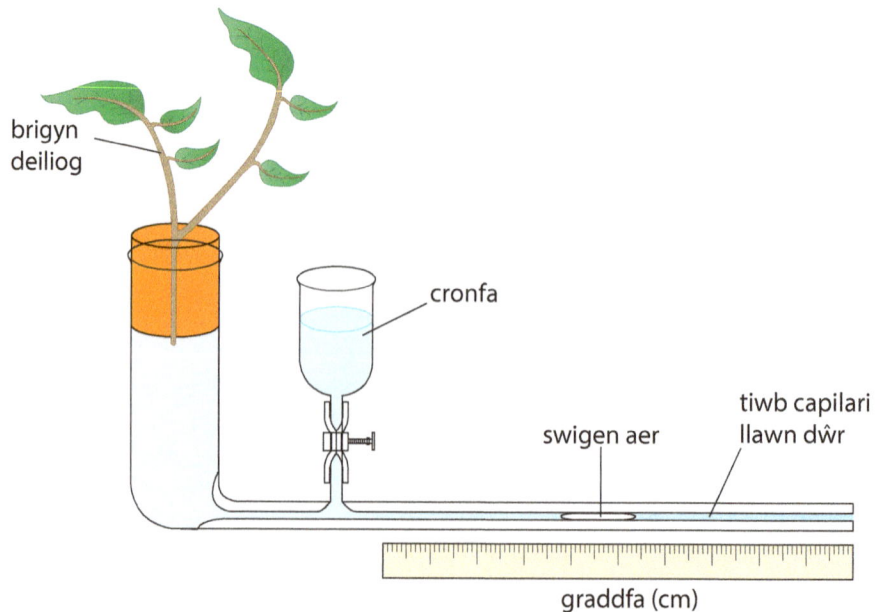

brigyn deiliog
cronfa
swigen aer
tiwb capilari llawn dŵr
graddfa (cm)

Caiff potomedr ei gydosod fel hyn:

- Torri brigyn deiliog o dan ddŵr.

- Llenwi'r cyfarpar yn llwyr â dŵr, gan sicrhau nad oes dim swigod aer.

- O dan ddŵr, gan ddefnyddio'r tiwbin rwber, gosod y brigyn deiliog yn sownd at y potomedr.

- Tynnu'r potomedr a'r brigyn, selio'r uniadau â jeli gwrth-ddŵr a sychu'r dail yn ofalus.

- Rhoi swigen aer yn y tiwb capilari.

- Mesur pa mor bell y mae'r swigen aer yn symud mewn cyfnod penodol.

- Defnyddio'r gronfa ddŵr i symud y swigen aer yn ôl i'r man cychwyn, ailadrodd y mesuriad nifer o weithiau a chyfrifo cymedr.

- Gallwn ni ailadrodd yr arbrawf i gymharu cyfraddau mewnlifiad dŵr o dan wahanol amodau.

Pwynt astudio

Dylech chi gael cyfle i ddefnyddio potomedr yn eich gwaith ymarferol.

Addasiadau planhigion blodeuol i'r cyflenwad dŵr sydd ar gael

Gallwn ni ddosbarthu planhigion yn dri grŵp mewn perthynas â'r prif gyflenwad dŵr: hydroffytau (planhigion dŵr), seroffytau (planhigion sy'n byw mewn amodau lle mae dŵr yn brin) a mesoffytau (planhigion sy'n byw mewn amodau â chyflenwad dŵr digonol). Mae'r rhan fwyaf o blanhigion tir sy'n tyfu mewn ardaloedd tymherus yn perthyn i'r categori olaf. Fel arfer, caiff y dŵr y maen nhw'n ei golli drwy drydarthiad ei adennill yn rhwydd drwy fewnlifiad o'r pridd, felly does dim angen dull arbennig o gadw dŵr arnyn nhw. Os bydd planhigyn o'r fath yn colli gormod o ddŵr, bydd y planhigyn yn gwywo a'r dail yn hongian yn llipa. Bydd arwynebedd arwyneb y ddeilen yn lleihau a bydd ffotosynthesis yn llai effeithlon.

Cyngor arholwr

Mae'n anghywir datgan bod y cwtigl yn atal colledion dŵr; mae'n lleihau colledion dŵr.

Mesoffytau

Mae mesoffytau'n ffynnu mewn cynefinoedd â chyflenwad dŵr digonol. Mesoffytau yw'r rhan fwyaf o blanhigion o ardaloedd tymherus ac, yn bwysicaf, mesoffytau yw'r rhan fwyaf o blanhigion ein cnydau. Maen nhw wedi addasu i dyfu orau mewn priddoedd sy'n cael eu draenio'n dda ac mewn aer cymharol sych. Mae mesoffytau'n colli llawer o ddŵr ond maen nhw'n gallu cau'r stomata i osgoi colli gormod. Mae mewnlifiad dŵr dros nos yn cydbwyso'r dŵr sy'n cael ei golli yn ystod y dydd.

Mae angen i fesoffytau oroesi drwy gyfnodau anffafriol y flwyddyn, yn enwedig pan mae'r tir wedi rhewi.

Pwynt astudio

Mae'r potomedr yn mesur cyfradd amsugno dŵr, ond os yw celloedd y planhigyn yn hollol chwydd-dynn, mae cyfradd amsugno dŵr yn hafal i gyfradd trydarthiad.

- Mae llawer o goed a llwyni'n colli eu dail cyn dechrau'r gaeaf.

- Mewn llawer o blanhigion sydd ddim yn rhai prennaidd, mae'r rhannau sydd yn yr awyr yn marw o ganlyniad i rew neu wyntoedd oer ond mae eu horganau tanddaearol yn goroesi, e.e. bylbiau, cormau.

- Mae'r rhan fwyaf o fesoffytau blynyddol (planhigion sy'n blodeuo, yn cynhyrchu hadau ac yn marw yn yr un flwyddyn) yn goroesi'r gaeaf ar ffurf hadau cwsg.

Seroffytau

Planhigion sy'n dangos addasiadau seromorffig yw seroffytau. Mae'r planhigion hyn wedi addasu i fyw mewn amodau lle nad oes llawer o ddŵr ar gael ac maen nhw wedi addasu eu hadeiledd i osgoi colli gormod o ddŵr. Gallan nhw fyw mewn diffeithwch poeth, sych, mewn mannau oer lle mae dŵr y pridd wedi rhewi am lawer o'r flwyddyn, neu mewn lleoliadau gwyntog agored.

Mae *Ammophila arenaria* (moresg) yn enghraifft o seroffyt sy'n cytrefu twyni tywod o gwmpas yr arfordir. Mae cynefin twyni tywod yn ei gwneud hi'n anodd i'r mesoffyt oroesi am nifer o resymau does dim pridd, mae dŵr glaw'n draenio'n gyflym, mae buanedd y gwynt yn uchel, mae halen yn ewyn y môr sy'n tasgu i'r awyr ac mae diffyg cysgod rhag yr haul.

Pwynt astudio

Mae addasiadau seroffytig fel 'stomata wedi'u suddo' yn lleihau faint o ddŵr sy'n cael ei golli drwy leihau'r graddiant potensial dŵr rhwng yr atmosffer a'r ddeilen.

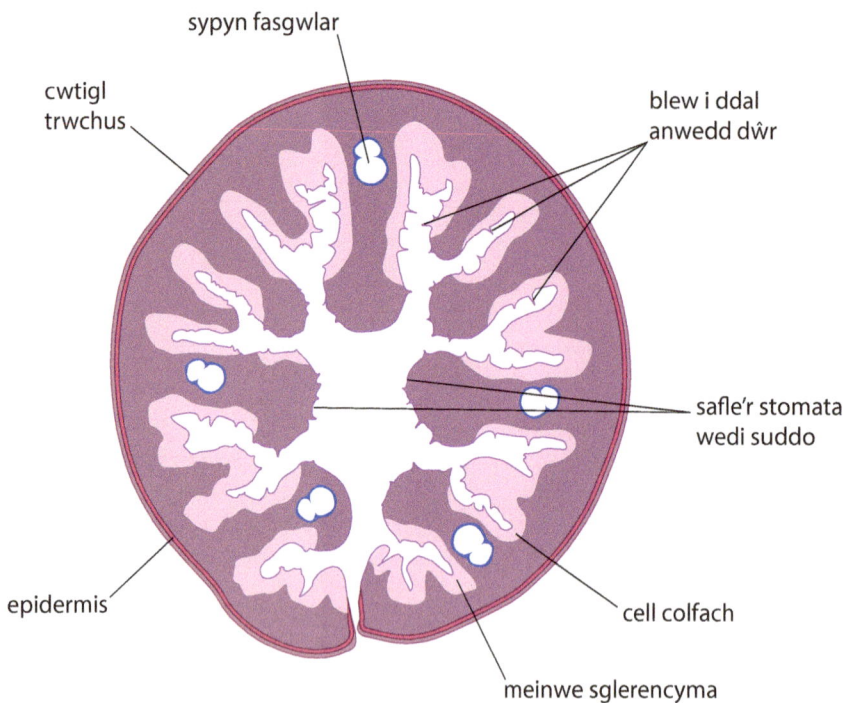

Labels on diagram:
- sypyn fasgwlar
- cwtigl trwchus
- blew i ddal anwedd dŵr
- safle'r stomata wedi suddo
- epidermis
- cell colfach
- meinwe sglerencyma

▲ *Moresg*

Mae moresg yn dangos yr addasiadau canlynol:

- Dail wedi'u rholio – mae celloedd epidermaidd mawr â waliau tenau yng ngwaelod y rhigolau'n crebachu wrth golli dŵr drwy ormod o drydarthiad, sy'n achosi i'r ddeilen rolio arni'i hun. Effaith hyn yw lleihau arwynebedd y ddeilen lle gall trydarthiad ddigwydd.

- Stomata wedi'u suddo – mae'r stomata i'w cael mewn rhigolau ar ochr fewnol y ddeilen. Maen nhw wedi'u lleoli mewn pantiau er mwyn dal aer sy'n cynnwys anwedd dŵr y tu allan i'r stomata. Mae hyn yn lleihau'r graddiant potensial dŵr rhwng y ddeilen a'r atmosffer, sy'n lleihau cyfradd tryledu dŵr.

- Blew – mae blew anystwyth yn cyd-gloi i ddal anwedd dŵr a lleihau'r graddiant potensial dŵr.

- Cwtigl trwchus – mae'r cwtigl yn orchudd cwyraidd dros arwyneb y ddeilen sy'n golygu ei bod hi'n colli llai o ddŵr. Y mwyaf trwchus yw'r cwtigl hwn, yr isaf fydd cyfradd trydarthu drwy'r cwtigl.

Hydroffytau

Mae hydroffytau'n tyfu o dan ddŵr, neu'n rhannol o dan ddŵr. Enghraifft yw'r lili ddŵr, sy'n gwreiddio mewn mwd ar waelod llyn ac sydd â dail yn arnofio ar arwyneb y dŵr. Mae hydroffytau wedi addasu fel hyn:

- Gan fod dŵr yn gyfrwng sy'n eu cynnal nhw, nid oes ganddyn nhw lawer neu ddim meinwe cynnal wedi'i ligneiddio.

- Does dim llawer o angen meinwe cludo gan fod dŵr yn eu hamgylchynu nhw, felly nid yw'r sylem wedi'i ddatblygu'n dda.

- Ychydig iawn o gwtigl, neu ddim o gwbl, ar eu dail.

- Stomata ar arwyneb uchaf y dail.

- Gwagleoedd aer mawr yn y coesynnau a'r dail, sy'n ffurfio cronfa o ocsigen a charbon deuocsid. Mae'r nwyon hyn hefyd yn rhoi hynofedd (*buoyancy*) i feinweoedd y planhigyn pan maen nhw mewn dŵr.

29 Gwirio gwybodaeth

Nodwch y gair neu'r geiriau coll.

Mae dŵr yn anweddu o waglynnau aer deilen drwy broses o'r enw ••••, sy'n digwydd yn bennaf drwy fandyllau o'r enw •••• sydd wedi'u lleoli yn yr epidermis isaf. Yr enw ar blanhigion sy'n byw mewn amodau lle nad oes llawer o ddŵr ar gael yw ••••. Yn nodweddiadol, mae ganddyn nhw stomata •••• •••• a •••• cwyraidd trwchus sy'n lleihau colledion dŵr. Yr enw ar blanhigion sy'n tyfu dan ddŵr yw ••••.

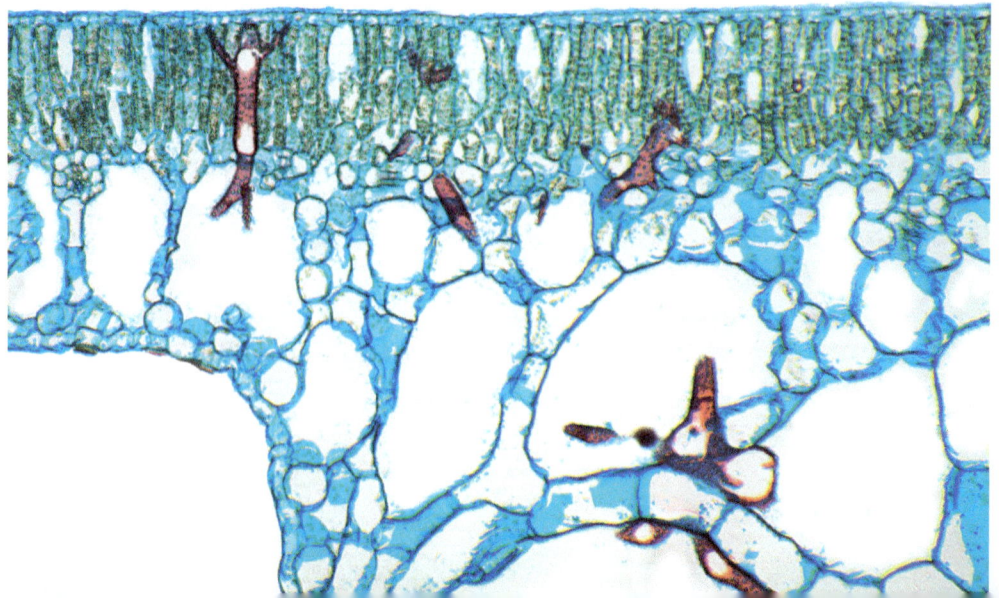

▶ *Hydroffyt*

Trawsleoliad

Caiff cynhyrchion ffotosynthesis eu cludo yn y ffloem, oddi wrth safle synthesis yn y dail, y 'ffynhonnell', i bob rhan arall o'r planhigyn lle maen nhw'n cael eu defnyddio i dyfu neu eu storio, y 'suddfannau'. Mewn planhigion, rydym ni'n galw cludiant y defnyddiau organig hydawdd hyn, swcros ac asidau amino, yn drawsleoliad.

Adeiledd ffloem

Mae ffloem yn feinwe fyw ac mae'n cynnwys llawer math o gelloedd; y prif rai yw tiwbiau hidlo a chymargelloedd.

Y tiwbiau hidlo yw unig gydrannau ffloem sydd wedi'i haddasu'n amlwg ar gyfer llif hydredol defnyddiau. Maen nhw'n cael eu ffurfio o gelloedd o'r enw elfennau hidlo wedi'u gosod ben wrth ben. Nid yw waliau'r ddau ben yn ymddatod ond mae mandyllau'n mynd drwyddyn nhw. Enw'r mannau hyn yw platiau hidlo. Mae ffilamentau cytoplasmig sy'n cynnwys protein ffloem yn ymestyn o un gell hidlo i'r nesaf drwy'r mandyllau yn y plât hidlo. Does gan y tiwbiau hidlo ddim cnewyllyn ac wrth iddyn nhw ddatblygu mae'r rhan fwyaf o organynnau eraill y gell yn ymddatod. Mae cysylltiad agos rhwng pob elfen tiwb hidlo ac o leiaf un gymargell, sy'n cynnwys cytoplasm trwchus, cnewyllyn mawr canolog, llawer o fitocondria, gyda phlasmodesmata'n eu cysylltu nhw ag elfen y tiwb hidlo.

DYLECH CHI WYBOD ›››

››› adeiledd tiwbiau hidlo a chymargelloedd fel y maen nhw'n ymddangos dan ficrosgop golau a microsgop electron

››› bod trawsleoliad yn cludo swcros ac asidau amino o ffynonellau i suddfannau

››› bod tystiolaeth arbrofol gan ddefnyddio pryfed gleision ac awtoradiograffau wedi'i defnyddio i ddangos mai ffloem yw'r feinwe sy'n cludo'r defnyddiau

››› bod nifer o wahanol ddamcaniaethau wedi cael eu hawgrymu i egluro proses trawsleoliad

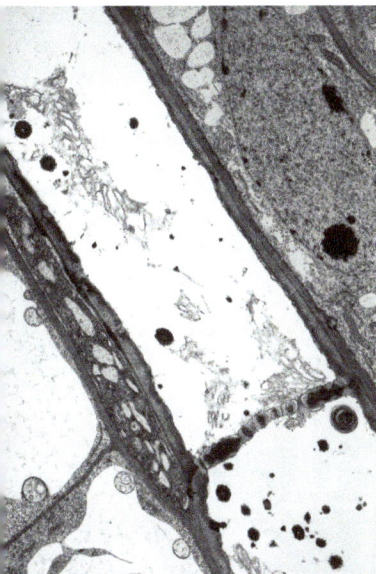

▲ *Toriad hydredol ffloem*

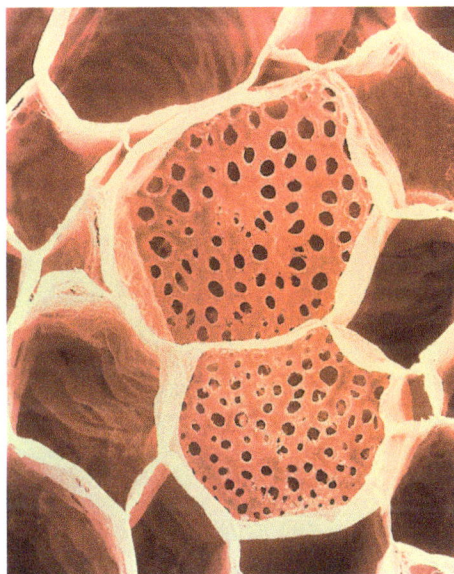

▲ *Plât hidlo*

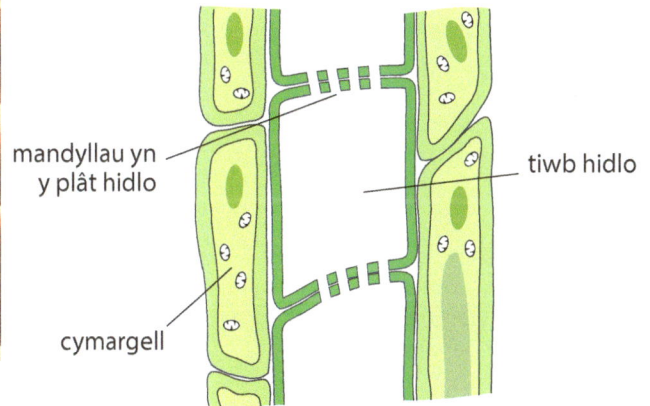

mandyllau yn y plât hidlo

tiwb hidlo

cymargell

▲ *Meinwe ffloem*

Cludiant yn y ffloem

Mae tystiolaeth arbrofol yn awgrymu mai'r ffloem yw'r feinwe sy'n ymwneud â thrawsleoli sylweddau organig. Mae llawer o wahanol dechnegau wedi cael eu defnyddio:

▪ Cafwyd tystiolaeth gynnar o arbrofion modrwyo lle cafodd silindrau o feinwe rhisgl allanol (tynnu'r ffloem) eu tynnu oddi ar goesynnau prennaidd cyn dadansoddi cynnwys y ffloem uwchlaw ac islaw'r silindr yn ddiweddarach.

▪ Yn fwy diweddar, defnyddiwyd techneg olinyddion ymbelydrol gan ddefnyddio metabolynnau wedi'u labelu a phryfed gleision. Mae gan bryfed gleision ên-rannau gwag tebyg i nodwydd sy'n ffurfio stylet gwag tebyg i diwb. Mae'n rhoi hwn mewn tiwbiau hidlo i fwydo ar y nodd. I samplu nodd y ffloem, caiff y pryf glas ei anestheteiddio a bydd y stylet yn cael ei dorri i ffwrdd, gan ei adael yn sownd yn y planhigyn. Gan fod y nodd dan wasgedd, mae'n dod allan drwy'r tiwb tenau hwn a gallwn ni ei gasglu a'i ddadansoddi. Mae'r arbrofion hyn wedi galluogi gwyddonwyr i ddangos bod trawsleoliad yn broses gyflym – llawer rhy gyflym i'w hegluro gan drylediad.

▼ Pwynt astudio

Lluniadwch dabl i gymharu tiwbiau sylem a thiwbiau hidlo.

Cyngor arholwr
Caiff swcros ac asidau amino eu cludo yn y ffloem. Mae'n anghywir dweud mai siwgr sy'n cael ei gludo.

Sut mae Gwyddoniaeth yn Gweithio

Nid oes eglurhad boddhaol wedi'i roi o fecanwaith trawsleoliad mewn planhigyn. Mae'r ddamcaniaeth màs-lifiad yn awgrymu mai proses oddefol ydyw ond mae gwaith diweddarach yn awgrymu bod proses actif yn digwydd.

- Mae labelu radioisotop yn dechneg lle caiff carbon deuocsid wedi'i labelu â charbon ymbelydrol, ei gyflenwi i ddeilen planhigyn wedi'i goleuo. Caiff y carbon ymbelydrol ei sefydlogi yn y siwgr sy'n cael ei gynhyrchu mewn ffotosynthesis a gallwn ni ddefnyddio awtoradiograffeg i olrhain ei drawsleoliad i rannau eraill o'r planhigyn. Caiff y ddeilen 'ffynhonnell' a'r meinweoedd 'suddfan' eu gosod yn gadarn ar ffilm ffotograffig yn y tywyllwch am 24 awr. Pan gaiff y ffilm ei datblygu, mae presenoldeb ymbelydredd mewn rhannau o'r feinwe'n ymddangos fel 'niwl' ar y negatifau. Mae'r dechneg yn dangos bod siwgr yn cael ei gludo tuag i fyny a thuag i lawr, gan fod yr ymbelydredd yn ymddangos yn y rhannau o'r planhigyn sy'n uwch na'r tir ac yn y gwreiddiau. Mewn awtoradiograff o doriad ardraws o goesyn planhigyn wedi'i drin, dim ond lle daeth y ffloem i gysylltiad â'r ffilm y mae'r niwl i'w weld.

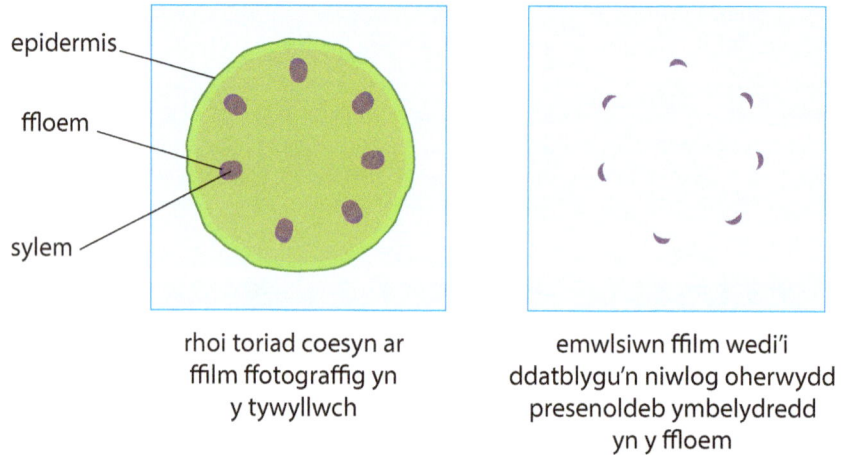

rhoi toriad coesyn ar ffilm ffotograffig yn y tywyllwch

emwlsiwn ffilm wedi'i ddatblygu'n niwlog oherwydd presenoldeb ymbelydredd yn y ffloem

▲ Awtoradiograff

Damcaniaethau trawsleoliad

Y brif ddamcaniaeth sydd wedi'i chynnig i egluro cludiant hydoddion organig yw rhagdybiaeth màs-lifiad (1937). Mae'r ddamcaniaeth hon yn awgrymu bod màs-lifiad goddefol o siwgrau o ffloem y ddeilen, lle mae'r crynodiad ar ei uchaf (y ffynhonnell), i fannau eraill, fel meinweoedd sy'n tyfu, lle mae'r crynodiad yn is (y suddfan).

Dyma ddiagram o fodel màs-lifiad:

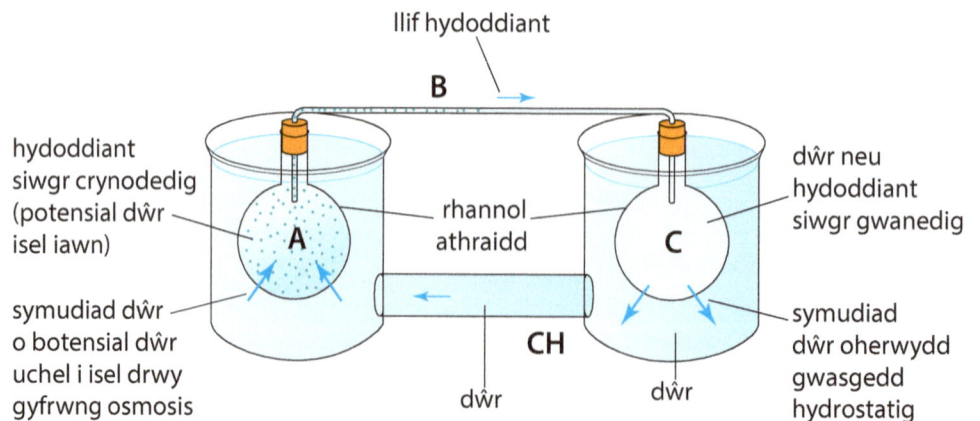

▲ Màs-lifiad

Mae ardal A yn cynrychioli celloedd dail, ffynhonnell siwgr sy'n cael ei wneud drwy ffotosynthesis.

Mae C yn suddfan lle caiff siwgr ei dynnu allan.

Mae B yn cynrychioli'r ffloem sy'n cysylltu'r ffynhonnell â'r suddfan.

Mae CH yn cynrychioli'r sylem sy'n dod â'r dŵr yn ôl i'r ffynhonnell.

Pan gaiff siwgr ei wneud yn A, mae'r potensial dŵr yn mynd yn fwy negatif ac mae dŵr yn llifo i mewn drwy gyfrwng osmosis. Mae dŵr hefyd yn llifo i C ond i raddau llai nag i A, gan fod y potensial dŵr yn llawer uwch. Wrth i ddŵr lifo i mewn i A, mae gwasgedd hydrostatig yn cronni gan orfodi'r siwgr mewn hydoddiant i B. Mae màs-lifiad yr hydoddiant yn digwydd ar hyd B i C. Mae hyn yn gorfodi dŵr allan o C i CH.

Mae nifer o ddadleuon yn erbyn damcaniaeth màs-lifiad. Mae'r rhain yn cynnwys:

- Mae cyfradd cludiant mewn ffloem tua 10,000 gwaith yn gyflymach nag y byddai pe bai'r sylweddau'n symud drwy gyfrwng trylediad.

- Nid yw'n egluro presenoldeb y platiau hidlo; mae'n ymddangos bod y rhain yn gweithredu fel cyfres o rwystrau i atal y llif.

- Rydym ni wedi arsylwi swcros ac asidau amino'n symud ar gyfraddau gwahanol ac i gyfeiriadau gwahanol yn yr un feinwe.

- Mae meinwe ffloem yn defnyddio ocsigen yn gymharol gyflym, ac mae trawsleoliad yn arafu neu'n stopio'n llwyr os aiff gwenwynau resbiradol fel potasiwm cyanid i'r ffloem.

- Mae'r cymargelloedd yn cynnwys llawer o fitocondria ac yn cynhyrchu egni ond nid yw'r rhagdybiaeth màs-lifiad yn awgrymu beth yw swyddogaeth y cymargelloedd.

Mae damcaniaethau sydd wedi'u cynnig yn ddiweddar yn awgrymu:

- Efallai fod proses actif yn digwydd.

- Mae ffrydio cytoplasmig wedi'i arsylwi yn y tiwbiau hidlo unigol. Gallai hynny fod yn gyfrifol am y symudiadau i'r ddau gyfeiriad ar hyd tiwbiau hidlo unigol, cyn belled â bod rhyw fecanwaith i gludo hydoddion ar draws y platiau hidlo.

- Mae rhai gwyddonwyr wedi arsylwi ffilamentau protein yn pasio drwy'r mandyllau hidlo ac yn awgrymu bod hydoddion gwahanol yn cael eu cludo ar hyd ffilamentau gwahanol.

30

Gwirio gwybodaeth

Nodwch y gair neu'r geiriau coll.

Trawsleoliad yw cludiant hydoddion organig fel •••• ac asidau amino oddi wrth safle synthesis yn y ddeilen, sef y '••••', i bob rhan arall o'r planhigyn lle maen nhw'n cael eu defnyddio ar gyfer twf neu storio, y '••••'. Caiff cynhyrchion ffotosynthesis eu cludo yn y celloedd ffloem o'r enw •••• •••• .

▼ Pwynt astudio

Does dim gofyn i chi roi manylion unrhyw un o'r damcaniaethau hyn.

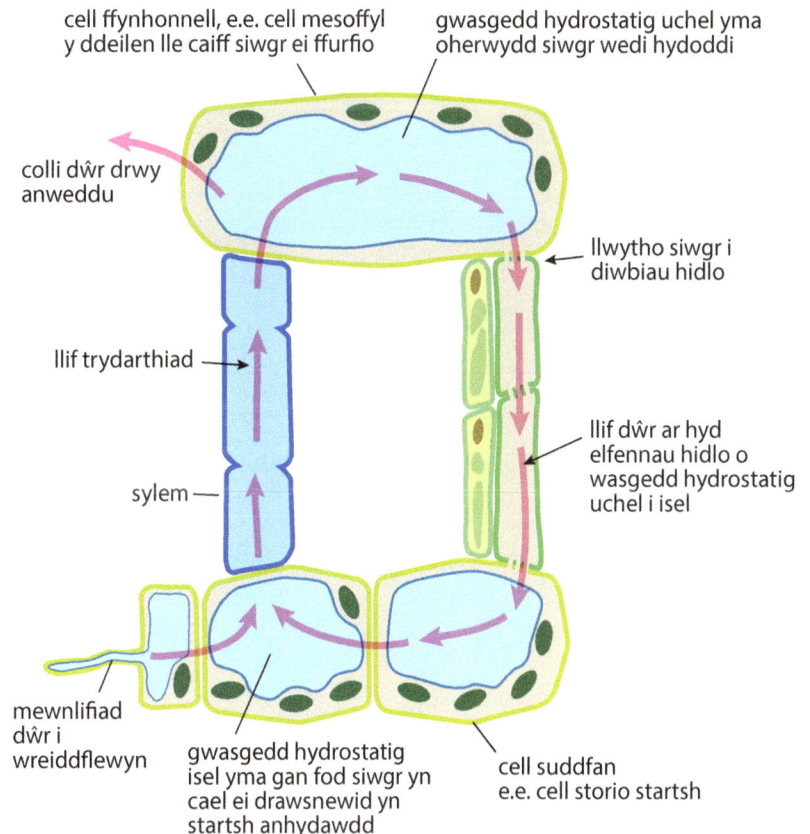

cell ffynhonnell, e.e. cell mesoffyl y ddeilen lle caiff siwgr ei ffurfio

gwasgedd hydrostatig uchel yma oherwydd siwgr wedi hydoddi

colli dŵr drwy anweddu

llwytho siwgr i diwbiau hidlo

llif trydarthiad

llif dŵr ar hyd elfennau hidlo o wasgedd hydrostatig uchel i isel

sylem

mewnlifiad dŵr i wreiddflewyn

gwasgedd hydrostatig isel yma gan fod siwgr yn cael ei drawsnewid yn startsh anhydawdd

cell suddfan e.e. cell storio startsh

▶ *Ffynonellau a suddfannau mewn mas-lifiad*

Cludiant mewn anifeiliaid a phlanhigion

1 (a)   Mae'r diagramau'n dangos toriadau ardraws drwy wythïen a rhydweli (heb eu lluniadu wrth yr un raddfa).

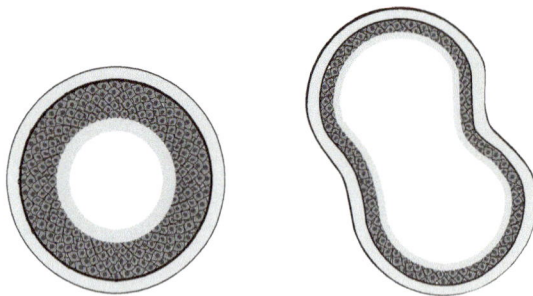

   Nodwch dri gwahaniaeth rhwng y rhydweli a'r wythïen y gallwch eu gweld yn y diagramau. (3)

(b)   Mae gan wythiennau hefyd falfiau i atal ol-lifiad gwaed.

 (i)   Eglurwch sut mae falf mewn gwythïen yn atal ôl-lifiad gwaed. (2)

 (ii)   Nid oes falfiau yn y gwythiennau sydd yn y pen dynol. Awgrymwch reswm pam nad oes falfiau. (1)

 (iii)   Mae gwythiennau'n cario gwaed yn ôl i'r galon. Eglurwch sut y mae gwaed yn cael ei wthio tuag at y galon yn y gwythiennau sydd yn y coesau. (2)

(c)   Un o swyddogaethau celloedd coch y gwaed yw cludo ocsigen o'r ysgyfaint i feinweoedd sy'n resbiradu.

 (i)   Eglurwch sut mae celloedd coch y gwaed wedi'u haddasu i gyflawni'r swyddogaeth hon. (3)

 (ii)   Nodwch un swyddogaeth arall sydd gan gelloedd coch y gwaed. (1)

2 (a)   Disgrifiwch beth yw ystyr y term system cylchrediad dwbl mewn mamolyn a disgrifiwch ddwy o fanteision system o'r fath. (4)

(b)   Cwblhewch y tabl i roi manylion am y pedair pibell waed sydd wedi'u rhestru. Lle bo'n briodol, enwch siambr berthnasol y galon. (4)

Pibell waed	Yn cludo gwaed o	Yn cludo gwaed i	Gwaed yn ocsigenedig/ deocsigenedig	Pwysedd yn uchel/isel
Aorta				
Fena cafa				
Rhydweli ysgyfeiniol				
Gwythïen ysgyfeiniol				

(c)   Disgrifiwch swyddogaeth capilarïau. (3)

3 Mae'r diagram isod yn dangos y pwysedd gwaed mewn pibell waed mewn gwahanol fannau ar ei hyd.

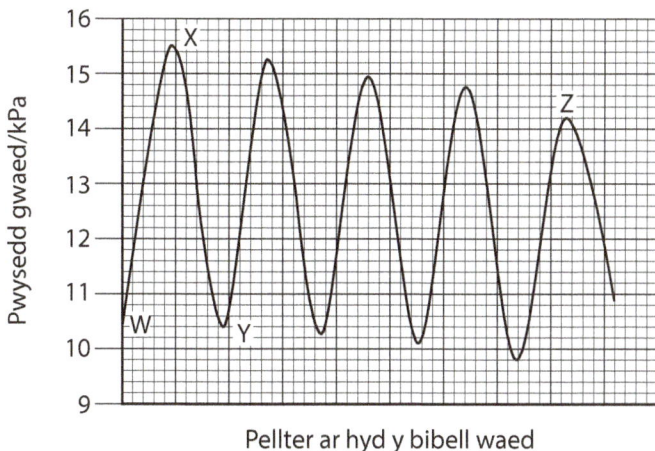

Pellter ar hyd y bibell waed

(a) Enwch y math o bibell waed lle byddai'r mesuriadau wedi'u gwneud. (1)

(b) Beth yw'r gwahaniaeth mewn pwysedd gwaed rhwng W ac X? (1)

(c) Beth sy'n achosi'r cynnydd mewn pwysedd gwaed rhwng W ac X? (1)

(ch) Eglurwch y gostyngiad yn y pwysedd gwaed rhwng X ac Y. (1)

(d) Awgrymwch pam mae uchafswm cyffredinol y pwysedd gwaed yn gostwng rhwng X a Z. (2)

4 Mae'r diagram o'r gylchred gardiaidd yn dangos newidiadau mewn gwasgedd yn yr aorta, y fentrigl chwith a'r atriwm chwith yn ystod cylchred sengl o gyfangu a llaesu cardiaidd.

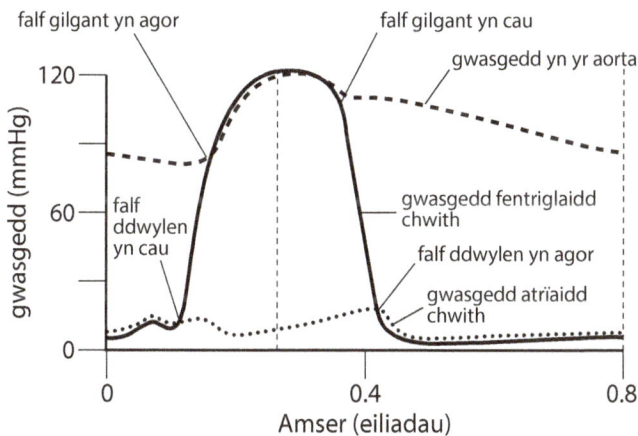

(a) Pam mae'r gwasgedd yn y fentrigl yn gostwng i sero, tra nad yw'r gwasgedd yn yr aorta'n gostwng yn is na 80 mmHg? (2)

(b) Gan ddefnyddio'r wybodaeth yn y diagram, cyfrifwch gyfradd curiad y galon mewn un munud. Dangoswch eich gwaith cyfrifo. (2)

(c) Mae'r tabl yn dangos y gwasgedd mewn gwahanol rannau o'r galon:

Rhan o'r galon	Gwasgedd uchaf (mmHg)
Atriwm de	4
Fentrigl de	25
Rhydweli ysgyfeiniol	25
Atriwm chwith	10
Fentrigl chwith	120
Aorta	120

Gan ddefnyddio'r wybodaeth yn y tabl, eglurwch y gwahaniaeth mewn gwasgedd rhwng yr atriwm chwith, y fentrigl chwith a'r fentrigl de. (3)

Cwestiynau ymarfer ar gyfer yr arholiad

5 Mae'r graff yn dangos cromlin ddaduniad ocsigen ar gyfer haemoglobin oedolyn dynol normal (A) a haemoglobin *Arenicola* (lygwn) (B). Mae *Arenicola* yn byw mewn tywod mwdlyd ar lan y môr.

(a) Beth yw mantais y gromlin haemoglobin siâp S?

  (i) Yn y meinweoedd (1)

  (ii) Yn yr ysgyfaint (1)

(b) (i) Beth fyddai'r effaith ar y gromlin haemoglobin ddynol A pe bai crynodiad carbon deuocsid yn cynyddu? (1)

  (ii) Enwch yr effaith hon. (1)

(c) (i) Mae cromlin *Arenicola* i'r chwith o haemoglobin dynol. Beth yw mantais hyn i'r lygwn? (1)

  (ii) Beth mae hyn yn ei awgrymu am yr amodau lle mae *Arenicola* yn byw? (1)

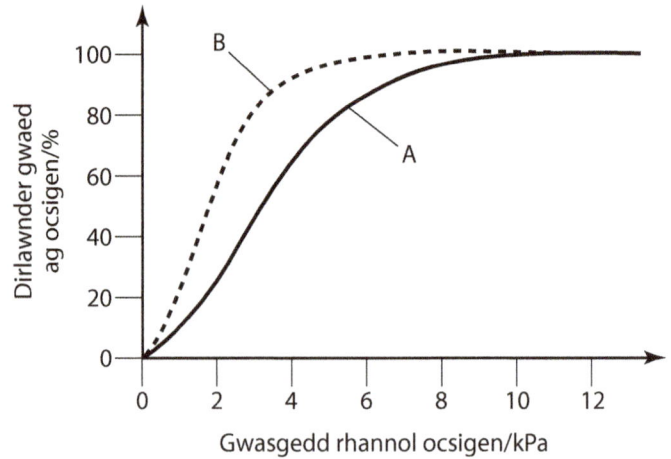

6 Mae'r diagram yn dangos calon ddynol mewn systole atrïaidd.

(a) (i) Yn ystod y gylchred gardiaidd, mae gwasgedd y gwaed ym mhibell B yn uwch na gwasgedd y gwaed ym mhibell A. Eglurwch beth sy'n achosi'r gwahaniaeth gwasgedd hwn. (1)

  (ii) Yn y cyfnod yn y gylchred gardiaidd yn y diagram, sut mae'r gwasgedd yn yr atria'n cymharu â'r gwasgedd yn y fentriglau? Eglurwch eich ateb. (2)

(b) Mae rhannau X ac Y yn ymwneud â chyd-drefnu curiad y galon. Enwch rannau X ac Y. (2)

(c) Mae'r don o weithgarwch trydanol sy'n cyd-drefnu curiad y galon yn oedi ychydig yn ardal X. Yna mae'n symud ar hyd rhan Y at waelod y fentriglau.

  (i) Eglurwch bwysigrwydd yr oediad byr yn ardal X. (2)

  (ii) Eglurwch bwysigrwydd pasio'r gweithgarwch trydanol i waelod y fentriglau. (2)

(ch) Eglurwch pam mae trawiad ar y galon sy'n ymwneud â'r celloedd cyhyr yn ardal S yn debygol o fod yn llawer mwy difrifol nag un sy'n ymwneud â chelloedd yn ardal T. (1)

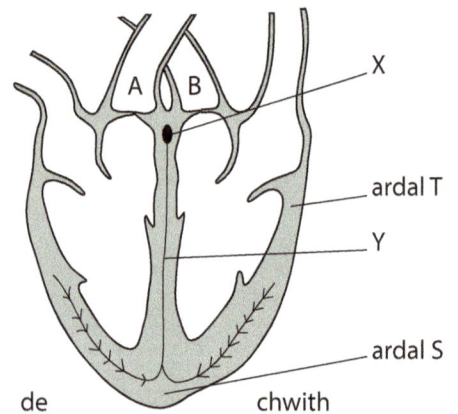

7 Mae'r diagram yn dangos lluniad 3 dimensiwn o ddarn o goesyn.

(a) Enwch y celloedd A, B ac C a nodwch un o swyddogaethau pob un. (6)

(b) Mae gan gell A gellfur eilaidd sy'n cynnwys y sylwedd lignin. Eglurwch swyddogaeth y defnydd hwn yn y cellfur. (2)

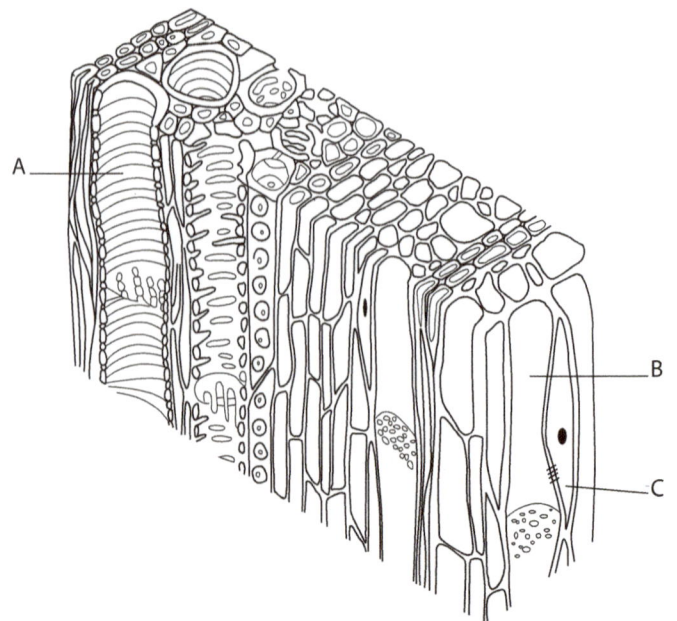

8 Mae nifer o rymoedd yn ymwneud â symudiad dŵr i fyny sylem coesyn. Mae'r ddamcaniaeth cydlyniad-tensiwn yn cynnig un eglurhad.

(a) Eglurwch beth yw ystyr cydlyniad. (1)

(b) Eglurwch sut mae tensiwn yn cael ei greu. (2)

(c) Pa rym ychwanegol sy'n helpu i gynnal y moleciwlau dŵr yn y sylem yn erbyn grym disgyrchiant? (1)

(ch) (i) Mae grym bach cyson ychwanegol yn dylanwadu ar y symudiad dŵr am i fyny yn ystod y cyfnod o 24 awr. Enwch y grym hwn. (1)

(ii) Sut mae'r grym hwn yn cael ei greu? (2)

---

9 (a) Mae'r diagram yn dangos deilen sy'n dod o blanhigyn sy'n byw mewn amgylchedd poeth a sych.

(i) Nodwch yr enw sy'n cael ei roi i'r mathau o blanhigyn sy'n byw mewn amgylcheddau poeth a sych. (1)

(ii) Nodwch dair o nodweddion y ddeilen sy'n galluogi'r planhigyn i fyw mewn amodau poeth, sych, ac eglurwch sut mae pob un o'r nodweddion hyn yn helpu'r planhigyn i fyw yn ei amgylchedd. (3)

epidermis

epidermis

(b) Mae'r ffotograff yn dangos toriad drwy ddeilen *Nymphaea*.

(i) Pa fath o blanhigyn yw *Nymphaea* ? (1)

(ii) Nodwch dri o addasiadau planhigion fel *Nymphaea* i fyw mewn amgylchedd dyfrol, a nodwch pam mae pob un yn bwysig. (3)

---

10 Cynhaliwyd arbrawf lle cafodd $^{14}CO_2$ ei roi ar un o ddail planhigyn a gafodd ei gadw yn y golau. Wedi hynny, cafodd dosbarthiad y ^{14}C drwy'r planhigyn ei fonitro ac mae wedi'i ddangos yn y diagram. (Mae'r ffigurau mewn unedau mympwyol.)

(a) Nodwch enw'r sylwedd y caiff ^{14}C ei gludo ynddo yn y coesyn. (1)

(b) Eglurwch sut mae'r canlyniadau'n dangos bod llif i'r ddau gyfeiriad yn digwydd yn y coesyn. (2)

(c) (i) Eglurwch werth cymharol uchel y ^{14}C sydd i'w gael ar dop y coesyn. (2)

(ii) Nodwch yr enw cyffredinol sy'n cael ei roi i fannau lle mae dadlwytho carbohydrad yn digwydd. (1)

3.24

2.54

0.24

0.54

0.94

---

11 Mae gan blanhigion ddwy wahanol system gludo. Disgrifiwch sut mae adeiledd y naill a'r llall wedi'i addasu i'w swyddogaethau. (10)

Strategaethau atgenhedlu

Gallwn ni ddiffinio cylchred bywyd organeb fel y dilyniant o newidiadau sy'n digwydd iddi yn ystod ei bywyd, o'i tharddiad mewn proses atgenhedlu hyd at ei marwolaeth. Er mwyn i rywogaeth oroesi, rhaid iddi gynhyrchu unigolion newydd.

Atgenhedlu yw'r gallu i gynhyrchu unigolion eraill o'r un rhywogaeth ac mae'n un o nodweddion sylfaenol pethau byw. Gellir cynhyrchu unigolion newydd drwy atgenhedlu rhywiol neu anrhywiol, neu, mewn rhai rhywogaethau, drwy'r ddau ddull. Mae atgenhedlu anrhywiol yn llawer llai cyffredin mewn anifeiliaid nag ydyw mewn planhigion, protoctistau a phrocaryotau.

Cynnwys y pwnc

Erbyn diwedd y testun hwn, dylech chi allu gwneud y canlynol:

- Disgrifio egwyddorion atgenhedlu anrhywiol a rhywiol mewn planhigion ac anifeiliaid.
- Disgrifio eu manteision a'u hanfanteision cymharol.
- Disgrifio addasiadau gwahanol grwpiau o fertebratau i fywyd ar y tir.
- Disgrifio pwysigrwydd ffrwythloniad a datblygiad mewnol i organebau daearol.
- Disgrifio pryfed fel grŵp sydd wedi cytrefu'r tir yn llwyddiannus.
- Disgrifio metamorffosis cyflawn ac anghyflawn mewn pryfed.
- Cymharu strategaethau atgenhedlu planhigion ac anifeiliaid.
- Rhoi rhesymau am lwyddiant planhigion blodeuol.

Atgenhedlu rhywiol ac anrhywiol

Mae planhigion ac anifeiliaid yn atgenhedlu mewn dwy ffordd. Mae rhai organebau, fel bacteria a burum, yn atgenhedlu'n anrhywiol; mae anifeiliaid mwy datblygedig yn atgenhedlu'n rhywiol yn unig; mae planhigion blodeuol yn gallu atgenhedlu'n rhywiol ac yn anrhywiol.

Atgenhedlu anrhywiol

Mae atgenhedlu anrhywiol yn cynhyrchu niferoedd mawr o unigolion yn gyflym sydd i gyd â'r un cyfansoddiad genynnol â'i gilydd. Yr enw ar grŵp o epil â genynnau unfath sy'n cael ei gynhyrchu fel hyn yw **clôn**. Mae enghreifftiau o ddulliau anrhywiol mewn anifeiliaid yn cynnwys ymholltiad deuaidd a blaguro. Enghreifftiau mewn planhigion yw: bylbiau, e.e. cennin Pedr; ymledyddion, e.e. mefus; cloron, e.e. tatws.

Atgenhedlu rhywiol

Mae atgenhedlu rhywiol fel arfer yn cynnwys dau riant, mae'n arafach nag atgenhedlu anrhywiol ac mae'n cynhyrchu epil â genynnau gwahanol. Mae corffgelloedd diploid yn cynhyrchu celloedd rhyw, neu gametau, haploid. Mae gametau haploid yn uno â'i gilydd.

Manteision ac anfanteision atgenhedlu rhywiol ac anrhywiol

Mewn atgenhedlu anrhywiol, mae diffyg amrywiaeth yn anfantais wrth addasu i newid amgylcheddol. Prif fantais atgenhedlu anrhywiol yw bod un unigolyn â nodweddion genetig sydd wedi eu haddasu i amodau penodol yn gallu cynhyrchu niferoedd mawr o'r unigolion llwyddiannus tebyg.

Er bod atgenhedlu rhywiol yn broses arafach, mae nifer o fanteision:

- Mae amrywiaeth enetig yn cynyddu, sy'n galluogi rhywogaeth i addasu i newid amgylcheddol.
- Mae'n caniatáu i'r gylchred bywyd ddatblygu cyfnod gwrthiannol, sy'n galluogi'r rhywogaeth i wrthsefyll amodau anffafriol.
- Mae ffurfio sborau, hadau a larfâu yn galluogi epil i wasgaru. Mae hyn yn lleihau cystadleuaeth fewnrhywogaethol ac yn galluogi amrywiaeth enetig i ddatblygu yn ôl yr angen.

▶ *Cylchred bywyd y llyffant*

Term Allweddol

Clôn = grŵp o epil genetig unfath wedi'u cynhyrchu drwy ddull anrhywiol.

Cysylltiad Cellraniad ar dudalen 60.

Pwynt astudio

Mae mwtaniadau, er eu bod nhw'n brin, yn helpu i greu ychydig o amrywiaeth mewn atgenhedlu anrhywiol. Mae mwtaniadau'n digwydd yn amlach (er eu bod nhw'n dal i fod yn brin) mewn atgenhedlu rhywiol gan fod y broses yn fwy cymhleth.

Cynhyrchu gametau a ffrwythloni

Termau Allweddol

Diploid = cell ddiploid yw cell sy'n cynnwys dwy set o gromosomau. Caiff un set o gromosomau ei rhoi gan bob rhiant.

Haploid = cell haploid yw cell sy'n cynnwys un set gyflawn o gromosomau. Mae gametau'n gelloedd haploid sy'n cael eu cynhyrchu ym mhroses meiosis.

Ffrwythloniad = asio gametau gwryw a benyw i ffurfio wy ffrwythlon neu sygot.

Sygot = wy ffrwythlon.

Cynhyrchu gametau

- Mae gan organebau byw gorffgelloedd **diploid** a chelloedd rhyw, neu gametau, **haploid**.
- Mitosis sy'n cynhyrchu corffgelloedd â'r nifer cromosomau llawn.
- Meiosis sy'n cynhyrchu celloedd haploid â hanner y nifer cromosomau.
- Wrth **ffrwythloni**, mae'r sberm haploid yn asio ag wy haploid i ffurfio wy ffrwythlon diploid. Mae'r **sygot** sy'n cael ei ffurfio yna'n rhannu sawl gwaith drwy fitosis i dyfu'n unigolyn newydd.

Fel arfer, bydd gwrywod a benywod yn cynhyrchu gametau o faint gwahanol. Mae gamet y gwryw'n fach ac yn fudol dros ben ac mae gamet y fenyw'n fawr ac yn llonydd, fel arfer oherwydd presenoldeb bwyd wedi'i storio.

Mae wyau mamolion yn wahanol gan nad ydyn nhw'n cynnwys fawr ddim bwyd wedi'i storio; yn hytrach, maen nhw'n cael y defnyddiau datblygu o gyflenwad gwaed y fam drwy'r brych.

◀ *Cylchred bywyd diploid*

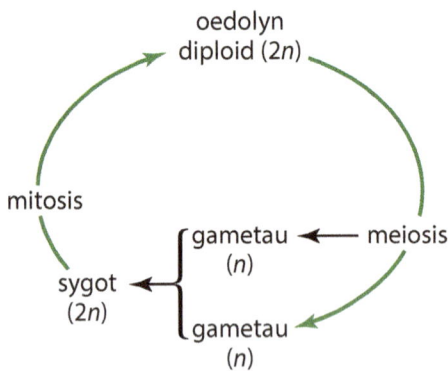

Ffrwythloniad

Mae llawer o organebau dyfrol yn rhyddhau eu gametau'n uniongyrchol i'r môr neu ddŵr croyw. Gan fod y dŵr yn gwasgaru'r gametau'n gyflym, mae'n bosibl iawn na fydd llawer o'r wyau'n cyfarfod â sberm. Mewn anifeiliaid, yr enw ar y math hwn o ffrwythloniad yw ffrwythloniad allanol. Mae yna lawer o wastraff felly rhaid i'r ddau ryw gynhyrchu niferoedd mawr o gametau. Yn y llyffant, mae cyplu rhywiol yn hwyluso'r broses o uno sberm ac wy. Ar ôl i'r fenyw ddodwy'r wyau, mae'r gwryw'n rhyddhau hylif semenol drostyn nhw ar unwaith. Er bod amffibiaid, yn gyffredinol, yn gallu symud yn effeithlon ar dir, rhaid i lawer ohonyn nhw fynd yn ôl i'r dŵr i atgenhedlu ac mae'r ffrwythloniad yn allanol.

Yn y rhan fwyaf o anifeiliaid daearol, fodd bynnag, mae ffrwythloniad yn digwydd y tu mewn i gorff y fenyw, a'r enw ar hyn yw ffrwythloniad mewnol. Yn gyffredinol, mae hyn yn golygu defnyddio rhyw fath o organ ymwthiol i gyflwyno'r sberm i gorff y fenyw.

Mae llawer o fanteision i ffrwythloniad mewnol. Mae llai o siawns o wastraffu gametau. Mae'n golygu nad yw'r gamet gwryw yn dibynnu ar ddŵr i symud. Mae'r wy ffrwythlon yn gallu bod wedi'i gau mewn gorchudd gwarchodol cyn gadael corff y fenyw. Dyma beth sy'n digwydd mewn anifeiliaid sy'n dodwy wyau. Mae rhai anifeiliaid yn mynd â'r syniad hwn yn bellach ac mae'r embryonau'n datblygu o fewn y rhiant benywol ac yn cael maeth ganddi. Mae'r datblygiad hwn yn mynd bellaf yn y mamolion hynny sy'n rhoi maeth i'w hepil sy'n datblygu trwy'r brych cyn eu geni.

31

Gwirio gwybodaeth

Nodwch y gair neu'r geiriau coll.

Mewn atgenhedlu rhywiol, caiff gametau eu cynhyrchu drwy'r broses cellraniad o'r enw ••••. Ffrwythloniad yw asio gametau haploid i ffurfio wy wedi'i ffrwythloni neu ••••.

Mewn organebau daearol, mae ffrwythloniad yn ••••. Mae hyn yn golygu bod y gamet gwryw'n gallu bod yn annibynnol ar yr angen am ••••.

Addasiadau organebau i fywyd ar y tir

Mewn llawer o anifeiliaid, mae'r wy ffrwythlon, neu'r sygot, yn datblygu y tu allan i gorff y rhiant. Mae'r epil sy'n datblygu yn ysglyfaeth hawdd i ysglyfaethwyr ac yn darparu bwyd i rywogaethau eraill. Mae llawer o wyau'n cael eu cynhyrchu i sicrhau y bydd o leiaf rhai ohonyn nhw'n goroesi. Mewn pryfed, er bod y ffrwythloniad yn fewnol, caiff yr wyau ffrwythlon eu dodwy fel arfer ar ffynhonnell bwyd addas ac mae'r embryo'n datblygu y tu allan i'r corff. Mae ffrwythloniad mewnol yn sicrhau bod y sbermau i gyd yn cael eu rhoi yn llwybr atgenhedlu'r fenyw.

Mae'r addasiad graddol i fywyd ar dir yn cynnwys esblygiad wyau mewn ymlusgiaid ac adar. Mae'r wy'n cynnwys ceudod llawn hylif wedi'i amgylchynu â philen mewn plisgyn amddiffynnol sy'n amgáu'r embryo yn sach y melynwy. Mae adar yn gori ar wyau ac mae'r embryo'n cwblhau ei ddatblygiad y tu allan i gorff y fam.

Mewn mamolion, caiff yr epil eu cadw am gyfnod sylweddol yng nghroth y fam ond does dim plisgyn. Mae'r embryo'n cael maeth yn y groth o gyflenwad gwaed y fam drwy'r brych. Caiff yr epil eu geni mewn cyflwr cymharol ddatblygedig.

Gofal rhieni

Mae llawer o rywogaethau anifeiliaid yn atgynhyrchu drwy ddodwy wyau wedi'u ffrwythloni sy'n cael eu gadael i ddatblygu ar eu pennau eu hunain. Does dim gofal gan rieni, neu ychydig iawn ohono sydd. Mae rhai rhywogaethau eraill yn darparu rhyw fath o ofal rhieni, e.e. mae crethyll gwrywaidd yn gofalu am yr wyau ffrwythlon mewn ardal wedi'i hamddiffyn ac yn eu gwyntyllu nhw i ddarparu ocsigen tan iddyn nhw ddeor, pan fydd y disgynyddion yn nofio i ffwrdd. Mae gofal amlwg gan rieni'n nodweddiadol o'r rhan fwyaf o rywogaethau adar a mamolion. Mae'n cynnwys darparu cysgod oddi wrth amodau amgylcheddol anffafriol, bwydo, amddiffyn rhag ysglyfaethwyr, ac mewn rhai rhywogaethau, hyfforddi'r epil a'u paratoi am fywyd fel oedolion. Yn gyffredinol, y mwyaf o ofal y mae rhieni'n ei ddarparu, y nifer lleiaf o epil a gaiff eu cynhyrchu. Mae rhai rhywogaethau pysgod yn cynhyrchu dros 100 miliwn o wyau wrth silio. I'r eithaf arall, mae rhai mamolion, gan gynnwys bodau dynol, sydd fel arfer yn cynhyrchu un epil yn unig ar y tro.

Mae pryfed yn grŵp sydd wedi bod yn llwyddiannus wrth gytrefu'r tir

Wrth i'r sygot ddatblygu, mae'n ffurfio ffurf ryngol, sy'n cael ei alw'n **nymff** neu'n **larfa**. Ffurfiau ifanc yw'r rhain sy'n datblygu o gyfnod yr wy yn y gylchred bywyd. Mae gan bryfed sgerbwd allanol caled ac mae'n rhaid iddyn nhw fwrw eu croen er mwyn tyfu. Maen nhw'n gwneud hyn sawl gwaith yn ystod eu datblygiad. Rydym ni'n dweud eu bod nhw'n mynd drwy **fetamorffosis** anghyflawn lle mae'r nymff ifanc, sy'n debyg i'r oedolyn, yn deor o'r wy wedi'i ffrwythloni ac yn bwrw ei groen sawl gwaith nes cyrraedd ei lawn faint. Un enghraifft o bryfyn sy'n datblygu fel hyn yw locust. Mae rhywogaethau pryfed uwch yn datblygu o gyfnod larfal sy'n eithaf gwahanol i'r oedolyn. Mae'r broses yn cynnwys newidiadau mawr ac yn cael ei galw'n fetamorffosis cyflawn. Mae gan y pryfed hyn, fel y glöyn byw a'r gleren, gyfnod ychwanegol sef y pwpa neu'r chwiler. Mae'r larfa'n deor o'r wy ac yn arbenigo i fwydo a thyfu. Mae'r larfa'n mynd drwy gyfnod o newid yn y pwpa ac mae'n dod allan ar ffurf oedolyn sydd wedi arbenigo i wasgaru ac atgenhedlu.

▶ *Metamorffosis*

Termau Allweddol

Larfa (nymff) = ffurf ifanc neu anaeddfed pryfyn llawn dwf.

Metamorffosis = cyfnod o newid o'r cyfnod larfa i lawn dwf.

▼ Pwynt astudio

Mae'n fantais sylweddol cael cyfnod pwpa yng nghylchred bywyd pryfyn am ddau reswm: mae'n galluogi'r pryfyn i oresgyn amodau anffafriol ac yn ei alluogi i ddatblygu'n oedolyn mwy arbenigol.

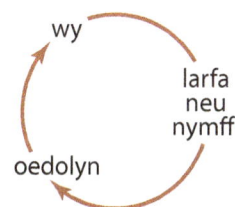

wy — larfa neu nymff — oedolyn

Metamorffosis anghyflawn

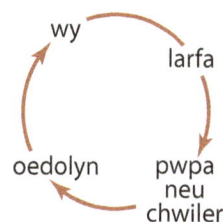

wy — larfa — pwpa neu chwiler — oedolyn

Metamorffosis cyflawn

▼ Pwynt astudio

Caiff dulliau atgenhedlu planhigion blodeuol eu hastudio'n fanwl ar lefel U2. Nid oes angen manylion am adeiledd blodau na dulliau peillio ar lefel UG.

Yn bwysicach, dylech chi ganolbwyntio ar y cysylltiad rhwng planhigion blodeuol a phryfed a sut mae eu ffrwythloniad mewnol yn debyg i anifeiliaid. Un datblygiad esblygol pwysig yw bod yr hedyn yn cynnwys storfa fwyd.

Mae planhigion blodeuol wedi bod yn llwyddiannus wrth gytrefu'r tir

Mae ffurfiau planhigol syml fel algâu, e.e. gwymon, wedi'u cyfyngu i amgylchedd dyfrol am ran o'u bywydau o leiaf, os nad y cyfan. Mae grwpiau planhigol eraill, fel mwsoglau a rhedyn, wedi'u cyfyngu i fannau llaith, gan fod ar y gametau gwrywaidd angen haen denau o ddŵr i nofio ynddo at yr wy. Fel yr anifeiliaid tir llwyddiannus, daeth coed conwydd a phlanhigion blodeuol i allu atgenhedlu'n annibynnol o ddŵr felly roedden nhw'n gallu cytrefu'r tir.

Mae planhigion blodeuol wedi eu haddasu'n dda i fywyd ar dir oherwydd eu dull atgenhedlu a gan fod ganddyn nhw ddiwbiau sylem effeithlon sy'n cludo dŵr ac yn eu cynnal nhw hefyd. Mae gan flodau ronynnau paill â chot galed i wrthsefyll dysychiad. Mae'r rhain yn cynnwys y gamet gwryw sy'n gallu cael ei drosglwyddo i ran fenywol y planhigyn. Mae gronynnau paill yn gallu cael eu trosglwyddo gan wynt neu gan bryfed.

Mae gan blanhigion fel gweiriau flodau bach, gwyrdd anodd eu gweld, a gwynt sy'n cludo'r paill. Mewn planhigion â blodau lliwgar ac arogl deniadol, caiff y paill ei gludo gan bryfed. Mae'r gamet gwryw yn teithio drwy feinwe'r rhan fenywol i'r wy mewn tiwb paill. Mae hyn yn golygu nad yw atgenhedlu rhywiol yn dibynnu ar gametau'n teithio drwy haen denau o ddŵr i gyrraedd cell yr wy. Ar ôl ffrwythloniad, mae'r ofwl sy'n cynnwys yr wy wedi'i ffrwythloni yn datblygu'n hedyn sy'n cynnwys storfa bwyd.

Y planhigion blodeuol yw'r mwyaf llwyddiannus o'r holl blanhigion daearol. Mae dros 300,000 o rywogaethau. Maen nhw i'w cael ym mhob math o gynefin. Un o nodweddion allweddol eu llwyddiant yw eu perthynas ag anifeiliaid, e.e. mae planhigion yn denu anifeiliaid, yn enwedig pryfed, at eu blodau i fwydo ac yn manteisio ar eu symudedd i beillio a gwasgaru hadau. Datblygiad pwysig arall oedd amgáu'r wyau mewn ofari ac esblygiad yr hedyn. Mae hadau sy'n dod o ffrwythloniad yn cynnwys cronfeydd bwyd ac mae ganddyn nhw got wydn sy'n eu galluogi nhw i wrthsefyll amodau anffafriol.

Pam daeth y planhigion blodeuol mor llwyddiannus?

- Fel arfer, dim ond rhai wythnosau sydd rhwng cynhyrchu blodau a gosod hadau.
- Mae cynhyrchu hedyn â storfa fwyd yn galluogi'r embryo i ddatblygu nes i ddail gael eu cynhyrchu uwchlaw'r ddaear sy'n gallu cyflawni ffotosynthesis. Mae'r hedyn hefyd yn amddiffyn yr embryo rhag dysychiad a pheryglon eraill.
- Yn gyffredinol, mae dail yn gollddail ac yn suddlon, ac yn pydru'n gyflym ar ôl syrthio i'r ddaear. Mae hyn yn eu galluogi nhw i gynhyrchu hwmws ac o ganlyniad caiff ïonau eu hailgylchu'n gyflym er mwyn i'r planhigion eu hailddefnyddio nhw.

Strategaethau atgenhedlu

1 Mae rhai organebau yn cyfuno cylchredau atgenhedlu anrhywiol gyda chyfnodau o atgenhedlu rhywiol. Mae'r cam rhywiol yn cychwyn pan fydd amodau amgylcheddol yn dod yn anffafriol. Mae'r diagram yn dangos cylchred bywyd y chwannen ddŵr, *Daphnia pulex*:

(a) Labelwch bwyntiau A a B i ddynodi pa fath o gellraniad sy'n digwydd. (1)

(b) Nodwch a yw adeileddau X ac Y yn haploid neu'n ddiploid. (1)

(c) (i) Rhowch un fantais bosibl atgenhedlu'n anrhywiol. (1)

(ii) Awgrymwch pam mae organebau fel y chwannen ddŵr yn cael eu hysgogi (stimulated) gan rai amodau amgylcheddol i gychwyn cam rhywiol o atgenhedlu. (2)

(ch) (i) Disgrifiwch beth mae'r term ffrwythloniad mewnol yn ei olygu. (1)

(ii) Rhowch dair mantais ffrwythloniad a datblygiad mewnol mewn anifeiliaid tir. (3)

(d) Awgrymwch dri rheswm pam mae planhigion blodeuol wedi cytrefu'r tir mor llwyddiannus. (3)

---

2 Mae'r ddau ddiagram yn dangos cylchredau bywyd dau wahanol grŵp o bryfed.

ceiliog rhedyn

cleren

(a) (i) Beth yw'r enw ar y math o gylchred bywyd sydd gan y ceiliog rhedyn? (1)

(ii) Enwch y cyfnodau wedi'u labelu'n 1, 7 a 2–6. (2)

(b) (i) Beth yw'r enw ar y math o gylchred bywyd sydd gan y gleren? (1)

(ii) Enwch y cyfnodau wedi'u labelu'n A–CH. (2)

---

3 Gan ddefnyddio pysgod a mamolion fel enghreifftiau, eglurwch sut mae strategaethau atgenhedlu anifeiliaid wedi newid o ganlyniad i esblygiad bywyd ar dir. Rhowch sylwadau am fanteision y strategaethau mamolaidd. (10)

Addasiadau ar gyfer maeth

Maethiad yw'r broses y mae organebau'n ei defnyddio i gael maetholion i roi egni iddyn nhw i gynnal swyddogaethau bywyd, a mater i greu a chynnal adeiledd. Mae organebau wedi esblygu llawer o ddulliau gwahanol o gael maetholion.

Mae organebau awtotroffig fel planhigion gwyrdd yn defnyddio'r defnyddiau organig syml carbon deuocsid a dŵr i gynhyrchu cyfansoddion organig cymhleth sy'n cynnwys egni. Mae organebau heterotroffig yn dibynnu ar organebau awtotroffig naill ai'n uniongyrchol neu'n anuniongyrchol i gael eu cyflenwad bwyd. Maen nhw'n bwyta defnydd bwyd organig cymhleth, a rhaid i hwn ymddatod cyn y gellir ei ddefnyddio. Mae'r organebau hyn yn defnyddio gwahanol strategaethau i gael maetholion hanfodol.

Cynnwys y pwnc

Erbyn diwedd y testun hwn, dylech chi allu gwneud y canlynol:

- Disgrifio'r gwahaniaethau rhwng dulliau maethiad awtotroffig a heterotroffig.
- Disgrifio'r gwahanol fathau o organebau heterotroffig.
- Disgrifio'r treuliad allgellol y mae saproffytau'n ei gyflawni.
- Gwahaniaethu rhwng prosesau amlyncu, treulio, amsugno a charthu mewn bodau dynol.
- Disgrifio treulio gan gyfeirio at ensymau sy'n ymddatod carbohydrad, proteinau a brasterau.
- Disgrifio adeiledd cyffredinol y coludd dynol.
- Disgrifio adeiledd a swyddogaethau prif rannau'r system dreulio.
- Disgrifio sut mae'r ilewm wedi arbenigo ar gyfer amsugno.
- Disgrifio sut caiff cynhyrchion treulio eu hamsugno.
- Disgrifio deintiad cigysyddion a llysysyddion sy'n pori.
- Disgrifio sut mae coludd llysysydd wedi addasu i'w ddeiet.
- Cymharu coluddion llysysyddion ac anifeiliaid cnoi cil.
- Disgrifio sut mae parasit wedi addasu i gael maeth gan organeb letyol.

Dulliau maethiad

Maethiad awtotroffig

Mewn maethiad awtotroffig, mae planhigion gwyrdd yn gwneud eu moleciwlau organig cymhleth eu hunain o'r defnyddiau crai anorganig syml, carbon deuocsid a dŵr. Maen nhw'n gwneud hyn drwy broses ffotosynthesis gan ddefnyddio golau'r haul fel ffynhonnell egni. Maen nhw'n darparu bwyd i bob math arall o fywyd, felly rydym ni'n eu galw nhw'n gynhyrchwyr. Mae algâu a rhai mathau o facteria hefyd yn gallu cyflawni ffotosynthesis drwy ddefnyddio egni o olau'r haul.

Maethiad heterotroffig

Ni all organebau heterotroffig wneud eu bwyd eu hunain. Rhaid iddyn nhw fwyta defnydd bwyd organig cymhleth sy'n cael ei gynhyrchu gan organebau awtotroffig. Gan eu bod nhw'n bwyta bwyd sydd wedi'i wneud yn barod, rydym ni'n eu galw nhw'n ysyddion. Mae pob anifail yn ysydd ac yn dibynnu ar gynhyrchwyr i gael bwyd. Mae heterotroffau'n cynnwys anifeiliaid, ffyngau, rhai mathau o brotoctistau a bacteria.

Mae tri phrif fath o faethiad heterotroffig.

Maethiad holosöig

Mae hyn yn cynnwys bron bob anifail. Maen nhw'n cymryd eu bwyd i'w cyrff, lle mae'n ymddatod drwy'r broses treuliad. Mae'r rhan fwyaf yn cyflawni'r broses hon yn y corff mewn system dreulio arbenigol. Yna, caiff y defnydd wedi'i dreulio ei amsugno i'r meinweoedd a'i ddefnyddio gan gelloedd y corff. Rydym ni'n galw anifeiliaid sy'n bwyta defnydd planhigion yn unig yn llysysyddion; cigysyddion yw rhai sy'n bwyta anifeiliaid eraill; a detritysyddion yw rhai sy'n bwyta defnydd marw a defnydd sy'n pydru.

Saproffytau

Enw arall ar saproffytau yw saprobiontau, ac maen nhw'n cynnwys pob ffwng a rhai bacteria. Maen nhw'n bwydo ar defnydd marw neu ddefnydd sy'n pydru ac nid oes ganddyn nhw system dreulio arbenigol. Maen nhw'n bwydo drwy secretu ensymau fel proteasau, amylasau, lipasau a chellwlasau ar y defnydd bwyd y tu allan i'r corff ac yna'n amsugno'r cynhyrchion hydawdd ar draws y gellbilen drwy drylediad. Rydym ni'n galw hyn yn dreuliad allgellol. Rydym ni'n galw saproffytau microsgopig yn ddadelfenyddion ac mae eu gweithgareddau'n bwysig i ddadelfennu sbwriel dail ac ailgylchu maetholion gwerthfawr fel nitrogen.

DYLECH CHI WYBOD ›››

››› bod heterotroffau'n dibynnu'n uniongyrchol neu'n anuniongyrchol ar organebau awtotroffig i gael bwyd

››› y gwahaniaeth rhwng treuliad mewngellol ac allgellol

››› bod saproffytau'n bwysig o ran dadelfennu ac ailgylchu maetholion

››› bod parasitiaid yn arbenigol iawn a bod yr organebau lletyol y maen nhw'n cael eu bwyd ganddynt yn dioddef rhywfaint o niwed

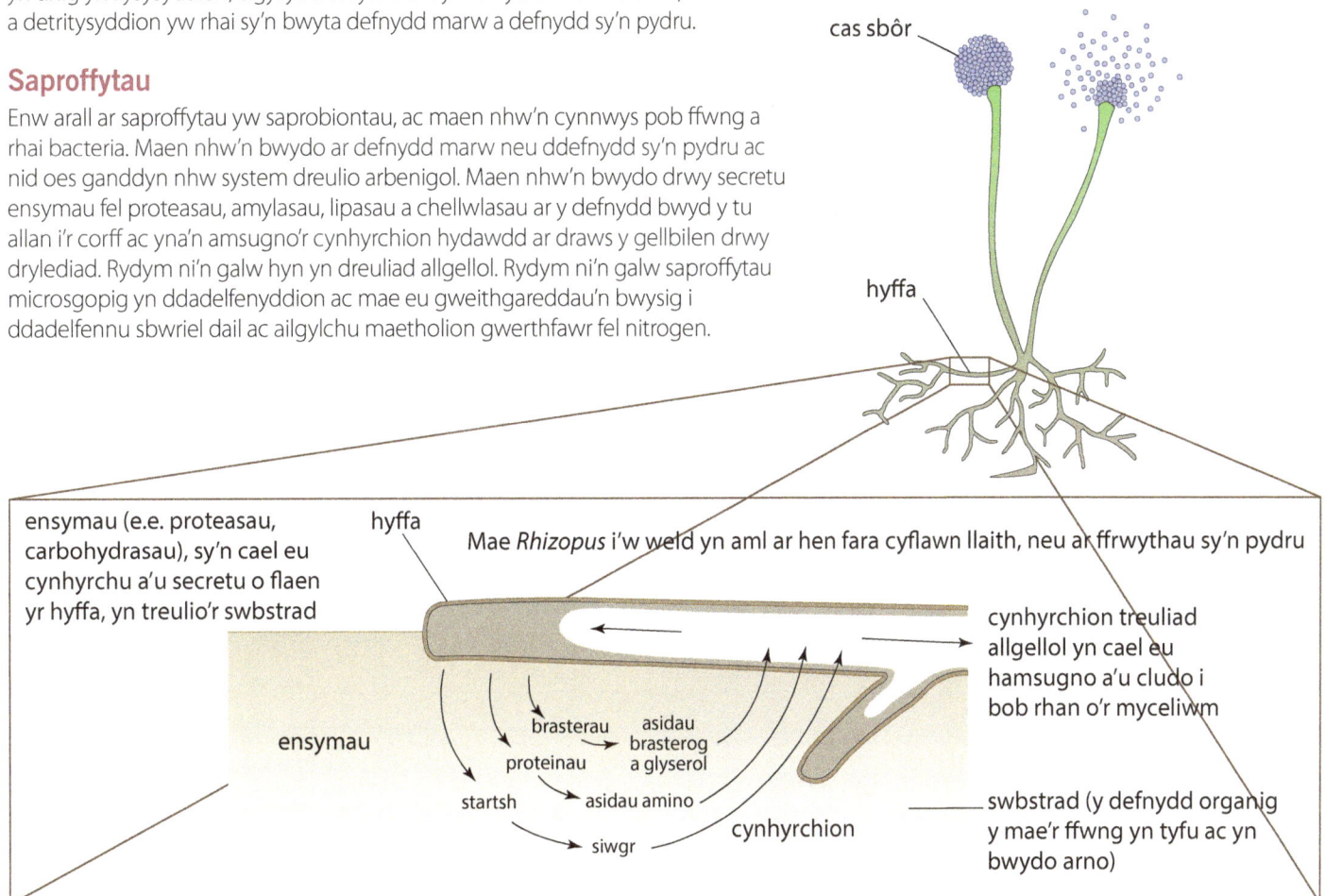

▼ *Maethiad saproffytig*

cas sbôr

hyffa

ensymau (e.e. proteasau, carbohydrasau), sy'n cael eu cynhyrchu a'u secretu o flaen yr hyffa, yn treulio'r swbstrad

hyffa

Mae *Rhizopus* i'w weld yn aml ar hen fara cyflawn llaith, neu ar ffrwythau sy'n pydru

ensymau

brasterau

asidau brasterog a glyserol

proteinau

startsh

asidau amino

siwgr

cynhyrchion

cynhyrchion treuliad allgellol yn cael eu hamsugno a'u cludo i bob rhan o'r myceliwm

swbstrad (y defnydd organig y mae'r ffwng yn tyfu ac yn bwydo arno)

Term Allweddol

Peristalsis = tonnau o gyfangiadau cyhyrau.

Cysylltiad Y llyngyren borc ar dudalen 139.

32

Gwirio gwybodaeth

Parwch y termau 1–4 â'r disgrifiadau A–Ch.

1. Peristalsis.
2. Treuliad.
3. Carthiad.
4. Amlynciad.

A. Cymryd bwyd i'r geg.

B. Cyfangu a llaesu cyhyrau'r coludd bob yn ail.

C. Ymddatod moleciwlau mawr i foleciwlau bach hydawdd gan ddefnyddio ensymau.

CH. Gwaredu bwyd sy'n methu cael ei dreulio.

Cysylltiad Ensymau ar dudalen 46.

Parasitiaid

Organebau yw'r rhain sy'n bwydo ar organeb fyw arall, sy'n cael ei galw'n organeb letyol. Mae rhai parasitiaid yn byw yng nghorff yr organeb letyol ac eraill yn byw ar yr arwyneb. Mae hyn ym mhob achos yn achosi rhywfaint o niwed i'r organeb letyol, ac yn aml mae'n ei lladd. Rydym ni'n ystyried bod parasitiaid yn organebau arbenigol iawn sy'n dangos addasiadau sylweddol i'w ffordd arbennig o fyw. Mae enghreifftiau o barasitiaid yn cynnwys llyngyr, malltod tatws, sy'n cael ei achosi gan ffwng, a *Plasmodium*, parasit malaria.

Prosesu bwyd yn y system dreulio

Rhaid i foleciwlau organig gael eu hymddatod drwy dreuliad ac yna eu hamsugno i feinweoedd y corff o'r system dreulio cyn cael eu defnyddio yng nghelloedd y corff. Mae treuliad ac amsugniad yn digwydd yn y coludd, sy'n diwb hir, gwag, cyhyrol. Mae'r coludd wedi'i drefnu i ganiatáu i'w gynnwys symud i un cyfeiriad yn unig. Mewn organebau syml sy'n bwyta un math o fwyd yn unig, nid yw'r coludd wedi ei wahaniaethu. Fodd bynnag, mewn organebau mwy datblygedig â deiet amrywiol, mae'r coludd wedi'i rannu'n wahanol rannau, ac mae pob rhan wedi arbenigo i gyflawni camau penodol ym mhrosesau treuliad mecanyddol a chemegol yn ogystal ag amsugniad.

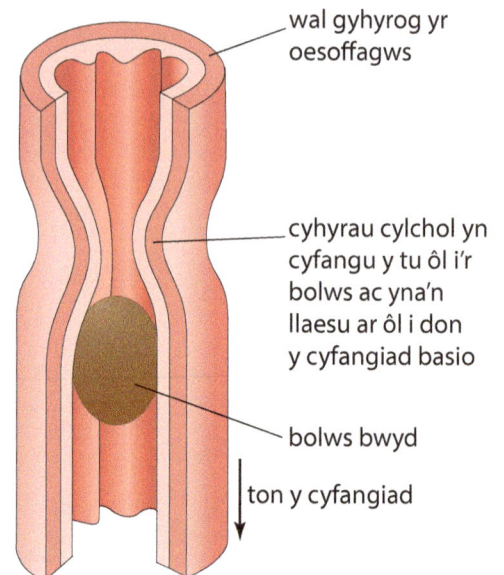

Caiff y bwyd ei brosesu wrth iddo basio drwy wahanol rannau'r coludd. Caiff ei wthio drwy'r coludd drwy broses **peristalsis**.

wal gyhyrog yr oesoffagws

cyhyrau cylchol yn cyfangu y tu ôl i'r bolws ac yna'n llaesu ar ôl i don y cyfangiad basio

bolws bwyd

ton y cyfangiad

▲ *Peristalsis*

Mae'r coludd dynol yn cyflawni pedair prif swyddogaeth:

- Amlynciad yw cymryd bwyd i'r corff drwy'r geg.

- Treuliad yw ymddatodiad moleciwlau bwyd mawr anhydawdd i foleciwlau bach hydawdd drwy ddefnyddio ensymau. Mae treuliad mecanyddol mewn bodau dynol yn digwydd wrth i'r dannedd dorri a/neu falu'r bwyd ac yna gan gyfangiadau rhythmig y coludd. Mae gan wal y coludd, yn enwedig y stumog, haenau o gyhyr i gyflawni'r swyddogaeth hon. Rhain sy'n gyfrifol am gymysgu'r bwyd a'i wthio ar hyd y coludd. Mae gan y weithred ffisegol swyddogaeth bwysig hefyd gan ei bod yn rhoi mwy o arwynebedd arwyneb i ensymau weithredu arno. Caiff ensymau treulio eu secretu i gyflawni cam cemegol treuliad.

- Amsugniad yw sut mae bwyd wedi'i dreulio'n pasio drwy wal y coludd i'r gwaed.

- Carthiad yw gwaredu bwyd sy'n methu cael ei dreulio o'r corff, e.e. cellfuriau cellwlos planhigion.

▶ *Swyddogaethau'r coludd*

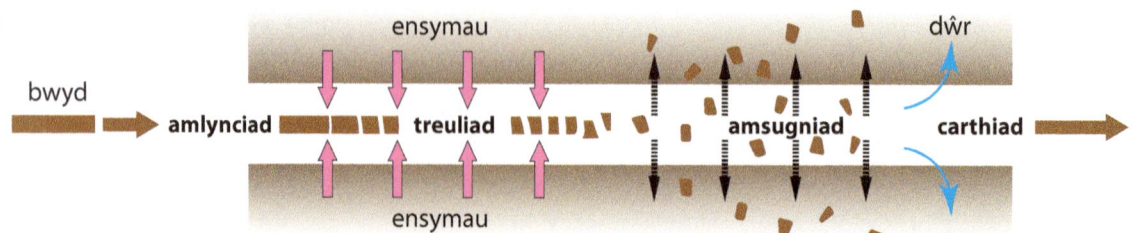

ensymau

dŵr

bwyd

amlynciad   treuliad   amsugniad   carthiad

ensymau

Y system dreulio ddynol

Ar ei hyd i gyd o'r geg i'r anws, mae wal y coludd wedi'i gwneud o bedair haen o feinwe sy'n amgylchynu ceudod (lwmen) y coludd.

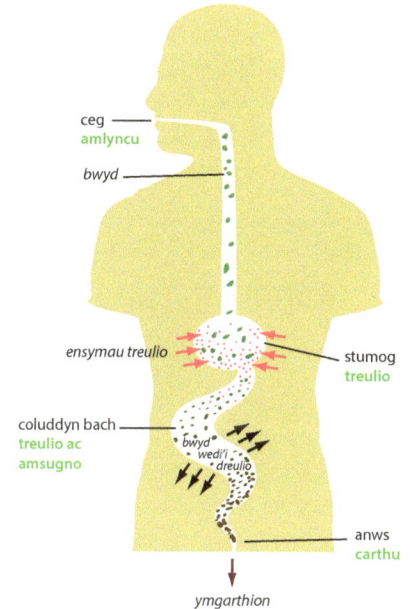

- Mae'r serosa allanol yn cynnwys haen o feinwe gyswllt wydn sy'n amddiffyn wal y coludd ac yn lleihau ffrithiant o organau eraill yn yr abdomen wrth i'r coludd symud yn ystod y broses dreulio.

- Mae'r haen o gyhyr wedi'i gwneud o ddwy haen sy'n symud i gyfeiriadau gwahanol, y cyhyr cylchol mewnol a'r cyhyr hydredol allanol.

- Gyda'i gilydd, mae'r cyhyrau hyn yn achosi tonnau o gyfangiadau cyhyrol, peristalsis, sy'n gwthio'r bwyd ar hyd y coludd. Y tu ôl i'r bêl o fwyd, mae'r cyhyrau cylchol yn cyfangu a'r cyhyrau hydredol yn llaesu, sy'n helpu i symud y bwyd ymlaen.

- Mae'r isfwcosa wedi'i wneud o feinwe gyswllt sy'n cynnwys gwaed a thiwbiau lymff i gludo ymaith y cynhyrchion bwyd sy'n cael eu hamsugno, a hefyd nerfau sy'n cyd-drefnu cyfangiadau cyhyrog proses peristalsis.

- Y mwcosa yw'r haen fewnol ac mae'n leinio wal y coludd. Mae'n secretu mwcws sy'n iro'r mwcosa ac yn ei amddiffyn. Mewn rhai rhannau o'r coludd mae'r haen hon yn secretu suddion treulio, ac mewn rhannau eraill mae'n amsugno bwyd wedi'i dreulio.

▼ *Adeiledd cyffredinol wal y coludd*

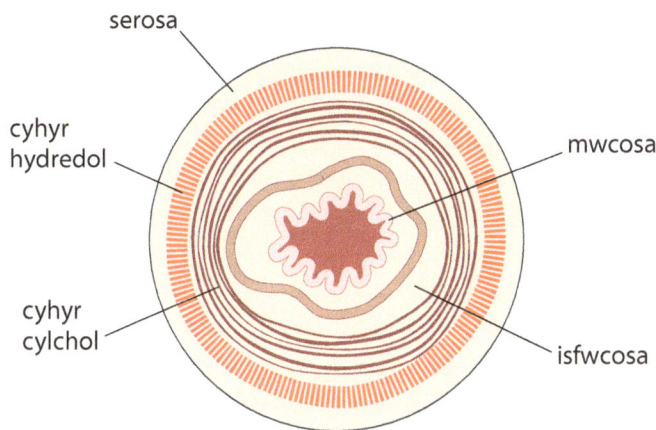

▲ *Adeiledd y coludd wedi'i symleiddio, gyda swyddogaethau*

Treuliad

Er mwyn i gelloedd epithelaidd y coludd allu amsugno maetholion, rhaid i'r moleciwlau mawr, carbohydradau, brasterau a phroteinau, gael eu treulio'n gyntaf i gynhyrchion llai gan ddefnyddio ensymau. Mae angen ensymau gwahanol i dreulio'r swbstradau bwyd gwahanol, ac fel arfer bydd angen mwy nag un math o ensym i dreulio bwyd penodol yn llwyr.

- Caiff carbohydradau (polysacaridau) eu hymddatod i ddeusacaridau'n gyntaf ac yna i fonosacaridau. Mae'r ensym amylas yn hydrolysu startsh i'r deusacarid maltos, ond mae angen ensym arall, maltas, i ddadelfennu'r maltos i'r monosacarid, glwcos.

- Caiff proteinau eu hymddatod i bolypeptidau, yna i ddeupeptidau, ac yn olaf i asidau amino. Yr enw cyffredinol ar ensymau sy'n treulio proteinau yw peptidas.

- Mae proteinau'n foleciwlau mawr iawn felly mae endopeptidasau'n hydrolysu bondiau peptid o fewn y moleciwl protein ac mae ecsopeptidasau'n hydrolysu bondiau peptid ar ddau ben y polypeptidau byrrach hyn.

- Caiff brasterau eu hymddatod i asidau brasterog a glyserol gan un ensym, lipas.

Arbenigeddau gwahanol rannau o goludd mamolion

Y geg

Mae treulio mecanyddol yn dechrau yn y geg pan gaiff bwyd ei gnoi gan ddefnyddio'r dannedd. Caiff y bwyd hefyd ei gymysgu â phoer o'r chwarennau poer. Mae poer yn secretiad dyfrllyd sy'n cynnwys mwcws ac amylas poerol, ynghyd â rhai ïonau mwynol sy'n helpu i gadw pH y geg ychydig yn alcalïaidd, sef y pH optimwm i amylas. Mae poer yn bwysig i iro'r bwyd cyn iddo gael ei lyncu. Mae amylas yn ymddatod startsh i faltos. Ar ôl cnoi, caiff y bêl o fwyd ei llyncu ac mae mwcws yn iro'r ffordd i lawr yr oesoffagws.

Y stumog

Mae bwyd yn mynd i'r stumog ac yn cael ei gadw yno gan gyfangiadau dau gylch o gyhyrau, un ym mynedfa'r stumog ac un yn y cyswllt â'r dwodenwm. Mae bwyd yn gallu aros yn y stumog am hyd at bedair awr ac yn ystod y cyfnod hwn bydd cyhyrau wal y stumog yn cyfangu'n rhythmig ac yn cymysgu'r bwyd â sudd gastrig sy'n cael ei secretu gan chwarennau yn wal y stumog. Mae sudd gastrig yn cynnwys asid sy'n rhoi pH o 2.0 i gynnwys y stumog. Yn ogystal â darparu'r pH optimwm i'r ensymau, mae'r asid yn lladd y rhan fwyaf o facteria yn y bwyd. Mae peptidasau'n hydrolysu'r protein i bolypeptidau. Mae mwcws yn bwysig i ffurfio leinin i amddiffyn wal y stumog rhag yr ensymau a'r asid ac i helpu i symud bwyd o fewn y stumog.

Pwynt astudio

Mae gan ensymau gwahanol optima pH gwahanol felly mae'r ensymau gwahanol yn gweithredu mewn rhannau penodol o'r coludd.

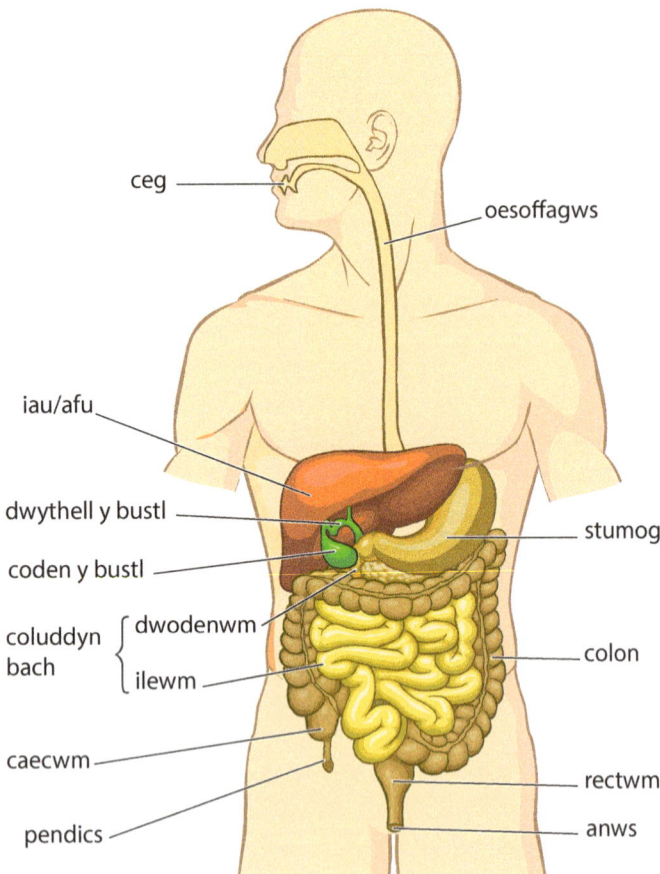

▲ Adeiledd y coludd dynol

ceg
oesoffagws
iau/afu
dwythell y bustl
coden y bustl
coluddyn bach { dwodenwm / ilewm
caecwm
pendics
stumog
colon
rectwm
anws

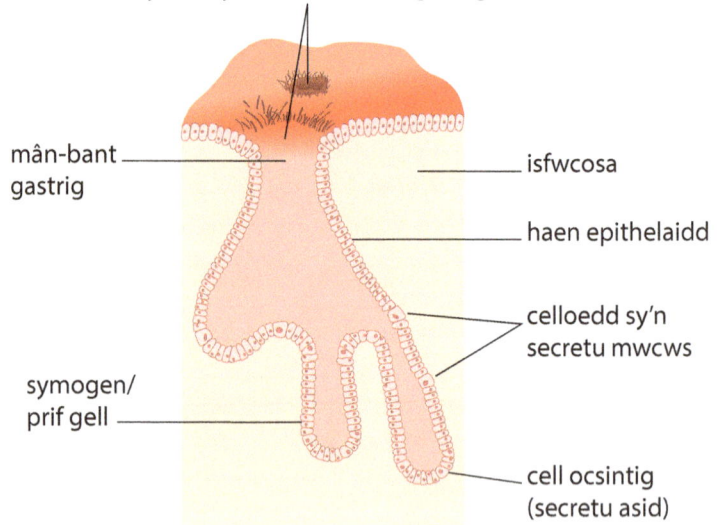

mynedfeydd mân-bantiau gastrig
mân-bant gastrig
symogen/ prif gell
isfwcosa
haen epithelaidd
celloedd sy'n secretu mwcws
cell ocsintig (secretu asid)

▲ Wal y stumog

Y coluddyn bach

Mae'r coluddyn bach wedi'i rannu'n ddwy ran: y dwodenwm a'r ilewm. Mae llaesu'r cyhyr yng ngwaelod y stumog yn caniatáu i symiau bach o'r bwyd wedi'i dreulio'n rhannol fynd i'r dwodenwm, ychydig ar y tro. Y dwodenwm yw 20 cm cyntaf y coluddyn bach ac mae'n derbyn secretiadau o'r iau/afu ac o'r pancreas.

- Caiff bustl ei gynhyrchu yn yr iau a'i storio yng nghoden y bustl. Yna, mae'n mynd i'r dwodenwm drwy ddwythell y bustl. Does dim ensymau ynddo ond mae halwynau'r bustl yn bwysig i emwlsio'r lipidau sy'n bresennol yn y bwyd. Mae'r emwlsio'n digwydd drwy ostwng tyniant arwyneb y lipidau, gan achosi i'r globylau mawr ymddatod i ddefnynnau (droplets) bach iawn. Mae hyn yn golygu bod yr ensym lipas yn gallu gweithredu'n fwy effeithlon gan fod gan y defnynnau lipid arwynebedd arwyneb llawer mwy. Mae bustl hefyd yn helpu i niwtralu asidedd y bwyd wrth iddo ddod o'r stumog.

- Caiff y sudd pancreatig ei secretu o'r chwarennau ecsocrin yn y pancreas ac mae'n mynd i'r dwodenwm drwy'r ddwythell bancreatig. Mae'n cynnwys nifer o ensymau gwahanol:
  - Endopeptidasau, sy'n hydrolysu protein i beptidau.
  - Amylas, sy'n ymddatod unrhyw startsh sy'n weddill i faltos.
  - Lipas, sy'n hydrolysu lipidau i roi asidau brasterog a glyserol.

Mae waliau'r dwodenwm yn cynnwys chwarennau sy'n secretu sudd alcaliaidd a mwcws. Mae'r sudd alcaliaidd yn helpu i gadw cynnwys y coluddyn bach ar y pH cywir i ensym weithredu, a chaiff y mwcws ei ddefnyddio i iro ac amddiffyn.

▼ *Dwodenwm, coden y bustl ac iau/afu*

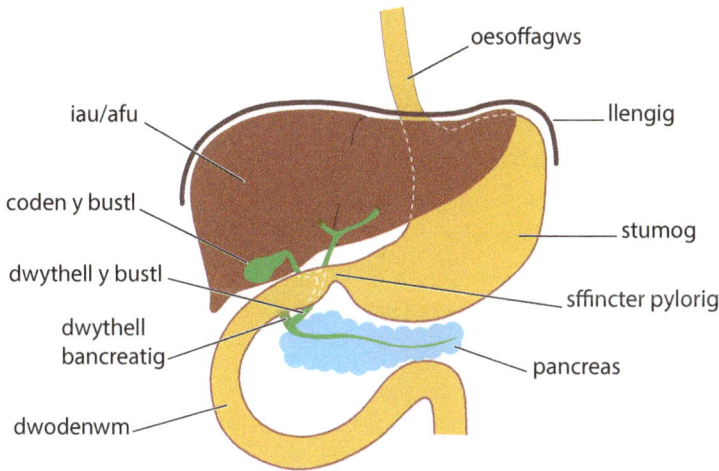

Yn y coluddyn bach, caiff ensymau eu secretu gan gelloedd ar flaenau'r ymestyniadau bach tebyg i fysedd o'r enw fili.

- Mae maltas yn hydrolysu maltos i roi dau foleciwl glwcos.
- Mae endopeptidasau ac ecsopeptidasau'n cwblhau'r broses o dreulio polypeptidau i asidau amino.

Monosacaridau yw holl gynhyrchion terfynol treulio carbohydradau. Mae cam olaf treulio carbohydradau'n fewngellol; caiff deusacaridau eu hamsugno gan bilen blasmaidd y celloedd epithelaidd cyn cael eu hymddatod i fonosacaridau.

Amsugniad

Hyd yn hyn, rydym ni wedi ystyried ymddatod carbohydradau, proteinau a brasterau. Mae'r canlynol yn disgrifio sut mae cynhyrchion hydawdd treuliad yn cael eu hamsugno i'r corff.

Mae'r rhan o'r enw ilewm wedi addasu'n dda ar gyfer amsugniad. Mewn bodau dynol, mae'r ilewm yn hir hir iawn ac mae'r leinin wedi'i blygu i roi arwynebedd arwyneb mawr o'i gymharu â thiwb llyfn. Ar arwyneb y fili, mae celloedd epithelaidd ag ymestyniadau microsgopig o'r enw microfili. Mae'r rhain yn cynyddu arwynebedd arwyneb cellbilen y celloedd epithelaidd ar gyfer amsugniad.

Mae amsugniad yn digwydd yn y coluddyn bach gan fwyaf. Gan fod angen egni i amsugno'n actif, mae'r celloedd epithelaidd hefyd yn cynnwys niferoedd mawr o fitocondria.

▼ Pwynt astudio

Defnyddiwch dri lliw gwahanol i amlygu tri phrif ddosbarth bwyd a'u cynhyrchion.

33 Gwirio gwybodaeth

Nodwch y gair neu'r geiriau coll.

Mae poer, sy'n cael ei secretu gan •••• ••••, yn cynnwys yr ensym •••• •••• sy'n dechrau'r broses o ymddatod startsh. Mae deusacaridau, fel swcros, yn cael eu treulio yn y coluddyn bach gan ensymau sy'n cael eu secretu gan gelloedd epithelaidd ym mlaenau'r ••••.

Mae treuliad swcros yn ffurfio'r monosacaridau •••• a ••••.

▼ *Endo- ac ecsopeptidas*

endopeptidasau'n hydrolysu bondiau peptid y tu mewn i'r gadwyn protein, gan adael rhannau polypeptid llai

ecsopeptidasau'n hydrolysu bondiau peptid ar yr asidau amino terfynol

34

Gwirio gwybodaeth

Nodwch y gair neu'r geiriau coll.

Ar arwyneb y fili, mae celloedd epithelaidd ag ymestyniadau o'r enw ••••. Mae'r rhain yn cynyddu'r •••• •••• ar gyfer amsugniad.

Caiff glwcos ac asidau amino eu hamsugno i'r •••• yn y filws. Caiff asidau brasterog a glyserol eu hamsugno i'r •••• ••••.

• Caiff glwcos ac asidau amino eu hamsugno ar draws epitheliwm y fili drwy gyfuniad o dryllediad a chludiant actif. Maen nhw'n mynd i'r rhwydwaith o gapilarïau sy'n cyflenwi pob filws. Gan fod carbohydradau'n cael eu treulio'n gyson, fel arfer bydd crynodiad glwcos yn llawer uwch yn y coluddyn bach nag yn y gwaed. Felly, mae glwcos yn tryledu i mewn i'r gwaed i lawr graddiant crynodiad. Gan fod angen glwcos ar gyfer resbiradaeth, mae'n cael ei gludo'n gyson yn y gwaed i'r celloedd. Gan fod tryllediad yn broses araf, nid yw'n bosibl amsugno'r holl glwcos sydd ar gael fel hyn a byddai rhywfaint ohono'n gadael y corff. Fodd bynnag, nid yw hyn yn digwydd oherwydd mae glwcos hefyd yn cael ei gludo gan gludiant actif.

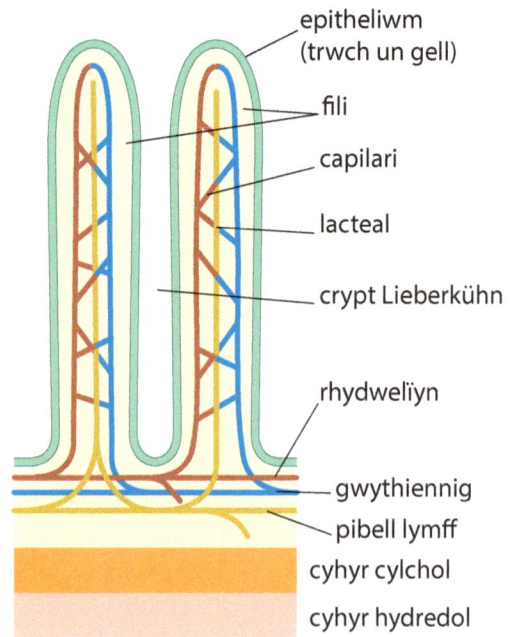

▲ Coluddyn bach

• Caiff asidau brasterog a glyserol eu pasio i'r lacteal. Capilari lymff pengaead yw hwn sydd i'w gael yng nghanol pob filws. Caiff asidau brasterog a glyserol eu cludo yn y system lymffatig, sydd yn y pen draw'n agor i lif y gwaed o'r ddwythell thorasig.

I grynhoi, mae'r dulliau cludiant canlynol yn digwydd:

• Mae asidau brasterog, glyserol a'r rhan fwyaf o fitaminau'n tryledu drwy bilen y celloedd epithelaidd.

• Fodd bynnag, mae angen egni ar ffurf ATP ar y deusacaridau, yr asidau amino a'r deupeptidau i gael eu hamsugno drwy gludiant actif.

• Yna, caiff deupeptidau a monosacaridau eu treulio'n fewngellol i asidau amino syml.

• Mae glwcos ac asidau amino yna'n tryledu o'r gell epithelaidd i'r gwaed.

▼ Celloedd epithelaidd yn y coluddyn bach

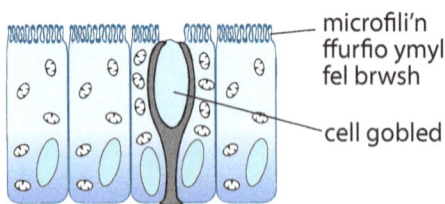

microfili'n ffurfio ymyl fel brwsh

cell gobled

ceudod y coluddyn bach

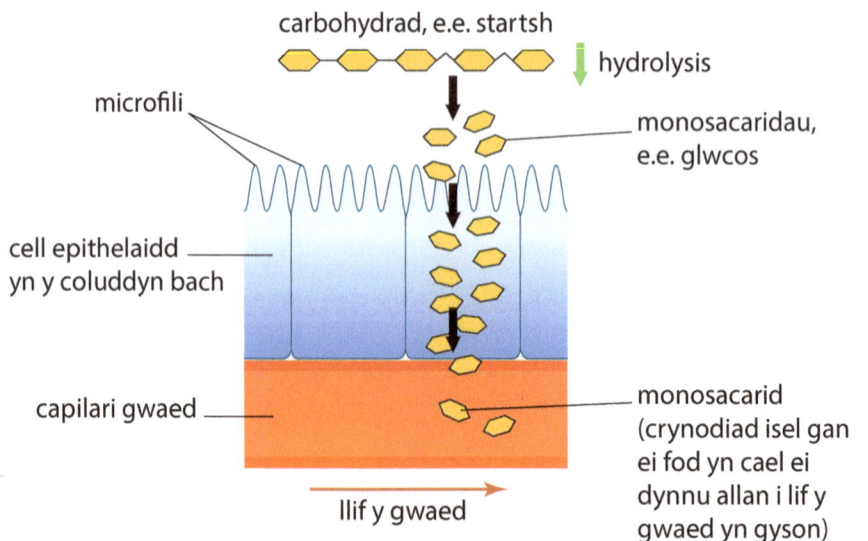

carbohydrad, e.e. startsh

hydrolysis

microfili

monosacaridau, e.e. glwcos

cell epithelaidd yn y coluddyn bach

capilari gwaed

monosacarid (crynodiad isel gan ei fod yn cael ei dynnu allan i lif y gwaed yn gyson)

llif y gwaed

▲ Amsugniad

epitheliwm (trwch un gell)

fili

capilari

lacteal

crypt Lieberkühn

rhydwelïyn

gwythiennig

pibell lymff

cyhyr cylchol

cyhyr hydredol

Y coluddyn mawr

Mae'r coluddyn mawr tua 1.5 metr o hyd ac mae wedi'i rannu'n bedair rhan: y caecwm, y pendics, y colon a'r rectwm. Caiff dŵr a halwynau mwynol eu hamsugno o'r colon ynghyd â fitaminau sy'n cael eu secretu gan ficro-organebau sy'n byw yn y colon. Y bacteria hyn sy'n gyfrifol am wneud fitamin K ac asid ffolig. Erbyn iddo gyrraedd y rectwm, mae'r bwyd nad ydym ni'n gallu ei dreulio mewn cyflwr lled-solid. Mae'n cynnwys gweddillion cellwlos heb ei dreulio, bacteria a chelloedd marw ac mae'n pasio ar hyd y rectwm i gael ei garthu ar ffurf ymgarthion. Enw'r broses hon yw ymgarthiad.

Tynged cynhyrchion wedi'u treulio ar ôl iddyn nhw gael eu hamsugno

Ar ddiwedd prosesau treuliad ac amsugniad, caiff y cynhyrchion bwyd hydawdd eu cludo yn llif y gwaed i'r meinweoedd i'w cymathu neu i ddarparu egni.

- Caiff glwcos ei amsugno o'r gwaed gan gelloedd er mwyn rhyddhau egni wrth resbiradu.

- Caiff asidau amino eu hamsugno i syntheseiddio protein. Dydyn ni ddim storio gormodedd felly maen nhw'n cael eu dadamineiddio. Yn y broses hon, caiff y grwpiau amino eu trawsnewid yn wrea a chaiff y gweddill ei drawsnewid yn garbohydradau i'w storio.

- Caiff lipidau eu defnyddio ar gyfer pilenni a hormonau; caiff gormodedd ei storio fel braster.

Addasiadau i ddeietau gwahanol

Mae ymlusgiaid ac amffibiaid yn llyncu bwyd yn gyfan yn syth ar ôl ei ddal, ond mae mamolion yn cadw bwyd yn y geg i'w dorri a'i gnoi. Mae tafod mamolion yn gwahanu'r llwybr anadlu (ceudod trwynol) a'r geg. Mae hyn yn eu galluogi nhw i gadw bwyd yn y geg yn hytrach na'i lyncu'n gyfan rhwng anadliadau. Mae coludd cigysydd yn fyr, sy'n adlewyrchu pa mor hawdd yw treulio protein. Fodd bynnag, mae coludd llysysydd yn hir oherwydd mae'n anodd treulio defnydd planhigol.

Gan fod bwyd yn cael ei gadw i'w dorri, ei wasgu, ei falu neu ei rwygo yn ôl deiet, mae mamolion wedi esblygu gwahanol fathau o ddannedd a phob math wedi arbenigo ar gyfer gwahanol swyddogaeth. Mae dannedd llysysyddion a chigysyddion wedi arbenigo i gyd-fynd â'u deietau.

Deintiad

Mae gan fodau dynol bedwar math gwahanol o ddannedd: blaenddannedd, dannedd llygad, cilddannedd blaen a childdannedd. Nid yw'r dannedd yn arbenigol iawn oherwydd mae bodau dynol yn hollysyddion, hynny yw, maen nhw'n bwyta defnydd planhigion ac anifeiliaid. Mae dannedd llysysyddion a chigysyddion wedi arbenigo i gyflawni swyddogaethau penodol.

Deintiad llysysyddion

Mae bwyd planhigol yn ddefnydd gwydn ac mae dannedd llysysyddion wedi'u haddasu i sicrhau bod bwyd yn cael ei falu'n llwyr cyn cael ei lyncu. Mae gan lysysydd sy'n pori, fel buwch neu ddafad, flaenddannedd ar yr ên isaf yn unig ac mae'n torri yn erbyn pad cornaidd ar yr ên uchaf. Does dim gwahaniaeth rhwng y blaenddannedd a'r dannedd llygad. Mae bwlch o'r enw diastema rhwng y dannedd blaen a'r dannedd ochr, neu'r cilddannedd blaen. Mae'r tafod yn gweithredu yn y bwlch hwn gan symud gwair sydd newydd gael ei dorri i arwynebau malu mawr dannedd y foch. Mae'r ên yn symud mewn cylch ar blân llorweddol wrth falu'r gwair. Mae dannedd y foch yn cydgloi, fel y llythyren W yn ffitio i'r llythyren M. Dros amser, mae'r arwynebau malu'n treulio, gan ddinoethi'r ymylon enamel miniog sy'n gwneud y broses falu'n fwy effeithlon eto. Mae gan y dannedd wreiddiau agored, digyfyngiad felly maen nhw'n gallu parhau i dyfu drwy gydol bywyd yr anifail.

▼ *Deintiad dafad*

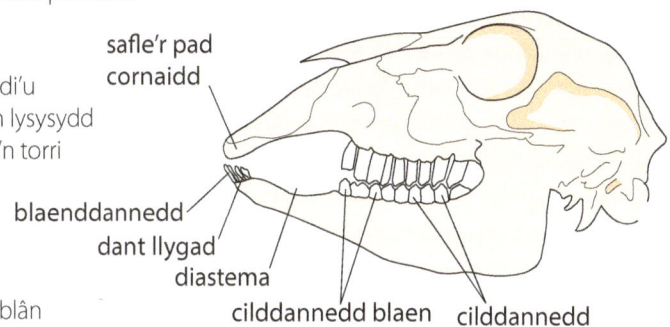

safle'r pad cornaidd

blaenddannedd

dant llygad

diastema

cilddannedd blaen

cilddannedd

Term Allweddol

Anifail cnoi cil = llysysydd â stumog sydd wedi'i haddasu'n bedair siambr; y rwmen yw'r fwyaf o'r rhain.

35 Gwirio gwybodaeth

Nodwch y gair neu'r geiriau coll.

Mae gên cigysydd yn symud yn fertigol ond mae gên llysysydd yn symud o •••• •••• ••••.

Nid oes gan ddafad flaenddannedd uchaf; yn lle hynny, mae •••• •••• i flaenddannedd yr ên isaf dorri llystyfiant arno. Mae gan lysysyddion fwlch o'r enw •••• yn gwahanu'r dannedd blaen a'r dannedd ochr. Mae gan gigysyddion bâr o ddannedd mawr arbenigol o'r enw •••• sy'n llithro heibio i'w gilydd i rwygo cig oddi ar esgyrn ei ysglyfaeth.

▼ Pwynt astudio

Nid yw mamolion llysysol yn cynhyrchu ensymau cellwlas. Mewn anifeiliaid sydd ddim yn cnoi cil, fel cwningod a cheffylau, mae bacteria sy'n secretu cellwlas yn byw yn y caecwm, ond mewn anifeiliaid cnoi cil, mae'r bacteria'n byw yn y stumog arbenigol sy'n cynnwys pedair siambr.

▼ Pwynt astudio

Mae coludd cigysydd yn fyr, sy'n adlewyrchu pa mor hawdd yw treulio protein. Fodd bynnag, mae coludd llysysydd yn hir oherwydd mae'n anodd treulio defnydd planhigol.

▼ Pwynt astudio

Mae'n aml yn ddefnyddiol crynhoi darn rydych chi newydd ei ddarllen. Er enghraifft, mae coludd anifail cnoi cil wedi addasu i'w ddeiet drwy fod â choludd hir sy'n cynnwys bacteria sy'n treulio cellwlos a drwy allu codi'r bwyd yn ôl i 'gnoi cil'.

Deintiad cigysyddion

Mae dannedd mamolion cigysol, fel y teigr, wedi addasu i ddal a lladd ysglyfaeth, torri neu falu esgyrn a rhwygo cig. Mae'r blaenddannedd miniog yn gafael mewn cnawd ac yn ei rwygo oddi ar yr asgwrn. Mae'r dannedd llygad yn fawr, yn grwm ac yn bigog i ddal ysglyfaeth a'i ladd ac i rwygo cnawd. Caiff y cilddannedd blaen a'r cilddannedd eu defnyddio i dorri a malu. Mae gan gigysyddion bâr o ddannedd boch arbenigol, sef yr ysgithrau, sy'n llithro heibio i'w gilydd fel llafnau sisyrnau garddio. Mae cyhyrau'r ên wedi datblygu'n bwerus i alluogi'r cigysydd i afael yn dynn yn yr ysglyfaeth a'i helpu i falu esgyrn. Nid yw'r ên yn symud o ochr i ochr fel gên llysysyddion, oherwydd byddai hynny'n afleoli'r ên wrth ddal ysglyfaeth. Mae symudiad fertigol yr ên yn fwy nag ydyw mewn llysysyddion sy'n golygu bod yr ên yn gallu agor yn llydan i ddal a lladd ysglyfaeth.

▶ *Deintiad ci*

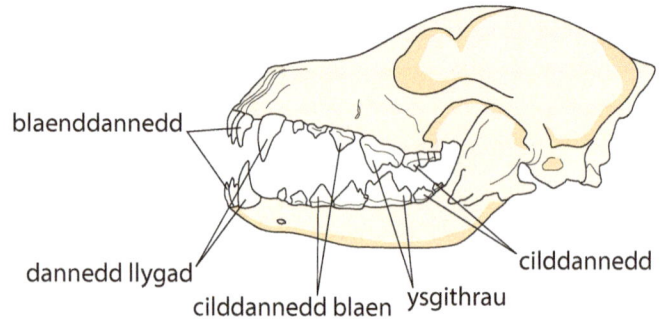

Anifeiliaid cnoi cil

Anifeiliaid sy'n cynhyrchu 35% o'r holl brotein y mae bodau dynol yn ei fwyta. O hyn, mae bron ei hanner yn dod o **anifeiliaid cnoi cil**, fel gwartheg a defaid, sy'n bwyta gwair a phorthiant yn bennaf; cellfuriau cellwlos yw cyfran uchel o'r bwyd hwn.

Cydymddibyniaeth neu symbiosis yw'r cysylltiad agos rhwng dwy rywogaeth wahanol lle mae'r naill organeb a'r llall yn cael rhyw fudd o'r berthynas. Nid yw mamolion llysysol fel gwartheg a defaid yn gallu cynhyrchu ensymau cellwlas, felly nid ydynt yn gallu treulio cellwlos. Mae cyfran fawr o ddefnydd planhigol wedi'i gwneud o gellfuriau cellwlos. Mae rhai llysysyddion penodol, e.e. gwartheg, wedi ffurfio perthynas â bacteria sy'n treulio cellwlos sy'n byw yng ngholudd y gwartheg. Yn y berthynas hon, mae'r mamolyn yn cael cynhyrchion treulio cellwlos ac mae'r bacteria'n cael cyflenwad cyson o fwyd ac yn gallu tyfu mewn amgylchedd cysgodol addas.

Mae'r fuwch yn rhoi rhan o'r coludd i'r bacteria fyw ynddo ac mae'r bacteria'n treulio'r cellwlos i'r fuwch. Fodd bynnag, rhaid i'r rhan hon o'r coludd gael ei chadw ar wahân i'r prif fan treulio am y rhesymau canlynol:

- Rhaid gallu cadw bwyd yno am gyfnod digon hir i'r bacteria dreulio'r cellwlos.

- Mae angen cadw'r bacteria ar wahân i suddion treulio'r mamolyn ei hun fel eu bod nhw ar y pH optimwm i'w gweithgareddau eu hunain; gallai pH eithafol eu lladd nhw.

Mae gan anifeiliaid cnoi cil 'stumog' sy'n cynnwys pedair siambr. Mae tair o'r siambrau wedi deillio o ran isaf yr oesoffagws ac un o'r siambrau yw'r wir stumog.

▶ *Coludd anifail cnoi cil*

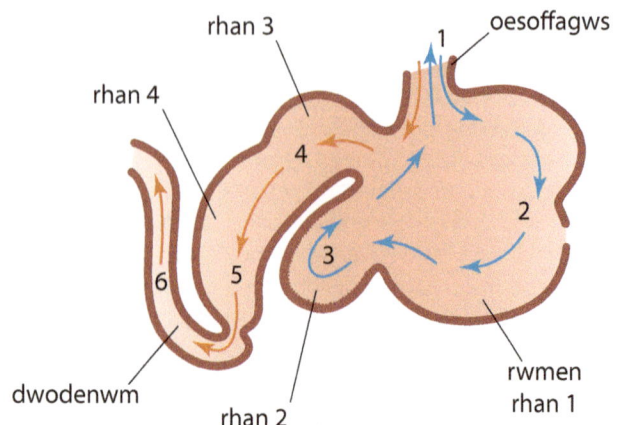

Caiff cellwlos ei dreulio fel a ganlyn:

- Mae'r gwair yn cael ei dorri gan y dannedd a'i gymysgu â phoer, ac mae'r cil y mae hyn yn ei ffurfio'n cael ei lyncu ac yn symud i'r rwmen.

- Yn y rwmen, y siambr gyntaf, caiff y cil ei gymysgu â bacteria sy'n treulio cellwlos i gynhyrchu glwcos. Caiff hwn ei eplesu i ffurfio asidau organig sy'n cael eu hamsugno i'r gwaed gan roi egni i'r fuwch. Y cynhyrchion gwastraff yw carbon deuocsid a methan; mae'r rhain yn cael eu rhyddhau.

- Mae'r gwair wedi ei eplesu'n symud i'r siambr nesaf ac yn ffurfio cil, sy'n cael ei godi'n ôl i'r geg a'i gnoi eto.

- Mae'r cil yn mynd yn uniongyrchol i'r drydedd siambr lle caiff dŵr ei adamsugno.

- Mae'r bedwaredd siambr, y siambr olaf, yn gweithredu fel stumog 'arferol' a chaiff protein ei dreulio.

- Mae'r bwyd wedi'i dreulio'n symud i'r rhan nesaf, y coluddyn bach, lle caiff cynhyrchion treuliad eu hamsugno.

Parasitiaid

Organebau sy'n byw ar neu mewn organeb arall, yr organeb letyol, yw parasitiaid, ac maen nhw'n cael maethiad ar draul yr organeb letyol. Felly mae parasitiaid yn achosi rhywfaint o niwed, ac yn aml yn achosi marwolaeth. Mae llawer o organebau'n cael eu parasiteiddio am o leiaf ran o'u bywydau. Caiff planhigion eu parasiteiddio gan facteria, ffyngau, firysau, nematodau a phryfed; caiff anifeiliaid eu parasiteiddio gan facteria, ffyngau, firysau, proctista, llyngyr, nematodau, pryfed a gwiddon. Caiff hyd yn oed bacteria eu parasiteiddio gan firysau o'r enw bacterioffagau! Mae astudiaeth parasitiaid o bwysigrwydd economaidd oherwydd maen nhw'n achosi clefydau mewn bodau dynol, cnydau ac anifeiliaid domestig.

Llyngyren borc – parasit yn y coludd

Mae pob anifail yn ymdrechu i oroesi, i osgoi cystadleuaeth ag eraill ac i osgoi bod yn ysglyfaeth i anifeiliaid eraill. Mae parasitiaid wedi arbenigo ac wedi newid yn esblygol yn sylweddol er mwyn goroesi yn yr organeb letyol. Mae'r parasit yn y coludd (*Taenia solium*) yn enghraifft arbennig o dda.

Dychmygwch fyw yng ngholudd anifail arall! Mae'r llyngyren yn debyg i ruban ac yn gallu bod hyd at 10 metr o hyd! Mae ganddi 'ben' wedi'i wneud o gyhyr sy'n cynnwys sugnolynau a bachau. Mae ei chorff wedi'i wneud o gyfres linol o segmentau tenau. Mae gan y llyngyren borc organeb letyol eilaidd. Y brif organeb letyol yw bodau dynol a'r ail organeb letyol yw moch. Caiff moch eu heintio drwy fwyta o sianelau draenio wedi'u halogi gan ymgarthion dynol. Caiff bodau dynol eu heintio drwy fwyta porc wedi'i heintio sydd heb ei goginio'n ddigonol.

DYLECH CHI WYBOD ›››

››› sut mae'r llyngyren borc wedi addasu i amgylchedd anghyfeillgar coludd yr organeb letyol

››› sut mae'r system genhedlu ddatblygedig wedi addasu i oresgyn problem heintio'r organeb letyol eilaidd

▼ Pwynt astudio

Does dim angen gwybodaeth fanwl am y gylchred bywyd.

▼ Pwynt astudio

Does gan y llyngyren ddim coludd. Mae hyn am ei bod wedi'i hamgylchynu â maetholion yr organeb letyol ac yn eu hamsugno nhw drwy arwyneb y corff.

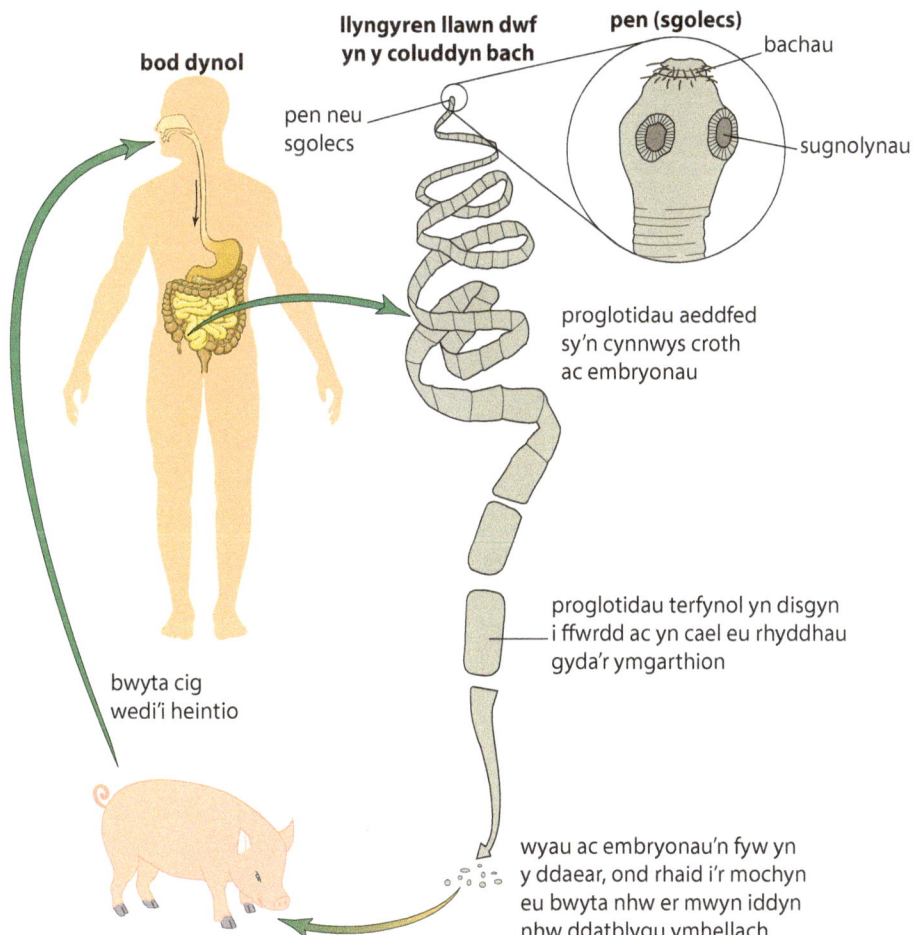

▶ *Llyngyren*

Diagram labels:
- bod dynol
- llyngyren llawn dwf yn y coluddyn bach
- pen (sgolecs)
- pen neu sgolecs
- bachau
- sugnolynau
- proglotidau aeddfed sy'n cynnwys croth ac embryonau
- proglotidau terfynol yn disgyn i ffwrdd ac yn cael eu rhyddhau gyda'r ymgarthion
- bwyta cig wedi'i heintio
- wyau ac embryonau'n fyw yn y ddaear, ond rhaid i'r mochyn eu bwyta nhw er mwyn iddyn nhw ddatblygu ymhellach

Gwirio gwybodaeth

Nodwch y gair neu'r geiriau coll.

Mae'r llyngyren borc yn byw yng ngholudd organeb letyol. Mae ganddi ddwy organeb letyol. Y brif organeb letyol yw •••• a'r organeb letyol eilaidd yw ••••. Nid oes angen llawer o systemau organau arni ond mae ganddi system •••• ddatblygedig. Mae ganddi sugnolynau a •••• i lynu at wal y coludd. Mae ganddi hefyd •••• trwchus i atal ensymau'r organeb letyol rhag ei threulio hi. Mae ei chorff yn denau iawn, felly mae ganddi ••••• •••• mawr i amsugno'r bwyd y mae'r organeb letyol wedi'i dreulio.

▼ Pwynt astudio

Mae'r llyngyren yn ddeurywiad, hynny yw, mae'r ddau fath o organau rhyw'n bresennol mewn un unigolyn. Does dim lle i ddwy lyngyren mewn coludd felly byddai paru'n amhosibl. Mae felly'n ffrwythloni ei hwyau ei hun.

Er bod y llyngyren yn byw mewn ffynhonnell bwyd uniongyrchol, mae angen iddi oroesi yn amodau anghyfeillgar y coludd. Dyma'r problemau y mae'n rhaid i barasit y coludd eu goresgyn er mwyn goroesi:

- Mae'n byw yng nghanol suddion treulio a mwcws.
- Mae bwyd, wedi'i gymysgu â suddion treulio, yn symud drwy'r amser wrth iddo gael ei gorddi o gwmpas a'i wthio drwy'r coludd gan gyfangiadau peristaltig y wal o gyhyr.
- Mae'n byw mewn amodau pH eithafol ar hyd y coludd.
- System imiwnedd yr organeb letyol.
- Os yw'r organeb letyol yn marw, bydd y parasit yn marw hefyd.

Er mwyn goroesi, rhaid i'r llyngyren wneud y canlynol:

- Cael ffordd i mewn i'r organeb letyol.
- Cael ffordd o lynu at yr organeb letyol.
- Amddiffyn ei hun yn erbyn ymateb imiwn yr organeb letyol.
- Datblygu'r organau sydd eu hangen i oroesi'n unig.
- Cynhyrchu llawer o wyau.
- Bod ag organeb letyol ryngol.
- Bod â chamau ymwrthol i oroesi am gyfnod heb organeb letyol.

Mae'r llyngyren wedi esblygu'r addasiadau adeileddol canlynol i'w galluogi i fyw fel parasit:

- Sugnolynau a rhes ddwbl o fachau crwm i lynu at wal y coludd.
- Gorchudd corff sy'n ei hamddiffyn rhag ymateb imiwn yr organeb letyol.
- Cwtigl trwchus a chynhyrchu sylweddau ataliol ar arwyneb y segmentau i atal ensymau'r organeb letyol rhag eu treulio nhw.
- Gan fod llyngyr yn byw mewn amgylchedd sefydlog, does dim angen iddyn nhw symud o gwmpas a does dim angen system synhwyraidd arnyn nhw. Mae hyn wedi golygu bod organau diangen wedi dirywio. Mae ganddyn nhw system ysgarthol a system nerfol syml ond mae'r rhan fwyaf o'r corff yn ymwneud ag atgenhedlu.
- Mae'r llyngyren yn denau iawn ac mae ei chymhareb arwynebedd arwyneb i gyfaint yn fawr. Mae wedi'i hamgylchynu â bwyd wedi'i dreulio felly mae ganddi system dreulio syml iawn ac mae'n gallu amsugno bwyd wedi'i dreulio dros holl arwyneb y corff.
- Gan nad oes lle yn y coludd i ddwy lyngyren, mae pob segment yn cynnwys organau atgenhedlu gwrywol a benywol. Caiff niferoedd enfawr o wyau eu cynhyrchu; mae pob segment llawn dwf yn cynnwys hyd at 40,000 o wyau. Mae'r segmentau llawn dwf yn gadael corff yr organeb letyol gyda'r ymgarthion.
- Mae gan yr wyau blisg gwydn ac maen nhw'n gallu goroesi tan mae'r organeb letyol eilaidd yn eu bwyta nhw. Yna maen nhw'n gallu datblygu ymhellach ac mae'r embryonau sy'n deor o'r wyau'n symud i gyhyrau'r mochyn ac yn cysgu tan mae bod dynol yn bwyta cig y mochyn

Effeithiau niweidiol y llyngyren borc

Nid yw'r llyngyr llawn dwf yn achosi llawer o anghysur ond, os caiff yr wyau eu bwyta gan fodau dynol, mae'r embryonau cwsg yn ffurfio codennau mewn gwahanol organau ac yn niweidio'r meinweoedd o'u cwmpas nhw. Mae'n bosibl trin oedolion â chyffuriau priodol. Mae mesurau iechyd cyhoeddus ac archwilio cig yn aml yn fesurau hanfodol.

Addasiadau ar gyfer maeth

1 Mae'r diagram yn cynrychioli'r system dreulio ddynol.

(a) Parwch y gosodiadau canlynol â'r llythrennau priodol ar y diagram (4)

Rhan asidig.

Y rhan lle mae hydrolysis protein yn dechrau.

Y rhan lle caiff yr ensym amylas ei gynhyrchu.

Yr adeiledd sy'n cynhyrchu cemegion sy'n emwlsio brasterau.

(b) Yn fili'r coluddyn bach, beth yw swyddogaeth:

(i) y lacteal (1)

(ii) y capilarïau (1)

(c) Ar wahân i'w hyd, nodwch ddwy ffordd arall y caiff arwynebedd arwyneb y coluddyn bach ei gynyddu. (2)

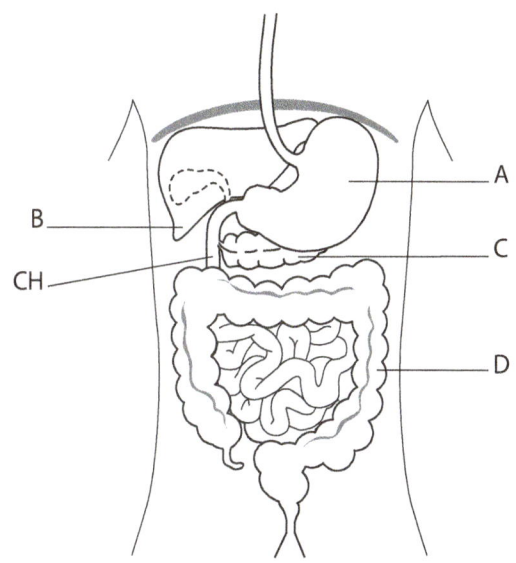

2 Mae'r diagram yn dangos y prosesau fyddai'n digwydd mewn coludd tiwb syml.

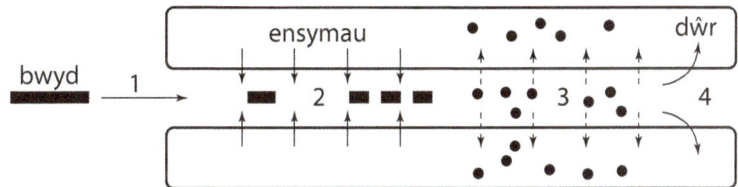

(a) (i) Enwch y prosesau sydd wedi'u rhifo'n 1–4. (2)

(ii) Diffiniwch y broses sydd wedi'i rhifo'n 3. (1)

(b) (i) Eglurwch pam mae treuliad proteinau yn fwy effeithlon os yw endopeptidasau yn gweithredu arnynt cyn ecsopeptidasau. (2)

(ii) Mae'r ffigwr isod yn dangos peptid. Mae pob llythyren sydd wedi'i chylchu yn cynrychioli asid amino unigol. (2)

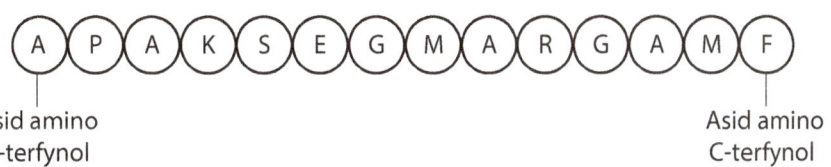

Asid amino
N-terfynol

Asid amino
C-terfynol

Cafodd y peptid hwn ei dreulio'n gyntaf gydag endopeptidas ac yna gydag ecsopeptidas. Mae endopeptidas yn hydrolysu bondiau peptid ar ochr C-terfynol i naill ai'r asid amino R neu'r asid amino K. Mae ecsopeptidas yn hydrolysu un asid amino ar y tro o ben C-terfynol peptid, ond ni fydd yn hydrolysu deupeptid.

Defnyddiwch y wybodaeth uchod i ddangos y ddau gam lle caiff y peptid ei ddadelfennu gan endopeptidas ac yna gan ecsopeptidas i roi deupeptidau ac asidau amino rhydd.

3 Mae'r diagram yn dangos trefniant haenau mewn wal coludd.

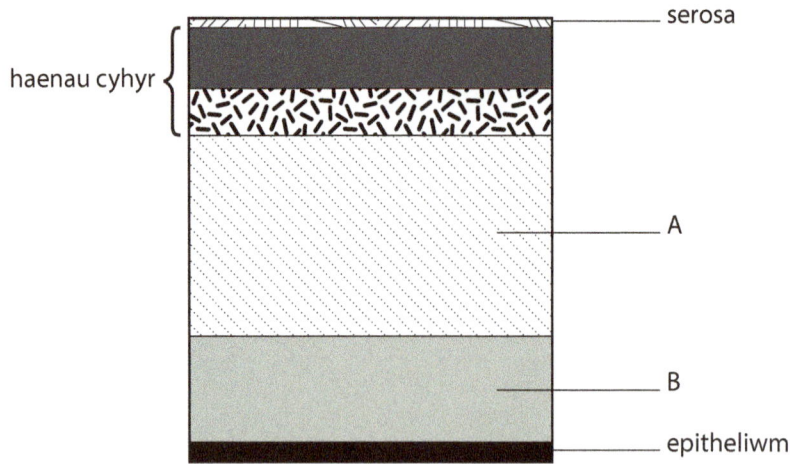

serosa

haenau cyhyr {

A

B

epitheliwm

(a) Beth yw'r gwahaniaeth rhwng trefniant y ffibrau yn y ddwy haen o gyhyr? (1)

(b) Beth yw enw'r broses lle mae'r haenau cyhyr yn gwthio bwyd ar hyd y coludd? (1)

(c) Labelwch haenau A a B. (1)

(ch) Enwch ddau ffurfiad sydd i'w cael yn haen S a rhowch eu swyddogaeth ym mhroses maethiad. (4)

4 Mae'r lluniadau'n dangos penglogau dau famolyn.

A

B

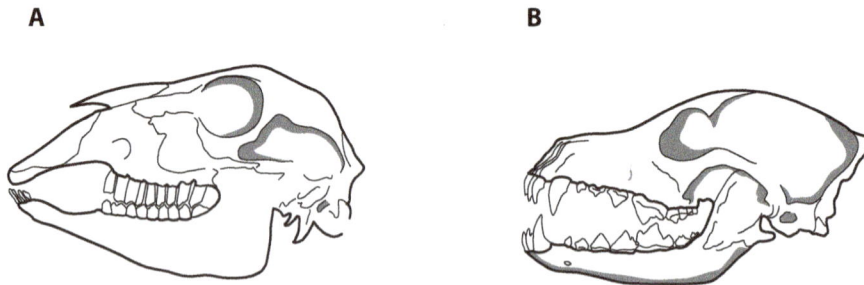

(a) (i) Nodwch y modd o faethu ar gyfer y ddau anifail. (1)

(ii) Ar gyfer y ddau anifail, disgrifiwch un ymaddasiad o ran ei ddeintiad (dentition) ar gyfer ei ddeiet. (2)

(iii) Eglurwch pam mae coludd B yn llawer byrrach na choludd A. (1)

(b) (i) Disgrifiwch sut mae stumog mamolyn A wedi ei addasu i'w ddeiet. (4)

(ii) Awgrymwch pam mae gan famolyn B stumog fawr, er bod gweddill ei goluddyn yn llai o ran hyd. (1)

5 (a) Diffiniwch y term parasit. (2)

(b) Mae'r llyngyren, *Taenia solium*, yn barasit i fodau dynol. Mae ei chylchred bywyd yn cynnwys organeb letyol eilaidd.

(i) Enwch yr organeb letyol eilaidd.

(ii) Disgrifiwch sut mae'r parasit yn cael ei drosglwyddo o fod dynol i'w organeb letyol eilaidd. (1)

(iii) Eglurwch sut mae bodau dynol yn gallu cael eu heintio â'r llyngyren. (1)

(c) Mae *Taenia* yn barasit sy'n byw yn llwybr treuliad, neu goludd, bodau dynol.

(i) Nodwch un ffordd y mae *Taenia* wedi addasu i sicrhau ei fod yn aros yn ei le yng ngholudd yr organeb letyol. (1)

(ii) Eglurwch pam nad yw *Taenia* yn cael ei ddinistrio gan secretiadau'r organeb letyol, sef y bod dynol. (2)

(ch) Mae gan *Taenia* gyfradd atgenhedlu uchel iawn. Eglurwch sut mae hyn o fantais i'r parasit. (1)

BY1: Moleciwlau biolegol

1

Nodwedd	Carbohydrad	Lipid	Protein
Gallu bod yn ddirlawn neu'n annirlawn		✓	
Cynnwys bondiau peptid			✓
Cynnwys yr elfennau carbon, hydrogen ac ocsigen	✓	✓	✓
Gallu cynnwys bondiau deusylffid			✓
Mae cellwlos a glwcos yn enghreifftiau	✓		

2 (a) (i) Hecsos (ii) Maltos (iii) Dŵr (iv) 1 a 4

(b) (i) Mae safleoedd –OH a –H wedi'u gwrthdroi ar C1.

(ii) Moleciwlau ag adeiledd gwahanol ond â'r un fformiwla gyffredinol.

(c) β glwcos

(ch) Cadwynau hir wedi'u cryfhau gan drawsgysylltiadau/microffibrolynnau.

(d) Mae cellfuriau cellwlos yn rhoi cryfder/anhyblygrwydd/cynhaliaeth adeileddol.

3 (a) (i) Glyserol

(ii) Dileu dŵr/adwaith cyddwyso.

(iii) Cadwyn hir (16+) o atomau hydrogen a charbon/cadwyn hir o grwpiau CH_2.

(b) (i) Mae R mewn braster yn ddirlawn/dim bondiau dwbl rhwng atomau carbon.

Mae R mewn olew yn annirlawn/yn cynnwys bondiau dwbl.

(ii) Storio egni.

(iii) Mae lipidau'n rhoi dwywaith cymaint o egni â'r un màs o garbohydrad.

4 (a)

	Triglyserid	Ffosffolipid
Gwahaniaeth adeileddol 1	3 asid brasterog	2 asid brasterog
Gwahaniaeth adeileddol 2	Pen glyserol yn unig	Pen glyserol a ffosffad
Ble mae'r cyfansoddyn i'w gael mewn organebau	Dan y croen / o gwmpas organau'r corff / nerfgelloedd / hadau	Cellbilenni

(b) Mae asid stearig/dirlawn yn cynnwys mwy o H neu i'r gwrthwyneb.

Nid oes dim bondiau dwbl yng nghadwyn hydrocarbon asid stearig neu i'r gwrthwyneb.

Mae asid stearig yn gadwyn hydrocarbon syth neu i'r gwrthwyneb.

(c) Asid stearig/asid brasterog dirlawn.

5 (a) (i) A – ffosffad; B – glyserol; C – asid brasterog

(ii) Bond ester; adwaith cyddwyso; dileu moleciwl dŵr.

(iii) Cellbilen/pilen blasmaidd.

(b) Mae ffosffolipid yn cynnwys dwy gadwyn asid brasterog, ac mae tair mewn triglyserid;

nid oes grŵp ffosffad mewn triglyserid ond mae un mewn ffosffolipid.

6 (a) (i) A – asid amino; B – triglyserid

(ii) Nitrogen; sylffwr

(b) Cyddwyso; peptid

(c) (i) Ychwanegu Biuret at hydoddiant prawf, mae'r lliw glas yn troi'n borffor (gwelw) os yw'r canlyniad yn bositif.

(ii) Gallai'r newid lliw fod yn rhy wan i'w weld.

7 (a)

Lefel adeiledd protein	Mathau o fondiau			
	Peptid	Hydrogen	Deusylffid	Ïonig
Cynradd	✓			.
Eilaidd	✓	✓		
Trydyddol	✓	✓	✓	✓

(b) (i) Dwy neu fwy o gadwynau polypeptid yn bresennol.

(ii) Haemoglobin

8 (a) (i) Deupeptid (ii) Peptid (iii) Hydrolysis

(b) Grwpiau R gwahanol

(c) 20

9 (a) A – hydrogen; B – pont deusylffid; C – ïonig

(b) (i) helics–α

(ii) Bondiau hydrogen

(iii) Llen bletiog β

(c) Trydyddol

(ch) (i) β glwcos

(ii) Cadwynau hir, paralel wedi'u trawsgysylltu rhwng y cadwynau i ffurfio microffibrolynnau. Mae'n rhoi cryfder.

10 Magnesiwm – un o gydrannau cloroffyl.

Haearn – un o gydrannau haemoglobin.

Ffosffad – un o gydrannau asidau niwclëig/pilenni/ffosffolipidau.

Calsiwm – cael ei ddyddodi mewn esgyrn a dannedd.

11 Mae angen unrhyw 10 o'r 15 pwynt sydd ar gael yn y traethawd hwn.

Adeiledd

Cynnwys yr elfennau carbon, hydrogen ac ocsigen; glyserol + 3 asid brasterog; uno mewn adweithiau cyddwyso; ffurfio bondiau ester; mae yna asidau brasterog dirlawn ac annirlawn; y grŵp ffosffad yn disodli un asid brasterog mewn ffosffolipidau.

Swyddogaethau

Storio egni; rhyddhau mwy o egni am bob uned màs na charbohydradau; gwneud hadau'n ysgafnach/llai i'w gwasgaru/storfa egni ar gyfer gaeafgysgu; cydran ffosffolipid cellbilen; rheoli mynediad moleciwlau i'r gell; ynysu; amddiffyn organau mewnol; hynofedd i anifeiliaid dyfrol; dwrglos/pilen fyelin, ayb.

BY1: Adeiledd celloedd a threfniadaeth

1 (a)

Nodwedd	Cell brocaryotig	Cell planhigyn ewcaryotig
Cromosomau		✓
Resbiradaeth mewn mesosomau	✓	
Organynnau pilennog		✓
Ribosomau'n bresennol	✓	✓

(b) **Procaryot**
Ribosomau bach
Cellfur mwrein

Ewcaryot
Ribosomau mwy
Cellfur cellwlos

2

Nodwedd adeileddol	Celloedd planhigyn	Bacteria	Firysau
Gallu cynnwys mitocondria	✓		
Yn cynnwys cellfuriau	✓	✓	
Gallu cynnwys DNA	✓	✓	✓
Gallu cynnwys cloroplastau	✓		
Dim cnewyllyn pilennog		✓	✓
Gallu cynnwys plasmidau		✓	

3 (a) (i) A – cellfur; B – cloroplast; C – plasmodesmata/mandwll; Ch – gwagolyn; D – reticwlwm endoplasmig garw/ribosom

(ii) A – cynnal/atal y gell rhag byrstio/amddiffyn; C – symud defnyddiau o gell i gell; D – synthesis protein

(b) (i) Cellwlos

(ii) Startsh

(iii) Ribos

(c) Mae gan gell planhigyn gellfur, cloroplast a gwagolyn parhaol mawr; nid yw'r rhain gan gell anifail.

4 (a)

Nodwedd	Cell bacteria	Cell deilen	Cell cyhyr
Cellfur	✓	✓	✗
Gwagolyn mawr parhaol	✗	✓	✗
Pilen gnewyllol	✗	✓	✓
Cloroplastau	✗	✓	✗
Mesosomau	✓	✗	✗
Mitocondria	✗	✓	✓

(b) (i) Nifer o gelloedd tebyg, yn cyflawni swyddogaeth gyffredin.

(ii) Muscle

5 (a) A – granwm; B – stroma; C – amlen/pilen ddwbl; Ch – thylacoid

(b) Cloroffyl

6 (a) A – matrics; B – crista/pilen fewnol

(b) D – safle synthesis protein; adeiladu cadwynau polypeptid yn y ribosom; cludo polypeptidau/proteinau; ribosomau'n darllen cod genetig.

Dd – fesiglau bach wedi eu pinsio i ffwrdd/pecynnu proteinau i fesiglau; mae'r rhain yn cynnwys moleciwlau i'w secretu; cludo moleciwlau protein i'r gellbilen; synthesis glycoproteinau/addasu proteinau.

(c) Metabolaidd weithgar/cell secretu sy'n ymwneud â phrosesau actif; dibynnu ar ATP/egni; mitocondrion yn cynhyrchu ATP; angen ATP ar gyfer synthesis hormonau.

(ch) Wedi'u torri ar blân gwahanol.

7 (a) RNA/RNA ribosomaidd; protein

(b) Reticwlwm endoplasmig garw

(c) Synthesis protein

(ch) Cnewyllan

8

Datganiad	Reticwlwm endoplasmig llyfn	Mitocondria	Organigyn Golgi	Reticwlwm endoplasmig garw
Pilen ddwbl yn ei amgylchynu		✓		
Cynhyrchu glycoprotein			✓	
Yn pinsio i ffurfio lysosomau			✓	
Cynhyrchu ensymau				✓
Mwyaf cyffredin mewn safleoedd cludiant actif		✓		
Llawer ohono mewn celloedd sy'n secretu lipidau	✓			
Cysylltiad agos rhyngddo a ribosomau				✓

9 Mae angen unrhyw 10 o'r 15 pwynt sydd ar gael yn y traethawd hwn.

RER
System o godennau neu sisternâu fflat; gyda ribosomau ynghlwm; safle synthesis protein; parhaus â'r bilen gnewyllol.

Golgi
Codennau fflat rhyng-gysylltiedig; proteinau o'r RER yn cael eu cludo mewn fesiglau; fesiglau'n asio â philen Golgi gan fwrw allan eu cynnwys i godennau Golgi; pecynnu'r cynnwys ar ffurf moleciwlau mwy cymhleth fel ensymau/glycoproteinau; swyddogaeth arall fel cludo neu storio lipidau; ar ben arall yr organigyn Golgi caiff fesiglau sy'n cynnwys y cynnyrch eu pinsio i ffwrdd; maent yn symud i'r bilen blasmaidd ac yn asio â hi; ecsocytosis y cynnwys.

Lysosomau
Codenni neu fesiglau pilennog sy'n cynnwys ensymau treulio; fesiglau'n asio â philen gwagolynnau celloedd ac ensymau'n treulio'r cynnwys; sydd wedi'u hamgáu'n flaenorol gan ffagocytosis; mae ensymau mewn lysosomau hefyd yn ymddatod hen organynnau wedi treulio/awtolysis.

BY1: Cellbilenni a chludiant

1 (a) (i) Model mosaig hylifol; mosaig o foleciwlau protein/wedi'u trefnu'n afreolaidd neu ar hap gyda haen lipid hylifol/symudol.

(ii) A – haen ddeuol ffosffolipid/cynffonau asid brasterog; B – protein anghynhenid; C – protein cynhenid/cludo/trawsbilennol.

(iii) Galluogi moleciwlau polar/â gwefr/ionig/hydroffilig i fynd heibio/ trylediad cynorthwyedig.

(b) Symudiad yn erbyn graddiant crynodiad; angen egni/ATP.

(c) Darparu cynhaliad adeileddol; caniatáu cludiant ar draws y bilen; safleoedd adnabod/glycoproteinau.

2

Math o gyfansoddyn	Dull cludo i'r gell	Cydran y bilen y mae'n teithio drwyddi	Ffactor sy'n effeithio ar gyfradd cludiant
Hydawdd mewn lipid	Tryediad	Haen ddeuol ffosffolipid	Maint y moleciwlau
Hydawdd mewn dŵr mewn crynodiad allanol uchel	Tryediad cynorthwyedig	Sianel/cludydd protein	Crynodiad y gell. Maint y moleciwlau
Hydawdd mewn dŵr mewn crynodiad allanol isel iawn	Cludiant actif	Proteinau cludo	Cyfradd resbiradaeth Cynhyrchu ATP

3 Proses A – tryediad; wrth i'r gwahaniaeth crynodiad gynyddu, mae'r gyfradd mewnlifiad yn cynyddu; atalyddion resbiradol ddim yn effeithio arni; dim angen ATP/goddefol.

Proses B – tryediad cynorthwyedig; pan fydd y gwahaniaeth crynodiad yn uchel bydd y gyfradd mewnlifiad yn arafu/gwastadu/lefelu; proteinau cludo/sianel yn llawn; atalyddion resbiradol ddim yn effeithio arni; dim angen ATP/goddefol.

Proses C – cludiant actif; cyfradd yn arafu; cludyddion proteinau'n mynd yn ddirlawn; atalyddion resbiradol yn ei harafu; angen ATP ar y broses/ mae'n broses actif.

4

Datganiad	Tryediad	Tryediad cynorthwyedig	Cludiant actif
Sylwedd yn hydoddi yn rhan lipid y bilen	✓		
Wnaiff hyn ddim digwydd ym mhresenoldeb cyanid			✓
Symudiad yn cynnwys proteinau pilen		✓	✓
Dim angen egni celloedd	✓	✓	
Cyfradd mewn cyfrannedd â'r graddiant crynodiad ar draws y bilen	✓		
Digwydd o ganlyniad i symudiad moleciwlau ar hap mewn hydoddiant allanol	✓	✓	
Proteinau pilen yn gweithredu fel pympiau			✓

5 (a) Potensial dŵr yw gallu dŵr i symud i mewn neu allan o system neu gell.

(b) (i) J – pilen blasmaidd/cellbilen; K – cellfur

(ii) Caiff y gell ei phlasmolysu/mae'r gellbilen yn dechrau tynnu oddi wrth y cellfur.

(iii) Mae'r cellfur yn athraidd; swcros wedi tryledu/symud drwodd i T; rhaid bod crynodiad yr hydoddiant yr un fath ar y naill ochr a'r llall i'r mur.

6 (a) $\Psi = +1000 - 1800 = -800\,kPa$

(b) Wedi plasmolysu; cell mewn hydoddiant â photensial dŵr isel; dŵr yn gadael y gell; cytoplasm/gwagolyn yn lleihau.

(c) Gwywo

(ch) Plasmolysis cychwynnol

(d) Dŵr yn llifo i mewn a'r gell yn byrstio

7 Mae angen unrhyw 10 o'r 15 pwynt sydd ar gael yn y traethawd hwn.

(Unrhyw 4 o'r pwyntiau canlynol)

Mae'r bilen yn cynnwys haen ffosffolipid; gyda phennau ffosffad hydroffilig a chynffonnau asid brasterog hydroffobig; proteinau cynhenid/trawsbilennol/cludo/sianel a phroteinau anghynhenid; glycoproteinau ar yr arwyneb/colesterol yn y bilen; cyfeirio at y model mosaig hylifol.

(Unrhyw 6 o'r pwyntiau canlynol)

Tryediad o grynodiad allanol uchel i grynodiad mewnol isel; dim ond moleciwlau sy'n hydawdd mewn lipidau sy'n gallu mynd drwy'r haen ffosffolipid; mae moleciwlau bach eraill yn gallu tryledu drwy sianelau proteinau cynhenid; drwy gyfrwng tryediad cynorthwyedig; mae proteinau hefyd yn gallu gweithredu fel cludyddion; gellir codi moleciwl a newid ffurfwedd y protein a bwrw moleciwl allan ar yr ochr arall i'r bilen; cludiant actif yn erbyn y graddiant crynodiad yw hyn; mae angen egni/ATP ar y broses hon; mae moleciwlau dŵr yn llifo i mewn drwy gyfrwng osmosis ar hyd graddiant potensial dŵr.

BY1: Ensymau

1 (a) Rhwng A a B mae'r egni cinetig yn cynyddu; mae moleciwlau'r ensym a'r swbstrad yn gwrthdaro'n amlach/caiff mwy o gymhlygyn ensym-swbstrad ei ffurfio.

Rhwng C ac CH mae'r broses yn effeithio ar adeiledd trydyddol y protein; mae bondiau hydrogen yn torri oherwydd gwrthdrawiadau grymus ac mae siâp y safle actif yn cael ei ddinistrio. Dadnatureiddio yw hyn.

(b) I atal ensymau rhag cael eu dadnatureiddio/atal difrod i safleoedd actif; byddai angen adnewyddu rhai proteinau.

2 (a) $\dfrac{5.8}{0.5} = 11.6 \text{ cm}^3 \text{ min}^{-1}$

(b) Crynodiad uchaf/uwch o swbstrad; pob safle actif yn llawn.

(c) (i) Cynnydd yn y gyfradd o 20°C i 100°C; gostyngiad yn y gyfradd o 100°C i 130°C; mae'r egni cinetig yn cynyddu; mae'r moleciwlau'n symud yn gyflymach; gan arwain at fwy o wrthdrawiadau llwyddiannus/ffurfio mwy o gymhlygion ensym-swbstrad; hyd at optimwm o 100°C; uwchlaw'r optimwm mae'r dirgryniadau cryfach; yn achosi i'r bondiau hydrogen dorri; gan newid siâp y safle actif.

(ii) Mae tymheredd optimwm yr ensymau'n wahanol/optimwm amylas dynol yw 37°C, ac mae optimwm amylas bacteriol yn 100°C; mae'r amylas dynol yn dadnatureiddio ar dymheredd is.

3 (a) (i) Ar dymheredd uwch/60°C mae gan yr ensym neu'r swbstrad fwy o egni cinetig; felly caiff mwy o gymhlygion ensym-swbstrad eu ffurfio; gan arwain at ffurfio mwy o gynnyrch.

(ii) Ar 60°C mae adwaith yr ensym yn gyflymach; ond mae'r ensym yn dadnatureiddio; nid yw'r swbstrad i gyd wedi cael cyfle i adweithio.

(b) Mae'r swbstrad i gyd wedi'i drawsnewid yn gynnyrch.

(c) Mae'r tymheredd yn is, llai o egni cinetig; llai o gymhlygion ensym-swbstrad yn cael eu ffurfio; rhywfaint o swbstrad yn dal i fodoli ar ôl 60 munud; nid oes uchafswm o gynnyrch yn cael ei ffurfio eto.

4 (a) Tymheredd, pH a chrynodiad ensym

(b) (i) A

(ii) Crynodiad swbstrad uwch yn lleihau effaith yr atalydd/yn galluogi'r gyfradd i gyrraedd yr uchafbwynt yn y pen draw.

(iii) Mae siâp yr atalydd yn debyg i siâp y swbstrad ac mae'n glynu wrth y safle actif; gan atal y swbstrad rhag mynd yno; nid oes cymhlygyn ensym-swbstrad yn cael ei ffurfio; nid oes cynhyrchion yn cael eu rhyddhau.

5 (a) (i) 2mm oherwydd dyna'r maint sy'n rhoi'r cynnyrch canrannol mwyaf.

(ii) Mae gleiniau llai'n rhoi cyfanswm arwynebedd mwy/mae gleiniau llai'n pacio'n agosach at ei gilydd fel bod mwy o gysylltiad ensym-swbstrad/rhoi mwy o amser i'r ensym a'r swbstrad ddod i gysylltiad â'i gilydd.

(iii) Cynhyrchu mwy o gynnyrch gan fod y llif arafach yn rhoi mwy o amser i ffurfio cymhlygion ensym-swbstrad.

(iv) Tymheredd; math o laeth.

(b) Glwcos a galactos

(c) Gallu gwrthsefyll amrediad ehangach o amodau, e.e. tymheredd; cynnyrch ddim wedi'i halogi gan yr ensym/yn hawdd ei adfer i'w ddefnyddio eto; gallu defnyddio llawer o ensymau gyda'i gilydd.

6 (a) Mae newid lliw'n dynodi presenoldeb neu absenoldeb glwcos yn unig; gall hyn arwain at farn oddrychol am y lliw/ansoddol ac nid meintiol.

(b) (i) Mesur crynodiad metabolyn; drwy drawsnewid egni cemegol yn egni trydanol.

(ii) Mae'r ensym yn cyfuno â'r swbstrad/glwcos; yn y safle actif; ac yn ffurfio cynnyrch.

(iii) Mae glwcos o'r gwaed yn tryledu i'r gel; ac mae glwcos ocsidas yn gweithredu arno; mae swm y cynnyrch sy'n cael ei ryddhau mewn cyfrannedd â chrynodiad y glwcos; mae'r cynnyrch yn actifadu'r electrod; gan gynhyrchu signal trydanol; mae maint y signal mewn cyfrannedd union â màs y cynnyrch.

7 Mae angen unrhyw 10 o'r 15 pwynt sydd ar gael yn y traethawd hwn.

Catalyddion biolegol yw ensymau; maen nhw'n gostwng yr egni actifadu; maen nhw'n broteinau crwn/adeileddau trydyddol; ac mae ganddyn nhw safle actif; lle mae'r swbstrad yn ffitio i ffurfio cymhlygyn ensym-swbstrad; mae hwn yn torri i ffurfio'r cynnyrch a rhyddhau'r ensym heb ei newid.

Mae ensymau'n gweithio dros amrediad pH optimwm cul; mae gwyriadau mawr o'r optimwm hwn yn gallu achosi dadnatureiddio; mae newidiadau bach i pH yn achosi anactifadu ac mae hyn yn gildroadwy.

Mae cyfradd yr adwaith yn cynyddu wrth i dymheredd gynyddu; oherwydd mae mwy o wrthdrawiadau rhwng ensymau a'r swbstrad; caiff ensymau eu dadnatureiddio gan dymheredd uwch na 40°C; mae'r tymheredd optimwm i'r rhan fwyaf o ensymau oddeutu 40°C; ar dymheredd isel/0°C mae ensymau'n anactif.

Mae dau fath o atalydd, cystadleuol ac anghystadleuol; mae siâp atalyddion cystadleuol yn debyg i siâp y swbstrad ac maen nhw'n cystadlu â'r swbstrad am safle actif yr ensym; mae atalydd anghystadleuol yn bondio â'r ensym mewn safle heblaw'r safle actif ond mae'n newid siâp yr ensym fel na all y swbstrad ffitio yn y safle actif mwyach.

BY1: Asidau niwclëig a chellraniad

1 (a)   A – deocsiribos/siwgr pentos; B – ffosffad

  (b)   Hydrogen

  (c) (i) Pwrin

     (ii) C – adenin; Ch – thymin

  (ch) 28% G felly rhaid i C fod yn 28%

     28 + 28 = 56

     100 – 56 = 44

     A + T = 44 ∴ T = 22%

2 (a)

Nodwedd	DNA	mRNA
Enw'r siwgr	Deocsiribos	Ribos
Nifer yr atomau carbon yn y siwgr	Pump	Pump
Nifer y cadwynau polyniwcleotid yn y moleciwl	Dwy	Un
Lleoliad mewn cell	Cnewyllyn	Cnewyllyn + cytoplasm

  (b) (i) Paru basau; basau cyflenwol adenin yn paru â thymin; symiau cymharol bron yr un fath ond nid yn union yr un fath oherwydd gwall arbrofol.

     (ii) Pan fydd yr wy ffrwythlon/sygot yn rhannu, bydd pob cell yn rhannu drwy fitosis; mae dyblygu DNA yn digwydd; genetig unfath/mae DNA pob corffgell yr un fath.

     (iii) Byddai hanner cymaint o DNA a byddai'r DNA yn enetig wahanol gan ei fod wedi'i gynhyrchu gan feiosis sy'n arwain at amrywiad.

3

Swyddogaeth	Mitosis	Meiosis
Ymwneud â thwf	✓	
Cynhyrchu amrywiad		✓
Cynhyrchu celloedd haploid		✓
Digwydd mewn planhigion	✓	✓

4 (a) (i) Metaffas

     (ii) Centromer

     (iii) Tynnu cromatidau at begynau dirgroes

  (b)

Datganiad	Cyfnod yng nghylchred y gell
Cromosomau'n mynd yn fyrrach a mwy trwchus a gwerthyd yn ffurfio	Proffas
Cyfnod o weithgarwch dwys sy'n cynnwys dyblygu DNA	Rhyngffas
Ffurfio dau gnewyllyn	Teloffas

  (c)

(Unrhyw 3 phwynt)

Meiosis	Mitosis
Epilgelloedd yn enetig wahanol	Epilgelloedd yn enetig unfath
Dau raniad	Un rhaniad
Pedair epilgell	Dwy epilgell
Nifer y cromosomau'n haneru/haploid	Nifer y cromosomau'n aros yr un fath/diploid
Trawsgroesi	Dim trawsgroesi
Cromosomau homologaidd yn cysylltu mewn parau	Cromosomau homologaidd ddim yn cysylltu mewn parau

5 (a)   Ch Dd C E F

  (b)

	Mitosis	Meiosis
Nifer y cromosomau yn y cnewyllyn	60	30
Nifer y cnewyll sy'n cael eu ffurfio	2	4

6 (a) (i) B

     (ii) CH neu C

     (iii) A, B (ac C)

  (b)   Synthesis DNA; synthesis ATP; dyblygu organynnau.

  (c)   Mae'r DNA wedi haneru; oherwydd mae dwy gell ar wahân nawr wedi'u ffurfio.

7 (a)   B A C Ch

  (b) (i) Proffas

     (ii) Proffas

     (iii) Metaffas

     (iv) Anaffas / teloffas cynnar

  (c)   Mae dyblygu DNA yn digwydd; llawer o weithgarwch metabolaidd/cynhyrchu ATP; cynhyrchu organynnau newydd; maint y gell yn cynyddu; synthesis proteinau (unrhyw 3).

  (ch) Mae mitosis yn cynhyrchu celloedd genetig unfath; sy'n cael eu defnyddio ar gyfer twf/atgyweirio; ar gyfer atgenhedlu anrhywiol; enwi enghraifft.

  (d)   Mae rhydd ddosraniad yn digwydd; trawsgroesi; gametau â nifer haploid.

8   Mae angen unrhyw 10 o'r 15 pwynt sydd ar gael yn y traethawd hwn.

  (a) (Unrhyw 6 o'r pwyntiau canlynol)

     Epilgelloedd genetig unfath; â'r un nifer o gromosomau â'r rhieni; genynnau sefydlog; pwysig ar gyfer twf; ac amnewid/atgyweirio; enghraifft o atgyweirio; atgenhedlu anrhywiol gydag enghreifftiau fel bylbiau, cloron ac ati; caniatáu cynhyrchu nifer mawr o epil.

  (b) (Unrhyw 4 o'r pwyntiau canlynol)

     Mae meiosis yn cynhyrchu celloedd haploid/yn haneru nifer y cromosomau, a mitosis yn cynnal nifer y cromosomau; mae meiosis yn cynnwys dau raniad, a mitosis yn cynnwys un rhaniad; mae trawsgroesi'n digwydd mewn meiosis; mae meiosis yn cynhyrchu gametau; yn galluogi amrywiad i ddigwydd; yn rhan o atgenhedlu rhywiol.

BY2: Bioamrywiaeth ac esblygiad

1 (a) rhywogaeth (b) esblygiad (c) bioamrywiaeth
(ch) binomaidd (d) tacsonomeg

2

	Plantae	Animalia	Protoctista	Fungi	Prokaryotae
Sglefren fôr		✓			
Burum				✓	
Ameba			✓		
Rhedyn	✓				
Bacteriwm					✓

3 (a)

Teyrnas	Ffylwm	Nodweddion y ffylwm	Dosbarth	Enghraifft
Animalia	Annelida	Corff segmentiedig; ceudod corff llawn hylif; croen tenau athraidd; system cylchrediad gaeedig (unrhyw 2)	Polychaeta	Lygwn *Arenicola marina*
Animalia	Chordata	Croen llaith meddal Larfa dyfrol â thagellau; Oedolion ag ysgyfaint syml	Amphibia	Broga cyffredin *Rana temporaria*
Animalia	Arthropoda	Corff wedi'i rannu'n segmentau; corff wedi'i rannu'n ben, thoracs ac abdomen; sgerbwd allanol caled; coesau cymalog (unrhyw 2)	Insecta	Locust y diffeithwch *Schistocerca gregaria*
Fungi	Basidio-mycota	Hyffâu; cellfur citin; defnyddio sborau i atgenhedlu.	Basiiomyctes	Madarchen y maes *Agaricus campestris*

(b) *Schistocerca*

4 (a) 6
(b) *Macroderma gigas*

5 (a) Ymlediad ymaddasol.
(b) Dim cystadleuaeth (gan adar eraill); cilfachau gwag; cystadleuaeth fewnrhywogaethol ar ôl hynny (Unrhyw 2 bwynt)
(c) Ddim yn gallu rhyngfridio i gynhyrchu epil ffrwythlon.

6 (a) Ffylwm Chordata; dosbarth Mammalia; genws *Acinonyx*.
(b) Ffylwm – asgwrn cefn/ymennydd datblygedig/ System nerfol ganolog mewn craniwm.
Dosbarth – endothermig/ysgyfaint/blew neu ffwr/ chwarennau chwys/bwydo llefrith i'w hepil.
(c) (i) Olion bysedd DNA (proffilio genetig)/croesrywedd DNA/dilyniant protein.
(ii) Mae dilyniant DNA y basau sydd wedi'u rhannu rhwng unigolion yn uchel iawn/yn cyfateb yn agos.

7 (a) Corff segmentiedig; aelodau cymalog.
(b) Mantais – gwrth-ddŵr; anfantais – cyfyngu ar dwf/ golygu bod rhaid ei ddiosg (ecdysis).
(c) Dosbarth.

BY2: Addasiadau ar gyfer cyfnewid nwyol

1 (a) Symudiad moleciwlau/gronynnau o fan â chrynodiad uchel i fan â chrynodiad is/ar hyd graddiant crynodiad o uchel i isel.
(b) *Amoeba* – gan ei fod yn ungellog, mae ganddo gymhareb arwynebedd arwyneb i gyfaint fawr/mae gan nwyon lwybr tryledu byr.
Planaria – er eu bod nhw'n amlgellog, mae'r rhain yn fflat ac felly mae ganddyn nhw gymhareb arwynebedd arwyneb i gyfaint fawr.
(c) (i) Mae dyblu'r hyd yn haneru'r gymhareb/mae maint y gymhareb mewn cyfrannedd gwrthdro â'r hyd.
(ii) I. Alfeoli.
II. Gan fod y mamolyn yn fawr, mae ganddo gymhareb arwynebedd arwyneb i gyfaint fach; felly mae llwybrau tryledu'n hir/trylediad yn araf; mae angen alfeoli i gynyddu'r arwynebedd arwyneb.

2 (a) (i) Arwynebedd arwyneb mawr/llwybr tryledu tenau neu fyr/ cyflenwad gwaed da/athraidd i nwyon.
(ii) Mae plygu mewnol yn golygu colli llai o wres/dŵr; cael eu hamddiffyn gan yr asennau.
(b) (i) Symud y cyfrwng resbiradol dros yr arwyneb resbiradol; cynnal y graddiant crynodiad.
(ii) Llengig; cyhyrau rhyngasennol.

3 (a) A: cartilag; B: bronciolyn; C: alfeoli; Ch: llengig.
(b) A: Cynnal y tracea mewn ffordd hyblyg/atal y bibell aer rhag cwympo.
C: Arwyneb cyfnewid nwy.
Ch: Cael ei ostwng gan gyfangiad cyhyr i gynyddu cyfaint y thoracs.

4 (a) (i) Lle mae'r traceol yn cyffwrdd â'r cyhyr.
(ii) Caiff ocsigen ei gyflenwi'n uniongyrchol i'r meinweoedd felly does dim angen system cludiant na phigment. Mae hyn yn rhoi system lawer cyflymach.
(iii) $\dfrac{\text{Gwahaniaeth}}{\text{Gwreiddiol}} \times 100 = \dfrac{0.032}{0.064} \times 100 = 50\%$
(b) Mae'r cyhyrau rhyngasennol yn cyfangu; mae'r asennau'n symud i fyny a thuag allan; mae'r llengig yn cyfangu/gwastadu; mae'r cyfaint yn cynyddu; mae'r gwasgedd yn gostwng; mae aer yn rhuthro i mewn gan fod y gwasgedd atmosfferig yn uwch.

5 (a) Mae dŵr yn cynnwys llai o ocsigen nag aer; mae cyfraddau tryledu'n llawer arafach; mae dŵr yn gyfrwng dwys sy'n ei wneud yn anoddach ei bwmpio.
(b) Llif paralel – dŵr a gwaed yn y tagellau'n llifo i'r un cyfeiriad.
Llif gwrthgerrynt – dŵr a gwaed yn llifo i'r cyfeiriad dirgroes i'w gilydd.
Caiff graddiant crynodiad ei gynnal dros yr holl bellter y mae dŵr yn ei deithio dros y tagellau, sy'n ei gwneud yn broses fwy effeithlon.

6 A: Cwtigl; lleihau colledion dŵr.
B: Haen mesoffyl palisâd: prif safle ffotosynthesis.
C: Gwagleoedd aer: i dryledu nwyon.
Ch: Stomata/stoma: i gyfnewid nwyon.

7 (a) AA: celloedd gwarchod; B: celloedd epidermaidd/epidermis.

(b) Caniatáu cyfnewid nwyon/caniatáu i ocsigen a charbon deuocsid fynd i mewn ac allan o'r ddeilen; rheoli colledion dŵr.

(c) Caiff ïonau potasiwm eu pwmpio/cludiant actif i'r celloedd gwarchod/cloroplastau'n cynhyrchu malad; caiff y potensial dŵr ei ostwng; mae dŵr yn llifo i mewn drwy osmosis; mae'r celloedd gwarchod yn mynd yn chwydd-dynn; mae wal fewnol y gell warchod yn fwy trwchus na'r wal allanol; felly mae'r celloedd gwarchod yn crymu oddi wrth ei gilydd.

(ch) Mae cyanid yn atal resbiradaeth/synthesis ATP; atal cludiant actif potasiwm i'r gell warchod

8 Mae angen unrhyw 10 o'r 15 pwynt sydd ar gael yn y traethawd hwn.

Mae'r ddeilen yn fflat ac yn denau/cymhareb arwynebedd arwyneb i gyfaint fawr; arwynebedd arwyneb mawr i ddal golau; tenau i roi llwybr tryledu byr; haen epidermaidd allanol wedi'i gorchuddio gan gwtigl; lleihau colledion dŵr; mesoffyl palisâd yn cynnwys celloedd wedi'u pacio wedi'u trefnu'n fertigol; i amsugno cymaint â phosibl o olau; mesoffyl sbwngaidd â gwagleoedd mawr rhyng-gellol; caniatáu i nwyon resbiradol ac anwedd dŵr fynd heibio; symudiad nwyon i mewn ac allan o'r ddeilen drwy'r stomata; stomata'n cynnwys mandwll wedi'i amgylchynu gan ddwy gell warchod; newid potensial dŵr yn achosi i'r celloedd gwarchod agor y stomata; stomata ar agor yn ystod oriau golau dydd ac ar gau ar adegau eraill i atal colledion dŵr.

BY2: Cludiant mewn anifeiliaid a phlanhigion

1 (a) Rhydwelïau – lwmen bach, gwythïen – lwmen mwy llydan; wal cyhyr drwchus – wal cyhyr denau; siâp rheolaidd – siâp afreolaidd.

(b) (i) Mae'r gwaed yn ceisio llifo'n ôl; ac yn llenwi pocedi sy'n gorfodi'r falf i gau.

(ii) Does dim ôl-lifiad oherwydd mae'r gwythiennau wedi'u lleoli uwchlaw'r galon; mae gwaed yn symud yn ôl disgyrchiant.

(iii) Mae'r gwythiennau'n gyfagos i gyhyr/mewn cyhyr; wrth i'r cyhyr gyfangu mae'r wythïen yn cael ei gwasgu; mae hyn yn gorfodi'r gwaed tuag at y galon.

(c) (i) Dim cnewyllyn; rhoi mwy o le i haemoglobin; ocsigen yn cyfuno â haemoglobin i ffurfio ocsihaemoglobin.

Mae gan gelloedd coch y gwaed arwynebedd arwyneb mawr oherwydd eu siâp deugeugrwm.

Pilen hyblyg/elastig, sy'n eu galluogi i gael mwy o gysylltiad â waliau capilarïau.

(ii) Cludo carbon deuocsid.

2 (a) Cylchrediad ar wahân i'r corff a'r ysgyfaint; y gwaed yn mynd drwy'r galon ddwywaith mewn un gylchred; gwahanu gwaed ocsigenedig a deocsigenedig; cynnal pwysedd gwaed uchel a chrynodiad ocsigen uwch i'r meinweoedd; pwysedd is ar gyfer cylchrediad ysgyfeiniol.

(b)

Pibell waed	Cludo gwaed o	Cludo gwaed i	Gwaed ocsigenedig/ deocsigenedig	Pwysedd uchel/isel
Aorta	Fentrigl chwith	Corff/ meinweoedd	Ocsigenedig	Uchel
Fena cafa	Corff/ meinweoedd	Atriwm de	Deocsigenedig	Isel
Rhydweli ysgyfeiniol	Fentrigl de	Ysgyfaint	Deocsigenedig	Uchel
Gwythïen ysgyfeiniol	Ysgyfaint	Atriwm chwith	Ocsigenedig	Isel

(c) Safle cyfnewid; cael gwared ar gynhyrchion gwastraff rhwng y gwaed a'r meinweoedd; ffurfio hylif meinweol; arafu llif y gwaed i roi amser i drylediad; gostwng pwysedd gwaed/cludo gwaed ar wasgedd isel.

3 (a) Rhydweli

(b) 5 ± 0.5 kPa

(c) Fentrigl yn cyfangu/systole fentriglaidd

(ch) Fentrigl yn llaesu/diastole

(d) Pellach o'r galon; ffrithiant/mwy o wrthiant.

4 (a) Mae'r falf gilgant yn cau, gan atal ôl-lifiad gwaed i'r fentrigl; mae'r fentrigl chwith yn llaesu/diastole.

(b) Mae un curiad calon yn cymryd 0.8 eiliad.

$\frac{60 \text{ eiliad}}{0.8} = 75$ curiad y munud.

(c) Mae trwch y wal gyhyrol yn effeithio ar y gwasgedd; mae'r atriwm chwith yn gorfodi gwaed i'r fentrigl sy'n agos ato; rhaid i'r fentrigl chwith wthio gwaed o gwmpas y corff i gyd, sy'n bellach; rhaid i'r fentrigl de wthio gwaed i'r ysgyfaint sy'n agosach felly mae angen pwysedd gwaed is.

5 (a) (i) Wrth i wasgedd rhannol yr ocsigen sy'n mynd i'r meinweoedd ostwng, caiff mwy o ocsigen ei ryddhau/ei ddaduno.

(ii) Mae'r haemoglobin yn gwbl ddirlawn ar wasgedd rhannol ocsigen cymharol isel.

(b) (i) Y gromlin i'r dde i gromlin A.

(ii) Effaith Bohr.

(c) (i) Mae cromlin i'r chwith o gromlin A yn golygu bod yr haemoglobin yn cyfuno'n rhwyddach/bod ganddo fwy o affinedd ag ocsigen ar wasgedd rhannol is.

(ii) Mae'n byw mewn amodau heb lawer o ocsigen.

6 (a) (i) Mae gan y fentrigl chwith wal gyhyrog fwy trwchus/mae'n cyfangu'n fwy grymus.

(ii) Mae'r gwasgedd yn fwy yn yr atria/yn llai yn y fentriglau; mae'r falfiau atrio-fentriglaidd ar agor.

(b) X: nod atrio-fentriglaidd; Y: sypyn His/meinwe Purkinje.

(c) (i) Mae'r oediad yn rhoi cyfle i waed fynd i'r fentriglau o'r atria/fel bod yr atria'n gallu gwagio; cyn i'r fentriglau gyfangu (mae hyn yn atal y fentriglau rhag cyfangu cyn i'r atria gael eu gwagio).

(ii) Fel bod y fentriglau'n cyfangu o'r gwaelod i fyny; fel bod mwy o waed yn cael ei orfodi allan/y fentriglau'n gwagio'n llwyr.

(ch) Pe bai'r trawiad yn effeithio ar gyhyr y galon yn S, ni fyddai cyfangiad, ond pe bai'n effeithio ar gyhyr yn T, byddai rhywfaint o gyfangiad er y byddai'n arwain at lai o rym.

7 (a) A: Tiwb sylem – cludo dŵr/halwynau mwynol.

B: Tiwb hidlo – cludo defnyddiau organig/swcros/asidau amino.

C: Cymargell – rhyddhau egni ar ffurf ATP/gwneud proteinau.

(b) Cynnal/cryfhau/atal y tiwb rhag cwympo/adlyniad dŵr, helpu dŵr i symud tuag i fyny.

8 (a) Cydlyniad yw'r atyniad cryf sydd gan foleciwlau dŵr at ei gilydd.

(b) Mae moleciwlau dŵr yn anweddu drwy'r stomata ar dop y golofn ac ae rhai newydd yn dod i gymryd eu lle oddi tanyn nhw; oherwydd cydlyniad mae hyn yn creu grym tuag i fyny (tensiwn) drwy'r golofn i gyd.

(c) Adlyniad rhwng y moleciwlau dŵr a wal y sylem.

(ch) (i) Gwasgedd gwraidd.

(ii) Cludiant actif ïonau i sylem y gwreiddyn; yn creu graddiant osmotig/caiff dŵr ei dynnu i mewn i waelod y sylem.

9 (a) (i) Seroffyt.

(ii) Stomata wedi'u suddo – dal anwedd dŵr uwchlaw stomata.

Blew o gwmpas y stomata – helpu i gadw anwedd dŵr.

Cwtigl trwchus yn lleihau colledion dŵr.

(b) (i) Hydroffyt.

(ii) Gwagleoedd aer mawr – ar gyfer hynofedd/trylediad.

Stomata ar yr arwyneb uchaf – i alluogi'r planhigyn i gyfnewid nwyon â'r aer.

Cwtigl tenau – nid oes llawer o ddŵr yn cael ei golli drwy anweddu.

Dim llawer o feinwe cynnal/sylem – mae'r dŵr yn cynnal y planhigyn.

10 (a) Swcros.

(b) Mae'r 14_C yn mynd i mewn i'r ddeilen hanner ffordd i fyny'r coesyn; ac mae'n ymddangos yn y top ac yn y gwreiddiau.

(c) (i) Top y coesyn yw'r tyfbwynt lle mae angen carbohydrad; i ddarparu ATP ar gyfer resbiradaeth.

(ii) Suddfannau.

11 Dylai'r traethawd hwn gynnwys 10 o'r 15 pwynt canlynol.

Mae sylem yn cludo dŵr a halwynau mwynol o wreiddiau i ddail; mae ffloem yn cludo swcros ac asidau amino o ffynhonnell i suddfan; o ddail i rannau eraill o'r planhigyn; mae sylem wedi'i wneud o diwbiau a thraceidau; wrth iddynt ddatblygu mae tiwbiau sylem yn colli eu waliau pen ac yn ffurfio tiwbiau parhaus; caiff eu waliau eu ligneiddio i'w cryfhau nhw; mae tiwbiau sylem aeddfed yn farw; mae ffloem wedi'i wneud o diwbiau hidlo a chymargelloedd; mae'r tiwbiau hidlo'n colli'r rhan fwyaf o'u horganynnau ond yn aros yn fyw; mae ganddyn nhw blatiau hidlo tyllog sy'n gadael i hydoddion fynd drwodd; mae swcros/hydoddion yn llifo i'r naill gyfeiriad a'r llall; mae cymargelloedd yn cynnwys organynnau/mitocondria ac yn darparu ATP i diwbiau hidlo; mae dŵr yn llifo i fyny'r sylem yn unol â damcaniaeth cydlyniad tensiwn a chapilaredd; mae màs-lifiad mewn ffloem ond gall y broses gynnwys ffrydio cytoplasmig/ffilamentau protein.

BY2: Strategaethau atgenhedlu

1 (a) A: meiosis; B: mitosis.

(b) X: haploid; Y: diploid.

(c) (i) Caniatáu cynnydd cyflym mewn niferoedd, os yw'r amgylchedd yn sefydlog.

(ii) Mae angen i'r epil addasu i amodau newydd er mwyn goroesi, ac mae atgenhedlu rhywiol yn arwain at amrywiad.

(ch) (i) Defnyddio organ ymwthiol i asio gametau/sberm ac wy.

(ii) Mwy o siawns y bydd y gametau'n cwrdd ac felly caiff llai eu gwastraffu; gametau'n mynd yn annibynnol ar ddŵr/gametau ddim yn dadhydradu; wyau ffrwythlon yn datblygu y tu mewn i gorff y fenyw.

(d) Cylchred bywyd cyflym; storfa fwyd yn yr hedyn yn galluogi'r embryo i dyfu'n gyflym; storfa fwyd yn galluogi'r hedyn i oroesi am gyfnodau hir/cysgiad; hedyn wedi'i amddiffyn gan haen allanol wydn/hadgroen; dail yn disgyn yn eu galluogi nhw i ailgylchu maetholion; dim angen dŵr ar gyfer ffrwythloniad; cael eu peillio gan y gwynt neu anifeiliaid; gwasgariad; cynhyrchu niferoedd mawr o hadau.

2 (a) (i) Metamorffosis anghyflawn.

(ii) 1: wy; 7: oedolyn/imago 2–6: nymffod/instar

(b) (i) Metamorffosis cyflawn.

(ii) A: wy; B: larfa; C: pwpa; Ch: oedolyn/imago.

3 Mae angen unrhyw 10 o'r 15 pwynt canlynol yn y traethawd hwn.

Mewn pysgod, caiff gametau eu bwrw i'r dŵr; mae ffrwythloniad yn allanol; mae llawer o gametau'n methu ag asio ac yn cael eu gwastraffu; mae'r embryo'n dibynnu'n llwyr ar gyflenwad melynwy i ddatblygu; caiff llawer o embryonau eu gwastraffu oherwydd ysglyfaethu, ac ati; mae dod o hyd i amodau addas i ddatblygu'n broses sy'n digwydd ar hap.

Mae mamolion daearol yn cyflawni ffrwythloniad mewnol; mae gametau'n asio'n annibynnol ar ddŵr gan eu bod nhw'n cael eu rhoi y tu mewn i'r fenyw; felly mae ffrwythloniad yn llawer mwy sicr; mae nifer yr wyau'n llawer is; nid yw'r embryo sy'n datblygu'n fewnol yn gwbl ddibynnol ar felynwy gan ei fod yn cael ei fwydo drwy'r brych; caiff ei amddiffyn yn dda rhag peryglon allanol; mae mwy o amser/egni/adnoddau ar gael gan fod llai o epil; caiff gofal rhieni ei roi i wahanol raddau; ffeuau, tyrchfeydd, safleoedd i amddiffyn yr epil rhag ysglyfaethu.

BY2: Addasiadau ar gyfer maeth

1 (a) Asidig – A; hydrolysis protein – A; cynhyrchu amylas – C; cynhyrchu bustl – B.

(b) (i) Mae'r lacteal yn amsugno asidau brasterog a glyserol.

(ii) Mae'r capilarïau'n amsugno glwcos ac asidau amino.

(c) Wedi'i blygu; llawer o fili; microfili.

2 (a) (i) 1: amlynciad; 2: treuliad; 3: amsugniad; 4: carthiad.

(ii) Bwyd wedi'i dreulio'n mynd drwy wal y coluddyn/coludd i lif y gwaed.

(b) (i) Mae endopeptidas yn torri yng nghanol y gadwyn/yn cynhyrchu llawer o gadwynau llai; gan roi llawer o bennau i ecsopeptidas weithredu arnyn nhw.

(ii) APAK+SEGMAR+GAMF

AP+A+K+SE+G+M+A+R+GA+M+F

3 (a) Mae ffibrau un haen wedi'u trefnu'n hydredol, ac mae ffibrau'r llall yn gylchol.

(b) Peristalsis.

(c) A – isfwcosa; B – mwcosa.

(ch) Pibellau gwaed/capilarïau – cludo cynhyrchion treuliad.

Pibellau lymff – cludo lipidau.

Nerfau – cyd-drefnu cyfangiadau cyhyrau.

Chwarennau – secretu ensymau/asidau neu alcalïau/mwcws.

4 (a) (i) A: Llysysydd; B: Cigysydd.

(ii) A: Blaenddannedd yn yr ên isaf yn unig, gyda phad cornaidd i dorri/cilddannedd sy'n cydgloi i falu/bwlch neu ddiastema/ymylon enamel sy'n parhau i dyfu.

B: Blaenddannedd miniog i ddal cig a'i rwygo oddi ar asgwrn/dannedd llygad mawr i ddal ysglyfaeth neu ei ladd/rhwygo cig/ysgithrau i rwygo cig/malu esgyrn yn fân.

(iii) Mae coludd byr y cigysydd yn adlewyrchu pa mor hawdd yw treulio protein o'i gymharu â'r llysysydd sy'n bwyta cellwlos.

(b) (i) Mae'r cil yn cael ei gymysgu â bacteria sy'n treulio cellwlos; mae'r anifail yn gallu ailgodi'r cil; ei alluogi i adamsugno dŵr; presenoldeb bacteria yn y rwmen; rhywfaint o amsugno e.e. asidau brasterog.

(ii) Dim ond o bryd i'w gilydd y bydd cigysyddion yn dal ysglyfaeth ac maen nhw'n gallu defnyddio eu stumog i storio'r bwyd y maen nhw wedi ei ddal tan y tro nesaf/protein yw'r rhan fwyaf o'u deiet a chaiff protein ei dreulio yn y stumog.

5 (a) Parasit yw organeb sy'n byw ar, neu mewn, organeb arall o'r enw organeb letyol; mae'n cael maeth gan yr organeb letyol ac yn achosi rhywfaint o niwed iddi.

(b) (i) Mochyn.

(ii) Mae'r mochyn yn cael ei heintio os yw'n bwyta mewn mannau sydd wedi'u halogi gan ymgarthion dynol.

(iii) Bwyta porc wedi'i heintio sydd heb ei goginio'n ddigonol.

(c) (i) Sugnolynau/bachau.

(ii) Cwtigl/gorchudd corff trwchus sy'n cynhyrchu sylweddau ataliol i'w atal rhag cael ei dreulio gan ensymau'r organeb letyol; neu sy'n gwrthsefyll system imiwn yr organeb letyol.

(ch) I oresgyn problem trosglwyddo i organeb letyol arall/i gynyddu'r siawns y bydd rhai o'r epil yn cyrraedd organeb letyol arall.

Atebion gwirio gwybodaeth

Gwirio gwybodaeth BY1

1. cellfur; β; glycosidig; 180; hydrogen; microffibrolynnau.
2. glyserol; annirlawn; ffosffad; cellbilenni.
3. A: trydyddol; B: eilaidd; C: cynradd; Ch: cwaternaidd.
4. A: glycosidig; B: ester; C: peptid.
5. A: cludiant; B: oeri; C: ffotosynthesis; Ch: ynysu.
6. 1: B; 2: A; 3: Ch; 4: C.
7. 1: B; 2: A; 3: C.
8. 1: B; 2: B, Ch; 3: B, C; 4: A, Ch.
9. biolegol; ïonig; safle actif; cymhlygyn.
10. cinetig; anactif; optimwm; hydrogen; trydyddol; swbstrad; dadnatureiddio.
11. safle actif; swbstrad; cynyddu; cyanid.
12. ansymudol; siwgr gwaed.
13. niwcleotidau; deocsiribos; helics dwbl; hydrogen; thymin; wracil; ribos.
14. A: metaffas; B: anaffas; C: anaffas; Ch: proffas; E: teloffas.

Gwirio gwybodaeth BY2

15. 1: C; 2: B; 3: A.
16. Teyrnas, ffylwm, dosbarth, urdd, teulu, genws.
17. 1: C; 2: B; 3: Ch; 4: A.
18. choesau cymalog; gitin; ecdysis.
19. 1: C; 2: Ch; 3: B; 4: A.
20. amoeba; drylediad; arwynebedd arwyneb; gyfaint; cylchrediad; haemoglobin; ysgyfaint; tagellau.
21. gwrthgerrynt; gwaed; cynyddu; graddiant crynodiad; plât tagell.
22. 1: C; 2: D; 3: Ch; 4: A; 5: B.
23. 1: Ch; 2: B; 3: C; 4: A.
24. 1: B; 2: C; 3: A; 4: Ch; 5: D.
25. nod sinwatrïaidd; nod atrio-fentriglaidd; sypyn His / ffibrau Purkinje/Purkyne; gyfangu; rhydweli ysgyfeiniol.
26. plasma; erythrocytau; ocsigen; ocsihaemoglobin; lewcocytau; granwlocytau/ffagocytau; agranwlocytau/lymffocytau.
27. 1: Ch; 2: B; 3: A; 4: C.
28. gwreiddflew; potensial dŵr; symplast; stribed Casparaidd.
29. trydarthiad; stomata; seroffytau; wedi'u suddo; chwtigl; hydroffytau.
30. swcros; ffynhonnell; suddfan; tiwbiau hidlo.
31. meiosis; sygot; fewnol; ddŵr.
32. 1: B; 2: C; 3: Ch; 4: A.
33. chwarennau poer; amylas (poerol); fili/crypt Lieberkuhn; glwcos; ffrwctos.
34. microfili; arwynebedd arwyneb; capilarïau; lacteal/system lymffatig.
35. ochr i ochr; pad cornaidd; diastema; ysgithrau.
36. bod dynol; mochyn; atgenhedlu; bachau; gwtigl; arwynebedd arwyneb.

Geirfa

adenosin triffosffad (ATP) Niwcleotid wedi'i actifadu sy'n bodoli ym mhob cell fyw ac sy'n gweithredu fel cludydd egni.

adwaith cyddwyso Proses gemegol lle mae dau foleciwl yn cyfuno i ffurfio moleciwl mwy cymhleth gan ddileu dŵr.

addasiad Nodwedd sy'n gwella siawns organeb o oroesi yn ei hamgylchedd.

affinedd Atyniad cemegol rhwng un moleciwl a moleciwl arall.

alfeoli Codennau aer yn yr ysgyfaint sy'n darparu arwynebedd arwyneb mawr.

amrywiad Y gwahaniaethau rhwng nodweddion aelodau o'r un rhywogaeth.

amrywiaeth rhywogaethau Nifer y rhywogaethau mewn cymuned a'u niferoedd cymharol.

amsugniad Bwyd wedi'i dreulio'n mynd drwy wal y coludd i'r gwaed.

anifail cnoi cil Llysysydd â stumog sydd wedi'i rhannu'n bedair siambr; y rwmen yw'r siambr fwyaf.

arwyneb resbiradol Safle cyfnewid nwyol, e.e. tagellau, ysgyfaint.

atalydd anghystadleuol Cemegyn sy'n gostwng cyfradd actifedd ensym drwy fondio mewn safle heblaw'r safle actif, gan newid siâp cyffredinol yr ensym.

atalydd cystadleuol Cemegyn sy'n gostwng cyfradd actifedd ensym drwy fod â siâp moleciwlaidd tebyg i siâp y swbstrad, a chystadlu ag ef am safle actif ensym.

atgenhedlu anrhywiol Math o atgenhedlu sy'n cynnwys un rhiant yn unig ac yn cynhyrchu epil genetig unfath.

atgenhedlu rhywiol Atgenhedlu sy'n cynnwys dau riant, a'r naill a'r llall yn darparu gamet sy'n asio yn ystod ffrwythloniad, gan arwain at epil â chyfuniadau unigryw o enynnau.

athreiddedd detholus Un o briodweddau pilenni biolegol sy'n caniatáu i rai sylweddau groesi.

awyru Mecanwaith sy'n galluogi organeb i drosglwyddo aer o'r atmosffer i'r arwyneb resbiradol.

binomaidd System sy'n seiliedig ar roi dau enw i bob organeb, sef enw ei genws ac yna enw ei rhywogaeth.

bioamrywiaeth Mesur o nifer y rhywogaethau gwahanol sy'n byw ar y blaned.

biosynhwyrydd Cysylltiad rhwng biofoleciwl, fel ensym, a thrawsddygiadur sy'n cynhyrchu signal trydanol fel ymateb i drawsffurfiad swbstrad.

bond ester Bond sy'n cael ei ffurfio gan bont ocsigen, e.e. rhwng glyserol ac asidau brasterog.

bond glycosidig Y cyswllt rhwng unedau monosacarid.

bond peptid Y bond cemegol sy'n ffurfio rhwng dau asid amino ar ôl adwaith cyddwyso.

cadwraeth Rheoli cynefinoedd i gynnal neu adfer amrywiaeth rhywogaethau a gweithredoedd ecosystem.

capilaredd Tuedd dŵr i godi mewn tiwbiau cul.

cell ewcaryotig Cell â chnewyllyn pilennog ac organynnau pilennog.

cigysydd Anifail sy'n bwyta anifeiliaid eraill.

cilfach Swyddogaeth organeb mewn ecosystem.

clôn Grŵp o epil genetig unfath wedi'u cynhyrchu o un rhiant o ganlyniad i atgenhedlu anrhywiol.

cloroffyl Y pigment gwyrdd yng nghloroplastau planhigion.

cludiant actif Symudiad sylwedd ar draws pilen yn erbyn graddiant crynodiad. Mae angen egni ar y broses ar ffurf ATP.

cnewyllyn Yr organyn sy'n cynnwys cromosomau mewn cell ewcaryotig.

collddail Planhigion sy'n diosg eu dail i gyd gyda'i gilydd yn ystod un tymor.

Cordatau Anifeiliaid ag asgwrn cefn; enw arall arnyn nhw yw fertebratau.

cromosom Ffurfiad tebyg i edau sy'n cludo genynnau ac yn bodoli yn y cnewyllyn.

cromosomau homologaidd Pâr o gromosomau sy'n cynnwys genynnau ar gyfer yr un nodweddion ar loci cyfatebol, ac sydd felly'n pennu'r un nodweddion. Caiff un cromosom homologaidd ei etifeddu gan y tad, a'r llall gan y fam.

crysalis (pwpa) Cyfnod lle mae'r larfa'n newid cyn dod allan fel organeb lawn dwf.

cwtigl Haen allanol anghellol ar rai anifeiliaid penodol, e.e. pryfed, ac ar ddail planhigion. Cwyraidd ac anathraidd, lleihau colledion dŵr.

cydlyniad Yr atyniad rhwng moleciwlau o'r un math.

cydweddol Adeileddau â'r un swyddogaeth ond tarddiad gwahanol.

cyfnewid nwyol Symudiad nwyon rhwng organeb a'i hamgylchedd.

cyhyr cardiaidd Math o gyhyr sydd i'w gael yn y galon yn unig.

cylchred cell Dilyniant o bethau sy'n digwydd rhwng un cellraniad a'r nesaf.

cylchrediad dwbl System cylchrediad lle mae'r gwaed yn teithio ddwywaith drwy'r galon mewn un gylchred gyfan o gwmpas y corff.

cytoplasm Holl gynnwys y gell, heblaw'r cnewyllyn; mae'r bilen blasmaidd o'i gwmpas.

chwaer-gromatidau Ffurfiau o gromosom wedi'u dyblygu sydd wedi'u cyfuno gerfydd y centromer ac yn cael eu gwahanu yn y pen draw yn ystod cellraniad.

chwydd-dynn Cyflwr yn y gell lle nad oes dim mwy o ddŵr yn gallu mynd i mewn. Mae'r cellfur yn atal ehangu'r gell ymhellach ac felly'n atal mwy o ddŵr rhag mynd i mewn.

dadelfennydd Organebau, ffyngau a bacteria sy'n ymddatod defnydd organig marw i gael maetholion.

dadnatureiddio Y difrod parhaol i adeiledd a siâp protein, e.e. ensymau, oherwydd newidiadau i ffactorau fel tymheredd a pH.

difodiant Y broses sy'n diweddu bodolaeth rhywogaeth ar y Ddaear, e.e. oherwydd methiant i addasu'n llwyddiannus i newid i'w hamgylchedd.

(cell) diploid Cell sy'n cynnwys dwy set o gromosomau (2n). Caiff un set o gromosomau eu hetifeddu gan bob rhiant.

ecosystem Lefel astudiaeth ecolegol sy'n cynnwys yr holl organebau mewn ardal benodol yn ogystal â'r ffactorau anfiotig y maen nhw'n rhyngweithio â nhw.

ecsocytosis Pan gaiff sylweddau eu rhyddhau mewn fesigl o gell drwy'r bilen.

egni actifadu Yr egni sydd ei angen i achosi adwaith cemegol; caiff ei ostwng gan bresenoldeb ensymau.

egni cinetig Egni sydd gan wrthrych oherwydd ei fudiant.

effaith Bohr Ffenomenon lle mai'r uchaf yw gwasgedd rhannol carbon deuocsid, y pellaf y bydd y gromlin ddaduniad ocsigen yn syflyd (shifft) i'r dde.

endocytosis Pan fydd y bilen blasmaidd yn amlyncu defnydd ac yn dod ag ef i'r gell mewn fesigl.

endodermis Cylch o gelloedd sy'n amgylchynu meinwe'r sylem. Mae eu cellfuriau'n rhoi rhwystr gwrth-ddŵr anathraidd.

ensym Protein sy'n gweithredu fel catalydd, gan newid cyfradd adwaith cemegol heb gael ei ddefnyddio gan yr adwaith.

ensym ansymudol Ensym sy'n sefydlog, yn sownd neu wedi ei ddal ar fatrics anadweithiol fel gleiniau alginad.

esblygiad Y broses lle mae rhywogaethau newydd yn ffurfio o rai sy'n bodoli eisoes dros gyfnodau hir iawn.

esblygiad cydgyfeiriol Tueddiad organebau heb berthynas rhyngddyn nhw i gael adeileddau tebyg.

ffagocytosis Mecanwaith y mae celloedd yn ei ddefnyddio i gludo gronynnau mawr ar draws y bilen blasmaidd i'r gell.

ffit anwythol Y ffordd y mae siâp safle actif ensym yn newid fel ei fod yn bondio'n well â'r swbstrad, wedi'i anwytho wrth i'r swbstrad ddod i mewn.

ffotosynthesis Y broses mewn planhigion gwyrdd lle mae carbon deuocsid a dŵr yn cyfuno, gan ddefnyddio egni golau, i ffurfio glwcos a dŵr.

ffrwythloniad Ymasiad gametau gwryw a benyw i gynhyrchu sygot diploid.

ffylogenedd Y berthynas esblygol rhwng organebau.

gamet Cell rhyw sy'n cynnwys hanner nifer cromosomau (haploid) corffgelloedd.

genyn Darn o DNA ar gromosom sy'n creu cod i un polypeptid penodol.

gwahaniaethu Y broses lle mae celloedd yn arbenigo i gyflawni gwahanol swyddogaethau.

gwasgedd gwraidd Y grym sy'n cael ei greu ar waelod tiwb sylem gan fewnlifiad dŵr ar hyd graddiant potensial dŵr.

haemoglobin Protein crwn mewn gwaed ag affinedd uchel ag ocsigen ac sy'n cludo ocsigen o gwmpas y corff ar ffurf ocsihaemoglobin.

haploid Celloedd sy'n cynnwys un copi o bob cromosom yn unig, e.e. gametau.

heterotroffig Organebau sy'n methu cynhyrchu bwyd eu hunain.

hierarchaidd System ddosbarthu sy'n seiliedig ar osod grwpiau mewn trefn o grwpiau mawr i grwpiau bach.

hydoddiannau isotonig Hydoddiannau â'r un crynodiad o hydoddyn.

hydoddyn Sylwedd sydd wedi'i hydoddi mewn hydoddydd. Mae hydoddion a hydoddyddion yn ffurfio hydoddiant.

hydroffyt Planhigyn sydd wedi addasu i dyfu dan ddŵr neu'n rhannol dan ddŵr.

hydrolysis Y broses o dorri moleciwlau mawr yn foleciwlau bach drwy ychwanegu dŵr.

hydrostatig Y gwasgedd y mae hylif yn ei roi.

hylif meinweol (hylif rhyng-gellol) Hylif sy'n llenwi'r bylchau rhwng celloedd; mae plasma heb broteinau'n gadael y capilarïau ac yn trochi'r celloedd.

isomerau Cyfansoddion sy'n rhannu'r un fformiwla gemegol, ond sydd â'r atomau wedi eu trefnu'n wahanol.

larfa Ffurf ifanc neu anaeddfed pryfyn.

lignin Cyfansoddyn cymhleth sy'n trwytho matrics cellwlos cellfuriau planhigol, gan wneud y wal yn gryf ac yn anhyblyg ac yn anhydraidd i nwyon, dŵr a hydoddion.

lymff Hylif di-liw sy'n deillio o hylif meinweol ac sy'n bodoli yn system lymffatig fertebratau.

lymffocyt Math o gell wen y gwaed sy'n ymwneud â'r ymateb imiwn.

llif gwrthgerrynt Y mecanwaith sy'n cynyddu effeithlonrwydd cyfnewid rhwng dau sylwedd drwy iddynt lifo i'r cyfeiriad dirgroes i'w gilydd e.e. gwaed yn nhagellau pysgodyn yn llifo i'r cyfeiriad dirgroes i lif dŵr dros y tagellau, gan gymryd cymaint â phosibl o ocsigen a cholli cymaint â phosibl o garbon deuocsid.

llipa Cyflwr lle nad oes dim mwy o ddŵr yn gallu gadael y gell; rydym ni'n dweud bod y gell wedi'i phlasmolysu.

llysysydd Anifail sy'n bwyta defnydd planhigol yn unig.

maethiad awtotroffig Planhigion gwyrdd yn gwneud eu defnyddiau organig cymhleth eu hunain drwy broses ffotosynthesis.

meinwe ffloem Meinwe sy'n cynnwys tiwbiau hidlo a chymargelloedd sy'n gyfrifol am drawsleoli swcros ac asidau amino o'r dail i weddill y planhigyn.

meiosis Math o gellraniad mewn dau gam mewn organebau sy'n atgenhedlu'n rhywiol sy'n creu gametau â hanner nifer cromosomau'r gell wreiddiol.

mesoffyt Planhigyn sy'n ffynnu mewn cynefinoedd â chyflenwad dŵr digonol, sy'n nodweddiadol o ranbarthau tymherus.

metabolaeth Holl brosesau cemegol yr organeb, sy'n ymwneud â llwybrau anabolig a chatabolig.

metamorffosis Cyfnod yng nghylchred bywyd rhai anifeiliaid lle maen nhw'n newid o'r cyfnod larfa i lawn dwf.

microffibrolion Sypynnau o gadwynau cellwlos wedi'u pacio gyda'i gilydd.

mitosis Math o gellraniad lle mae gan yr epilgelloedd yr un nifer o gromosomau â'r rhiant-gell.

myogenig Caiff cyfangiad cyhyr y galon ei gychwyn o'r tu mewn i'r galon ei hun; nid yw'n cael ei ysgogi'n nerfol.

myoglobin Moleciwl sy'n bondio ag ocsigen sy'n bodoli mewn cyhyrau ac yn gweithredu fel storfa ocsigen.

niwcleotid Cemegyn cymhleth wedi'i wneud o fas organig, siwgr a ffosffad.

nod atrio-fentriglaidd (AVN) Rhan o feinwe yng ngwahanfur y galon sy'n pasio ton o gyffroad trydanol i'r feinwe Purkinje / Purkyne.

nod sinwatrïaidd (SAN) Rhan o gyhyr y galon yn yr atriwm de sy'n rheoli ac yn cydlynu cyfangiadau'r galon. Caiff ei alw hefyd yn rheoliadur.

opercwlwm Gorchudd dros y tagellau mewn pysgod esgyrnog.

organyn Rhan o gell ag adeiledd a swyddogaeth penodol.

osmosis Symudiad net moleciwlau dŵr ar draws pilen athraidd detholus o le â photensial dŵr uchel i le â photensial dŵr is.

parasit Organeb sy'n cael maetholion o organeb fyw arall, yr organeb letyol, gan achosi rhywfaint o niwed iddi ac yn aml, ei lladd.

pentadactyl Cynnwys pum digid.

peristalsis Tonnau rhythmig o gyfangiadau cyhyrau yn y coludd.

plancton Organebau microsgopig sy'n byw ger arwyneb moroedd, llynnoedd a phyllau.

plasmodesmata Llinynnau tenau o gytoplasm sy'n ymestyn drwy fandyllau mewn cellfuriau planhigol cyfagos i gysylltu cytoplasm un gell â chell arall.

plasmolysis Y broses lle mae'r cytoplasm a'r bilen blasmaidd yn tynnu oddi wrth y cellfur pan fydd cell yn colli dŵr drwy gyfrwng osmosis.

polymer Cadwyn hir o unedau monomer yn ailadrodd.

potensial dŵr Tuedd hydoddiant i ennill neu golli dŵr; bydd dŵr yn symud o hydoddiant â photensial dŵr uchel (llai negatif) i un â photensial dŵr isel (mwy negatif). Mae potensial dŵr yn lleihau wrth ychwanegu hydoddyn ac yn cynyddu wrth roi gwasgedd. Mae potensial dŵr pur yn sero.

potomedr Dyfais sy'n mesur cyfradd colli dŵr yn ystod trydarthiad yn anuniongyrchol drwy fesur cyfradd mewnlifiad dŵr.

proteinau cynhenid Proteinau pilen arwyneb y gell sy'n ymestyn ar draws yr haen ddwbl ffosffolipid yn llwyr o un ochr i'r llall.

resbiradaeth aerobig Proses ag angen ocsigen rhydd i ryddhau egni o glwcos.

rhywogaeth Grŵp o organebau tebyg sy'n gallu rhyngfridio i gynhyrchu epil ffrwythlon.

rhywogaethau mewn perygl Rhywogaeth sydd mewn perygl o ddifodiant ym mhob man, neu yn y rhan fwyaf o lefydd lle mae'n byw.

safle actif Y rhan benodol o ensym lle mae'r swbstrad yn ffitio â bondiau cemegol gwan.

saprobiont (saproffyt) Organeb sy'n bwydo ar ddefnydd marw sy'n pydru.

seroffyt Planhigyn sydd wedi addasu i oroesi mewn amodau lle nad oes llawer o ddŵr ar gael.

sgerbwd allanol Gorchudd allanol i gorff arthropodau wedi'i wneud o gitin.

siwgr pentos Cynnwys pum atom carbon e.e. ribos.

stoma (lluosog stomata) Mandwll wedi'i amgylchynu gan ddwy gell warchod; mae nwyon yn tryledu i mewn ac allan o'r ddeilen drwyddyn nhw.

stribed Casparaidd Band nodedig o swberin o gwmpas celloedd endodermaidd gwreiddyn planhigyn sy'n atal dŵr rhag mynd drwy'r cellfuriau i'r sylem.

sygot Cynnyrch diploid asio gametau haploid mewn atgenhedlu rhywiol.

symbiosis Y cysylltiad rhwng dau aelod o wahanol rywogaethau lle mae'r naill organeb a'r llall yn cael budd o'r berthynas.

systole Cam yn y gylchred gardiaidd lle mae cyhyr y galon yn cyfangu.

tacsonomeg Cangen bioleg sy'n ymwneud ag enwi a dosbarthu amrywiaeth o organebau byw.

tiwb sylem Tiwb marw, gwag gyda lignin yn ei waliau a dim waliau pen; caiff dŵr ei gludo drwy'r rhain mewn planhigion.

trawsgroesi Cyfnewid defnyddiau genetig rhwng cromatidau sydd ddim yn chwaer-gromatidau yn ystod synapsis meiosis I.

trawsleoliad Cludo siwgrau a sylweddau eraill drwy gelloedd ffloem mewn planhigion.

treuliad Y broses o dorri moleciwlau bwyd mawr, anhydawdd yn foleciwlau bach, hydawdd gan ddefnyddio ensymau.

trydarthiad Anweddiad dŵr o ddail, gan achosi i ddŵr symud i fyny drwy'r tiwbiau sylem (y llif trydarthol).

trylediad Symudiad goddefol sylwedd i lawr graddiant crynodiad o le â chrynodiad uchel i le â chrynodiad isel.

trylediad cynorthwyedig Trylediad sy'n defnyddio moleciwlau cludo protein i alluogi sylweddau i symud yn oddefol ar draws pilenni plasmaidd.

y gylchred gardiaidd Y dilyniant o bethau sy'n digwydd yn ystod un curiad calon.

ymlediad ymaddasol Pan fydd rhywogaethau newydd yn codi o hynafiad cyffredin a gafodd ei gyflwyno i amgylchedd.

Mynegai

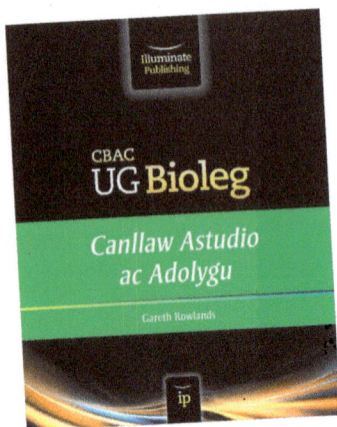

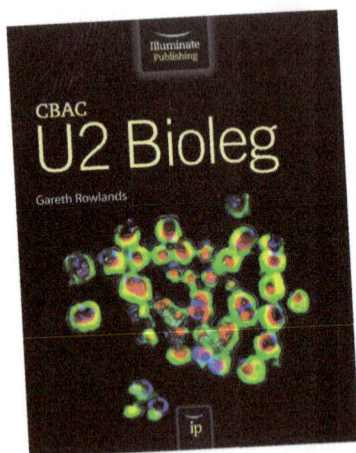

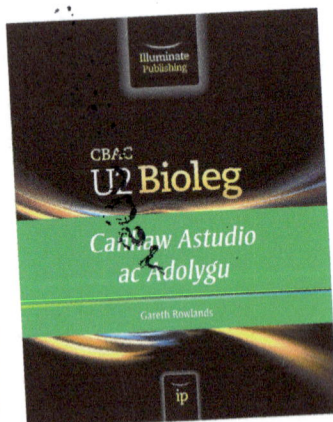